权威·前沿·原创

皮书系列为
"十二五""十三五"国家重点图书出版规划项目

B

BLUE BOOK

智库成果出版与传播平台

国家社会科学基金项目资助

网络评论蓝皮书

BLUE BOOK OF
ONLINE COMMENTARY

中国网络评论发展报告
（2020）

ANNUAL REPORT ON CHINA'S ONLINE COMMENTARY
DEVELOPMENT (2020)

主　编／赵曙光

社会科学文献出版社
SOCIAL SCIENCES ACADEMIC PRESS（CHINA）

图书在版编目（CIP）数据

中国网络评论发展报告.2020/赵曙光主编.--北
京：社会科学文献出版社，2021.1
（网络评论蓝皮书）
ISBN 978 - 7 - 5201 - 7661 - 3

Ⅰ.①中…　Ⅱ.①赵…　Ⅲ.①互联网络 - 舆论 - 研究
报告 - 中国 - 2020　Ⅳ.①G206.2

中国版本图书馆 CIP 数据核字（2020）第 235129 号

网络评论蓝皮书
中国网络评论发展报告（2020）

主　　编／赵曙光

出 版 人／王利民
组稿编辑／邓泳红
责任编辑／吴　敏

出　　版／社会科学文献出版社·皮书出版分社（010）59367127
　　　　　地址：北京市北三环中路甲 29 号院华龙大厦　邮编：100029
　　　　　网址：www.ssap.com.cn
发　　行／市场营销中心（010）59367081　59367083
印　　装／三河市东方印刷有限公司

规　　格／开　本：787mm × 1092mm　1/16
　　　　　印　张：23.75　字　数：392 千字
版　　次／2021 年 1 月第 1 版　2021 年 1 月第 1 次印刷
书　　号／ISBN 978 - 7 - 5201 - 7661 - 3
定　　价／158.00 元

本书如有印装质量问题，请与读者服务中心（010 - 59367028）联系

网络评论蓝皮书编委会

主编简介

赵曙光 南京大学新闻传播学院教授、博士生导师，南京大学紫金传媒研究院（北京）副院长，中国新闻史学会传播学研究委员会副会长，全国高校质量监测研究会副理事长，中国青年报·中青在线全媒体社会调查中心联席主任、紫金传媒智库高级研究员，主要研究方向为数字经济与社会治理、数据挖掘。出版 *The Conversion Rate*: *The Trap of Omnimedia Transformation*（2017，McGraw Hill Education）、*Media Economics*: *Theoretical Analysis Based on Practices in China*（2017，McGraw Hill Education）、《幻影注意力：基于眼动实验的植入式广告效果研究》（2014，复旦大学出版社）、《媒介经济学》（2007，清华大学出版社）等著作，主持建立了中国媒体融合传播效果指数平台、社交媒体内容大数据监测平台、"一带一路"国际传播大数据平台、国际政界社交传播大数据平台，获得了国家版权局颁发的计算机软件著作权证书。

摘　要

2020 年初以来，新型冠状病毒在世界各地传播。世界卫生组织表示，我们不仅面临新冠肺炎疫情，也面临社交媒体的"信息疫情"。发挥网络评论引导作用，更好强信心、暖人心、聚民心，更好维护社会大局稳定，具有十分重要的价值和意义。截至 2020 年 6 月，我国网民规模达到 9.40 亿，相当于全球网民的五分之一，其中，手机网民规模为 9.32 亿，占网民比例达到 99.2%，互联网特别是移动互联网成为走好群众路线的重要场域。及时研判网络评论传播规律，提高网络评论引导效果，促进网络评论深度融合发展，积极发挥网络评论助力国家治理体系现代化的作用，是一个十分重要而又迫切的课题。

《中国网络评论发展报告（2020）》由国家互联网信息办公室网络评论工作局发起，南京大学紫金传媒研究院（北京）赵曙光教授主持，邀请中国传媒大学传播研究院、武汉大学新闻与传播学院、中山大学传播与设计学院以及人民日报、人民网、新华网、光明网等机构的专家学者和业界人士参与编写，包括总报告、分报告、专题篇、案例篇和数据篇五个部分：总报告着重总结 2019～2020 年度中国网络评论发展的整体情况；分报告系统梳理国内外网络评论研究的前沿成果；专题篇聚焦融媒体新闻评论及主流媒体对外网络评论等开展研究；案例篇围绕新中国成立 70 周年、抗击新冠肺炎疫情、脱贫攻坚、中美贸易摩擦等重大事件的网络评论开展专题研究；数据篇综合运用社交网络大数据分析、问卷调查等方法开展网络评论用户、网络评论传播效果研究。全书立体化、多角度呈现了 2019～2020 年网络评论的发展现状和趋势，为网络评论研究和实践提供了全景参考。

关键词： 网络评论　新媒体　融合传播　传播效果

目 录

Ⅳ 案例篇

Ⅴ 数据篇

皮书数据库阅读使用指南

总 报 告

General Report

B.1

2019~2020年中国网络评论
研究报告

赵曙光*

摘　要：　新冠肺炎疫情是第一个真正的社交媒体"信息疫情"
（infodemic），社交媒体评论信息沉浸传播，凸显公众疫情
心理压力，"信息疫情"治理引起高度关注。以网络评论
为抓手，贴近网络评论需求诉求，密切联系网络评论用
户，成为走好全媒体时代群众路线的重要切入点。本报告
系统总结了"信息疫情"的传播与治理，探讨了网络评论
用户的典型心态与生活方式，量化评价了三重传播效果，
深入分析了如何健全数字治理体系，促进网络评论多元协
同治理。

* 赵曙光，南京大学新闻传播学院教授，博士生导师，南京大学紫金传媒研究院（北京）副
院长。

关键词：　网络评论　信息疫情　数字治理　新媒体　社交媒体

　　根据中国互联网络信息中心（CNNIC）2020 年 9 月 29 日发布的《第 46 次中国互联网络发展状况统计报告》，截至 2020 年 6 月，我国网民规模达 9.40 亿，相当于全球网民的 1/5，互联网普及率达 67.0%，高于全球平均水平约 5 个百分点，其中，手机网民规模为 9.32 亿，占网民比例达到 99.2%，互联网特别是移动互联网成为走好群众路线的重要场域。互联网下沉趋势明显，城乡地区互联网普及率差异为 24.1%，2017 年以来首次缩小到 30% 以内。网络视频（含短视频）用户规模达 8.88 亿，占网民整体的 94.5%，视频化成为网络评论发展的新标配。网络评论借助社交互动、视频化等方式，助力抗疫、脱贫攻坚、新中国成立 70 周年等重大事件的舆论引导，创新社会治理体系，推进网络评论"顶天立地"，实现网络评论穿透衔接线下服务。网络评论是健全数字治理的关键"抓手"，吸引了国内、国际的多学科专家研究，很大程度上提升了传播研究的开放性、多样性和独立性。

　　为了及时跟踪研究网络评论发展的前沿，深入探讨网络评论传播的科学规律，构建政府、业界、学界等相关机构的网络评论联动协同研究平台，深入解读网络评论的国内国际研究前沿成果、重大事件的网络评论传播规律，总结提炼网络评论用户类型，精准把握网络评论传播效果，分析社会治理和媒体融合视野里的网络评论发展，本报告综合运用知识图谱、网络大数据抓取、问卷抽样调查、典型案例解剖等方法开展研究，立体呈现 2019～2020 年网络评论的发展现状和趋势。

一　首次面临"信息疫情"，网络评论助力"战疫"

（一）社交媒体评论信息沉浸传播，凸显公众疫情心理压力

　　伴随新冠肺炎疫情暴发的是"信息疫情"。世界卫生组织称，我们不仅面临新冠肺炎疫情快速传播的疫情，也面临社交媒体的"信息疫情"。《麻省理工科技评论》刊文指出，新冠肺炎疫情是第一个真正的社交媒体"信息疫情"

（infodemic）。公众频繁接触疫情相关评论信息，同时不断地进行信息的二次和多次传播，集中关注疫情信息，过滤掉所有不相关的知觉，进入一种社交媒体的疫情信息沉浸（flow）状态。

根据国家信息中心与南京大学于2020年1月20日至2月13日联合开展的"新型冠状病毒肺炎公众认知与信息传播调研"，90%的公众都对疫情相关信息保持了高度的关注，其中47%的公众每天关注疫情信息，43%的公众每时每刻都在关注疫情信息（见图1）。

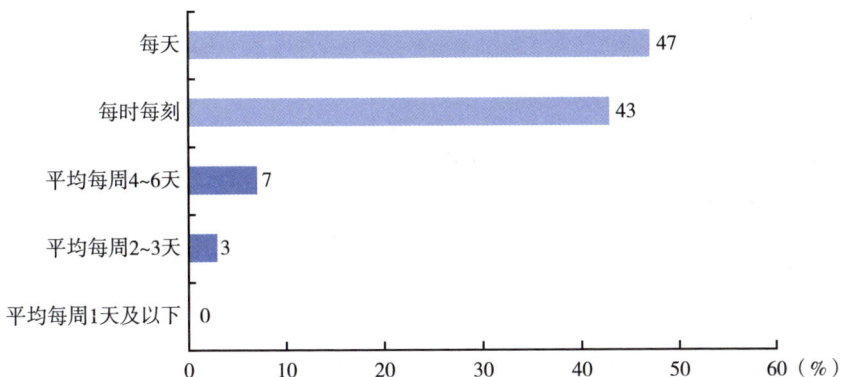

图1　疫情信息的公众关注频率

信息过载和沉浸式的信息浏览对公众心理造成一定影响，51%的公众心理稍有紧张感，25%的公众比较紧张，10%的公众很焦虑（见图2）。

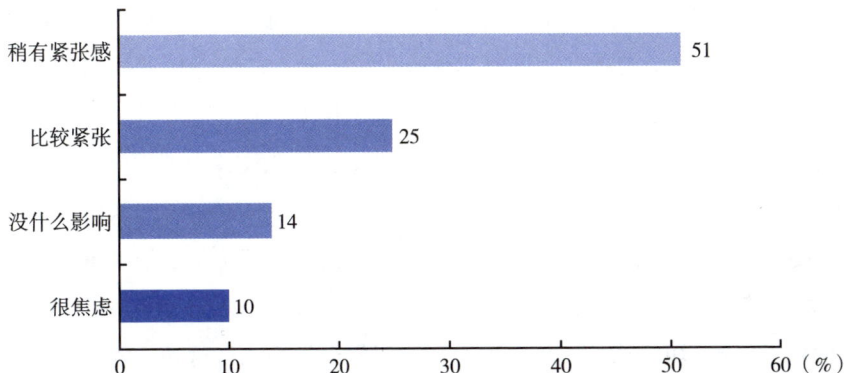

图2　疫情信息传播的公众心理影响

疫情的发展趋势如何、日常生活中应该如何防控等疫情相关信息往往是公众倾向于分享的内容。疫情之下，公众最牵挂的是家人和朋友，越亲近，越愿意进行疫情相关信息传播。超过八成的调查对象"总是"和"经常"将得知的疫情最新信息告知家人，其次是告知朋友。亲友之间的传播互相强化、互相循环，形成了自我加强的状况（见图3）。

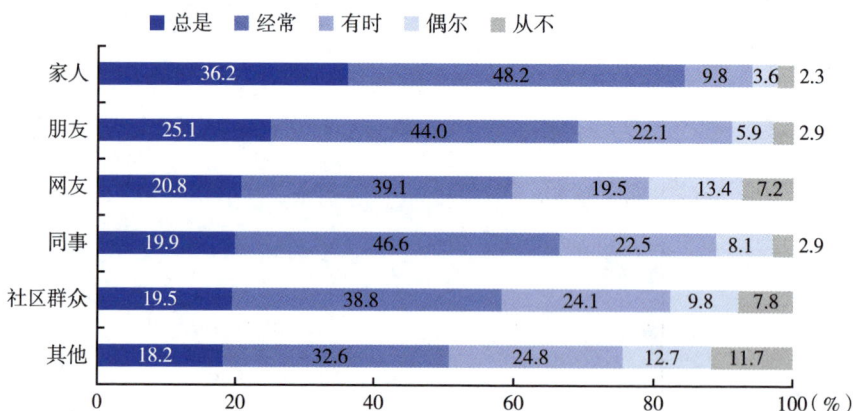

图3 疫情信息二次传播不同对象的频率

（二）"信息疫情"治理引起高度关注，网络舆论引导稳定社会情绪

互联网环境下，公众通过各类信息平台获取信息，并且能够对获取信息进行评论和再评论的"编码"，实现信息的二次传播。疫情背景下的网络信息传播，引起了全社会的高度关注。"疫情"暴发不久，2020年2月3日，中共中央政治局常务委员会召开会议，习近平总书记主持会议并发表重要讲话。会议强调，要深入宣传党中央重大决策部署，充分报道各地区各部门联防联控的措施成效，生动讲述防疫抗疫一线的感人事迹，讲好中国抗击疫情故事，展现中国人民团结一心、同舟共济的精神风貌，凝聚众志成城抗击疫情的强大力量。要加大对传染病防治法的宣传教育力度，引导全社会依法行动、依法行事。要正视存在的问题，及时发布权威信息，回应群众的关切，增强及时性、针对性和专业性，引导群众增强信心、坚定信心。要有针对性地开展精神文明教育，

加强对健康理念和传染病防控知识的宣传教育，教育引导广大人民群众提高文明素质和自我保护能力。要加强网络媒体管控，推动落实主体责任、主管责任、监管责任。

会议召开后，"信息疫情"的治理力度显著加强，收到了良好的效果。调查数据显示，防疫科普知识有着高关注度和高转发率，说明针对疫情的健康理念和传染病防控知识的宣传教育工作到位，公众在自我关注的同时还将信息进行二次传播，提升了全社会科学防疫的效果。

抗疫一线感人事迹同样有着高关注度和高转发率，说明抗疫一线这些温暖人心的信息催生了公众的共情能力，其自主自发地将这份温暖进行二次传播，加强了信息的正向传播力。

疫情产生的影响分析有着低关注度和高转发率，说明疫情背景下，每个公众都深切感受到了疫情对社会以及对自身的影响，乐于去分享和讨论这类话题。

辟谣或真假求证信息则是低关注度、低转发率，说明疫情信息传播中，健康理念和传染病防控知识的宣传教育，帮助广大人民群众提高了文明素质和自我保护能力。得益于各辟谣平台对谣言的及时澄清，公众能够对各类疫情信息进行理性的自我判断。

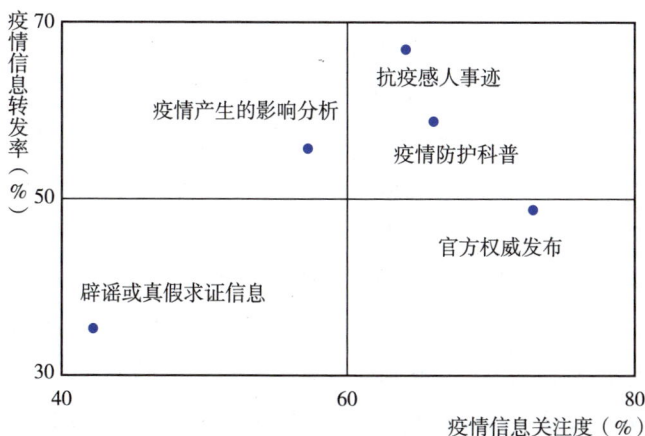

图4　疫情相关话题关注度及转发率情况

（三）社交平台成为官方发布信息的重要阵地，健康教育成为社交平台热点

通过对 2020 年 1 月 20 日至 2 月 20 日 1000 万微博账号的 7×24 小时监测，对疫情相关话题数据进行抓取，剔除与疫情无关的词语，选择词频排序前 100 的词语生成词云图（见图 5）。

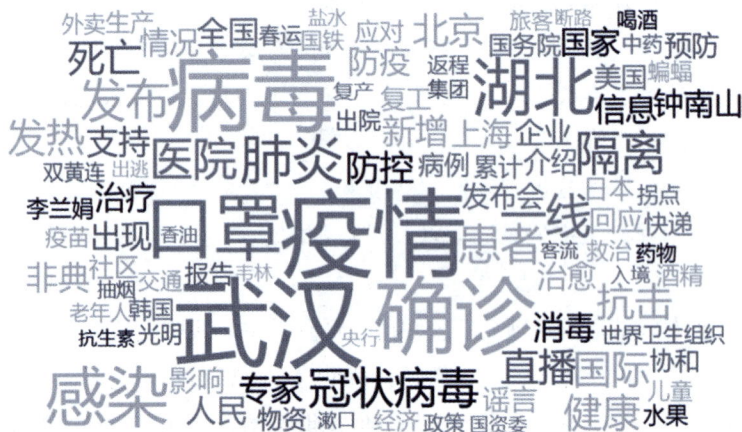

图 5　社交媒体疫情相关话题词云图示意

词云图中这些词语均跟新型冠状病毒感染的防控措施有关，如口罩、隔离等。通过进一步数据分析可以发现，疫情防控知识教育相关话题词频总数在 1000 万账号数据的监测结果中，达 5970 万，是词频排名最高的话题类别。这说明社交平台针对健康教育已经形成热点讨论，有效引导公众以更科学、理性的方式看待疫情、抗击疫情（见表 1）。

通过微博话题词频数据可以看到，社交平台已成为官方发布的重要阵地。官方权威信息发布相关话题词频总数在 1000 万账号数据的监测结果中排名第二。面对疫情的严峻挑战，民政部、交通运输部、卫健委、应急管理部、国资委等通过政务新媒体平台及时发布信息。1 月 20 日至 2 月 20 日，上百个中央和国家部委官微和超过 2.6 万个各级政府官微已发布超过 55 万条疫情相关微博，阅读量超过 115 亿。

从人民日报、央视等中央媒体到地方媒体，坚持在微博上进行 24 小时播报，1月20日至2月20日已经发布近30万条疫情相关微博，阅读量超过500亿。围绕国家及各地新冠肺炎疫情防控工作新闻发布会，媒体机构发起了1400余场微博直播，累计观看量超过11亿人次，全天候"云监工"武汉火神山医院、雷神山医院施工现场成为微博上最热门的直播。

抗疫一线感人事迹相关话题词频总数在1000万账号数据的监测结果中排名第三。在微博上，广受民众关注的卫健系统，以@健康中国为中心，凝聚1000余个账号组成矩阵，覆盖各地卫健委、疾控中心、医院，每天发布4000多条疫情信息。武汉中心医院、武汉市第一医院等发布的呈现一线医护人员辛勤状态的微博，感动了无数网民，更增强了民众打赢这场"战疫"的信心。

疫情对国计民生的影响相关话题词频总数在1000万账号数据的监测结果中排名第四。疫情导致的企业复工难、中小微企业生存难等问题在社交平台引起了广泛讨论，多地政府为助力企业渡过难关，出台了多项帮扶政策。

表1　2020年1月20日至2月20日微博平台1000万账号疫情话题抓取词频

话题	词频
疫情防控知识教育	5970万
口罩	996万
隔离	529万
发热	391万
防控	297万
专家	254万
官方权威信息发布	3719万
确诊	1216万
感染	861万
发布	520万
新增	274万
死亡	367万
抗疫一线感人事迹	2942万
一线	516万
医院	505万
患者	462万
抗击	381万
支持	269万
疫情对国计民生的影响	1026万
影响	185万
企业	179万
复工	124万

话题	词频
交通	82 万
经济	77 万
谣言相关话题	586 万
谣言	170 万
快递	107 万
水果	71 万
外卖	67 万
双黄连	41 万

（四）移动互联网成为公众获取疫情信息主渠道，社交媒体疫情信息传播力突出

调查发现，疫情期间公众获取疫情相关信息 95% 的通过手机来实现。这说明手机在疫情信息获取中有着绝对重要的作用，网络是疫情信息传递的关键通道。电视这一传统信息渠道在疫情发生期间的信息传播中也起到了重要作用。这主要是因为公众在春节期间与家人共同居住的情况增多，电视作为"客厅媒体"的使用率上升（见图6）。

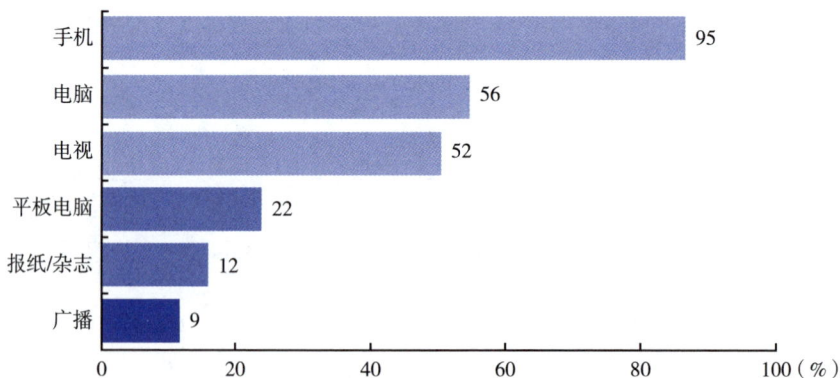

图6　公众疫情信息获取使用设备情况

在互联网高度发达的时代，微信凭借庞大的用户基础成为疫情信息传播的最重要渠道。新闻客户端依托丰富的资讯资源、实时信息推送等优势，在疫情信息传播公众使用渠道中排名第二（见图7）。

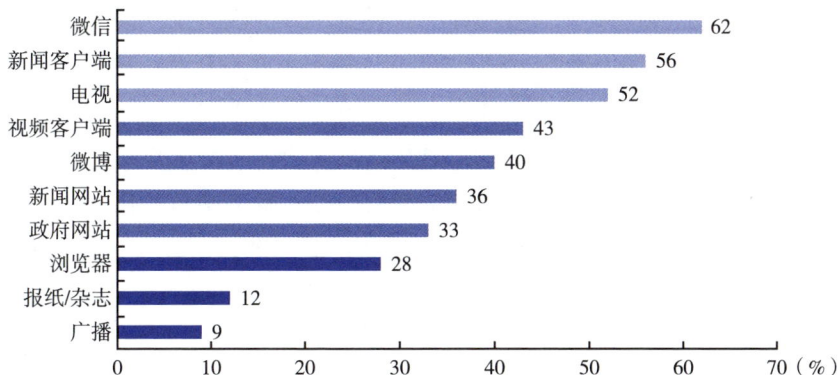

图7 公众获取疫情信息渠道使用情况

二 以网络评论为抓手，走好全媒体时代群众路线

（一）深刻认识全媒体群众路线战略意义，发挥网络评论聚民情显民意作用

2016年4月19日，习近平总书记主持召开网络安全和信息化工作座谈会并发表重要讲话，指出"知屋漏者在宇下，知政失者在草野"。很多网民称自己为"草根"，那网络就是现在的一个"草野"。网民来自老百姓，老百姓上了网，民意也就上了网。群众在哪儿，我们的领导干部就要到哪儿去。

近年来的政治传播研究显示，以社交媒体为代表的传播革命彻底改变了当今的政治传播模式。社交媒体拓宽了社会舆情的影响范围，极大地提高了公众对重要社会问题的参与度。巴里汀等[1]学者认为，社交媒体上发出的公众声音将传统的舆论和社会运动结合起来，成为一种新型的数字化政治力量，即"数字舆论运动"。数字舆论运动表达了沉默的多数人的态度以及在社会运动

---

[1] Mauro Barisione, Asimina Michailidou & Massimo Airoldi，"Understanding a Digital Movement of Opinion：The Case of #RefugeesWelcome," *Information，Communication & Society*，2019（8），pp. 1145 – 1164.

领域中所隐含的思想，即集体行动需要积极的少数群体进行非数字动员。亨特①等认为，社会运动的构成方式已经发生了根本改变，数字化沟通成为社会运动的主要组织形式；在社交媒体平台上，微小的社会运动可以迅速扩大规模，即时将信息传递至可能被影响的其他人。当前，改革开放进入"啃硬骨头"的时期，各种利益关系、社会矛盾错综复杂，社会结构日益多元，网络评论是党和政府了解社情民意的重要窗口。群众路线作为党的生命线和根本工作路线，也要适应互联网发展的潮流，体现信息化、网络化、数字化的时代特点与要求。②

9.40亿网民数量使互联网成长为彰显民意的主渠道，领导干部应牢固树立"以人民为中心"的价值追求，牢牢把握占人民群众67.0%的网络平台，多层次、多角度、多渠道地挖掘网络评论资源，精准把握社情民意，变"单向传播"为"互动沟通"，及时回应社会关切、疏导社会情绪、破解难点问题，发挥全体网民的主动性和创造性，将网络评论反映的民意凝聚为改革发展的驱动力，提高网民的获得感、幸福感，发挥互联网的社群化和部落化特性，通过自我满足和实现自尊的机制将网民有效地整合起来，形成发现民意反映的问题、解决民意反映的问题的激励和评价系统，推动全媒体群众路线全面落实。

（二）贴近网络评论需求诉求，提高用户聚集度和忠诚度

全媒体时代的群众路线应"始终做到贴近群众、服务群众，把群众的操心事、烦心事、揪心事当成头等大事，聚焦群众关心的热点难点问题，及时发声、精准发声、正确发声，既解民忧又送政策，既暖民心又聚民力"③。以新冠肺炎疫情为例，疫情暴发以来，及时的信息公开和准确的信息传播变得至关重要。同时，由于新冠肺炎疫情的暴发，公众承受着各种各样的压力，面对各种各样的问题如防护物资匮乏、小微企业复工复产困难、居住地区有无感染风险、如何进行自我预防等。在了解公众急难后的第一时间，各中央

---

① Kate Hunt & Mike Gruszczynski, "The Influence of New and Traditional Media Coverage on Public Attention to Social Movements: The Case of the Dakota Access Pipeline Protests," *Information*, *Communication & Society*, https://doi.org/10.1080/1369118X.2019.1670228.

② 李桂梅、刘安：《走好新时代党的群众路线》，《光明日报》2018年12月24日。

③ 李桂梅、刘安：《走好新时代党的群众路线》，《光明日报》2018年12月24日。

部委贴近公众实际需求,通过政务新媒体,走好网上群众路线,构建网上网下同心圆,发挥网络传播互动、体验、分享的优势,听民意、惠民生、解民忧,不断推出抗疫服务类产品,引导公众隔离防护、复工复产,助力人民健康生活。

"国务院客户端"小程序上线 20 余项疫情服务和"疫情防控和复工复产服务专区""中小微企业、个体工商户复工复产服务专区""就业服务专区" 3 个专区。1 月 23 日至 2 月 29 日,"国务院客户端"小程序累计访问量 2 亿,其中 1 月 26 日单日访问量达 4000 万,创政务类小程序单日访问量纪录;服务用户 6000 万,比疫情发生前 11 个月数量翻了 3 倍多;注册用户数达到 1136 万,成为首个注册用户超过 1000 万的国家级政务小程序。2020 年 2 月 5 日至 3 月 4 日,"国务院客户端"小程序的累计用户访问人数达 6022 万,月活跃用户累计 509 万。

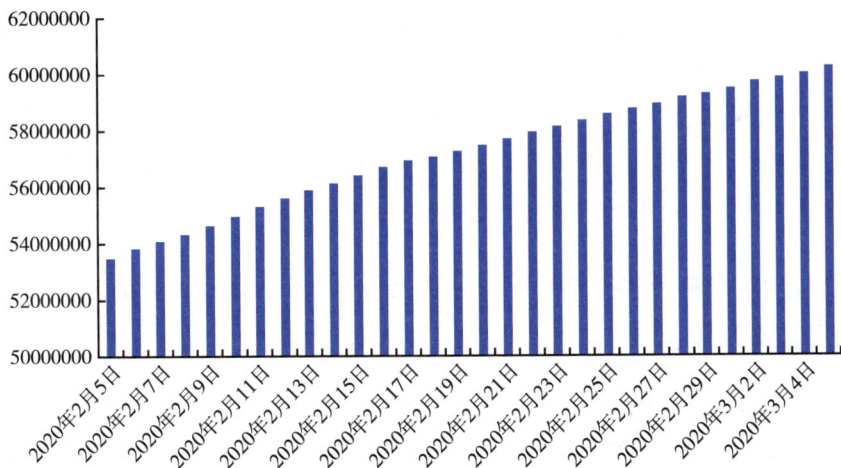

图 8 "国务院客户端"小程序累计访问量

2020 年是全面打赢脱贫攻坚战收官之年。推进作风建设、走好群众路线是开展脱贫攻坚工作的重要一环。部分媒体在新闻评论中指出,要"克服官僚形式主义""坚决破除形式主义""集中整治形式主义歪风"等。求是网评论《基层迎检为什么那么多》、央广网文章《破除文山会海,让广大基层干部

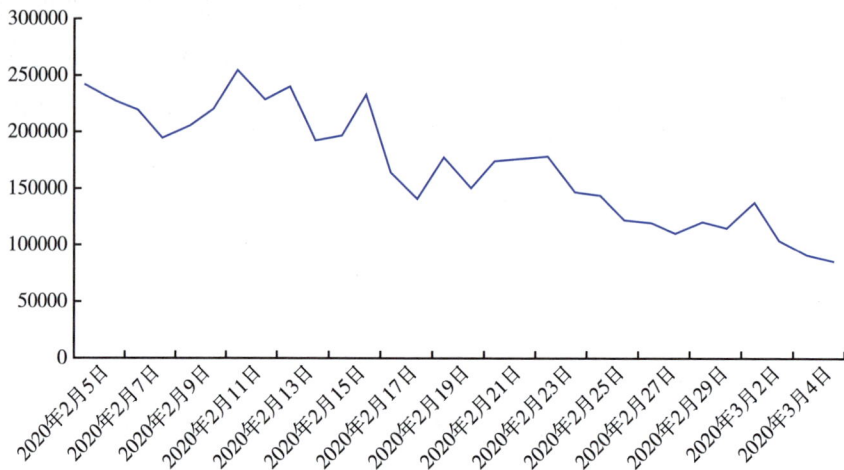

图9 "国务院客户端"小程序月活跃用户

干事创业》等详细阐述了基层扶贫工作的形式主义弊端与破解形式主义桎梏的重要性。上观新闻文章则从实际操作层面提出,当前基层负担重,存在官僚主义、形式主义问题,更多的是由治理任务重与治理资源有限之间的矛盾造成的。针对这一矛盾,要用实现基层治理体系现代化来解决,为基层扶贫工作廓清舆论方向,受到广大干部群众欢迎。

(三)密切联系网络评论用户,有效促进线下服务转化

网络评论逐渐成为社会活动的重要介质载体,在满足用户信息传播的过程中逐渐向其他领域延伸,并超越传统评论形态向多平台、多终端、多领域渗透扩展。网络评论发展模式业已发生变革,网络评论泛视听应用在跨行业发展演进,并逐步形成各垂直行业的创新应用,不仅提升行业自身经济附加值,同时也带来关联行业发展红利,高品质的网络评论视听作品、视频购物、直播电商等新兴业态成为拉动经济发展与个人消费的重要驱动力量。面向未来,网络评论视听化应用将进一步促进文化娱乐、电商零售等领域的创新发展,同时也将在商务服务、消费等领域孵化新的业态模式,给行业生产效率的提升和经营模式的转变带来巨大影响。

"网络评论+直播+垂直领域应用"成为重要发展趋势。各地在促进高质

量发展和供给侧改革的过程中，抓住视频红利的战略机遇期，探索在重点商业街区布局8K超高清显示系统，试点8K超高清演出、赛事直播等应用，鼓励文旅体行业创新发展云旅游、云演出、云阅读、在线远程体育健身等线上营销新形态，充分发挥直播入口的流量优势和网络评论的口碑影响力，推动网络直播、网络评论与农产品销售、旅游、零售、体育、家政、餐饮等垂直领域的深度融合，流量、口碑评论赋能垂直领域升级，垂直领域提升流量、口碑评论转化率，网络评论显著促进了直播落地化、实体化、融合化发展。

网络评论打造网红打卡地标，促进城乡消费升级。为了助力"逐步形成以国内大循环为主体、国内国际双循环相互促进的新发展格局"，很多城市鼓励利用闲置工业厂区等场所建设文化时尚中心、健康管理维护中心、养生养老中心、消费体验中心等新型载体，并通过线上线下多渠道的口碑评论宣传消费打卡地，支持餐饮、特色小店、商场、老字号等打造沉浸式、体验式消费场景，培育网红打卡新地标。把握网络评论应用下沉趋势，促进网络评论融合乡村振兴，推动网络评论成为提高农业综合效益和竞争力、移风易俗全面提升农民素质、打造农民精神家园、健全自治法治德治相结合的乡村治理体系的重要抓手。根据中国互联网络信息中心（CNNIC）发布的《第46次中国互联网发展状况统计报告》，截至2020年6月，我国电商直播、短视频及网络购物用户规模较3月增长均超过5%，电商直播用户规模达3.09亿，较2020年3月增长4430万，规模增速达16.7%，成为上半年增长最快的个人互联网应用，为促进传统产业转型、带动农产品上行提供了积极助力。网络零售用户规模达7.49亿，占网民整体的79.7%，市场连续七年保持全球第一，为形成新发展格局提供了重要支撑。其中，基于网络评论所形成的口碑效应成为用户选择的重要依据，也成为电商直播、短视频及网络购物区别于传统线下购物平台的核心竞争力之一。

发挥网络评论"抗疫"优势，口碑传播拓展线上展览促消费。面对"疫情"的冲击，很多城市支持线上线下融合办展，为展会项目线上举办提供免费技术支持、产品推广及分销服务。网络评论的多级、多次传播和口碑传播优势，为各种博览会、采购会、线上品牌展会、线上展卖促销活动提供了有力支撑，进一步推动了网络评论内容与线下活动的深度融合。

三 聚焦内容质量建设，推动网络评论内容供给侧改革

（一）融媒体新闻评论加速发展，显著提升新闻舆论引导力

2020 年 6 月 30 日，习近平总书记在中央全面深化改革委员会第十四次会议上强调，推动媒体融合向纵深发展，要建立以内容建设为根本、先进技术为支撑、创新管理为保障的全媒体传播体系，牢牢占据舆论引导、思想引领、文化传承、服务人民的传播制高点。融媒体新闻评论在坚持传统评论的新闻性、政论性和传播主流价值的基础上，注重融合传播环境下的即时互动、优化产品体验和丰富表达符号等创新，显著提升新闻舆论引导力。

融媒体新闻评论继承了传统新闻评论的新闻性特征。2019 年浙江广电集团新闻客户端"中国蓝新闻"推出了系列短评"基层减负"。该客户端将字幕、动画、主持人解说和现场视频相结合，清晰明了地列举了若干基层社区形式主义的"挂牌"行为。每块牌子后面都涉及建领导机构、找阵地、制度上墙等制度性考核要求。其系列评论敏锐地捕捉这些亟待整改的问题，并进行切中要害的剖析，鲜明地体现出融媒体新闻评论的新闻性特征。

融媒体新闻评论坚持评论的政论性特征。人民日报在 2019 年全国两会期间推出了系列融媒体新闻评论"两会'石'评"。人民日报评论员通过竹板书的方式点评两会。在《部长为何请求"高抬贵手"》中，围绕国家文物局刘玉珠局长呼吁大家保护文物、要"高抬贵手"，评论员从提高公众文物保护思想意识的角度入手，明确表达了对刘玉珠观点的支持，鲜明地体现了融媒体新闻评论的政论性特征。

融媒体评论着力传播核心价值观。以中央电视台的融媒体评论栏目《主播说联播》为例，该栏目由《新闻联播》的主播针对热点新闻话题进行口播短评，借助微信公众号、微博、抖音等渠道联动传播，篇幅虽短但说理深刻、启迪思想。在评论被羁押 20 多年最终无罪释放的张玉环案时，呼吁以正义之名追究审讯过程中不法行为主体的责任；在评论高分考生报考北大考古系这一网民热议的新闻时，说出"所谓专业，或许更该理解为专注成就事业"的金

句。"人民日报评论"公众号的《画里有话》专栏也常常用发人深省的语言传递鲜明的价值理念。针对备受海内外网民关注的美国制裁 TikTok 的议题，《画里有话》以海报配一句话评论的形式亮明观点——"满身污迹却大谈'清洁网络'，美政客莫不是在讲笑话"，一针见血地点明美国政府"清洁网络"的荒谬性、讽刺性。在评论"天才少年入职华为获百万高薪"的热点话题时，《画里有话》配发"创造价值"的主题海报，用攀岩者的形象比喻"天才少年"的进取之路，文字点评"比年薪刻度更值得追求的是创造价值"与图片相互呼应，激发青年人要立志创造价值，不要一味地羡慕天才和高薪，引领其树立正确的人生观。

融媒体评论注重契合即时互动的社交网络传播环境特点。中央电视台中文国际频道打造的首档融媒体新闻评论节目《中国舆论场》采取直播的方式，中央人民广播电台、中央电视台、中国国际广播电台联动，三台的用户以及节目微信公众号的用户都可以通过网络渠道进入直播间的"虚拟坐席"，借助该微信公众号"边看边聊"功能，观众可以和同时看该节目的其他受众互动留言、相互点赞，也可以直接向现场专家提问，由主持人选择代表性问题请专家进行解答。用户在微信公众号的评论经过筛选后，还可以实时出现在电视直播屏幕的左侧，上下滚动播出。

融媒体评论借力信息技术创新产品体验。随着信息技术的创新，VR（虚拟现实）、AR（增强现实）、MR（混合现实）等日益与评论深度融合，为用户提供泛在、沉浸的体验环境。2019 年全国两会期间，山东广播电视台"闪电新闻"客户端推出了新闻评论 VR 直播节目《拜托了两会》，节目通过 5G 连线现场记者，再加上 VR 呈现的现场，实时梳理两会的热点、主流媒体的评论和网民的反馈，获得了好评。2020 年新冠肺炎疫情期间，新京报评论栏目运用文字＋图片/动画的方式，通过场景化的话语表达传递观点，从而使公众更好地理解评论所表达的态度与情感，实现了"以景带情、以论带理"的目的。

融媒体评论丰富表达符号、打造吸睛产品。"四川观察"客户端在 2019 年推出了融媒体评论产品《声张》，由主持人对热点话题进行 2 分钟左右的口播评论。《声张》采用音频评论置顶，且音频和文字不是重复而是补充的关系，文字和图片跟在其后，融媒体评论作品能看又能听。"浙江新闻"客户端则拓展了传统媒体"漫画评论"的内涵，采用编者按加动画、动图和打油诗的方式对热点话题进行评论。中国青年报打造了融媒体新闻评论专栏"中青融评"，对与青少年有关的热点事件保持高度关注，如"钟美美模仿老师走红""顶替农家女上大学事件""仝卓高考舞弊案"等。"中青融评"将图片、短视频、旁白解说和文字评论融为一体，集图片、文字、声音多种符号于一身，从多个端口推出，包括微信公众号、百家号、客户端、媒体官方网站、腾讯视频、微博等。

（二）创新重大主题传播，实现用户情感强链接

重大主题传播是围绕党和国家重要决策部署、中心工作和时代主题所进行的新闻传播活动，是检验新闻舆论引导能力的重要标志。依托移动互联网新兴传播技术，新中国成立 70 周年系列报道主题鲜明、形态丰富，呈现"全景式视野""沉浸式场景""落地式话语""交互式传播"等多方面特征，最大限度地拓展了用户与信息的连接和情感互动，"全网融合""全民互动"特征更为突出。

新中国成立 70 周年重大主题报道以主流媒体为主导，影响力辐射至网站、微博、微信、客户端、论坛、短视频等各类平台。据统计，省级媒体声量最高，发布信息占比 64.56%，其次是中央媒体，占比 23.23%。[1]

媒体融合趋势在新中国成立 70 周年主题宣传中有突出显现，传统媒体借力"两微一端一网一抖"表现出强势的引导力。国庆期间，新华网和新华社客户端页面总浏览量超过 3 亿；中央广播电视总台推出的《日出东方》70 小时不间断大型直播，利用总台丰富的信号资源，多视角呈现庆祝大会、阅兵式、群众游行盛况，截至 10 月 2 日 12 时，央视新闻客户端各路直播总观看量超过 10 亿，加上各合作平台账号总观看量超过 17 亿。

新中国成立 70 周年的国际传播较之以往也有所突破。新华社英文客户端进行 4K + VR 直播国庆盛典，总浏览量超 900 万，4 万余人同时在线观看，创历史新高；中央广播电视总台举办"与中国同行"海外受众互动活动，通过

---

[1] 吴阿娟、孙洁：《时间轴中记录峥嵘 身边事里谱写华章》，《中国新闻出版广电报》2019 年 9 月 24 日。

44种语言发布宣介新中国发展成就的多媒体主题帖近千条，高达上亿阅览量，吸引了120多个国家受众。中国日报报、网、端、微全平台联动，70周年主题总传播量破6.2亿，其中国庆庆祝大会相关系列报道在170余家海外主流媒体落地。

尤为值得关注的是，情感链接是新中国建立70周年主题宣传的重要突破。各级媒体通过成就宣传、生动的故事讲述，以历时性呈现、逻辑性叙事、符号化表征，从政治、文化、经济、科技、社会等各个角度，最大限度最大范围调动民众情绪，为各地各领域建设成就喝彩，并通过宣传过程中国家概念的不断强调，全方面构建属于中国人的自豪感，最终点燃民众对国家认同的沸点。人民日报新媒体中心采用"时光博物馆全国巡展"和线上直播结合的形式，在北京蓝色港湾放置一辆红色的时光大篷车，车内布置上70年来不同时间节点最具代表性的物件，包括老式收音机、电视机、自行车、《人民日报》等，让不同年代受众在时光博物馆的观看中消除代际隔阂，唤醒对70年中国发展的记忆和民族情感，从而实现价值共享。人民网、新华网、央视网等推出的"70年70问""史诗70年""逐影寻声70画"等专题专栏与"70"这一数字紧密挂钩，系统回顾新中国成立70周年的重要场景和重大变化，既有政治高度、时代视角，又有历史回望和故事嵌入，展现了中国创造伟大奇迹的奋斗历程和驶向伟大复兴的壮阔前景。

情绪强链接使得"90后""00后"等新生代青年爱国情绪不断增强，无论是在社交媒体的自发表达，还是参与媒体、平台的互动产品或活动，都表现得较为踊跃。参与新中国成立70周年话题讨论的40岁以下中青年占总人数的89.76%。结合百度TGI指数分析，"90后""00后"等新生代青年尤为活跃，TGI指数超过100，尤其是"90后"高达127.2。

（三）新基建助力网络评论内容建设，创新网络评论产品形态

2018年底，中央经济工作会议首次提出加快"新型基础设施建设"，新基建开始进入人们的视野；2020年3月4日，为应对疫情期间经济疲软，中央政治局常务委员会会议强调加快新型基础设施建设进度，以新基建加快我国经济转型，稳定地方经济发展，新基建热度不断攀升；2020年4月20日，国家发改委新闻发布会上首次明确新型基础设施的定义及范围，为新基建的稳步推

进指明了方向。

项目组对 2020 年 3 月 4 日至 2020 年 6 月 4 日各省份发布的新基建政策进行了综合梳理，发现各省份新基建政策中，5G 专项实施方案占比逾四成。其中，又以 5G 网络设施建设、5G 产业发展为主要实施内容。另外，数字专项政策占比逾两成，聚焦数据基础设施、数字经济发展及互联网赋能、市政数字化、传统行业数字化智能化等数字化转型成为实施要点。

2020 年 3 月，工信部印发《关于推动 5G 加快发展的通知》，强调要丰富 5G 技术应用场景，推广 5G + VR/AR、赛事直播、游戏娱乐、虚拟购物等应用，促进新型信息消费，丰富教育、传媒、娱乐等领域的 4K/8K、VR/AR 等新型多媒体内容源。2019 年，工业和信息化部、国家广播电视总局、中央广播电视总台联合印发《超高清视频产业发展行动计划（2019～2022 年）》，明确将按照"4K 先行、兼顾 8K"的总体技术路线，大力推进超高清视频产业发展和相关领域的应用。中央广播电视总台发布《2018～2021 年 4K 超高清技术发展规划》，提出央视 4K 超高清频道的建设计划。主流电信运营商不断推动 5G + 高新视听应用发展，中国移动实施了 5G + 超高清创新发展计划，中国联通发布了端到端全流程 5G 超高清直播平台，中国电信推出了更加细腻出彩的"天翼超高清"应用。5G 和超高清视频技术的突破为视听产业转型升级和高质量发展，在政务、商务、消费等领域创新应用提供了难得的历史机遇。根据中国互联网络信息中心（CNNIC）发布的《第 46 次中国互联网络发展状况统计报告》，至 2020 年 6 月底，5G 终端连接数已超过 6600 万，三家基础电信企业已开通 5G 基站超过 40 万个。

"新基建"围绕数据智能基础设施，推动数据中心从"云 + 端"集中式架构向"云 + 边 + 端"分布式架构演变，着力建成网络基础稳固、数据智能融合、产业生态完善、平台创新活跃、应用智慧丰富、安全可信可控的新型基础设施，更好地满足了网络评论视听化发展的大流量特征，推动网络评论内容供给侧改革，提升网络评论内容体验质量。建立在新技术应用基础上的新型网络评论视听化应用更加关注用户的感官体验和认知体验，通过营造全场景沉浸式虚拟空间，能够为用户提供全感官沉浸视听交互体验，用户不仅能获得身临其境的视觉观感，同时也能够形成对虚拟环境理解的获得感，产品内容逐步向激发用户多维度感官体验演进。同时，日益丰富的网络评论视听化应用也将带动 5G 网络的部署应用，推进新型网络基础设施的建设，推动网络评论的技术研发和集成创新能力进一步提升，进而带动我国信息消费升级，成为 5G 时代的主流网络应用之一。

四 洞察网络评论用户心态与生活方式，精准刻画三重传播效果

（一）网络评论用户的主流心态

传统上，基于地理区域和年龄、性别、婚姻状况、收入状况、文化程度等人口统计指标的用户研究，往往只能对网络评论用户进行简单的细分，很难刻画用户的价值观和生活形态。实际上，年龄段相同、收入层次相同的用户群体细分内部价值观和生活形态的差异甚至有可能超出不同年龄段和收入层次的用户群体。项目组根据 5700 个网络评论用户样本的调查，结合心理描述测试法，在反复检验 33 项测试语句后，提取特征值大于 1 的 31 个语句、9 个因子，将网络评论用户的主流心态提炼为如表 2 所示的 9 类。

表 2　概念抽取后命名的因子名称

因子	因子名称	因子	因子名称	因子	因子名称
因子1	娱乐休闲意识	因子4	家庭生活意识	因子7	社会责任意识
因子2	追求前卫意识	因子5	情绪表达意识	因子8	人际交往意识
因子3	自我成就意识	因子6	财富奋斗意识	因子9	随意冲动意识

从九类心态来看，网民发表评论的驱动力较为复杂，既受到"社会责任意识""自我成就意识"等相对理性诉求的影响，也会受到"情绪表达意识""随意冲动意识"等较为感性的因素影响，网络评论的引导既要讲道理，也要强化感情共振。"财富奋斗意识""人际交往意识"推动网络评论发展较具目的性，但是，更为值得关注的是"娱乐休闲意识""家庭生活意识""追求前卫意识"等推动网络评论相对个性化、去目的化传播的因素。在理解网络评论典型心态的基础上，条分缕析、有的放矢地把握用户需求，精准引导，为有效引导新闻舆论提供超越人口统计特征的情感诉求研判依据。

（二）基于生活形态的网络评论用户群体细分

以生活形态所抽取的 9 个评价因素为基础变量，对 5700 个样本在评价因素上的得分进行非谱系聚类分析，将网络评论用户细分聚类为"自我实现型""休闲娱乐型""工作生活型""潮流理财型""个性表现型""责任意识型"6个主要群体。

本研究对 9 个因子进行旋转，表 3 是旋转后各因子（主成分）与组别的均值结果。根据表 3 中每一类群网络评论用户的因子的特征，最终将网络评论用户的生活形态分为 6 个类别。①组别 1：因子 5 和因子 9 明显聚合在一起，故将其分为一个类别，命名为"自我实现型"；②组别 2：因子 2、因子 3、因子 4、因子 5、因子 8 呈聚合状态，将其命名为"休闲娱乐型"；③组别 3：只有因子 6 负荷最高，与其他因子没有聚类，故将其单独命名为"工作生活型"；④组别 4：因子 2、因子 6 呈聚合状态，故将其命名为"潮流理财型"；⑤组别 5：只有因子 5 负荷最高，与其他因子没有聚类，故将其单独命名为"个性表现型"；⑥组别 6：因子 7 负荷最高，与其他因子没有聚类，故将其单独命名为"责任意识型"。

表 3　旋转后各因子与组别的均值

组别	因子 1	因子 2	因子 3	因子 4	因子 5	因子 6	因子 7	因子 8	因子 9
1	0.24	0.19	0.52	0.48	0.61	0.17	0.23	−0.15	0.69
2	0.19	0.51	−0.53	−0.55	0.49	0.28	−0.42	0.53	0.09
3	−0.11	−0.30	0.06	0.16	−0.16	−1.63	−0.18	0.14	−0.37
4	0.25	−2.09	0.06	−0.31	−0.17	0.71	−0.12	0.07	−0.05
5	−0.18	0.40	−0.38	0.04	−1.20	0.09	0.13	−0.40	0.46
6	−0.51	0.34	0.22	−0.07	0.11	0.53	−1.46	−0.17	0.31

组别 1 "自我实现型"中"国家机关、党群组织、企业事业单位负责人""专业技术人员（如科学研究员、教学人员等）""办事员和有关人员""军人""其他"的 TGI 指数大于 115；"商业、服务业人员""农、林、牧、渔、水利生产人员""生产、运输设备操作人员及有关人员"的 TGI 指数小于 85，表明"自我实现型"在各类职业的人员中均具备显著性特征。

组别2"休闲娱乐型"中"办事员和有关人员"和"商业、服务业人员"的TGI指数大于115；"国家机关、党群组织、企业事业单位负责人""农、林、牧、渔、水利生产人员""生产、运输设备操作人员及有关人员"的TGI指数小于85。

组别3"工作生活型"中"农、林、牧、渔、水利生产人员""生产、运输设备操作人员及有关人员"的TGI指数大于115；"国家机关、党群组织、企业事业单位负责人""专业技术人员（如科学研究员、教学人员等）""办事员和有关人员"的TGI指数小于85。

组别4"潮流理财型"中只有"商业、服务业人员"的TGI指数大于115；"农、林、牧、渔、水利生产人员""生产、运输设备操作人员及有关人员""其他"的TGI指数小于85。

组别5"个性表现型"中"商业、服务业人员"的TGI指数大于115；"国家机关、党群组织、企业事业单位负责人"和"专业技术人员（如科学研究员、教学人员等）"的TGI指数小于85。

组别6"责任意识型"中"国家机关、党群组织、企业事业单位负责人""专业技术人员（如科学研究员、教学人员等）""军人"的TGI指数大于115；"办事员和有关人员""商业、服务业人员""其他"的TGI指数小于85。

总体个案中"军人"占比较少，导致引起差异。值得注意的是"自我实现型""责任意识型"中的"军人"的TGI指数都超过了115，说明了这两类组群中"军人"这一特征明显。

（三）各平台网络评论传播的认知、态度和行为效果

项目组构建了覆盖认知效果、态度效果、行为效果3个一级指标、5个二级指标、15个三级指标的传播效果评价体系，并将网络评论的平台划分为单向传播型网络平台、社交网络型网络平台、内容生产型网络平台和功能实现型网络平台等，以全面地分析网络评论传播效果。本研究通过"调研工厂"线上问卷服务平台进行投放，共收集有效调查问卷5600份，并运用互联网爬虫采集了大量网络评论内容数据，综合评价网络评论传播效果。

1. 社交网络型平台的网络评论更受用户喜爱

通过对调研样本进行数据分析可知，网络评论在社交网络型渠道的认知效

果最高。由图10可知，网络评论在以微博、微信朋友圈、QQ空间、豆瓣等为代表的社交网络型网络平台的认知得分为3.77分，得分最高。

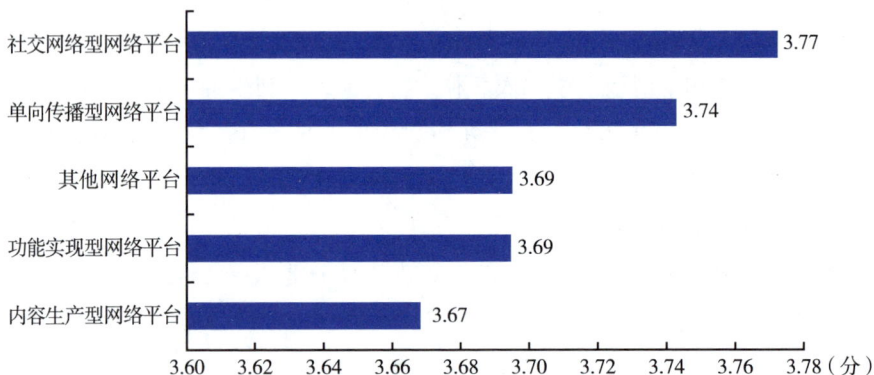

图10 网络评论认知效果的渠道差异

通过对认知效果的二级指标进行分析可知，网络评论在单向传播型网络平台中的可信度最高。由图11可知，网络评论在以新浪、网易、搜狐、腾讯等为代表的单向传播型网络平台的可信度得分最高，为3.68分；网络评论在以百度贴吧、天涯社区等为代表的内容生产型网络平台的可信度得分为3.59分，得分最低。

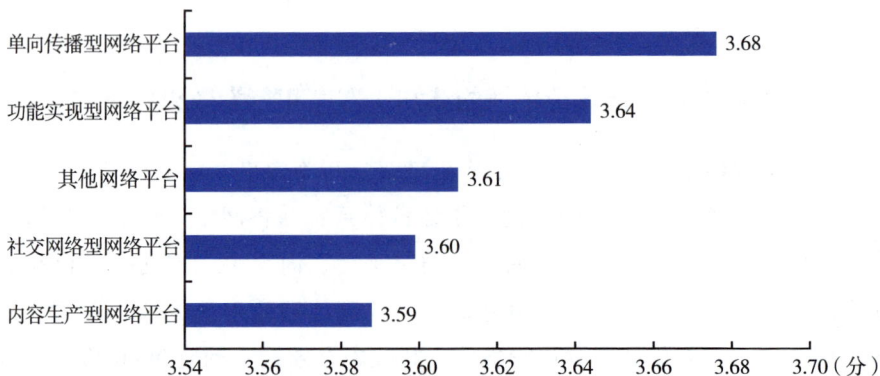

图11 网络评论可信度的渠道差异

由图 12 可知，网络评论在以微博、微信朋友圈、QQ 空间、豆瓣等为代表的社交网络型网络平台的喜爱度最高，得分为 3.95 分；网络评论在以百度贴吧、天涯社区等为代表的内容生产型网络平台的喜爱度得分为 3.81 分，排名第二；网络评论在以新浪、网易、搜狐、腾讯等为代表的单向传播型网络平台的得分为 3.78 分，排名第三；网络评论在以弹幕评论类网站、聚合类新闻平台等为代表的其他网络平台和以淘宝网、京东、大众点评网等为代表的功能实现型网络平台得分均为 3.75 分，得分最低。

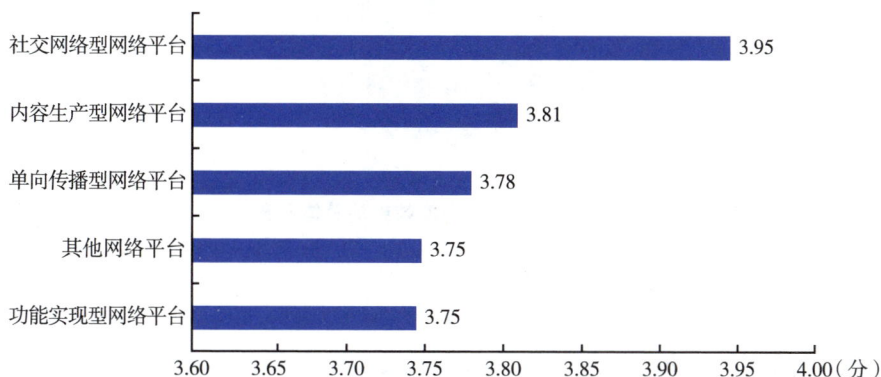

图 12　网络评论喜爱度的渠道差异

2. 功能实现型平台的网络评论获得用户积极评价

通过对 384880 条网络评论内容数据进行分析可知，超六成网络评论呈现积极态度，但仍有超过两成的网络评论呈现消极态度（见图 13）。在以淘宝网、京东、大众点评网等为代表的功能实现型网络平台中呈现积极态度的网络评论高达 85.58%，在各类平台中占比最高；在以新浪、网易、搜狐、腾讯等为代表的单向传播型网络平台和以微博、微信朋友圈、QQ 空间、豆瓣等为代表的社交网络型网络平台中呈现积极态度的网络评论占比相近，分别为 61.89% 和 60.55%；而在以百度贴吧、天涯社区等为代表的内容生产型网络平台中呈现积极态度的网络评论占比为 55.65%，而呈现消极态度的网络评论近三成（见图 14）。

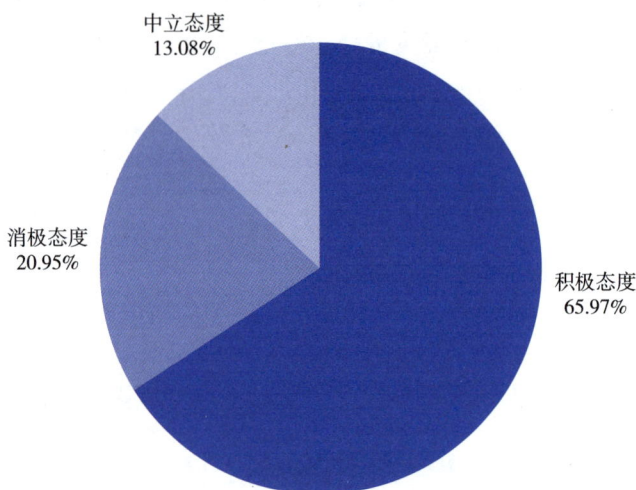

图13 网络评论态度效果的总体分布

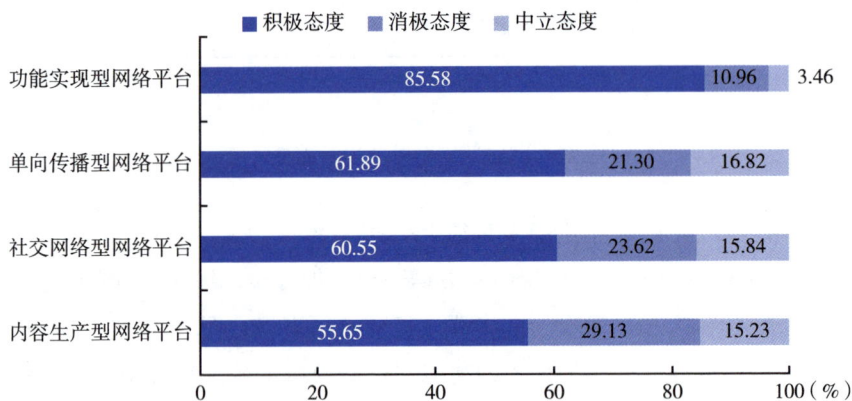

图14 网络评论态度效果的渠道差异

3. 社交网络型平台的网络评论更易触发用户传播行为

通过对调研样本进行数据分析可知，网络评论在社交网络型平台中的行为效果最高。由图15可知，在以微博、微信朋友圈、QQ空间、豆瓣等为代表的社交网络型网络平台中网络评论的行为效果得分为3. 63分，排名第一；在以百度贴吧、天涯社区等为代表的内容生产型网络平台中网络评论的行为效果得分为3.31分，得分最低。

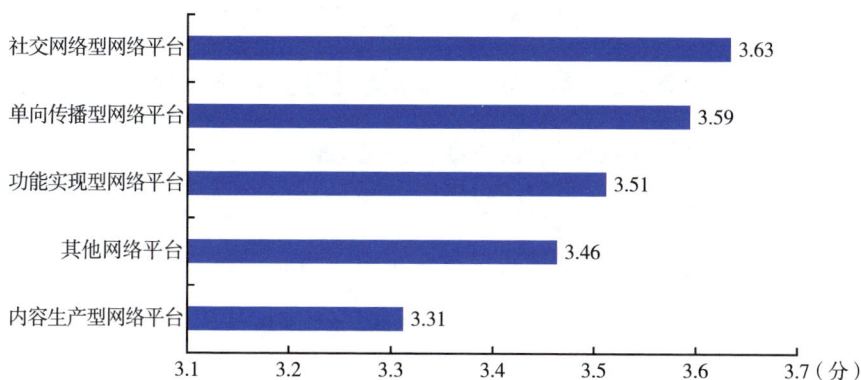

图15　网络评论行为效果的渠道差异

通过对行为效果的二级指标进行分析可知，网络评论在社交网络型网络平台中的关注度和参与度均最高。在以微博、微信朋友圈、QQ空间、豆瓣等为代表的社交网络型网络平台中的网络评论的关注度得分为3.63分，排名第一；在以淘宝网、京东、大众点评网等为代表的功能实现型网络平台和以新浪、网易、搜狐、腾讯等为代表的单向传播型网络平台中的网络评论的关注度得分相同，均为3.59分，排名第二；在以弹幕评论类网站、聚合类新闻平台等为代表的其他网络平台中的网络评论的关注度得分为3.48分，排名第四；在以百度贴吧、天涯社区等为代表的内容生产型网络平台中的网络评论的关注度得分为3.32分，得分最低（见图16）。

由图17可知，在以微博、微信朋友圈、QQ空间、豆瓣等为代表的社交网络型网络平台中的网络评论的参与度得分为3.64分，排名第一；在以新浪、网易、搜狐、腾讯等为代表的单向传播型网络平台中的网络评论的参与度得分为3.60分，排名第二；在以弹幕评论类网站、聚合类新闻平台等为代表的其他网络平台中的网络评论的参与度得分为3.44分，排名第三；在以淘宝网、京东、大众点评网等为代表的功能实现型网络平台中的网络评论的参与度得分为3.43分，排名第四；在以百度贴吧、天涯社区等为代表的内容生产型网络平台中的网络评论的参与度得分为3.31分，得分最低。

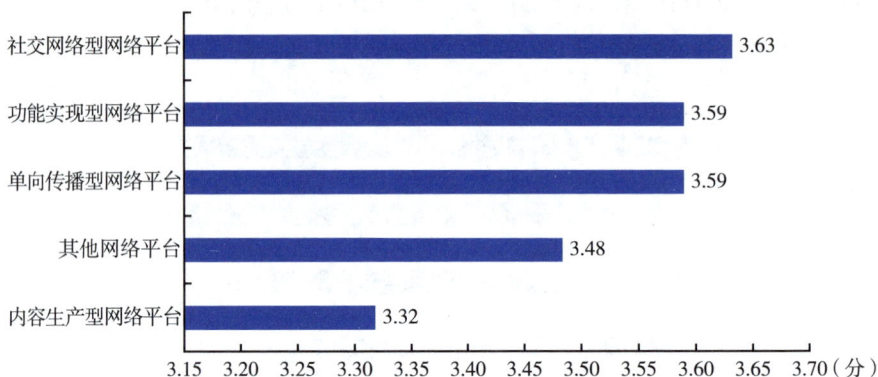

图 16 网络评论关注度的渠道差异

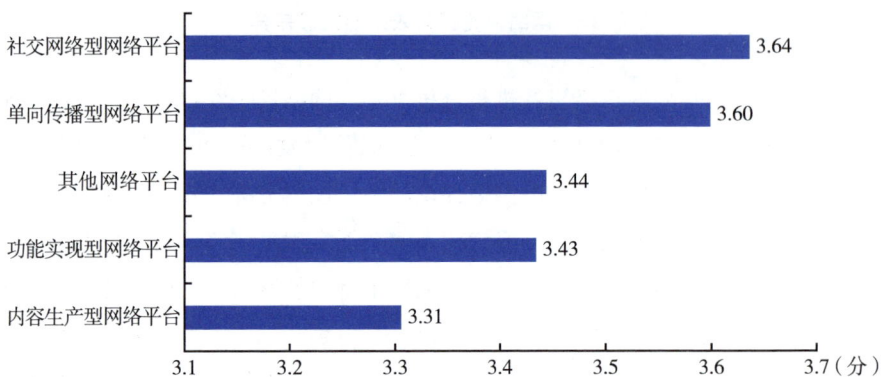

图 17 网络评论参与度的渠道差异

五　推动数字治理有法可依，加速形成多元协同治理体系

（一）算法与人工智能治理成为热点，社会公众期待健全数字治理

大数据和算法改变了组织的决策方式，当机器智能被认为已经超越了人类，人们便越来越依赖算法而做出决策，算法几乎在人类活动的所有领域都

根深蒂固。麦肯锡认为，随着算法被嵌入组织内部，其变得越来越有影响力且越来越不透明。①创建算法的人可以在"数据价值链"的每一阶段做出任意决定，但是这些主观性却无法被看见。算法可以反映出其创建者的偏见，可以强化既定的思维方式并可能带有某些政治倾向。霍夫曼指出，偏见和公平是新兴的数据正义领域的中心主题，大数据和算法决策应用于特定类型的问题时，其具有的隐瞒和放大现有威胁的能力，有可能加剧已经存在的不公正现象。②冈瓦达兰等证实，以技术为媒介的歧视与其他形式的歧视一起存在，这些歧视导致以社会差异为特征的个人和群体的系统性边缘化。数字技术的不透明性引起了人们的广泛关注，并要求公共及私营组织在开发、实施和使用算法时更加透明。③肯珀等学者指出，算法的透明性从根本上取决于其面对的受众，不考虑受众的关键性和公正性，算法的透明性便无从谈起。评估算法的透明性时，应该通过算法与受众建立的实际效果来考察而不是预期效果。将算法问责制视为人与机器的一种社会技术组合，对于提高数字技术的透明度最为有效。④阿拉道等学者认为，将数字技术赋予人道主义观念是推动数字技术更加透明的关键。算法编写和大数据处理等行为的背后终究归属于人类实践。人类在数字化生产时将技术科学与人文科学相结合，既关注技术的科学性又考虑伦理性，这对技术透明和社会公正有特别重要的意义。⑤

近年来，人工智能的浪潮席卷全球，人工智能技术引起公众的广泛关注。埃罗菲耶娃指出，工程师将人类的能力委派给机器以实现人工智能，人不再是话语实践和主观行动的唯一来源，人工智能技术将人的控制权转移到人与技术

① Adrian Mackenzie, "From API to AI: Platforms and Their Opacities," *Information, Communication & Society*, 2019 (13), pp. 1989 –2006.

② Anna Lauren Hoffmann, "Where Fairness Fails: Data, Algorithms, and the Limits of Antidiscrimination Discourse," *Information, Communication & Society*, 2019 (7), pp. 900 –915.

③ Seeta Peña Gangadharan & Jędrzej Niklas, "Decentering Technology in Discourse on Discrimination," *Information, Communication & Society*, 2019 (7), pp. 882 –889.

④ Jakko Kemper & Daan Kolkman, "Transparent to Whom? No Algorithmic Accountability without a Critical Audience," *Information, Communication & Society*, 2019 (14), pp. 2081 –2096.

⑤ Aradau, C. E., Blanke, T., & Greenway, G. R, "Acts of Digital Parasitism: Hacking, Humanitarian Apps and Platformisation," *New Media and Society*, 2019 (11 –12), pp. 2548 – 2565.

的混合控制权上。技术转折标志着人类社会未来的严峻挑战。① 格雷以"数据见证"概念作为出发点,认为人类可能正在从基于记忆的社会决策转变为基于数据的社会决策。② 人类依靠外部工具来解决问题,人工智能逐渐成为人类大脑的类似扩展以及做出社会决策的工具。包括可穿戴技术和增强现实在内的尖端技术向社会的传播,很可能在未来进一步模糊人类认知与计算机之间的界限。人工智能系统在人类社会的许多领域中都有重要作用,关于人工智能的道德行为与影响逐渐受到关注。尚克等研究证实,对人工智能技术的道德观念可能将道德过失从人类身上夺走,从而更多地将道德过失归因于机器本身。这意味着人工智能技术可能被用作人类失败的道德替罪羊。而与人工智能交互的技术人员的过失则被忽视。因此,了解人工智能的行为、道德和感性含义不仅是了解技术的关键,对于更广泛地了解人类和社会也很重要。③

普斯卡通过回顾手指计数的历史及其与计算技术的相关性认为,人类的手指早已塑造成为数字手指,更重要的是,数字技术也早已融入手指中。④ 从更早、更简单的技术追踪到数字技术的出现,普斯卡认为,人类的手机也曾经是"新媒体",从罗马算盘到触摸屏,技术以非常特定且一致的方式对身体进行数字处理。他强调,人体的数字化既不是人类的基础也不是人类的否定,它只是人类的一种特别配置。数个世纪以来,数字化如此牢固地存在于人体中,成为人类不可或缺的一部分。数字计算机不仅是人类控制下的功利性工具,而且是当今世界的人性化引擎,它们定义了对人类的意义。

深度学习是一种基于模拟人工神经网络的机器学习法,迄今为止各种难以解决的计算问题,例如图像识别、语言处理和大数据识别等,都可以依靠

---

① Maria Erofeeva, "On Multiple Agencies: When do Things Matter?" *Information*, *Communication & Society*, 2019 (5): pp. 560 – 604.

② Jonathan Gray, "Data Witnessing: Attending to Injustice with Data in Amnesty International's Decoders Project," *Information*, *Communication & Society*, 2019 (7), pp. 971 – 991.

③ Daniel B. Shank, Alyssa DeSanti & Timothy Maninger, "When are Artificial Intelligence Versus Human Agents Faulted for Wrongdoing? Moral Attributions after Individual and Joint Decisions," *Information*, *Communication & Society*, 2019 (5), pp. 648 – 663.

④ Jason Puskar, "Counting on the Body: Techniques of Embodied Digitality," *New Media & Society*, 2019 (10), pp. 2242 – 2260.

深度学习自动解决。穆尔霍夫①认为，当前人工智能技术的特点是一种新型的联网技术，该技术通过将人类作为认知主体来实现智能设备的学习。因此，深度学习的"突破"不仅需要开发高性能并行计算机，还需从根本上改变人机交互的典型问题。深度学习的成功所依赖的稀缺资源既不是算法也不是计算机，而是其数据的可用性，而数据的最终来源依靠人类的参与。人类资源的重要性导致了基于现有社会经济鸿沟的新形式的剥削和隐性劳动的出现。

（二）从受众、用户到共同创造者，公众成为数字治理的深度参与者

从大众传播时代的新闻评论"受众"（Audience）到社交媒体时代的网络评论"用户"（User）再到泛在物联网时代的网络评论"协同创造者"（Co-creator），对"人"的界定反映了网络评论治理格局与发展理念的变迁。

"受众"的概念典型地反映了大众传播时代新闻评论的单向度传播模式。面对工业化、大规模、单向度的媒体传播，受众往往被认为是弱势群体，甚至被看成被动的、消极的、缺乏反思的能力，只是受到操纵的木偶。现代媒体"既调节公众生活，又控制私人方式，不仅灌输思想，而且还渗透进了人的心理结构，把确定的思维方式、行为方式和价值观强加给人们，使人丧失内在的自由和独立的决断能力"②。"电视使观众萎缩成为僵尸或目光呆滞的受骗者，这些观众消费的恒定食谱是经预先消化的、媒体香肠工厂大量生产出来的垃圾食品，他们遭受着这种使人上瘾的、致幻性的物质的麻醉作用。"③进入20世纪70年代以后，研究者关心的重点从媒介如何影响受众，转向受众如何使用媒介。虽然受众研究更强调受众的主动性、更重视受众需求，但是，大众传播时代的新闻评论受众作为"接受者"的地位并未得到显著

① Rainer Mühlhoff, "Human-aided Artificial Intelligence: Or, How to Run Large Computations in Human Brains? Toward a Media Sociology of Machine Learning," *New Media & Society*, https://doi.org/10.1177/1461444819885334.
② 欧文同、张伟：《法兰克福学派研究》，重庆出版社，1990，第8页。
③ 〔英〕戴维·莫利：《媒体研究中的消费理论》，载罗钢、王中忱主编《消费文化读本》，中国社会科学出版社，2003，第6页。

改变。

与大众媒体时代受众主要负责新闻评论"接受"的模式不同，社交媒体将信息传播主动权还给了普通大众，为用户提供了信息生产、积累、共享、传播的独立空间，形成个人信息管理的自媒体（We Media）。无数个体可以相对自主地将自我信息面向无数个体发布，形成了用户生产、用户分享的互动机制。在社交网络传播的过程中，用户、记者、编辑等角色是互相转换的，他们更接近于伙伴与伙伴（Peer to Peer）之间的关系，形成一个或多个紧密联结的社群。"用户"理念的发展不仅仅体现在普遍流行的"互动"方面，也体现在"使用"方面。社交媒体时期的网络评论日益与兴趣、搜索、电商、支付、信用评价、配送等融合，实现了"使用"功能的拓展，从"看评论""听评论"转向了"网络评论＋政务服务商务"。

泛在互联的深度融合推动"用户"向"协同创造者"转变。传统意义上的"受众""用户"不再仅仅是信息接收者和产品及服务的使用者，也是产品和服务的生产者，成为价值的"协同创造者"。实际上，早在20世纪80年代，未来学家阿尔文·托夫勒就在《第三次浪潮》中预言：在市场竞争、技术变革和企业利益的驱动之下，生产者与消费者之间的界限将会逐渐模糊，甚至融为一体，传统意义上的消费者将更多参与产品开发和设计环节，形成"生产型消费者"（Prosumer）——Producer（生产者）和 Consumer（消费者）的合成。[1]

"协同创造者"的变化，一方面体现在主动参与产品和服务的生产、设计、提供，特别是随着新型数字化基础设施建设的发展，通过高速数据交互与泛在场景的连接，在服装、汽车、家电等各个领域，"协同创造者"可以参与产品和服务生产的全流程；另一方面，也体现在被动留下的产品和服务的使用痕迹、数据，也就是说，在互联网平台浏览、点击、购买、支付的行为本身也为互联网平台优化产品和服务提供了宝贵的数据，创造了不容忽视的价值。"协同创造者"不仅在微观层面意味着"受众""用户"角色的变化，也意味着泛在互联场景下宏观层面向"协同治理者"转变，更加重视治理主体的多元性、治理过程的互动性和协商性，培育并增强社会治理的基础，提升"协

---

[1] 凌云剑：《与 Prosumer 一起生产》，《商务周刊》，2009 年 1 月 5 日，第 40～41 页。

同创造者"的参与意识、社会责任与参与能力，使微观层面的"协同创造者"与宏观层面的"协同治理者"能够有机融合。

（三）健全数字治理体系，促进网络评论多元协同治理

截至 2020 年 6 月，我国在线政务服务用户规模达 7.73 亿，占网民整体的 82.2%。国家政务服务平台注册用户达 1.26 亿，总计访问人数 10.02 亿，总浏览量 58.91 亿。"横到边、纵到底"的"覆盖城乡、上下联动、层级清晰"五级网上服务体系初步形成。围绕政府、平台、社会的多元协同治理体系正在加速形成，在线政务服务日趋成熟，国家政务服务平台建设成效凸显。①

网络评论政策法规治理体系持续完善。2020 年 5 月 28 日第十三届全国人民代表大会第三次会议通过了《中华人民共和国民法典》，是新中国第一部以法典命名的法律，在法律体系中居于基础性地位，也是市场经济的基本法。民法典格外注重网络延伸出的民事权利保护，涉及个人信息保护、网络虚拟财产、打赏、电子合同、肖像权、隐私权和个人信息保护、网络侵权等相关内容。十三届全国人大常委会第二十次会议对《中华人民共和国数据安全法（草案）》进行了审议，并向社会公众征求意见。该法既着眼于保护数据安全，又努力促进数据的开发利用，体现了"安全与发展并重"的理念，确立了数据分级分类管理以及风险评估、监测预警和应急处置等数据安全管理各项基本制度；明确开展数据活动的组织、个人的数据安全保护义务，落实数据安全保护责任；坚持安全与发展并重，规定支持促进数据安全与发展的措施；建立保障政务数据安全和推动政务数据开放的制度措施。2020 年 4 月，《网络安全审查办法》发布，坚持防范网络安全风险与促进先进技术应用相结合、过程公正透明与知识产权保护相结合、事前审查与持续监管相结合、企业承诺与社会监督相结合，从产品和服务安全性、可能带来的国家安全风险等方面进行审查。

"互联网 + 政务服务"治理体系逐步深化。"战疫"期间，中国政府网移动新媒体仅用 1 天的时间就开发上线了全部应用功能，及时开通了国务院互联

---

① 《第 46 次中国互联网络发展状况统计报告》，中国网信网，2020 年 9 月 29 日。

网+督查平台"疫情防控线索征集"专区，向社会征集有关地方和部门在疫情防控工作中责任落实不到位、防控不力、推诿扯皮、敷衍塞责等问题线索。在政务服务内容上，中国政府网关注群众反馈的心声，向群众提供最直接最实际的服务，心理热线、价格举报、应急物流等做到联系方式全部提供，开启一键式服务；口罩、医院、同乘、通信、蔬菜供应快速获取最新数据；个体户调查、中小企业政策等复工生产服务对象全面覆盖。服务人群范围广、服务功能全准新、服务流程短平快，使政务新媒体成为社会治理创新点。为解决群众的实际需求，中国政府网移动新媒体联合国家卫健委、市场监管总局、国资委、国家知识产权局、中国专利信息中心、工信部、人力资源社会保障部、农业农村部、交通运输部等12个部门推出了多项便民应用。"全国'菜篮子'产销信息查询"加强了产需信息对接，为保障蔬菜供应和解决蔬菜价格高等问题提供了助力；"医用口罩查询"针对性地服务于群众的防疫消费需求，既便于群众用线上的方式辨别口罩的真伪，又起到了普及科学使用口罩知识的作用，进一步引导群众购买普通口罩，节约有限的医疗资源。同时，为防止哄抬物价的行为，特设置了12315消费投诉举报应用。"全国应急物流保障电话查询"解决了交通管控措施导致的物流难问题，进一步保障了疫情防控物资的运输；"重点医疗防控物资生产供需对接专区"，方便企业互补有无，打通了生产线链条，提升了防控物资生产力；"新冠肺炎防疫专利共享信息平台"便于查询新冠肺炎防疫专利信息，更好地服务医疗科技攻关和物资生产。联合工信部、人力资源社会保障部推出问卷调研，方便各部门收集大量数据、摸清真实情况，更好地制定应对政策措施。此外，"国务院客户端"小程序还新设了新冠肺炎就医查询、新冠肺炎疑似或确诊孕产妇产检和分娩定点医院查询、全国心理援助热线查询、患者同乘接触者查询、海关健康申报、出入境信息查询等功能，全方位解决群众需求。

网络治理市场力量发挥显著作用。互联网域名系统，特别是根服务器，是互联网架构中最重要的核心基础设施和战略资源，是互联网通信的入口和基础。自2003年中国电信引入了国内第一个根镜像节点（F根）以来，我国大力推进国家顶级域名解析节点部署，陆续引入了I、L、J、K根镜像服务器，推动网络基础设施安全保障更加完备，为网络治理市场提供了坚强保障。网络安全和网络治理产业加速发展，涌现出一批龙头企业和上市企业，"网络安全产品和服务已经从基础网络安全领域延伸到云服务、大数据、物联网、工业控制、5G 等不同应用场景，实现了对于基础设备、基础技术、安全系统、安全服务等多个维度的全面覆盖"①，市场力量深度参与网络治理，成为提升网络治理效率、促进资源配置优化的重要驱动力。

① 《第 46 次中国互联网络发展状况统计报告》，中国网信网，2020 年 9 月 29 日。

分 报 告

Topical Reports

B.2
中国网络评论研究的知识图谱与前沿观点

张竹箐　赵曙光*

摘　要： 本报告选取 CSSCI 新闻传播学来源期刊进行文献检索，运用
文献计量软件刻画了 2019 年国内网络评论研究的知识图谱，
并从网络评论的传播效果研究、网络评论的传播机制研究、
网络评论的传播渠道研究等方面系统梳理了网络评论研究的
主要观点。

关键词： 网络评论　文献计量　知识图谱

随着网络评论的舆论引导、口碑评价、价值转化等效果日益受到重视，网
络评论成为国内学术研究的"富矿"，吸引了新闻传播、企业管理、公共管理

---

* 张竹箐，南京大学新闻传播学院博士研究生；赵曙光，南京大学新闻传播学院教授，博士生
导师，南京大学紫金传媒研究院（北京）副院长。

等多个领域的机构、学者。为了全面系统地分析网络评论研究的前沿成果，本报告以中国知网 CNKI 学术期刊全文数据库为依托，选择 CSSCI 来源期刊中的相关中文文献，具体操作以"网络评论""在线评论""网络舆情""网络舆论"为主题词，时间设定为 2019 年，学科选择"新闻传播学"，经过数据筛选与整理，共选取 150 篇期刊论文进行分析（检索日期为 2020 年 6 月 2 日），并运用文献计量软件对 2019 年中文社会科学引文索引（CSSCI）收录的网络评论领域的研究成果进行可视化分析，旨在通过内容分析的方法建立网络评论研究的知识图谱和学术研究网络体系，并梳理国内网络评论研究的前沿理论与重要观点。

一 中国网络评论研究的知识图谱

（一）中国网络评论研究的机构分布

对中国网络评论研究成果的机构进行分析，有助于了解我国网络评论研究的主要科研力量分布。由图 1 可以看出，发表机构分布网络中节点共计 52 个，连线共计 16 条，网络整体密度为 0.0121。图 1 中一个节点代表一个研究机构，节点越大表示该研究机构发文量越多；节点之间的连线表示机构之间的合作关系，节点的连线越多，表示机构之间的研究合作越为频繁。从整体上看，目前国内网络评论研究的机构分布较为多元化，形成了覆盖新闻传播学、管理学、公共管理等多学科的研究机构，研究机构之间的合作以"两两合作"为主。吉林大学管理学院发文量最多，中国人民大学新闻学院与其他研究机构合作最多。

国内网络评论发文量 2 篇及以上的研究机构如表 1 所示，共 22 所。2019 年国内学术界"网络评论"研究发文量以吉林大学管理学院最多，达到 15 篇，占比 14.15%；其次是北京师范大学新闻传播学院，发文量为 7 篇，占比为 6.60%；中国人民大学新闻学院发文量为 6 篇，占比均为 5.66%，中心度为 0.01。这说明国内网络评论研究多数集中在知名高校，各高校以独立研究为主，相互之间的合作关系较为松散。

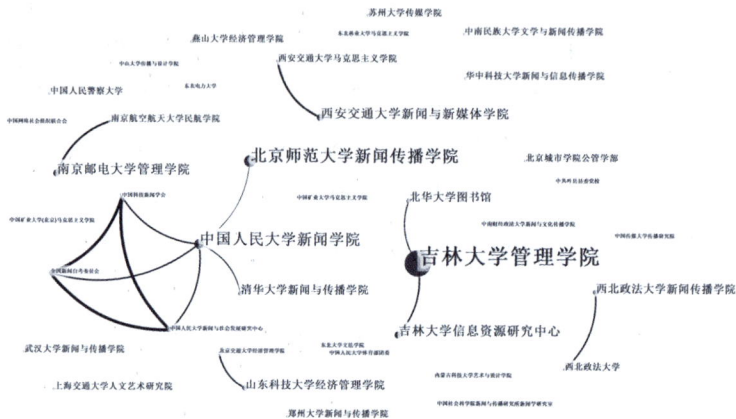

图1 中国网络评论研究的机构分布

表1 国内网络评论研究机构分布（频次≥2）

机构	频次	占比（%）	中心度
吉林大学管理学院	15	14.15	0
北京师范大学新闻传播学院	7	6.60	0
中国人民大学新闻学院	6	5.66	0.01
南京邮电大学管理学院	4	3.77	0
西安交通大学新闻与新媒体学院	4	3.77	0
吉林大学信息资源研究中心	4	3.77	0
清华大学新闻与传播学院	3	2.83	0
西北政法大学新闻传播学院	3	2.83	0
北华大学图书馆	3	2.83	0
山东科技大学经济管理学院	3	2.83	0
郑州大学新闻与传播学院	2	1.89	0
燕山大学经济管理学院	2	1.89	0
华中科技大学新闻与信息传播学院	2	1.89	0
中南民族大学文学与新闻传播学院	2	1.89	0
中国人民警察大学	2	1.89	0
西北政法大学	2	1.89	0
武汉大学新闻与传播学院	2	1.89	0
苏州大学传媒学院	2	1.89	0

机构	频次	占比（%）	中心度
上海交通大学人文艺术研究院	2	1.89	0
南京航空航天大学民航学院	2	1.89	0
西安交通大学马克思主义学院	2	1.89	0
北京城市学院公管学部	2	1.89	0

（二）中国网络评论研究的关键词共现分析

图 2 反映的国内网络评论关键词共现分布网络中节点共计 76 个，连线共计 110 条，网络整体密度为 0.0386。图 2 中一个节点代表一个关键词，节点的大小表示关键词的使用频次，节点越大表示该关键词的出现频次越高；节点间连线表示两个关键词之间紧密程度。对图 2 进行分析可知，国内网络评论研究领域关键词分布较为集中，主要可以聚合为七大研究主题，分别为"网络舆论""网络舆情""舆情传播""意见领袖""网络衍生舆情""舆论引导""在线评论"。由此可知，目前国内网络评论研究热点聚焦在网络舆情领域，舆情的传播研究、舆论的引导、意见领袖的作用与在线评论研究有着密切的关系。

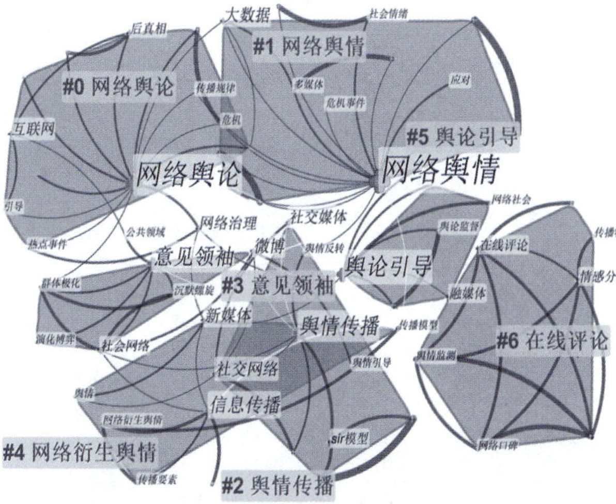

图 2　中国网络评论研究的关键词共现分析

本报告选取出现频次 2 次及以上的关键词进行分析，具体数据如表 2 所示，2019 年国内网络评论研究最核心的关键词为"网络舆情"，出现 32 次，中心度排名第一，为 0.67。"网络舆论"出现频次位于第二，出现 21 次，中心度排名第二，为 0.33。其他较为重要的关键词频次由高到低依次为：舆论引导、意见领袖、舆情传播、信息传播、微博、新媒体、大数据、社交网络和社交媒体等，这些关键词在 2019 年较受国内学者关注。

表 2　中国网络评论研究的主要关键词（频次≥2）

关键词	频次	中心度	关键词	频次	中心度
网络舆情	32	0.67	网络社会	2	0
网络舆论	21	0.33	网络舆情治理	2	0
舆论引导	11	0.31	传播模型	2	0.33
舆情传播	8	0.17	危机事件	2	0
意见领袖	8	0.18	自媒体	2	0
信息传播	6	0.15	受众	2	0
大数据	5	0.05	多媒体	2	0
微博	5	0.16	演化博弈	2	0
新媒体	5	0.08	舆情	2	0
社交网络	5	0.04	舆情引导	2	0
社交媒体	4	0.17	移动社交网络	2	0
网络治理	4	0.02	危机	2	0.04
互联网	4	0.01	网络媒体	2	0
后真相	3	0.01	网络口碑	2	0
sir 模型	3	0.09	热点事件	2	0
在线评论	3	0.04	关键节点	2	0
融媒体	3	0	传播要素	2	0
微博舆情	3	0	多媒体网络舆情	2	0
情感分析	3	0.04	危机应对	2	0
社会网络	3	0.08	沉默螺旋	2	0
群体极化	2	0.03	网络评论	2	0
舆情反转	2	0.02	传播规律	2	0.03
舆论监督	2	0	社会情绪	2	0
传播特征	2	0	应对	2	0
舆情监测	2	0.24	网络衍生舆情	2	0.01
引导	2	0.01	公共领域	2	0.03

二　国内网络评论研究的前沿观点

本报告根据关键词知识图谱得出研究热点，并结合 2019 年 CSSCI 数据库检索的 150 篇文献研读结果，对国内网络评论研究的前沿观点和学术脉络进行分析。

（一）网络评论的传播机制研究

1. 网络评论生态特征

德国哲学家黑格尔在其著作《法哲学原理》中对"公共舆论"做过原发性的阐述："个人所享有的形式的主观自由在于，对普遍事务具有他特有的判断、意见和建议，并予以表达。"他认为，公共舆论是公民个人自由言论的集合性表达，是"人民表达他们意志和意见的无机方式"。[①] 随着媒介技术的迅速发展和媒介环境的巨变，互联网成为当今中国公众意见表达的主流场所，公共舆论事件中的网络评论特征也相应发生了很大的变化，多位学者对此开展了研究。喻国明和耿晓梦认为，随着知识问答与短视频社交等新技术平台的崛起，传播生态与舆论格局发生转型和重构，公众的网络评论呈现多样与复杂的局面。其一，社群圈层构成意见的长尾，"抱团取暖"加深群体分化；其二，意见表达"强情绪、弱事实"，情绪宣泄多于理性对话；其三，舆论平台多元去中心，智能算法加剧社会舆论分化。因此，认知网络评论环境的变化是网络舆论研究的前提。[②]

符万年和宋沁研究发现，互联网给公共舆论带来的新变化有以下四点：一是成为意见领袖的门槛降低，普通网民拥有自由发表言论的机会；二是公共舆论的传受双方定位更加模糊，传统主流媒体的权威地位受到挑战；三是公共舆论事件的发布集中于社交媒体平台；四是原创性和理性内容更易获得公众的评

---

① 〔德〕黑格尔：《法哲学原理》，范扬、张企泰译，商务印书馆，1961，第 331 页。
② 喻国明、耿晓梦：《新中国的舆论调查研究：从议题变迁、意见样态到范式转向》，《编辑之友》2019 年第 9 期，第 61~68 页。

论和转发，起着引导受众的重要作用。[①]

周葆华认为，社会化媒体和智能化媒体的勃兴不仅深刻改变了舆论生态，也影响着舆论生成和演化的动态过程。舆论表达的主体更多元；形成网络舆论表达的空间更广阔；网络舆论生成和发展的过程更可见；网络舆论机制更复杂。因此，网络舆论研究进入了大数据时代。与传统舆论研究依赖问卷调查、小样本实验或焦点小组访谈等方法不同，大数据时代在数据、模型和方法三方面都为迈向更关注过程与动态演化的舆论研究提供了新的契机。[②]

2. 网络评论生成机制

平等开放的网络空间中，公众能够自由行使其话语权对公共事件进行评论，网络舆情由此生成。多位学者对新环境下网络舆情的生成机制展开研究。黎明洁和郑宏民认为，在舆情生成过程中，公众的评论内容之间形成互为指涉的文际关系，形成"体裁互文"现象。具体而言，某一文本得到公众的评论从而在连续的转发接力中继续扩散，其可能被搬运至其他互联网平台形成派生文本，或被意见领袖评论引发更多的网络议评。因此，最初的文本沿着难以预测的路径运动，逐渐形成一个庞大的互文网络，潜移默化地派生成公共舆论。[③]

互联网的发展提高了公众网络评论的传播效率，当某一焦点议题或新闻事件触动了公众的普遍性感知时，极易形成群体性情绪，即在短时间内以线上评论、转发、点赞等与线下行为互动形成舆论风暴。匡文波等学者通过对新媒体环境下舆论发生和演变的规律研究发现，网络舆论风暴能否形成，取决于这一事件的重要性、模糊性、敏感性和可到达性，一旦这些要素全部满足，则极容易形成一场网络舆论风暴。他将这一网络舆论风暴模型总结为匡氏网络舆论风暴公式，具体为：网络舆论风暴 = 重要性 × 模糊性 × 敏感性 × 可到达性。[④]

何志武和陈呈认为，在新媒体时代，公众议程受到网络"微议程"和

① 符万年、宋沁：《公共舆论事件的网络传播机制与特征》，《新闻与写作》2019 年第 12 期，第 91 ~ 95 页。
② 周葆华：《网络舆论过程与动态演化：基于计算传播研究的分析》，《西北师大学报》（社会科学版）2019 年第 1 期，第 37 ~ 46 页。
③ 黎明洁、郑宏民：《互文：网络舆情的生成与扩散逻辑》，《中国编辑》2019 年第 2 期，第 9 ~ 13 页。
④ 匡文波、周偶：《论网络舆论风暴公式》，《国际新闻界》2019 年第 12 期，第 131 ~ 153 页。

"媒体议程"的影响。"微议程"是公众议程的萌芽状态，是公众的立场、态度和利益的表达，其形成受到个体情感和社会群体心理的影响。当微议程能够激起公众的情感共鸣和共同体验时，其很快就会以燎原之势发展为备受关注的公众议程。另外，媒体议程对公众也具有渗透性的影响力。尤其是网络新媒体广泛使用之后，公众参与公共话题讨论的平台大为拓宽，公众网络评论的充分性和丰富性为媒体议程与公众议程的互动提供了强有力的支撑。①

陈龙提出，"借题发挥"是中国特色的舆论生成机制。新闻基模转型、话语勾连、事件定性是"借题发挥"舆论生成的"三步曲"。这"三步曲"中，新闻基模转型是基础，社交媒体无把关人的状态为自由言说扫清了障碍；话语勾连是最关键的一步，将不相干的事件勾连到一块，产生意想不到的传播效果；事件定性则是水到渠成的一步，在引导舆论上至关重要。②

3. 网络评论的影响因素

郭蓓认为，共情让人类成为整体，其将个体的痛苦转化为群体的痛苦，人与人之间获得情感上的共鸣。共情对当下公共舆论的生成产生了重要的影响。中国社会公共舆论的形成有明显的身份叙事倾向。公共议题的讨论很容易从事件本身转向当事人的社会身份与处境，从而使普通的新闻事件演变成公共舆论事件。舆论是情绪、事实、观点的混合物，体现我国社会舆论生态的复杂特点。③

刘怡对危机舆情的生成模式进行了研究。她认为，在危机舆情中，利益相关的个人或群体都希望能够处在一种有形或者无形的组织中，这既是一种寻求社会认同的方式，又是一种寻求社会安全感的方式。所以，越是在危机严重的舆情事件中，网络动员越是能够借助互联网的优势迅速形成规模效应的社会认同。公众意见犹如一个巨大的螺旋形成的独立空间，具有强大的说服力。④

---

① 何志武、陈呈：《网络民意的表达路径与收集机制研究——基于政策议程设置的视角》，《中州学刊》2019 年第 11 期，第 165 ~ 172 页。

② 陈龙：《"借题发挥"：一种中国特色的网络舆论话语生成模式》，《新闻与传播研究》2019 年第 12 期，第 67 ~ 83、127 页。

③ 郭蓓：《融合传播时代网络舆论引导与马克思主义新闻观之践行——基于共情理论的思考》，《现代传播》（中国传媒大学学报）2019 年第 8 期，第 56 ~ 59 页。

④ 刘怡：《意见螺旋：危机舆情中网络动员的发生特征及传播逻辑》，《编辑之友》2019 年第 2 期，第 91 ~ 96、101 页。

公众参与网络评论的影响因素研究也是学者关注的重点。徐新然等基于平衡理论研究发现,社交关系会影响社交媒体用户对公共事件的评论表达。公众受到平衡心理的影响,会为了追求社交关系而采取不同的平衡行为方式,从而形成评论表达的自组织行为。因此,公共事件评论中,公众的评论表达也达到了可预测状态。重视社交关系对舆论传播的影响,加强对以社交关系为主导的社交媒体的管控,对网络舆情的治理和引导起着重要作用。①

张晓君等学者研究发现,影响公众网络评论的因素有四点。第一,事件发生的时间是一个重要影响因素。发生在半月以内的事件最能引起公众的关注与评论。第二,与公众家乡或向往地相关的地理信息是关键影响因素。第三,与日常生活越相关的事件越会影响网民的评论倾向。第四,亲友、官方媒体、官方企业发布的信息是公众网络评论意愿的另一影响因素。②

张雯以风险事件中公众网络评论的影响因素为研究对象,采取基于探索性序列的混合方法,建构中国风险社会语境下网络评论影响因素理论模型。研究结果显示,利己和利他因素对评论行为的影响存在差异。利己因素同时通过理性和感性两条路径影响评论行为,利他因素作用完全通过理性影响评论行为。利他和利己都是公众参与风险事件评论的动力。研究结果进一步表明,公众网络评论的利他动机是希望促进政府风险工作、进行风险舆论监督、帮助社会,这说明公众参与风险议题讨论的首要目的是向政府部门以及其他网民提供风险认知或诉求信息,其后才是满足私欲。③

（二）网络评论的传播效果研究

2016年2月,习近平总书记在党的新闻舆论工作座谈会上强调:"尊重新闻传播规律,创新方法手段,切实提高党的新闻舆论传播力、引导力、影响

① 徐新然、纪雪梅、李长荣:《社交媒体中社交关系对突发事件舆论表达的影响——基于平衡理论的研究》,《情报资料工作》2019年第6期,第51~62页。
② 张晓君、黄微、李瑞:《心理距离视角下网络舆情传播意愿影响因素研究》,《图书情报工作》2019年第12期,第86~93页。
③ 张雯:《突发风险事件中公众跟帖行为影响因素分析——基于探索性序列设计的混合研究》,《情报杂志》2019年第7期,第138~145页。

力、公信力"。① 2017 年 10 月，在党的十九大报告中，习近平总书记再次强调："高度重视传播手段建设和创新，提高新闻舆论传播力、引导力、影响力、公信力。"② 媒介融合时代，由于新媒体的迅速成长，传统主流媒体的发展遭遇困境。面对上述全新的、复杂的以及多变的舆论生态，刘俊和胡智锋认为，提升主流媒体的舆论引导力显得尤为重要，主流媒体更需要肩负起当今传媒、社会和国家发展的重任。③

网络舆情指在互联网上流行的对社会问题不同看法的网络评论，包括微博、微信和论坛等互联网平台中的文字、表情以及图片等。突发公共事件中，网络舆情的传播速度极快，数量庞大，已经成为学术界研究的一个热点问题。樊岚等学者认为，网络舆情传播的影响可以分为积极影响和消极影响两种。积极影响包括：有效促进民意的聚集和表达；发展促进了现实中传统媒体传播力量的壮大。消极影响包括：消息来源多元化，传播方向难以控制；容易使网民发泄情绪，降低理性；容易给政府工作带来压力。④

陈丽芳等学者认为，"反沉默螺旋"现象是新媒体时代大众传播效果理论的一种颠覆，它是新媒体技术赋权下个人意见的自由表达。"反沉默螺旋"是指在互联网平台上，持少数派意见的网民即使面对优势意见的压力，也不再选择沉默，他们敢于将自己的观点表达出来。伴随传播过程的发展以及公众间交流的深入，这些少数派所持有的观点也可能会被更多的潜在公众认同并接受，使沉默螺旋发生逆转，形成"反沉默螺旋"模式。"反沉默螺旋"现象具体表现为以下三个方面：①受众个体意见表达意识不断增强；②受众个体的从众心理逐渐淡化；③受众个体的网络影响力逐步提升。⑤

① 杨婷：《习近平：坚持正确方向 创新方法手段 提高新闻舆论传播力引导力》，新华网，2016 年 2 月 19 日。
② 《习近平：决胜全面建成小康社会夺取新时代中国特色社会主义伟大胜利——在中国共产党第十九次全国代表大会上的报告》，新华网，2017 年 10 月 27 日。
③ 刘俊、胡智锋：《媒介融合时代主流媒体如何提升舆论引导力》，《人民论坛》2019 年第 6 期，第 54~55 页。
④ 樊岚、李永福：《网络舆情传播的影响及其应对策略》，《编辑之友》2019 年第 11 期，第 51~54 页。
⑤ 陈丽芳、郭奇文、陈默：《新媒体时代"反沉默螺旋"现象与网络舆论引导研究》，《出版广角》2019 年第 22 期，第 83~85 页。

网络次生舆情是网络事件、社会热点以及政治问题等在网络空间中再加工、再酝酿、再发酵后形成的社会舆情。孙桂杰研究发现，网络次生舆情的负面传播效果有两点：其一，在众声喧哗的网络次生舆情中，情绪、想象、信仰和谣言等成为驱动舆论走向的关键力量，事实和真相往往被情绪化言论、网络谣言等所遮蔽，从而弱化主流媒体的社会影响力；其二，当前中国正处于"三期叠加"的发展阶段，面临社会竞争加剧、价值多元化、社会阶层固化等问题，这种社会环境可能会导致公众情绪过度宣泄，进而产生一些更不可控的网络次生舆情。①

移动互联时代，作为"数字原住民"的当代大学生可以使用互联网随时随地发表网络评论，这种方便、快捷且不受时空限制的网络评论具有巨大的传播效力，如果评论中大量充斥着负面情绪，则容易引发网络群里消极的情感共鸣，降低个体对事件的理性判断，甚至引发一系列网络暴力行为。缪佩君研究发现，评论对高网络自我组道德判断的影响高于高现实组。在积极评论的条件下，高网络自我组的被试诱发出比高现实自我组的被试更加强烈的积极情绪，说明高网络自我组的被试在网络情境下对积极效价的评论具有更高的敏感性，更容易受到积极效价评论的影响。②

近年来，随着电子商务的不断崛起，消费者更多地将自己对产品的评价发表在互联网上，产品口碑突破传统的传播模式，成为更具影响力的网络口碑。吴晔等学者采用 BP 神经网络模型来分析网络评论的影响因素与评论有效性的关系，分析结果表明，网络评论的回复数量、文字长度、回复时效性、商品类型以及评论者等级对评论有效性有显著的影响，且评论回复数量的作用最为明显，即回复数越多，有效性越强。③

李吉等学者提出了一种基于 PAD 三维情感模型的网络口碑情感强度测度模型，利用 ACSI 模型将网络口碑情感测度模型划分为品牌形象、感知期望、

---

① 孙桂杰：《网络次生舆情的社会影响及合理引导》，《人民论坛》2019 年第 15 期，第 114 ~ 115 页。
② 缪佩君：《网络新闻评论对不同自我类型大学生道德判断和情绪的影响》，《福建师范大学学报》（哲学社会科学版）2019 年第 5 期，第 78 ~ 84 页。
③ 吴晔、冯鑫、梁梅珍：《基于 IAM 理论的在线评论媒介有效性研究》，《新闻大学》2019 年第 4 期，第 30 ~ 44、117 页。

感知价值和感知质量四个维度，实现了消费者网络评论中的情感细化，构建了一套理论可行、实践可操作的网络口碑监测评估方法。①

邓卫华等学者揭示了口碑衰竭效应背景下，追评对网络口碑传播效果的影响。研究结果表明，口碑衰竭效应是降低口碑传播效果的重要因素，而追评能够积极影响网络口碑传播效果。追评时间对网络口碑传播效果具有显著影响，在相同时间间隔条件下，"衰后追先"比"衰先追后"中的网络口碑传播效果更好，最终的累计接收者数量更大。②

（三）网络评论的监督管理研究

德国政治学家、传播学者伊丽莎白·诺尔－诺依曼（Elisabeth Noelle-Neumann）认为，"舆论是我们的社会皮肤"。一般意义而言，舆论是指对社会意见的表征和对社会问题的反映，舆论被誉为社会状况变动的"晴雨表"。③互联网已经成为思想文化信息的集散地和社会舆论的放大器，网络空间治理是网络强国建设的重要内容，网络评论的监督管理研究也是学者的研究重点。喻国明指出，随着人工智能技术的发展，互联网的传播范式急剧变化，网络舆论现象日趋复杂，网络舆论的社会治理也面临严峻考验。越来越多的案例显示传统治理模式在新的舆论格局中的不适应性，亟须以新的思路、新的眼光来看待当前网络舆论中存在的问题，探寻可行的解决路径。④

新媒体与传统媒体融合发展的趋势，使得媒介样态日趋多样化，为公众的话语表达提供了更方便、更快捷的传播渠道，越来越多的媒介话语权转移到公众手中，让其可以依据自身兴趣与喜好，拓展话语空间。李彦翰认为，社交媒体让公众之间可以通过文字、表情、图片等评论行为实现互动交流，达成互联网上的制衡空间或合意空间。由于网络的匿名性和网民的从众性特征，公众在网络评论中的表达更加随意和感性，更易出现话语的分歧与交错。公众极易通过互联网释

---

① 李吉、黄微、郭苏琳、孙悦：《网络口碑舆情情感强度测度模型研究——基于 PAD 三维情感模型》，《情报学报》2019 年第 3 期，第 277～285 页。
② 邓卫华、易明：《考虑口碑衰竭效应时追加评论对网络口碑传播的影响研究》，《管理学报》2019 年第 4 期，第 595～602 页。
③ 沈正赋：《舆论宣传·舆论监督·舆论引导：中国共产党舆论思想发展进路研究》，《新闻与传播评论》2019 年第 2 期，第 11～23 页。
④ 喻国明：《网络舆论的社会治理：问题与进路》，《传媒》2019 年第 12 期，第 9～10 页。

放戏谑、狂欢心理，呈现失序的传播景象，造成话语传播空间的"群体盲思"，导致出现谣言、非理性表达和不恰当诉求，引发"网络暴力"现象。①

刘果认为，网络赋权打破了自上而下的垂直信息传播模式，带来传播层级的泛化。其首要特征是去中心化和权威的消解。在人人发声、高度开放的饕餮狂欢背后，互联网波澜壮阔的海面下也风险丛生、暗礁重重。提高新时代网络舆论的防范力，就是要充分认识防范化解重大风险的重要性和紧迫性，增强底线意识，有效化解网络风险，确保网络意识形态安全，营造清朗的网络空间。提高新时代网络舆论防范力，首先要做到依法治网。其次应该增强阵地意识，以战斗的姿态捍卫真理。最后应建立健全舆情收集反馈机制，有针对性解决问题的措施。②

陈盼研究提出，主体性、方向性、主动性、包容性是新媒体舆论引导应当遵循的四大原则。主体性原则：应坚持以人为本，以正确的价值理念、道德准则与行为规范推动网络舆论朝理性方向发展。加强传播手段和话语方式创新，更好地引导群众、服务群众。方向性原则：舆论引导工作需要坚持正确的政治方向，与社会发展要求和人民群众的根本利益相一致。主动性原则：要密切关注舆情动态，及时切断不良苗头，从而获得事半功倍的效果。包容性原则：要营造一种"和而不同"的良好氛围，允许不同声音的存在。合理的交流、争论有助于推动舆论共识的形成，有利于涵养民众的理性思维，增强社会凝聚力。③

赵云泽认为，舆情监测体系能否真正升级为舆情预警体系，关键在于能否自动化、全方位、科学地判断一项舆情事件蕴含的冲突势能的大小。采用大数据的"配对"思维来解决这一难题是科学和可行的方法。该系统预先建立起一定范围内的相关危机事件数据库，将对现在还有影响的发生过的危机事件分门别类收集起来，并做出级别大小、已解决程度、涉及利益人群、判断关键词、敏感时

① 李彦翰：《热点事件传播过程中"共鸣极化"现象研究》，《传媒》2019年第3期，第94~96页。
② 刘果：《新时代网络新闻舆论的时代特征与引导策略》，《湖南大学学报》（社会科学版）2019年第2期，第151~156页。
③ 陈盼：《新媒体时代如何构筑舆论引导高地》，《人民论坛》2019年第32期，第126~127页。

间等标注。如果新发生的舆情事件和危机库中的历史事件是相匹配的"相关事件",那么所涉及的深层社会矛盾就会触发,根据之前所发生的危机事件及其已经解决的程度、涉及的人群范围等情况,就可以判断现在发生的舆情事件所蕴含的冲突势能的大小。一旦监测到这个文本,即使当时的文本量还非常小,仍可以判断舆情的级别。这样就真正实现了舆情预警系统的预警功能。①

网络媒介平台的部分参与者往往采取一种极端方式侵犯个人隐私,由于缺乏现实批判能力,这些参与者以小道消息、谣言或流言等虚假网络信息为传播内容,以非理性的宣泄或娱乐不断制造负面舆论,严重伤害了网络公共领域的形象,甚至引起负面舆论风暴。艾玲认为,社交化媒介素养的提升是优化网络舆论机制的第一步措施。媒介法规是基于法律层面对融媒强势功能进行管制的第二步措施。网络舆论机制健康发展的最后一步措施是以理性讨论与网络监管为手段优化传播环境。②

在移动社交媒体环境下,网络舆情热点事件的快速更迭已成为普遍现象。有学者测算后提出,这个过程一般只需要七天左右,并且把只有短短七天的舆情记忆命名为网络舆论的"七天传播定律"。对此研究结果,张文祥认为,尽管不能一概认定舆情记忆只有短短七天,但舆论短期化无疑已成为移动互联网环境下舆情生命周期的常态,这一形势对舆情治理的策略和方法提出了新的要求。首先,政府应进一步完善公共事件调查处理全过程的信息公开制度,建立更加严格的责任追究制度,面对舆情事件不退缩、不失语,勇于承担责任,让网民有畅通的情绪发泄渠道、合理的利益表达途径、有效的冲突解决机制。其次,媒体报道的改进,有助于提高公众媒体素养和网络素养,激发公众参与舆情事件讨论的热情,改变以兴趣和利益需求为驱动的"浅关注"状态,使其对新闻和舆情反映的深度问题保持关注,真正参与媒体对热点事件的报道,追踪事件进程、追问事件真相,做理性成熟的"积极公民",促进网络善治。③

---

① 赵云泽:《从舆情监测升级为舆情预警的思路研究》,《人民论坛》2019 年第 32 期,第 123～125。

② 艾玲:《重塑意见领袖,优化网络公共领域——社交化媒介时代的网络舆论机制研究》,《出版广角》2019 年第 5 期,第 71～73 页。

③ 张文祥:《警惕"七天传播定律"背后的舆情治理误区》,《人民论坛》2019 年第 28 期,第 114～116 页。

袁慧侠对网络新闻跟帖评论的实例研究发现，跟帖评论是个人化的情感利益诉求，是虚拟世界里的本我叙事和欲望狂欢，必然会产生网络新闻跟帖评论的异化，主要表现在四个方面：污名化传播、庸俗甚至低劣的新闻选择偏好、偏狭的民粹主义情绪、语言的不礼貌甚至暴力现象严重。她提出，根据网络新闻跟帖评论所建立的社交情境要素的复杂性，管理者可以从以下三点探索新的规制管理模式：第一，国家公权力对新闻跟帖的规制管理；第二，新闻网站跟帖评论服务公告的规制管理；第三，用户自律和举报相结合的规制管理。①

（四）网络评论的传播渠道研究

移动通信技术、数字技术及移动终端等新兴媒体工具和技术的发展使得人们获取信息、传递信息以及分享信息的方式发生了翻天覆地的变化。当前中国深受欢迎的社交媒体平台，如微博、微信、论坛、贴吧等，在舆情传播中起到极其重要的作用，其不仅影响个人生活，甚至引发剧烈的社会变革，成为网络评论研究的又一重要议题。

张志安等学者指出，专业化传播和社会化传播并存的当下，专业媒体、机构媒体、自媒体和平台媒体四类行动者共同构成中国新的新闻生态系统，新闻行动者的边界日益模糊。与此同时，以往由传统媒体发起和主导的舆论监督转变为多元行动者共同参与的社交传播型舆论监督。不同的新闻行动者以专业化媒体报道和社会化传播交织的方式，在当下媒体生态环境中进行着角色流动与多元节点的新闻实践，呈现了数字新闻业杂糅性和液态化的图景。②

匡文波等学者对微博和微信两大社交媒体平台网络舆情的传播特征对比研究发现，新华社作为传统主流媒体的代表，成为重要信息首发源和引导舆情客观、理性发展的坚实力量。新华社首发新闻之后，会在微博和微信平台上引起更多关注和广泛评论。在舆情特质上，由于新华社第一时间发布权威信息，及时进

---

① 袁慧侠：《网络新闻跟帖评论及规制管理模式研究》，《新闻爱好者》2019年第10期，第32~35页。
② 张志安、王惠玲：《机构媒体、随机新闻行动与新闻业的角色流动》，《新闻与写作》2019年第5期，第64~73页。

行解读，促进后续网络舆情走向总体上按照客观、全面、理性的路径发展。这与"两微"平台首发舆情多朝着片面化、情绪化、博眼球的负向演进形成了鲜明反差。由此可见，首发信息源质量对整体舆情走向有着重要影响。[①]

微博信息的传播方式是一种全新的传播方式——核裂变式，即"One to N to N"模式，这种传播方式使信息的传播速度极快，并且在短时间内可以实现几何级发展。林云等学者以微博社区网络为例，研究了微博社区网络静态结构对微博信息传播模式的影响，实证分析结果表明，微博社区网络的规模会影响信息的传播规模，微博社区网络规模越大，微博信息传播范围越广。此外，微博信息的内容价值和实效性影响其传播的广度和深度。另外，微博社区网络的用户属性，包括用户的活跃度、爱好兴趣、与信息源的联系等均对舆情传播产生重要影响。[②]

霍明奎等学者基于社会网络分析法，从移动终端环境下网络舆情信息传播角度出发，以微博为数据源，分析了移动终端环境下网络舆情信息传播特征、演进过程和传播规律。研究结果显示，移动环境下舆情网络整体特征为无标度网络；舆情传播过程中移动端用户发挥较大的作用，舆情演进具有明显的生命周期特征。对微博舆情网络结构的研究，可进一步剖析微博用户之间舆情信息流转形成的链式依存关系，管控主体可以精准地锁定目标管控用户，进而可采取更为有效的监控、引导和控制措施。[③]

谭轶涵研究认为，微博意见领袖是指实名认证的大 V 用户，他们在各自领域都有一定的影响力与话语权，针对社会热点话题有自己独特的见解，同时也担当着微博社交平台推动信息交流、人际传播的重要角色，其言论通常会受到一定范围群众的追捧与认同。微博大 V 们成为微博舆论的引导者，因此，正确利用微博意见领袖的影响力来推动社会进步、打造良好网络空间风气是重中之重。[④]

---

① 匡文波、周偶：《2018 年网络舆情的特征研究》，《新闻与写作》2019 年第 2 期，第 79～83 页。

② 林云、曾振华、曾林浩：《微博社区网络结构特征对舆情信息传播的影响研究》，《情报科学》2019 年第 3 期，第 55～59 页。

③ 霍明奎、竺佳琪、赵丹：《移动环境下微博舆情信息传播网络结构研究》，《情报科学》2019 年第 5 期，第 98～102、107 页。

④ 谭轶涵：《微博意见领袖的舆论引导作用探究——以"杨超越网络走红"现象为例》，《传媒》2019 年第 14 期，第 88～91 页。

彭丽霞和谢欣认为,基于微博用户之间的多元嵌套关系,社交媒体的舆论引导工作仍不可忽略意见领袖的重要作用。意见领袖是信息传播的放大器和扩音器,能够帮助信息进行更广泛的传播。因此,通过意见领袖来设置议题是舆论引导的关键所在。另外,整合计算机科学、新闻传播学、心理学等多学科的研究者共同搭建微博舆情监测分析平台很有必要,这对于推动微博甚至网络舆情的理论研究与实践创新,从而应对日益复杂的舆情传播具有重要意义。①

由于微博的运行机制,使得微博中的每一个用户都可能成为关键人物,而关键人物直接决定着舆情的演化方向。所以,对微博舆情中关键节点的挖掘至关重要。张连峰等学者结合微博舆情的运行机制,以超网络为理论基础,应用LDA、卷积神经网络、Python 的技术方法,对微博舆情中的关键节点进行挖掘。研究结果得到六类关键节点:活跃人物、焦点人物、意见领袖、传播人物、潜在活跃人物、潜在传播人物。通过对这六类关键节点进行监控,可以实时预测舆情的演化方向,助力平台对舆情的管控,及时遏制不良舆情的产生,进而打造微博的清朗网络空间。②

张海涛等学者基于信息熵理论,构建了微信公众号影响力评价模型,该模型共包括 13 个要素。模型表明,对于排名靠前的微信公众号而言,应该重点通过优质文章的发布,加强与粉丝之间的互动,以提高整体阅读量,带动影响力的提升。对于一般微信公众号而言,要重视非头条最高点赞量,只有粉丝用户对文章认可、赞赏,才有可能形成"病毒式"效应的转发,进而在影响力提高以后,再将相应点赞量较高的文章设定为头条,以进一步提升阅读量。从平均发布时间来看,现在普遍存在信息过度生产的行为,这种信息轰炸降低了用户的信息消费体验,各微信公众号要针对目标用户展开深入的调研,分析用户的阅读、评论和转发行为,制定各时段、不同主题的信息发布策略。③

依托智能移动终端完成的视频拍摄、剪辑、发布一键式操作的新媒介传播

① 彭丽霞、谢欣:《要素视角下的微博舆论引导方法研究》,《中国编辑》2019 年第 6 期,第 49 ~ 53 页。
② 张连峰、周红磊、王丹、张海涛:《基于超网络理论的微博舆情关键节点挖掘》,《情报学报》2019 年第 12 期,第 1286 ~ 1296 页。
③ 张海涛、张会然、魏萍、尹慧子:《微信公众号影响力评价模型研究》,《图书情报工作》2019 年第 4 期,第 23 ~ 31 页。

方式——短视频，正凭借创意性、趣味性、直观性等特征占据公众的网络空间。短视频引发的网络舆情事件不断涌现，社会舆论的生成场与集散地不再以文字的形式传播，其互动效应也触发了新影响。毕翔等学者认为，以视频代替平面文字、图片发布信息的时代已经到来，从"读书时代"到"读图时代"再到"读片时代"，经历的网络信息冲击愈加强烈。网络舆情工作需要从监测、监管着手，预警、预判起步，处置、应对落脚，以完备的舆情应对机制和应急方案为蓝本，用模型化应对把握方向，从大数据分析中获取信息，发挥意见领袖和专业化解构团队、主流媒体的作用，通过意见气候的形成落实掌控议题议程的主动权，营造风清气正的舆论环境。①

宁海林认为，短视频培养了公众用社交媒体观看和分享短视频的习惯，这种习惯自然延伸到短视频新闻上。短视频新闻转发便捷，极大地确保了短视频新闻的到达率，尤其是目标用户的到达率。短视频新闻的评论、转发、分享与转发娱乐性质的短视频有所不同，短视频新闻分享带有某种政治、文化属性，如理性、知性、爱国、正义等。评论、转发、分享往往带有某种意见、情绪和态度。另外，短视频转发一般会在熟人、亲友、同事等具有一定社会关系的人群中转发，传播效果更容易获得认同，从而提高传播效果。短视频新闻传播还会引申出一些新的深层社会话题，这有利于社会秩序的建构以及公共话语空间的维护。②

---

① 毕翔、唐存琛、肖俏：《短视频社交媒介舆情危机应对》，《图书馆》2019 年第 6 期，第 74～80、87 页。
② 宁海林：《基于 SICAS 模型的短视频新闻传播机理研究》，《现代传播（中国传媒大学学报）》2019 年第 2 期，第 56～58、62 页。

B.3
国际网络评论研究的知识
图谱与前沿观点

张竹箐　赵曙光*

摘　要： 本报告依托美国科学信息研究所 ISI 的 Web of Science 数据库，选择 SSCI 来源期刊中的相关外文文献进行检索，分析了 2019 年国际网络评论研究的国家（地区）分布、机构分布、作者分布、热点分布等，以可视化的方法呈现了国际网络评论研究的知识图谱，系统综述了国际网络评论研究在行动领域、传播效果、影响因素等方面的核心观点。

关键词： 国际网络评论　知识图谱　共现分析　中心度

近年来，以互联网、智能手机和社交媒体为代表的数字革命彻底改变了当今的传播模式，信息不仅在传统媒体还在社交媒体之间不断交织。传统媒体不再是内容的主要定义者，社交媒体及其用户创建的"混合媒体系统"成为当代传播的研究核心。2016 年美国总统大选和英国"脱欧"公投的结果引发了人们关于网络虚假新闻的广泛关注，尽管网络虚假新闻不是一个新现象，但它已通过社交媒体获得了强大的影响力并被战略性地用于实现政治目标，从备受争议的网络现象演化成传播领域的重点议题。本报告依托美国科学信息研究所 ISI 的 Web of Science 数据库，选择 SSCI 来源期刊中的相关外文文献，具体操作以"online opinion""network opinion""internet opinion""web opinion"

---

* 张竹箐，南京大学新闻传播学院博士研究生；赵曙光，南京大学新闻传播学院教授，博士生导师，南京大学紫金传媒研究院（北京）副院长。

"online review""network review""internet review""web review""online comment""network comment""internet comment""web comment""online sentiment""network sentiment""internet sentiment""web sentiment" 为主题词，时间设定为 2019 年，学科选择"communication"，文献类型选择"article"，经过筛选后共获得 271 篇英文期刊论文进行数据分析（检索日期为 2020 年 6 月 2 日），然后借助由美国德雷塞尔大学（Drexel University）陈超美（Chaomei Chen）教授团队于 2004 年研发的 CiteSpace 可视化软件，对网络评论的国际学术界研究成果进行定量分析，呈现网络评论国际研究的最新成果和学术观点。

一 国际网络评论研究的知识图谱

（一）国际网络评论研究国家（地区）共现分析

知识图谱中生成的国家（地区）之间的共现分析主要针对发文国家（地区）的分布情况与国家（地区）之间合作关系进行探究。本报告对检索的 271 篇外文文献进行发文国家（地区）分析，意在了解国际网络评论研究领域的各国发文情况和国际合作情况，以便掌握国际网络评论研究的国家力量分布。利用 CiteSpace. 5. 6. R5 软件对数据处理得到图 1。

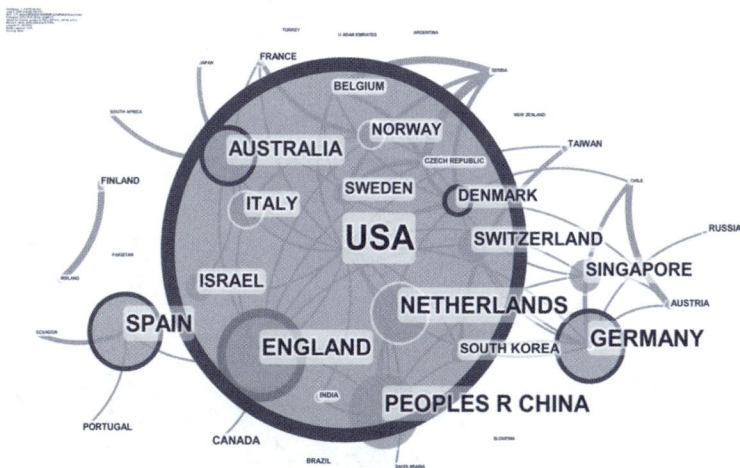

图 1 国际网络评论研究国家（地区）分布

由图 1 可知，发文国家（地区）分布网络中节点共计 41 个，连线 62 条，网络整体密度为 0.0756。图 1 中一个节点代表一个国家（地区），节点越大，表示该国家（地区）发文量越多；节点的边框越宽，表示该国家（地区）的中心度越高，在研究领域越处于中心地位；节点之间的连线表示国家（地区）之间的合作关系，某个节点与其他节点连线越密，表示某个国家（地区）与别国（地区）的合作越频繁。从图 1 可以看出，国际网络评论研究发文国家（地区）分布较为集中，美国处于国际网络评论研究领域的中心地位，不仅发文量最大，而且中心度最高，与他国家（地区）的合作也最为密切。英国、西班牙、德国和澳大利亚的发文量和中心度均较高，丹麦发文量不大，但中心度较高。总体上看，欧美国家处于国际网络评论研究的中心，中国在国际网络评论领域发文数量较大，但中心度较低。

由表 1 可知，2019 年国际网络评论研究方面，美国发文量最大，达到 103 篇，占比达到 30.93%；其次是中国和英国，发文量均为 22 篇，占比为 6.61%；西班牙和德国发文量分别为 21 篇和 19 篇，占比分别为 6.31% 和 5.71%。从中心度来看，美国中心度最高，高达 0.42，说明美国与其他国家（地区）合作研究最为密切，处于国际网络评论研究的核心位置。其次，英国中心度位列第二，为 0.36。澳大利亚和丹麦中心度并列第三，均为 0.16。中国中心度较低，为 0.05。这说明在国际网络评论研究领域，虽然中国的发文量较大，但缺乏与其他国家（地区）的合作，还未处入国际网络评论研究领域的中心。

表 1　2019 年国际网络评论研究发文国家（地区）分布分析（频次≥4）

国家（地区）	频次	占比（%）	中心度
USA(美国)	103	30.93	0.42
PEOPLES R CHINA(中国)	22	6.61	0.05
ENGLAND(英国)	22	6.61	0.36
SPAIN(西班牙)	21	6.31	0.14
GERMANY(德国)	19	5.71	0.14
NETHERLANDS(荷兰)	17	5.11	0.01
AUSTRALIA(澳大利亚)	15	4.50	0.16
SWITZERLAND(瑞士)	10	3.00	0.01

国家(地区)	频次	占比(%)	中心度
ITALY(意大利)	10	3.00	0.01
SINGAPORE(新加坡)	10	3.00	0.01
ISRAEL(以色列)	9	2.70	0
NORWAY(挪威)	8	2.40	0.02
SWEDEN(瑞典)	7	2.10	0.04
DENMARK(丹麦)	7	2.10	0.16
SOUTH KOREA(韩国)	6	1.80	0
CANADA(加拿大)	4	1.20	0
BELGIUM(比利时)	4	1.20	0.03

（二）国际网络评论研究机构共现分析

机构共现分析主要是对研究机构的发文情况和合作关系进行考察。由图2可以看出，国际网络评论研究的发文机构分布网络中节点共计77个，连线84条，网络整体密度为0.0287。图2中节点代表一个研究机构，节点越大表示该研究机构的发文量越大；节点之间的连线表示研究机构之间的合作关系，节点的连线越多，表示研究机构之间的合作越频繁；节点的边框越宽，表示该研究机构的中心度越高，说明该机构在网络评论研究领域越接近中心地位。

由图2可知，国际网络评论研究的机构分布较为分散，尚未形成具有绝对优势的核心机构。并且，各个国家的高等院校是网络评论研究的主要机构。2019年国际网络评论研究中，荷兰的 Univ Amsterdam（阿姆斯特丹大学）、美国的 Michigan State Univ（密歇根州立大学）和 Univ Texas Austin（得克萨斯大学奥斯汀分校）发文量较大。图谱中的两个节点分别是美国的 Univ Texas Austin（得克萨斯大学奥斯汀分校）和新加坡的 Nanyang Technol Univ（南洋理工大学），这两所高校在网络评论研究领域的中心度较高，处于研究的核心地位。

表2列出的是发文量在3篇及以上的研究机构，总数为34所。从表2所列信息可以看出，美国研究机构的数量最多，在国际网络评论研究领域发文实力最强。荷兰虽然科研机构数量不多，但阿姆斯特丹大学在2019年发文量最大，为12篇，但中心度为0。另外，从表2的中心度数据可以看出，国际网络评论研究机构中，中心度最高的是美国的 Univ Texas Austin（得克萨斯大学奥

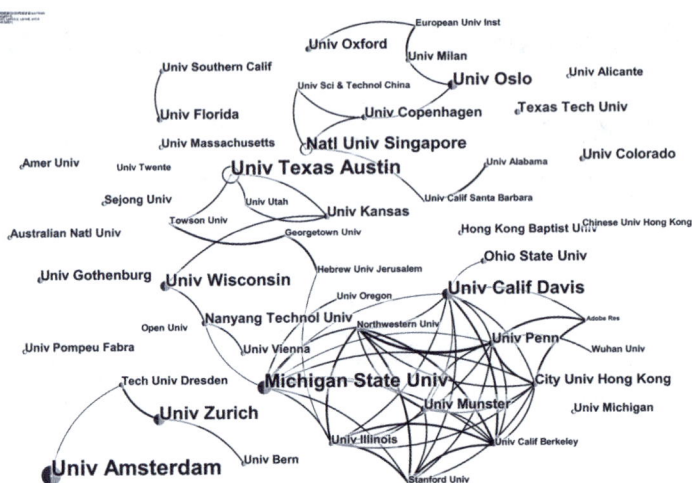

图 2　国际网络评论研究机构分布

斯汀分校），中心度达到 0.14，紧随其后的是美国的 Univ Texas Austin（得克萨斯大学奥斯汀分校）、新加坡的 Natl Univ Singapore（新加坡国立大学）和 Nanyang Technol Univ（南洋理工大学），中心度均为 0.10。

表 2　国际网络评论主要研究机构分布（频次≥3）

机构	频次	中心度
［荷兰］Univ Amsterdam（阿姆斯特丹大学）	12	0
［美国］Univ Texas Austin（得克萨斯大学奥斯汀分校）	9	0.14
［美国］Michigan State Univ（密歇根州立大学）	8	0.10
［美国］Univ Calif Davis（加州大学戴维斯分校）	7	0.03
［瑞士］Univ Zurich（苏黎世大学）	7	0
［美国］Univ Wisconsin（威斯康星大学）	6	0.09
［挪威］Univ Oslo（奥斯陆大学）	6	0.06
［新加坡］Natl Univ Singapore（新加坡国立大学）	6	0.10
［美国］Univ Colorado（科罗拉多州立大学）	4	0
［瑞典］Univ Gothenburg（哥德堡大学）	4	0
［美国］Texas Tech Univ（德州理工大学）	4	0
［美国］Ohio State Univ（俄亥俄州立大学）	4	0

机构	频次	中心度
［丹麦］Univ Copenhagen（哥本哈根大学）	4	0.07
［美国］Univ Kansas（堪萨斯大学）	4	0.08
［德国］Univ Munster（明斯特大学）	4	0
［英国］Univ Oxford（牛津大学）	4	0
［中国］City Univ Hong Kong（香港城市大学）	4	0.01
［美国］Univ Florida（佛罗里达州立大学）	4	0
［美国］Univ Penn（宾夕法尼亚大学）	4	0.03
［新加坡］Nanyang Technol Univ（南洋理工大学）	4	0.10
［西班牙］Univ Alicante（阿利坎特大学）	3	0
［韩国］Sejong Univ（世宗大学）	3	0
［美国］Univ Michigan（密歇根大学）	3	0
［意大利］Univ Milan（米兰大学）	3	0.04
［瑞士］Univ Bern（伯尔尼大学）	3	0
［美国］Univ Massachusetts（马萨诸塞大学）	3	0
［德国］Tech Univ Dresden（德累斯顿工业大学）	3	0
［中国］Hong Kong Baptist Univ（香港浸会大学）	3	0
［美国］Univ Illinois（伊利诺伊大学）	3	0.06
［美国］Univ Southern Calif（南加州大学）	3	0
［澳大利亚］Australian Natl Univ（澳大利亚国立大学）	3	0
［美国］Amer Univ（阿默尔大学）	3	0
［西班牙］Univ PompeuFabra（庞培法布拉大学）	3	0
［奥地利］Univ Vienna（维也纳大学）	3	0

（三）国际网络评论研究的作者分布

图3中发文作者分布网络中节点共计48个，连线21条，网络整体密度为0.0186。图3中一个节点代表一位作者，节点越大表示该作者发文量越大；节

点间的连线表示作者之间的合作关系，连线越多表示该学者与其他学者之间的合作越频繁。由图3可以看出，目前国际网络评论研究领域的作者分布较为分散，尚未形成紧密的合作团队。

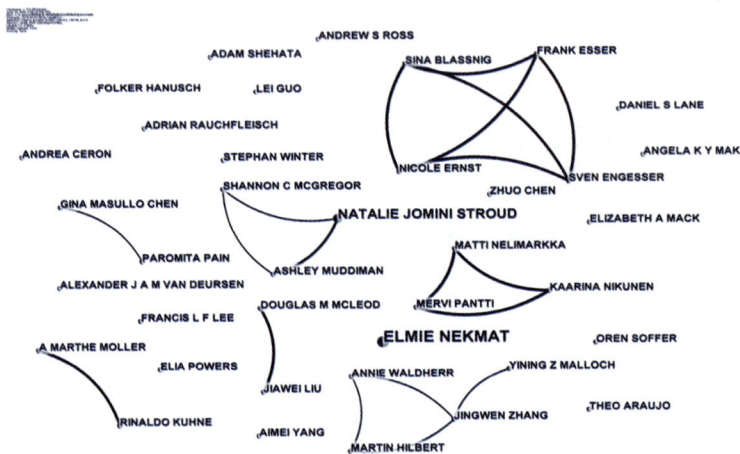

图3　国际网络评论研究作者与作者合作分布

表3列出的是发文量在2篇及以上的学者，共40位。由表3可以看出，新加坡国立大学学者埃尔米·内克马特（Elmie Nekmat）和美国得克萨斯大学奥斯汀分校学者娜塔莉·乔米尼·斯特劳德（Natalie Jomini Stroud）在2019年发文量最大，分别发表4篇和3篇。其后的大部分学者发文量在1~2篇。表3中所有学者中心度为0，说明国际网络评论领域学者还没有组成核心研究团队，国际网络评论研究领域的核心力量还未形成。

表3　国际网络评论研究作者与作者合作分析（频次≥2）

作者	频次	中心度	作者	频次	中心度
ELMIE NEKMAT	4	0	LEI GUO	2	0
NATALIE JOMINI STROUD	3	0	ZHUO CHEN	2	0
DOUGLAS M. MCLEOD	2	0	ELIA POWERS	2	0
FOLKER HANUSCH	2	0	ADRIAN RAUCHFLEISCH	2	0
NICOLE ERNST	2	0	SHANNON C. MCGREGOR	2	0
SVEN ENGESSER	2	0	RINALDO KUHNE	2	0

作者	频次	中心度	作者	频次	中心度
KAARINANIKUNEN	2	0	ANDREW S. ROSS	2	0
ANGELA K. Y. MAK	2	0	FRANK ESSER	2	0
JIAWEI LIU	2	0	MATTI NELIMARKKA	2	0
GINA MASULLO CHEN	2	0	ASHLEY MUDDIMAN	2	0
ADAM SHEHATA	2	0	JINGWEN ZHANG	2	0
ANDREA CERON	2	0	MERVI PANTTI	2	0
STEPHAN WINTER	2	0	MARTIN HILBERT	2	0
AIMEI YANG	2	0	ELIZABETH A. MACK	2	0
OREN SOFFER	2	0	A MARTHE MOLLER	2	0
DANIEL S. LANE	2	0	ALEXANDER J. A. M. VAN DEURSEN	2	0
ANNIE WALDHERR	2	0	SINA BLASSNIG	2	0
THEO ARAUJO	2	0	PAROMITA PAIN	2	0
YINING Z. MALLOCH	2	0	DOROTHEE ARLT	2	0
FRANCIS L. F. LEE	2	0	SIYUE LI	2	0

（四）国际网络评论研究的作者共被引分析

1981 年，学者霍华德·怀特（Howard D. White）和贝尔维尔·格里菲思（Belver C. Griffith）提出"作者共被引"概念，即当两个或者两个以上作者发表的文献同时被别的作者引用时，则称这几个作者之间具有共被引关系。[①] 作者共被引分析使众多学者按照共被引关系构成一个学术关系网络，从而揭示出某一学科领域专业人员、组织机构及其之间的相互联系。图 4 的作者共被引分布网络中节点共计250 个，连线 750 条，网络整体密度为 0.0241。图 4 中一个节点代表一位作者，节点越大表示该作者共被引次数越多；节点的外框表示共被引作者的中心度，外框越宽说明该作者在网络评论研究领域中心度越高；节点间的连线表示两名作者之间的共被引关系，连线越多表示该作者与其他作者的共被引次数越多。从图 4 可以看出，国际网络评论领域作者共被引分布较为集中，形成了以学者 Stromer-Galley J.，Stroud N. J.，Mutz D. C.，Fletcher R.，Iyengar S. 和 Garrett R. K. 为中心的学术交流群。将作者共被引的文献进行关键词聚类，生成八个研究主题，分别为"Twitter"（推特）、"content analysis"（内容分析法）、"spiral of silence"（沉默的

---

① 侯海燕：《科学计量学知识图谱》，大连理工大学出版社，2008。

螺旋）、"attitudes"（态度）、"topic modeling"（主题模型）、"incivility"（不文明）、
"selective exposure"（选择性接触假说）和"user comment"（用户评论）。

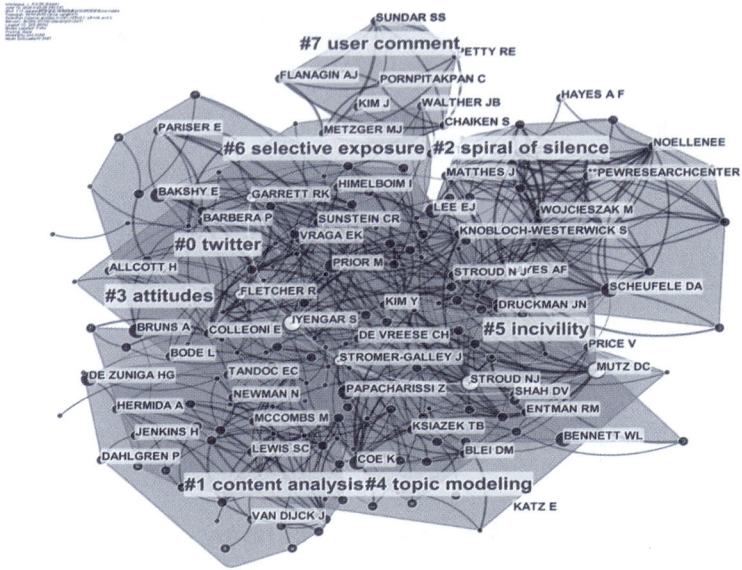

图 4　国际网络评论研究作者共现分析

从表 4 可以看出，美国 Temple University（天普大学）学者 Papacharissi Z.
的文献被引频次最高，共计 41 次，中心度为 0.04。美国 University Texas
Austin（得克萨斯大学奥斯汀分校）学者 Stroud N. J. 和 Univ Washington（华
盛顿大学）学者 Bennett W. L. 的文献被引频次排名第二，均为 32 次，中心度
分别为 0.16 和 0.03。SUNY Albany（纽约州立大学奥尔巴尼分校）学者
Stromer-Galley J. 的被引频次仅有 16 次，但其中心度位列第一，达到 0.18，可
见该学者在网络评论研究领域的学术核心度较高。

表 4　国际网络评论研究作者共现分析（频次 ≥12）

作者	频次	中心度	作者	频次	中心度
Papacharissi Z.	41	0.04	de Zuniga H. G.	27	0.04
Stroud N. J.	32	0.16	Iyengar S.	26	0.13
Bennett W. L.	32	0.03	Mutz D. C.	25	0.16
Bakshy E.	28	0.07	Lee E. J.	25	0.06

作者	频次	中心度	作者	频次	中心度
Scheufele D. A.	23	0.03	Matthes J.	15	0.03
Bruns A.	21	0.03	PRICE V.	15	0.02
Coe K.	21	0.10	Druckman J. N.	15	0.05
Garrett R. K.	20	0.12	Fletcher R.	15	0.15
Newman N.	19	0.04	Wojcieszak M.	14	0.03
Barbera P.	19	0.06	Freelon D.	14	0
Prior M.	21	0.08	Colleoni E.	14	0.04
NOELLENEE	19	0.03	Knobloch-Westerwick S.	13	0.01
Hayes A. F.	19	0.04	Tsfati Y.	13	0.05
Katz E.	18	0	Graham T.	13	0.02
PewResearchCenter	18	0	ENTMAN R. M.	13	0.03
Himelboim I.	17	0	Flaxman S.	13	0.03
Jenkins H.	17	0.03	Boyd D.	13	0
Sunstein C. R.	17	0.03	Larsson A. O.	13	0.10
Dahlgren P.	17	0	Tandoc E. C.	12	0.02
Pariser E.	17	0	van Dijck J.	12	0.01
Hermida A.	16	0.06	Lewis S. C.	12	0.01
Ksiazek T. B.	16	0.04	ALLCOTT H.	12	0.03
Walther J. B.	16	0.01	Weeks B. E.	12	0.02
Kim Y.	16	0.02	Gunther A. C.	12	0.03
Stromer-Galley J.	16	0.18	Blei D. M.	12	0
Sundar S. S.	16	0	Stroud N. J.	12	0.01
Hayes A. F.	16	0	Chadwick A.	12	0.03
de Vreese C. H.	15	0.04	…	…	…

（五）国际网络评论研究的文献共被引分析

文献共被引分析是指如果 2 篇及以上的文献同时被其他论文引用，那么则认为这几篇文献之间具有共被引关系。文献的共被引频次越高，说明其在研究领域的重要性越强。①

———————

① 汪勇慧：《在线评论研究的知识图谱分析》，《情报探索》2015 年第 11 期，第 127～132 页。

由图 5 可见，国际网络评论研究文献共被引分布网络中节点共计 147 个，连线 441 条，网络整体密度为 0.0411。图 5 中一个节点代表一篇文献，节点越大表示文献被引次数越多；节点的外框表示被引文献的中心度，外框越宽则中心度越高；节点间的连线表示两篇文献之间的共被引关系。从图 5 可以看出，国际网络评论研究领域文献共被引分布较为集中，将文献共被引图谱聚类得出以 Colleoni E.，Lee E. J. 和 Coe K. 等多位学者为核心的七个研究主题，分别为"social network analysis"（社会网络分析）、"reader comments"（读者评论）、"incivility"（不文明）、"news media"（新闻媒体）、"big data"（大数据）、"spiral of silence"（沉默的螺旋）和"Reddit"（红迪网）。

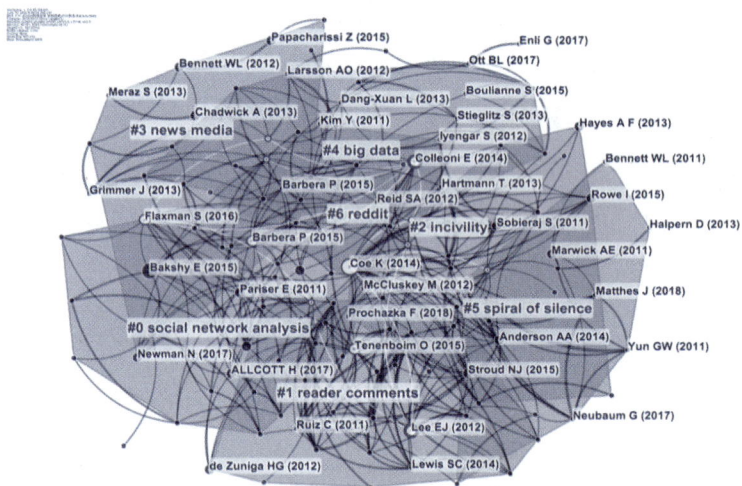

图 5　国际网络评论研究文献共被引分析

结合表 5 可知，学者 Bakshy E. 于 2015 年发表在 *Science*（《科学》）的论文"Exposure to ideologically diverse news and opinion on Facebook"被引频次最高，为 22 次；学者 Coe K. 于 2014 年发表在 *Journal of Communication*（《传播杂志》）的论文"Online and Uncivil? Patterns and Determinants of Incivility in Newspaper Website Comments"被引频次排名第二，为 21 次；学者 Colleoni E. 于 2014 年发表在 *Journal of Communication*（《传播杂志》）的论文"Echo Chamber or Public Sphere? Predicting Political Orientation and Measuring Political Homophily in Twitter Using Big Data"被引频次排名第三，为 14 次。从中心度

来看，学者 Colleoni E. 的论文中心度最高为 0.23；学者 Lee E. J. 于 2012 年发表在 *Journal of Computer-Mediated Communication*（《计算机媒介传播》）的论文 "That's Not the Way It is：How User-Generated Comments on the News Affect Perceived Media Bias" 虽然被引频次只有 12 次，但其中心度排名第二，达到 0.21。紧随其后的是学者 Coe K. 的论文中心度位列第三，为 0.19。

表5　国际网络评论研究文献共被引分析（频次≥6）

作者	期刊	频次	中心度	年份
Bakshy E.	SCIENCE	22	0.05	2015
Coe K.	J COMMUN	21	0.19	2014
Colleoni E.	J COMMUN	14	0.23	2014
Barbera P.	PSYCHOL SCI	13	0.14	2015
Pariser E.	FILTER BUBBLE WHAT I	13	0.04	2011
de Zuniga H. G.	J COMPUT – MEDIAT COMM	13	0.01	2012
Flaxman S.	PUBLIC OPIN QUART	12	0.10	2016
Lee E. J.	J COMPUT – MEDIAT COMM	12	0.21	2012
ALLCOTT H.	［NO TITLE CAPTURED］	11	0.05	2017
Anderson A. A.	J COMPUT – MEDIAT COMM	11	0.06	2014
Papacharissi Z.	AFFECTIVE PUBLICS SE	11	0.03	2015
Newman N.	REUTERS I DIGITAL NE	10	0.02	2017
Messing S.	COMMUN RES	9	0.06	2014
Stroud N. J.	J COMPUT – MEDIAT COMM	9	0.04	2015
Hayes A. F.	INTRO MEDIATION MODE	9	0	2013
Sobieraj S.	POLIT COMMUN	9	0.04	2011
Tenenboim O.	JOURNALISM	8	0.10	2015
Himelboim I.	J COMPUT – MEDIAT COMM	8	0.04	2013
Marwick A. E.	NEW MEDIA SOC	8	0.04	2011
Dubois Elizabeth	INFORMATION	8	0.08	2018
Chadwick A.	HYBRID MEDIA SYSTEM	8	0.09	2013
Rowe I.	INFORM COMMUN SOC	8	0.08	2015
Bennett W. L.	INFORM COMMUN SOC	8	0.05	2012
Grimmer J.	POLIT ANAL	7	0.05	2013
Conover M. D.	NETWORKS	7	0.03	2011
Lewis S. C.	JOURNAL PRACT	7	0.02	2014
Santana A. D.	JOURNAL PRACT	7	0	2014
Meraz S.	INT J PRESS/POLIT	7	0	2013

续表

作者	期刊	频次	中心度	年份
Gottfried J.	NEWS USE SOCIAL MEDI	7	0	2016
Ruiz C.	INT J PRESS/POLIT	7	0.03	2011
Prochazka F.	JOURNALISM STUD	7	0.01	2018
Neubaum G.	HUM COMMUN RES	7	0.01	2017
Boulianne S.	INFORM COMMUN SOC	7	0.01	2015
Ott B. L.	CRIT STUD MEDIA COMM	6	0.03	2017
Prior M.	ANNU REV POLIT SCI	6	0.01	2013
Stroud N. J.	NICHE NEWS POLITICS	6	0.02	2011
Ksiazek T. B.	NEW MEDIA SOC	6	0.06	2016
Yun G. W.	J COMPUT – MEDIAT COMM	6	0	2011
Gerlitz C.	NEW MEDIA SOC	6	0	2013
Dang-Xuan L.	INFORM COMMUN SOC	6	0.08	2013
Iyengar S.	PUBLIC OPIN QUART	6	0	2012
Matthes J.	COMMUN RES	6	0	2018
Blei D. M.	COMMUN ACM	6	0.02	2012
Vargo C. J.	NEW MEDIA SOC	6	0.04	2018
Tandoc E. C.	DIGIT JOURNAL	6	0.01	2018
Turcotte J.	J COMPUT – MEDIAT COMM	6	0.01	2015
Weber P.	NEW MEDIA SOC	6	0.04	2014
Larsson A. O.	NEW MEDIA SOC	6	0.02	2012
Borah P.	COMMUN RES	6	0.02	2014
Springer N.	INFORM COMMUN SOC	6	0.03	2015

（六）国际网络评论研究的期刊共被引分析

当 2 种及以上的期刊被 1 篇及以上文献同时引用时，则称这几种期刊具有共被引关系。期刊的共被引把某一学科或多个学科领域的众多期刊有机地联系在一起，反映了它们之间在专业或学科上的某种联系，以此，可以对期刊进行分类和定位，确定该期刊在学科中的专业程度。因此，期刊共被引频次越高，说明该期刊在该领域的专业核心程度越高。[①]

按期刊共被引频次进行知识图谱分析，生成表 6，可以发现 *New Media &*

---

① H. Small, "Paradigms, Citations, and Maps of Science: A Personal History," *Journal of the Association for Information Science & Technology*, 2003 (54), pp. 394 – 399.

Society（《新媒体与社会》）的文献被引频次最高，达到156次，但其中心度排列第三，为0.11。*Journal of Communication*（《传播杂志》）被引频次位列第二，为144次，其中心度排名第二，为0.14。*Journal of Computer-Mediated Communication*（《计算机媒介传播》）紧随其后，排名第三，共被引107次，但其中心度较低，仅为0.11。虽然*Computers in Human Behavior*（《计算机人类行为》）被引频次排名第四，但其中心度排名第一，为0.22。由此可见，这些期刊刊登的文献构成了国际网络评论研究的核心发表网络。

表6 国际网络评论研究期刊共被引分析（频次≥20）

期刊	频次	中心度	期刊	频次	中心度
NEW MEDIA SOC	156	0.11	MEDIA CULT SOC	37	0.06
J COMMUN	144	0.06	AM BEHAV SCI	35	0.02
J COMPUT – MEDIAT COMM	107	0.08	NYTIMES	34	0.04
COMPUT HUM BEHAV	97	0.22	GUARDIAN	34	0.01
INFORM COMMUN SOC	97	0.05	SOC SCI COMPUT REV	34	0
COMMUN RES	94	0.1	PSYCHOL BULL	32	0.03
POLIT COMMUN	70	0.11	P NATL ACAD SCI USA	31	0.06
PUBLIC OPIN QUART	65	0.1	AM J SOCIOL	31	0.07
J BROADCAST ELECTRON	62	0.01	POLIT PSYCHOL	30	0.1
JOURNALISM	60	0	POLIT BEHAV	29	0.05
J MASS COMMUN Q	58	0.04	J POLIT	28	0.01
J PERS SOC PSYCHOL	57	0.14	J AM SOC INF SCI TEC	26	0
JOURNALISM STUD	56	0.01	PSYCHOL SCI	26	0.04
INT J COMMUN – US	53	0.01	JOURNALISM MASS COMM	26	0.01
INT J PRESS/POLIT	52	0.01	COMMUN METHODS MEAS	26	0
DIGIT JOURNAL	51	0.01	J INF TECHNOL POLITI	26	0.04
JOURNAL PRACT	50	0.01	PUBLIC RELAT REV	25	0.02
HUM COMMUN RES	49	0.04	MEDIA PSYCHOL	25	0.02
AM J POLIT SCI	47	0.06	CYBERPSYCH BEH SOC N	24	0.05
AM POLIT SCI REV	45	0.03	J CONSUM RES	22	0.02
INT J PUBLIC OPIN R	45	0.07	PERS SOC PSYCHOL B	22	0.03
SOC MEDIA SOC	45	0	ANNU REV SOCIOL	22	0.03
MASS COMMUN SOC	45	0.11	PLOS ONE	22	0.04
COMMUN THEOR	44	0	ANNU REV POLIT SCI	21	0.03
SCIENCE	42	0.04	COMMUN MONOGR	20	0.04
THESIS	41	0	ANN AM ACAD POLIT SS	20	0.01
EUR J COMMUN	40	0	POLICY INTERNET	20	0.02

（七）国际网络评论研究关键词共现分析

关键词共现分析是对文献中出现的关键词进行考察，从而使读者快速、精确地掌握学者论文的研究核心。高被引的关键词能够反映在某一研究领域、某一时期被学者聚焦的热点问题。因此，分析高被引关键词可以了解某一学科的研究热点和组织架构，中心度高的关键词对该领域的研究也具有一定的连接作用，同样在一定程度上反映了该领域的研究热点。

图 6 国际网络评论研究关键词共现分布网络中节点共计 194 个，连线 582 条，网络整体密度为 0.0311。图 6 中一个节点代表一个关键词，节点的大小表示关键词的使用频次，节点越大表示该关键词出现频次越高；节点间连线表示两个关键词之间紧密程度。对图 6 进行分析可知，国际网络评论研究领域关键词分布较为分散，"social media"（社交媒体）出现频次最多，与其他关键词的联系也最紧密。由此可见，在新媒体时代，国际新闻传播学界对于网络社交媒体的评论研究成为主流。

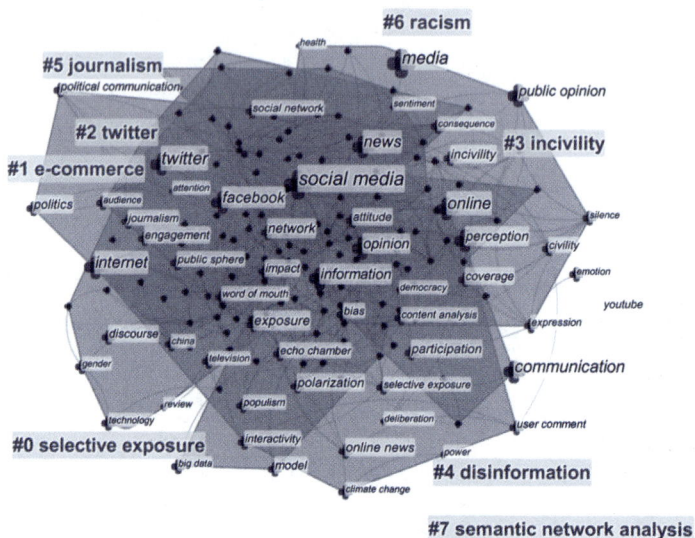

图 6　国际网络评论研究关键词共现分析

利用 CiteSpace. 5. 6. R5 软件对关键词图谱进行聚类，关键词知识图谱生成八大研究热点，分别为 "selective exposure"（选择性接触假说）、"e-commerce"（电子商务）、"Twitter"（推特）、"incivility"（不文明）、"disinformation"（虚假消息）、"journalism"（新闻业）、"racism"（种族歧视）和 "semantic network analysis"（语义网络分析）。由此可知，目前国际网络评论研究热点聚焦在社交网络、电子商务和新闻领域，网络的不文明现象、虚假消息、社交媒体（Facebook、Twitter、Instagram 等）等主题都与网络评论研究有着密切的关系，在研究方法上主要集中于语义网络分析法，重点理论为选择性接触理论。

结合表 7 可以看出，2019 年国际网络评论研究的高频词为 "social media"（社交媒体），共出现 85 次，其中心度为 0.07。"media"（媒体）出现频次为 55 次，中心度为 0。"twitter"（推特）、"online"（在线）和 "communication"（传播）频次分别排第三、第四、第五位。"opinion leadership"（意见领袖）、"election campaign"（竞选活动）和 "hostile media perception"（敌意媒体认知）出现频次较低，但中心度位列前三，分别为 0.09、0.08 和 0.08。

表 7　国际网络评论研究关键词共现分析（频次 ≥7）

关键词	频次	中心度	关键词	频次	中心度
social media	85	0.07	online news	16	0.01
media	55	0	politics	16	0
twitter	51	0.05	incivility	15	0.01
online	43	0.03	polarization	15	0.07
communication	41	0.01	attitude	14	0.01
news	40	0.06	discourse	14	0.01
internet	37	0.01	impact	14	0.03
facebook	28	0.02	political communication	13	0.02
public opinion	26	0.01	coverage	13	0.02
opinion	26	0.04	model	13	0
information	25	0.06	engagement	13	0.02
perception	21	0.02	bias	12	0.02
exposure	19	0.03	journalism	12	0
network	19	0.02	public sphere	11	0.02
participation	17	0.02	echo chamber	11	0.02

续表

关键词	频次	中心度	关键词	频次	中心度
youtube	11	0	consequence	8	0.01
civility	11	0.03	silence	8	0
user comment	10	0.01	china	8	0
social network	10	0	audience	8	0.01
interactivity	10	0.01	climate change	8	0.02
word of mouth	9	0.03	gender	8	0.01
populism	9	0	attention	7	0
expression	9	0.03	review	7	0
content analysis	9	0	health	7	0
selective exposure	9	0.01	power	7	0
television	8	0.01	sentiment	7	0
emotion	8	0	trust	7	0
big data	8	0	deliberation	7	0
technology	8	0	democracy	7	0.01

二　国际网络评论研究的前沿观点

本报告根据关键词知识图谱聚类得出研究热点，结合 SSCI 数据库检索的 271 篇文献研读结果，对 2019 年国际网络评论的前沿学术观点和发展脉络进行分析，总结该领域的主要前沿观点。

（一）网络评论的行动领域研究

1. 政治传播与公共运动

信息通信技术的发展被认为是推动社会变革最重要的力量之一。自 20 世纪 90 年代中期网络信息通信技术诞生以来，政治、媒体与网络之间的关系一直是学界的重点研究议题。

互联网作为一种信息通信技术，使公众能够针对政治与公共事务发出自己的声音，为公众在线交流政治思想和动员集体行动开辟了一个崭新的民主空间。扎拉·平托·柯艾略（Zara Pinto-Coelho）① 等学者对公众网络评论行为的研究表明，网络评论的发布通常相较传统媒体评论只需要更少的精力、成本和时间，不依赖于面对面的交流且不需要评论者使用真实姓名，甚至内容受到的审查更少。这种似乎无限的空间和扩展的在线连接形式为公众提供了一种接触他人和参与话语互动的方式，并提高了公众的网络评论欲望。本特·卡尔斯内斯（Bente Kalsnes）② 等研究表明，公众评论最多的网络新闻内容与公共事务有关，特别是与政治事件相关。公众在新闻所建立的政治秩序中参与问题讨论并表达自己的立场，重新定义了公民在政治进程中的作用。研究结果进一步表明，理想情况下，公众的在线话语有潜力为公共事务做出贡献。

如今，公众通过互联网能够在全球范围内进行虚拟和即时的网络交流。杜威曾经说过："对话是民主的灵魂。"随着诸如阿拉伯之春、占领华尔街运动以及土耳其的盖兹公园抗议等网络运动的兴起，政治传播学者已经认识到，公众之间关于政治问题和公共事务的网络对话对于民主至关重要，个人与其他公民进行公开交谈是民主的基础或基本要素，更是民主本身的理想所在。凯特·亨特（Kate Hunt）等学者将公众注意力作为研究对象的调查发现，互联网以及社交媒体在吸引公众注意力并促使公众进行网络讨论方面非常高效。社交媒体上的社会运动通过公众的在线交流广泛传播，往往会对众多的潜在受众产生深远的影响。

政治沟通是西方政党活动的核心机制，特别在政治竞选期间，在线新闻以及社交媒体在政治沟通中起着重要的作用。互联网不仅使政客们直接与民众进行政治沟通，还为公民特别是青年公民提供了政治身份建构和政治自我表达的方式，例如对网络政治信息进行评论、点赞和转发等。丹尼尔·莱恩（Daniel S. Lane）等③认为，在社会政治动荡不安的时代，政治自我表达成为年轻人了解并参与政治的重要途径。社交媒体创造性地提供了自我表达的丰富形式，已经成为年轻人表达和探索政治自我的重要空间。丹尼尔等的研究发现，社交媒体的三个特

① Pinto-Coelho Z., Carvalho A., Seixas E., "News Discourse and Reader's Comments: Expanding the Range of Citizenship Positions?" *Journalism*, 2019 (20), pp. 733 - 751.

② Bente K., Anders O. L., "Facebook News Use during the 2017 Norwegian Elections-Assessing the Influence of Hyperpartisan News," *Journalism Practice*, DOI: 10. 1080/17512786. 2019. 170442.

③ Daniel S. L., Vishnupriya D., Dan H. R., "Civic Laboratories: Youth Political Expression in Anonymous, Ephemeral, Geo-bounded Social Media," *Information, Communication & Society*, 2019 (22), pp. 2171 - 2186.

征，即匿名性、短暂性和地域界限，是促使年轻人进行网络政治表达的关键动力。亚当·谢哈塔（Adam Shehata）等①研究发现，随着年龄的增长，青少年政治兴趣的总体水平显著增长。这不仅反映为较高的政治兴趣水平，而且反映为更频繁的政治讨论。相对于青春期之前与父母进行政治话题讨论，青春期之后的青少年与同龄人进行政治讨论的频率显著增加，这是青少年争取自治并花费更多时间与朋友相处的时期。关于父母和同伴对青少年政治兴趣的影响，调查结果表明，父母更有持久的影响力。因此，在青少年政治兴趣的发展上，父母的政治新闻兴趣比同龄人更加重要。

2. 种族主义与难民问题

公众越来越频繁地在日常数字实践中发表对种族主义的理解，学者对这些网络评论进行研究分析，以此探究互联网中的种族主义现状、变迁和争议。正如阿纳斯塔西娅·坎耶尔（Anastasia Kanjere）②所言，网络评论者更有可能发表自己认为受到他人支持的观点，这意味着利用网络调查规范性的思想和话语有积极的效果。反移民情绪正在整个北半球的公众舆论中蔓延，尤其是在2015年"难民危机"之后。随着网络用户对塑造移民和难民的舆论作用日益凸显，理解并化解关于种族特权质疑而采取的言论和行动变得越来越重要。

梅尔维·潘蒂（Mervi Pantti）等③学者利用主题建模和自动文本分析技术，研究了芬兰传统新闻媒体和网络论坛中有关种族主义的公共评论，评论主题包括民粹主义、移民和种族三类。计算分析和定性阅读结合表明，不同主题的种族主义言论不仅随着时间的推移具有不同的高峰和分布，而且在网络论坛和传统新闻媒体上的讨论框架也有所不同。在新闻媒体和网络论坛中讨论和构架种族主义的不同方式表明，尽管当前存在混合媒体系统，但不同新闻领域保持并提供了自己特定的话语领域，且动员了不同的政治参与者进行评论。丽

---

① Adam S., Erik A., "The Development of Political Interest Among Adolescents: A Communication Mediation Approach Using Five Waves of Panel Data," *Communication Research*, 2019 (46), pp. 1055 – 1077.

② Anastasia K., "Defending Race Privilege on the Internet: how Whiteness Uses Innocence Discourse Online," *Information, Communication & Society*, 2019 (22), pp. 2156 – 2170.

③ Pantti M., Nelimarkka M., Nikunen K., et al., "The Meanings of Racism: Public Discourses about racism in Finnish News Media and Onlinediscussion Forums," *European Journal of Communication*, 2019 (34), pp. 503 – 519.

塔·波依塔里（Reeta Pöyhtäri）等①在混合媒体系统和网络框架理论的基础上，采用数据科学方法研究新闻媒体与社交媒体关于芬兰难民问题评论之间的异同。研究发现，传统新闻媒体来源的难民消息主导了社交媒体的用户评论。但是，公众普遍、积极且战略性地使用社交媒体来传播个人关于难民问题的观点。与传统媒体新闻内容相比，社交媒体上关于难民话题的讨论更具多样性。

3. 数字时代的新闻业

在过去的十年中，用户评论逐渐发展成为全球数字新闻领域的重要组成部分。与新闻参与的其他形式相比，用户评论具有独特性，因为其保留了传统媒体的放大镜效应。并且，用户评论的多样性和高数量被认为是新闻报道的直接提示。随着数字新闻的发展，新闻从业者和新闻受众之间的互动越来越频繁，这给新闻业及其从业者都带来了压力。戴维·沃尔夫冈（David Wolfgang）②认为，新闻从业者需要对公众的利益采取行动，建立一个高质量的网络空间，并鼓励公众积极地参与进来。数字新闻具有传统大众传播的许多特征：它们与大众接触，通常是新闻组织的一部分，并保留其作为专业新闻把关人的角色。因此，用户评论在数字新闻上的广泛应用在使新闻业适应 Web 2.0 时代具有重要的作用。

新闻网站上用户评论的出现反映了权威新闻表达与公众表达之间的新交集，这两个成分通常被描述为评估公众舆论氛围的关键信号。凯瑟琳·恩格尔克（Katherine M. Engelke）③认为，网络新闻评论是传统新闻评论，如信件、电话的在线延续。传统媒体由于印刷版面的空间限制，无法将公众意见完全展示在报纸等传统媒介上。与此不同，公众对网络新闻发布的评论不受空间的篇幅限制，公众评论可以全部展示在新闻版面上（假定评论不涉及把关人的编辑），这为公众舆论评估提供了新的含义。

① Reeta P. , Matti N. , Kaarina N. , et al. , "Refugee Debate and Networked Framing in the Hybrid Media Environment," *International Communication Gazette*, DOI：10. 1177/1748048519883520.

② David W. , "Commenters as Political Actors Infringing on the Fieldof Journalism," *Journalism Studies*, 2019（20），pp. 1149 – 1166.

③ Katherine M. E. , "Enriching the Conversation：Audience Perspectives on the Deliberative Nature and Potential of User Comments for News Media," *Digital Journalism*, 2019（8），pp. 447 – 466.

奥伦·索弗（Oren Soffer）[①] 认为，公众对网络新闻的评论可以看作是非代表性的准民意测验，人们可以通过该测验表达他们对问题的看法。比起撰写文字评论，公众在提供"喜欢"或"不喜欢"选项的网站上花费更少的精力，并且绕开了把关人的审查，其评论的意愿将更加强烈。网络新闻的评论板块为用户打开了专业新闻领域的大门，在该领域中，用户可以通过分享他们的观点和想法，进行民主对话。因此，新闻用户的评论经常被认为具有促进公众讨论和公民讨论的潜力。

4. 基于互动的电子营销

社交媒体的出现极大地改变了消费者与品牌之间的互动模式。消费者在社交网站上不仅可以关注品牌活动并分享品牌信息，还可以访问品牌主页并与之交流，消费者甚至可以自己创建与品牌相关的内容。克里斯·瓦戈（Chris Vargo）等[②]学者研究发现，激发消费者与好友分享品牌信息的五个关键因素是印象管理、情绪调节、信息获取、社交联系和说服力。社交媒体的信息传播机制与品牌营销息息相关，因为消费者可以帮助品牌将产品信息的范围扩展到更广泛的社交媒体用户。西奥·阿劳霍（Theo Araujo）[③] 发现，社交媒体用户对品牌信息的评估、对品牌消息的传播意愿具有关键影响。当社交媒体用户认为品牌信息具有信息性和娱乐性时，他们更有可能评论并传播其产品信息。这一结论与病毒式广告研究中购买行为的功利主义和享乐主义模式一致。其中，娱乐性（享乐主义）维度的影响要比信息性（功利主义）维度略强。这表明，用户在社交网站上分享品牌消息给自己的好友时，接收者倾向于接收强调品牌娱乐价值的信息。

电子口碑，指消费者在网络上借助文字、图片、视频等形式，对产品信息或使用体验的评价。通过互联网传播，电子口碑具有的广泛性、多样性、可见

---

① Oren S., "Assessing the Climate of Public Opinion in the User Comments Era: A New Epistemology," *Journalism*, 2019（20），pp. 772 – 787.

② Chris V., Harsha G., Toby H., "eWOM across Channels: Comparing the Impact of Self-enhancement, Positivity Bias and Vengeanceon Facebook and Twitter," *International Journal of Advertising*, 2019（38），pp. 1153 – 1172.

③ Theo A., "The Impact of Sharing Brand Messages: How Message, Sender and Receiver Characteristics Influence Brand Attitudes and Information Diffusion on Social Networking Sites," *Communications*, 2019（44），pp. 162 – 184.

性和智能性特征，能对更多的潜在消费者产生购买影响。因此，品牌越来越多地利用电子口碑向客户传递产品信息。电子口碑最常见的形式通常由消费者评分（即星级评分）和文字评论两部分构成。尹汝宏（Yeohong Yoon）等①研究证实，消费者的文字评论与星级评分之间存在正相关关系。消费者发布电子口碑的同时受他人消费评论的影响，即消费者的电子口碑评论过程中存在信息互动。研究进一步发现，当用户通过互联网共享消费评论时，文字评论的长度与星级评分之间存在负相关关系，这表明当消费者的满意度不高时，他们的抱怨动机将更强。

（二）网络评论的传播效果研究

1. 政治竞选的预测作用

政治竞选活动是党派候选人试图最大化其选票的传播运动，早在 2004 年，西方各党派候选人就开始利用网络进行政治宣传，即候选人使用互联网平台，直接向公众传递信息并与公众交流。如今，社交媒体已成为必不可少的政治竞选工具，候选人往往同时在多个社交媒体平台上活跃。社交媒体作为一个新的政治信息扩散平台，是学者研究政治信息流和与政治活动息息相关的公众的合适平台。贾德尔·科基尔（Jaidka Kokil）等②利用社交媒体的用户评论数据，预测了三个亚洲国家（马来西亚、印度和巴基斯坦）的政治选举结果。研究发现，社交媒体上用户评论的预测能力在印度和巴基斯坦表现良好，但对马来西亚却没有效果。使用机器学习模型挖掘用户评论的情感信息，是预测政治选举结果最准确的指标。该研究证实了社交媒体的用户评论对政治选举结果的积极预测效果。

在 Twitter、Facebook 之类的社交媒体平台上，舆论影响力来自公众扩散信息流的能力，特别是通过评论、转发、分享信息给新受众从而吸引潜在追随者的过程。这表明，正如意见领袖在传播主流媒体信息中发挥重要作用一样，社

---

① Yeohong Y. , Alex J. K. , Jeeyeon K. , et al. , "The effects of eWOM Characteristics on Consumer Ratings：Evidence from TripAdvisor. com," *International Journal of Advertising*, 2019 （38）, pp. 684 – 703.

② Jaidka K. , Ahmed S. , Skoric M. , "Predicting Elections from Social Media：A Three-country, Three-method Comparative Study," *Asian Journal of Communication*, 2019 （29）, pp. 252 – 273.

交媒体上的意见领袖通过对信息流施加一定影响并将候选人的信息带给新的受众，从而使候选人获得更多的追随者。由此可见，意见领袖在网络环境中对政治信息的传播仍然发挥着重要影响。杰夫·海姆斯利（Jeff Hemsley）[1] 通过研究 2014 年美国 36 个州州长竞选候选人发布的 10946 条转评推文后发现，候选人发布最多的推文为自我宣传推文，但这些推文的公众转评率较低，大约为40%。公众更多地转评攻击性推文，而这些推文往往具有较大的影响力。研究结果还证实，当较多的用户转评候选人推文时，候选人往往会吸引更多的受众并获得更多的新关注者。这项研究表明，政治候选人招募社交媒体中的意见领袖作为其支持者，可以从竞选中受益，意见领袖是为竞选做出重要贡献的人。

2. 受众之间两极分化

媒体报道的传播效果有助于塑造公共和政策议程，但人们获取新闻的方式已经改变，当代公民通过由传统媒体、互联网及社交媒体组成的混合媒体系统可以轻松地接触新闻信息。因此，通过混合媒体系统增加公众对新闻信息有意或无意的曝光，凸显了网络社会中信息传播及其对沟通和社会不平等的重要贡献。然而，卡布拉尔·比格曼（Cabral Bigman）等[2]学者却认为，不同社会群体对于社会问题的中介信息具有不同的访问、接触及响应条件，这些不平等状况反过来又会影响社会群体差异。因此，通信不平等和选择性曝光甚至会加剧社会的两极分化。

丹尼尔·苏德（Daniel J. Sude）等[3]检验了选择性信息暴露于政治信息中的确认性偏差。他认为，在当今高选择度的媒体环境中，媒体用户更多地关注与自己政治态度一致的信息，而不是挑战自我政治态度的信息，这种确认性偏差可能导致公众政治态度的两极分化愈加严重。当公众试图了解他人对某问题的看法时，他们通过选择态度一致的政治信息来创建志同道合的信息茧房，而

---

[1] Jeff H. , "Followers Retweet! The Influence of Middle-Level Gatekeepers on the Spread of Political Information on Twitter," *Policy & Internet*, 2019 (11), pp. 280 – 304.

[2] Cabral A. B. , Marisa A. S. , Lillie D. W. , et al. , "Selective Sharing on Social Media: Examining the Effects of Disparate Racial Impact Frames on Intentions to Retransmit News Stories among US College Students," *New Media & Society*, 2019 (21), pp. 2691 – 2709.

[3] Daniel J. S. , Silvia K. W. , Melissa J. R. , et al. , " 'Pick and Choose' Opinion Climate: How Browsing of Political Messages Shapespublic Opinion Perceptions and Attitudes," *Communication Monographs*, 2019 (86), pp. 457 – 478.

忽视了政治信息的多样性。因此，选择性信息暴露不仅会影响公众的政治态度，还会影响公众的政治认知，这无疑是公众政治态度两极分化的催化剂。同样，伊沃·弗曼（Ivo Furman）等[1]学者研究发现，回声室是导致公众政治意见两极分化的原因之一。公众在社交媒体上倾向于结交具有相似政治观点的朋友，并关注志同道合的社交媒体账号。回声室被定义为意识形态上一致且同质的环境，在这种环境中，政治观点没有争论而是得到了加强和放大，从而为政治意见两极分化铺平了道路。伊沃等认为，回声室现象始于现实生活，并扩展到传统媒体，最后扩展到社交媒体。社交媒体网络的算法机制可能会导致回声室的形成和公众意见的两极化，但社交媒体不应被当成这些结果的"罪魁祸首"。梅根·邓肯（Megan Duncan）等[2]通过调查政治党派候选人社交媒体上敌意评论之间的相互作用，将研究对象扩展到网络评论所产生的舆论氛围上。研究表明，社交媒体用户创造的敌对或支持氛围将影响受众对网络评论的参与。他认为，当公民感知到敌对的意见氛围时，他们发表网络意见的意愿降低。同时，当公民感知到同质的意见氛围时，他们将更有可能发表网络评论。该研究发现了一种相互作用，即敌对的舆论氛围加剧了舆论的两极分化。

3. 影响新闻感知

技术创新无疑对新闻业及其从业者产生了巨大影响。随着公众在网上越来越容易接触到新闻信息及其伴随的评论，研究网络新闻的评论如何影响公众对新闻的感知变得尤为重要。帕特里克·韦伯（Patrick Weber）等[3]研究发现，新闻网站上正面的用户评论通常会对新闻内容的感知产生积极影响，这会促使新闻网站流量的增加，同时建立新闻网站的品牌信誉，并使新闻网站在新闻市场中保持竞争力。

公众通过互联网发布新闻评论可以直接与新闻从业者互动，由于公众评论

① Furman I., Tunç A., "The End of the Habermassian Ideal？Political Communication on Twitter during the 2017 Turkish Constitutional Referendum," *Policy & Internet*, DOI：10.1002/poi3.218.

② Megan D., David C., "Party v. The People：Testing Correctiveaction and Supportive Engagement in a Partisan Political Context," *Journal of Information Technology & Politics*, 2019 (16), pp. 265 - 289.

③ Patrick W., Fabian P., Wolfgang S., "Why User Comments Affect the Perceived Quality of Journa Listic Content," *Journal of Media Psychology*, 2019 (31), pp. 24 - 34.

会对新闻感知产生影响，新闻受众变相成为新闻的制作者。新技术支持的受众反馈机制向新闻从业者提供了越来越多的受众评论，这些评论信息似乎正在推动新闻记者变得更加以新闻受众为导向，生产更多以吸引公众而不是坚持传统的公民取向的新闻。福克·哈努施（Folker Hanusch）等[1]研究发现，新闻从业者阅读公众评论的频率与公民取向的新闻发布数量呈正相关关系。通过听取公众的评论意见，新闻从业者了解公众所需要的新闻内容，从而更可能根据公众需要来编辑新闻，新闻从业者正在履行从观众视角出发制作新闻的使命。因此，鼓励公众发表评论也是一种市场策略，它可以使更多的公众参与到新闻中，从而提高新闻的影响力。

从新闻品牌管理的角度来看，公众的参与和评论会影响新闻品牌的资产。当代年轻人尤其喜欢通过评分、评论和共享等行为来与网络新闻互动。公众的在线参与对新闻机构非常重要，它影响了公众对在线新闻品牌的信任和忠诚度。对于新闻机构来说，了解公众新闻参与形式和评论意愿，对提高新闻品牌资产具有重要的意义。伊莎贝尔·克雷布斯（Isabelle Krebs）等[2]研究证实，新闻内容对于新闻品牌仍然是必不可少的要素，其次才是用户参与度。结果表明，新闻内容对于年轻的新闻用户非常重要，相对用户参与度其对新闻品牌的影响力更大。特别是硬新闻，其内容的质量可以被视为品牌标志的核心要素，在提升新闻品牌资产中起着至关重要的作用。

4. 社会人际支持

支持性沟通是人们日常互动中的组成部分。随着新技术的飞速发展，人们在网上寻求社会支持变得越来越普遍。在线支持论坛由于匿名性、异步性和易于访问性等特征，成为在线支持交流的一种特别流行的平台。在线支持论坛使许多人可以阅读寻求支持的帖子，从而为发帖者获得所需支持提供了更多的机会。

[1] Folker H. , Edson T. , "Comments, analytics, and Social Media: The impact of Audience Feedback on Journalists' Market Orientation," *Journalism*, 2019 (20), pp. 695–713.

[2] Isabelle K. , Juliane A. L. , "Is Audience Engagement Worth the Buzz? The Value of Audience Engagement, Comment Reading, and Content for Online News Brands," *Journalism*, 2019 (20), pp. 714–732.

伊宁·马洛赫（Yining Z. Malloch）等[1]基于社会渗透理论和叙事说服过程，关注健康在线论坛的两个关键特征，即自我披露和相似性。研究结果表明，有相似健康问题的人们能够通过网络交换在线支持，其身体的健康相似性导致感知相似性的提高，并减轻了自我披露的影响。研究提供的实验证据表明，在线用户可以通过叙事的说服过程和可感知的支持可用性从在线支持论坛中受益。

凯茜·尤尔（Cathy Ure）等[2]研究了 Twitter 上女性癌症慈善机构的社会支持情况，结果表明，社交媒体无法成为女性癌症诊断和治疗后在情感、身体和心理上所需社会支持的平台。社交媒体上女性癌症慈善机构的主要作用是与更广泛的受众建立联系、筹集数字募款和提高健康意识等。在这些机构的社交媒体的推文中，与社会支持相关的评论仅占 18%。因此，建立专门的女性癌症在线交流平台，是癌症女性之间获得社会支持交流的必要空间。

鉴于支持性沟通是一个动态过程，涉及寻求支持者与提供者之间的让与取，从理论上和实践上研究支持寻求者对收到的支持性评论的反应，以便获得对支持性沟通过程更完整的理解是很有必要的。李思悦等[3]研究了在线支持论坛中支持寻求者与支持提供者之间的相互交流。研究结果显示，当寻求支持者对早期支持性评论表达感谢后，后续评论者会提供更多的支持性回应。与预期不同的是，当寻求支持者对不支持性评论表达感谢后，则引起了更多的积极性评论，由此后续收到的支持性评论数量会更多。该研究表明，在线支持论坛中的积极评论能够为网络发帖者提供远距离的社会支持，人们在互联网上更容易构建人际交往网络。

5. 消遣娱乐功能

当代年轻人使用媒体的主要动机之一是娱乐，观看在线视频则是年轻人享

---

[1] Yining Z. Malloch , Jingwen Z. , "Seeing Others Receive Support Online: Effects of Self-Disclosure and Similarity on Perceived Similarity and Health Behavior Intention," *Journal of Health Communication*, 2019（24）, pp. 217 –225.

[2] Cathy U. , Adam G. , Anna C. , et al. , "Charities' Use of Twitter: Exploring Social Support for Women Living with and Beyond Breast Cancer," *Information, Communication & Society*, 2019（22）, pp. 1062 –1079.

[3] Siyue L. , Bo F. , Skye W. , "Give Thanks for a Little and You will Find a Lot: The Role of a Support Seeker's Reply in Online Support Provision," *Communication Monographs*, 2019（86）, pp. 251 –270.

乐的重要方式。在线视频的一个基本特征，即人们不仅会接触视频本身，还会接触他人采取用户评论的形式提供的与视频内容相关的社交信息，其中包含其他观众对内容的看法和想法。基于这一现象，玛特·莫勒（Marthe Möller）等①调查了在线视频的社交信息效价如何影响年轻人观看视频的娱乐体验。实验结果表明，接触视频评论表明该视频很有趣的用户，对该视频的娱乐体验要强于没有接触该评论的用户。类似地，对视频表达高评价的用户比表达低欣赏或低享受的用户具有更强的娱乐体验。该研究表明，在线视频的社交信息，即用户评论会影响年轻人的娱乐体验，并且用户评论的效价是观看者娱乐体验的重要决定因素。妮可·克莱默（Nicole Krämer）等②以情绪评估理论为视角，调查了视频共享平台上的用户评论是否可以影响其他用户的情绪反应。结果表明，在线评论确实改变其他用户的情绪，负面评论导致视频观看者愉悦的感觉降低，而忧郁的感觉上升并保持较长时间。因此，上述研究共同表明，用户评论对视频的娱乐体验和情绪感染发挥着重要作用，人们在处理在线视频时，还应关注视频附带的社交信息及其效价。

（三）网络评论的影响因素研究

公众舆论对于民主实践至关重要，国家的社会气候、技术环境和交流氛围共同决定了我们对公众舆论的思考方式以及衡量方式。社交媒体兴起并成为当今混合媒体系统的重要组成部分，其重点关注政治、媒体和公众之间的互动。香农·麦格雷戈（Shannon C. McGregor）③认为，社交媒体是影响当今公众舆论的重要因素。一方面，社交媒体扩展公众舆论的表达方法，使边缘化的民众声音更容易接触精英阶层。另一方面，社交媒体呈现更加分散的公众意识，还可能导致公众辩论，这必然会重新建构公众舆论的传播环境。

社交媒体为新闻用户发布评论开辟了新的场所。新闻机构"迁移"到社

---

① Marthe M. , Rinaldo K. , "The Effects of User Comments on Hedonic and Eudaimonic Entertainment Experiences when Watching Online Videos," *Communications*, 2019（44）, pp. 427 – 446.

② Nicole K. , German N. , Stephan W. , et al. , "I Feel What They Say: the Effect of Social Mediacomments on Viewers' Affective Reactions toward Elevating Online Videos," *Media Psychology*, DOI: 10. 1080/15213269. 2019. 1692669.

③ Shannon C. M. , "Social Media as Public Opinion: How Journalists Use Social Media to Represent Public Opinion," *Journalism*, 2019（20）, pp. 1070 – 1086.

交媒体，出现在大部分新闻用户花较多时间上网的地方，新闻用户可以使用社交媒体的评论功能来响应发布在新闻机构官方页面或账户上的新闻文章。这一改变使新闻用户可以通过两个不同的平台，即新闻官方网站和社交媒体的新闻页面，对同一个新闻内容进行评论。阿纳特·本戴维（Anat Ben-David）等①学者将上述两个平台的新闻评论进行比较研究。结果表明，社交媒体是人们发布新闻评论的主要场所，在社交媒体上发布的相同新闻的评论数量几乎是在新闻网站上的 2 倍，并且大多数的新闻评论者都倾向于匿名发布评论。此外，新闻网站中的评论审核机制会导致很高的评论拒绝率，因此，已通过审核的评论所反映的舆论氛围与社会公民的真实舆论存在差异。

对于硬新闻和软新闻的概念，学界还没有公认的定义，但硬新闻通常是指涉及重大政治或经济问题、世界公共事务或灾难报道的即时（经常是突发性）事实新闻。软新闻通常是指社会故事、个人故事、体育、科学和娱乐活动有关的新闻。奥莱西亚·科尔佐娃（Olessia Koltsova）②研究发现，在社交媒体上发布的硬新闻在前 30 分钟内会触发更多用户评论，但软新闻会在更长的时间内持续收到更多的评论。这一发现支持这样一种观点，即社交媒体可以有效地促进用户与人类情绪或兴趣相关的新闻的互动。这个结果鼓励新闻机构在社交媒体上发布软新闻，以增加用户的参与度。同样，娜塔莉·乔米尼·斯特劳德（Natalie Jomini Stroud）等③学者研究发现，新闻用户对于不同类型新闻的反应方式明显不同。硬新闻收获更多的点击率，而软新闻获得更多的评论。研究进一步表明，用户评论中存在情绪两极分化的现象，这与受众对新闻主题的不同理解相关，本质是受众在知识背景、外部经验或价值观上的差异。

埃尔米·内克马特（Elmie Nekmat）等④从个人信息处理的角度研究发现，

---

① Anat B. D. , Oren S. , "User Comments across Platformsand Journalistic Genres," *Information, Communication & Society*, 2019 (22), pp. 1810 – 1829.

② Olessia K. , "Redefining Media Agendas: Topic Problematization in Online Reader Comments," *Media and Communication*, 2019 (7), pp. 145 – 156.

③ Natalie J. S. , Ashley M. , "Social Media Engagement with Strategy and Issue-Framed Political News," *Journal of Communication*, 2019 (69), pp. 443 – 466.

④ Elmie N. , Karla K. G. , Shuhua Z. , et al. , "Connective-Collective Action on Social Media: Moderated Mediation of Cognitive Elaboration and Perceived Source Credibility on Personalness of Source," *Communication Research*, 2019 (46), pp. 62 – 87.

涉及人际网络（例如，朋友、家人、同事）的交流是预测个人参与网络评论意愿的强有力指标，这一发现表明，在社交媒体上表达个人情感或意见并将其传播给与自己认识的人比向陌生人表达更加轻松。社交媒体上的联结—集体行动比个人行动更重要。这证实了人际网络和社会身份是促进个人参与网络评论的有效手段。研究结果进一步表明，个人参与社交媒体上的联结—集体行动的意愿受到感知来源可信度的积极调节，人际网络中人际信任度越高，个人参与网络评论的意愿也就越高。

网络空间作为公众个人意见表达的新场所，不仅可以克服传统环境的秩序限制，还能以多种不同的形式出现，包括网络论坛、博客、聊天室和社交网站。吴宇元（Yu Won Oh）[①] 对影响互联网用户在网络论坛上表达个人观点的因素进行了研究。研究结果表明，用户的种族、年龄、教育程度、身份和孤独感影响其在网络论坛表达观点的意愿。尤其是孤独感，是导致少数派观点持有人沉默的主要原因，它在公众网络表达个人观点方面有着消极的影响。马修·库辛（Matthew J. Kushin）等[②]的研究证实，公众意见的一致性可以提高个人政治表达的意愿，因为这样的氛围降低了个人对孤独感的恐惧。

（四）网络评论的监督管理研究

不文明的网络评论，例如辱骂、歧视、骚扰和反社会等，正在侵扰网络评论空间。不文明的网络评论可能会加剧群体间的敌对情绪和两极分化，并增加公众对媒体偏见的认识，破坏在线讨论相互尊重和理解的良好氛围。安娜·吉布森（Anna Gibson）[③] 调查发现，大多数美国青少年经历过网络欺凌，包括嘲笑、威胁或虚假谣言。近年来也发生了可怕的大规模暴力事件，例如在网络讨论空间上散布错误信息和仇恨言论，导致斯里兰卡的穆斯林少数民族被杀。因此，网络不文明言论是互联网机构和在线用户必须正视的问题。学者已经发现

---

① Yu W. O., "Who Expresses Opinions in a Hostile Online Forum Environment and When," *Mass Communication and Society*, 2019 (22), pp. 423 – 446.

② Kushin M. J., Yamamoto M., Dalisay F., "Societal Majority, Facebook, and the Spiral of Silence in the 2016 U. S. Presidential Election," *Social Media + Society*, DOI: 10. 1177/20563051 19855139.

③ Anna G., "Free Speech and Safe Spaces: How Moderation Policies Shape Online Discussion Spaces," *Social Media + Society*, DOI: 10. 1177/2056305119832588.

了治理网络不文明话语的方法，例如，媒体应阻止匿名评论等。甚至，一些媒体组织决定通过完全关闭其网站的评论功能来解决该问题。米娅·哈钦斯（Myiah J. Hutchens）等①学者认为，这种偏激的解决方案具有缺陷，例如限制公共讨论和阻碍公民参与等。

布伦丹·沃森（Brendan Watson）等②认为，新闻组织与其选择关闭新闻评论功能，倒不如选择改善新闻评论空间内的社会控制。他们从三个维度对参与式评论空间中的社会控制进行了理论化，主要包括：正式的（新闻网站采取的行动）和非正式的（评论者自己采取的行动）社会控制方法、直接的（如删除辱骂性评论）与间接的（如要求用户实名认证）社会控制方法、肯定的（如奖励符合社会规范的行为）和否定的（如惩罚违反规范的行为）社会控制方法。他们同时强调，有效的社会控制需要平衡多个直接和间接的社会控制形式，在新闻组织和在线新闻用户之间、肯定的和否定的方法之间也要取得平衡。

2016 年美国总统大选和英国投票退出欧盟（"英国脱欧"）事件，引发了学者对在线虚假新闻对政治进程潜在影响的质疑。这些事件之后，在线虚假新闻的数量不断增加。尽管在线虚假信息不是一个新现象，但它已通过社交媒体获得了更大的影响力，并被战略性地用于实现政治目标。为了打击操纵和伪造虚假信息的行为，近年来出现了越来越多的事实检查平台。这些平台通常是独立组织，或者属于专业新闻机构。事实检查人员旨在收集散布在其国家网络公共领域中的在线虚假信息，并予以反驳或删除。埃达（Edda H.）③ 比较了来自四个西方民主国家（美国、英国、德国和奥地利）的在线虚假信息，旨在阐明在线虚假信息之间的跨国差异。研究结果揭示了英语国家和德语国家之间的显著差异：在美国和英国，政治党派虚假信息最多；而在德国和奥地利，

---

① Myiah J. H., David E. S., Jay D. H., et al., "What's in a Username? Civility, Group Identification, and Norms," *Journal of Information Technology & Politics*, 2019 (16), pp. 203 – 218.

② Brendan R. W., Zhao P., Lewis S. C., "Who will Intervene to Save News Comments? Deviance and Social Control in Communities of News Commenters," *New Media & Society*, 2019 (21), pp. 1840 – 1858.

③ Edda H., "Where? Fake News? Flourishes: A Comparison Across Four Western Democracies," *Information, Communication & Society*, 2019 (22), pp. 1973 – 1988.

耸人听闻的故事盛行。在说英语的国家中，虚假信息经常传播政治人物谣言；而在说德语的国家中，移民最常成为辩论目标。由此可见，虚假信息主题强烈反映国家的新闻议程。基于这些结果，埃达认为，在线虚假信息不仅是技术驱动的现象，而且受国家信息环境的影响。

网络滥用和在线骚扰正越来越多地被用作一种信息控制形式，以限制言论自由并在网络公共领域发挥作用。西敏·卡莎（Simin Kargar）等[1]学者认为，社交媒体上对持不同政见者的骚扰是战略传播的最新形式，其中特定的信息是由与政府结盟的行为者精心制作的，用以操纵舆论。这种做法将骚扰变成一种成本相对较低的武器，用于针对反对派，通过恐吓和追求"沉默"策略来限制言论自由。在这种情况下，武器化的骚扰和虚假信息寻求两个目标：首先，从战略上控制信息流，以操纵公众舆论，获得支持并抹黑对手；其次，遏制"持异议"的言论和行为。因此，遏制在线骚扰、抵抗政治暴力是学界和全球都应关注的重要议题。

（五）网络评论的表达形式研究

在社交媒体时代，个人变得比以往更容易受到他人的影响，因为社交媒体已成为人们生活中不可或缺的一部分，也成为人们获取信息的主要渠道。最广为使用的社交媒体网站，如 Facebook 和 Twitter 等，将个人声音从喃喃自语转变为集体呐喊，其强大的影响力已经成为动员和组织线上辩论以及线下运动的重要力量。主题标签是社交媒体推文的重要组成部分，其简明扼要地陈述出推文发布者所想表达的观点，将推文放置在更广泛的辩论或讨论中，为标签指定主题相关的各种辩论提供了交流结构。安德鲁·罗斯（Andrew S. Ross）[2] 认为，主题标签是社交媒体用户对当代社会经济、政治、文化等问题的集中反映，作为促进政治和公共事务讨论的催化剂，主题标签具有强大的影响潜力。

---

[1] Simin K., Adrian R., "State-aligned Trolling in Iran and the Double-edged Affordances of Instagram," *New Media & Society*, 2019（21），pp. 1506 – 1527.

[2] Andrew S. Ross, "Discursive Delegitimisation in Metaphorical #second civilwarletters: An Analysis of A Collective Twitter Hashtag Response," *Critical Discourse Studies*, DOI: 10. 1080/17405904. 2019. 1661861.

奥莉薇亚·约翰逊（Olivia Johnson）等①学者对"黑人生活问题"运动的研究进一步证明了这点，他们发现，主题标签是引发种族和警察暴行对话的推动器。社交媒体推文上的主题标签，如#BlackLivesMatter 或#StandForOurFlag等，具有改变推文情绪或语调的能力，其将推文放置在更广泛的辩论或讨论中，是种族运动保有持续影响力的重要因素之一。

主题标签凸显了社交媒体上的对话内容，影响受众接触信息的整体情感，已经成为信息共享和预判舆情的方法之一。如果标签使用率很高，则它很可能成为社交媒体上的热门话题，从而使更广泛的潜在用户可以通过主题标签查看有关话题的在线对话并参与讨论。因此，社交媒体用户乐于在其发布的社交内容中添加流行的主题标签，以使发布的信息或评论在公共对话中更加可见。

在社交网站上接触新闻很大程度上取决于一个人的网络新闻注意力。尽管接触新闻的方式有很多种，但安娜·索菲·库佩尔（Anna Sophie Kümpel）②研究发现，在网络新闻的评论中添加标记，即被好友在新闻评论中提及（@用户），可以最大程度地吸引公众的注意力并提高公众与新闻的接触机会。标记提供了一个很好的机会来激发对新闻不感兴趣的社交网站用户发展更积极的信息行为。因此，社交网站上兴起的标记功能，是吸引更广泛社交网站用户阅读新闻内容并进行在线评论的强大催化剂。研究进一步发现，社交网站用户将标记行为视为送礼的一种方式，这种互惠行为源于人们对社会人际网络的管理，并被视为好友间信息交流的重要方式。

Instagram 是一个以图片为主的社交媒体应用程序，其明确目标是让用户与世界分享他们的照片。像其他社交媒体平台一样，Instagram 已经成为公众展示自我、表达意见或宣泄情感的空间。Instagram 的推文通常将照片与简短的文字、表情或标签结合起来，因此，该平台为多符号网络评论分析提供了沃

① Olivia J., Adrienne H. P., Chung D., et al., "Are You Connected through Consumption? The Role of Hashtags in Political Consumption," *Social Media + Society* 2019 (5), DOI: 10.1177/2056305119883427.

② Anna S. K., "Getting Tagged, Getting Involved with News? A Mixed-Methods Investigation of the Effects and Motives of News-related Tagging Activities on Social Network Sites," *Journal of Communication* 2019 (68), pp. 373–395.

土。海伦·卡尔普（Helen Caple）① 收集了 2016 年澳大利亚联邦大选时 Instagram 发文的评论数据集，旨在研究公众多符号评论策略的使用情况。研究表明，Instagram 推文的评论可以由一种符号表达或者由多种符号组合表达，符号包括文字、图片、表情包、标签或标记等。评论语言大多使用口头语言，范围从社交媒体语言中常见的简约缩写词（例如 OMG）到短语（例如"选举日"）和句子（例如"我们进行投票"）。语言表达的通俗性亦是 Instagram 近几年在青年人中流行的原因之一。另外，Instagram 推文中图片、表情包以及标签的使用增强了评论的视觉语义域，表达出与特定主题、人物和事件的从属关系，并凸显用户发布这些推文的意图。标记的使用则拓展了评论的选择性曝光范围，能够吸引更多的用户参与该推文的评论或辩论。

近年来，个人直播已经成为国际网络文化中最具影响力的媒体形式之一。不仅许多网民，而且越来越多的媒体投资者也在参与到这种通信技术的发展和应用中。直播过程中特别重要的特征之一就是有大量弹幕，即在在线视频上的重叠实时评论。弹幕通常有以下两种方式：一种是发布的弹幕从视频窗口的一侧滚动到另一侧后消失，滚动时间持续数秒；另一种是在像电影静态字幕一样出现到动态视频上，持续数秒后消失。直播平台的观众会在主屏幕上看到所有评论，从而确保网络评论形式的即时性和有效性。陈馨如等②研究认为，弹幕在直播行业中流行的原因在于互动的即时性和不可预测性。与非实时流媒体中的弹幕相比，直播中的弹幕具有更强的用户标记性，以流行语、粉丝打赏和显示身份为代表。弹幕作为流媒体行业的生命线，将不可避免地带来网络失范的风险，这是学界需要进一步研究的领域。

穆罕默德·本·穆萨（Mohamed Ben Moussa）③ 利用多模式话语分析法，通过视频共享平台 YouTube 上摩洛哥说唱歌曲的歌词、视频和评论文本，研究了摩洛哥青年关于政治身份的话语表达艺术。研究表明，在扼杀异议和自我表

① Helen C., "'Lucy Says Today She is a Labordoodle': How the Dogs-of-Instagram Reveal Voter Preferences," *Social Semiotics* 2019（29），pp. 427 – 447.

② Xinru C., Zhuo C., "Between the Marked and the Unmarked: Twin Semiotic Paradoxes of the Barrage in China's Livestreaming Fandom," *Media，Culture & Society*，DOI：10. 1177/0163443 719876617.

③ Mohamed B. M., "Rap It up, Share It up: Identity Politics of Youth 'Social' Movement in Moroccan Online Rap Music," *New Media & Society*，2019（21），pp. 1043 – 1064.

达的社会政治环境中，摩洛哥青年发现说唱音乐与在线政治交流之间的交集，试图以歌词、视频和评论表达身份并实施政治话语，以此挑战和超越歧视摩洛哥青年的主流文化和社会秩序。摩洛哥 YouTube 说唱平台以自我展示动机为主，为了获得合法性，摩洛哥说唱歌手必须采用恰当的全球体裁，并通过包容性和排除性的各种实践对自我展示话语进行调整，以使其与当地情况更加兼容并赋予其真实性。对说唱歌曲评论部分的分析也表明，YouTube 等平台对用户的主要功能是在本地获得说唱社区的访问权并使其具有合法性。在线生产和消费的说唱音乐既是摩洛哥青年非社会运动和文化的体现，又是对非盟地区近期社会政治的辩证影响。在这种运动和文化中，艺术表达和在线交流交织在一起，产生出反映青年意向、日常经历和政治身份的新方式和新话语。

专　题　篇

Special Reports

B.4
融媒体新闻评论与
舆论引导力提升研究

李　舒　黄馨茹　李晓盼*

摘　要： 融媒体新闻评论是通过融合多种媒介形态来呈现对新闻事件或社会现象的观点与看法的政论性新闻体裁。融媒体新闻评论已走过简单照搬"上网"的阶段，向多种形态有机融合的方向发展，呈现总量增多且类型丰富、多重向度融合发展、参与主体多元互动、专业媒体占据主流、"时""效"追求趋向统一的发展状态。在深化融合、媒体转型的过程中，主流媒体需借助融媒体新闻评论这一有效手段，努力提升舆论引导的能力和效力，并通过优化传播策略形成舆论引导的合力，为经济社会的发展营造良好的舆论环境。

---

* 李舒，中国传媒大学教授，博士生导师；黄馨茹，中国传媒大学博士研究生，《青年记者》编辑；李晓盼，中国传媒大学硕士研究生。

关键词： 融媒体　新闻评论　舆论引导力

一　融媒体新闻评论与舆论引导

（一）融媒体新闻评论

2019 年 1 月 25 日，习近平总书记在十九届中央政治局第十二次集体学习时指出："传统媒体和新兴媒体不是取代关系，而是迭代关系；不是谁主谁次，而是此长彼长；不是谁强谁弱，而是优势互补。"① 融媒体新闻评论正是在传统媒体和新媒体优势互补的融合过程中博采众长、发展形成的一种适应融合媒体形态的新闻评论新样式。

融媒体新闻评论（下文简称"融评"）可定义为：通过融合多种媒介形态来呈现对新闻事件或社会现象的观点与看法的政论性新闻体裁。相比传统新闻评论，融媒体新闻评论更加注重评论的呈现方式、用户体验和舆论引导。

融媒体新闻评论是新闻评论与媒介发展相结合的产物，是网络评论在融媒体时代的延续和发展。传统的评论形式如报纸评论、广播评论、电视评论等，都是与传播载体特征相适应的产物。互联网出现后，网络评论也随之发展。随着媒介融合的不断推进、移动互联网及 5G 技术的迅速发展，新闻评论也随载体的变化出现了融合的态势，直至发展形成融媒体新闻评论的新样式。

法国学者米歇尔·福柯在《知识考古学》的概念篇中提出："前概念范围使话语的规律性和局限性显现出来，这些规律性和局限性又使概念的意志多样性成为可能，随后超出当人们写观念史时自愿针对的这些丰富多彩的主题、信仰和表象。"② 随着媒体样态的发展，融媒体新闻评论的概念也在不断发展变化，也许在发展过程中内涵会更加丰富。

新闻评论具有新闻性和政论性的体裁特征，③ 融媒体新闻评论在继承了传

---

① 习近平：《加快推动媒体融合发展 构建全媒体传播格局》，《求是》2019 年第 6 期，第 1~5 页。
② 〔法〕米歇尔·福柯：《知识考古学》，谢强、马月译，生活·读书·新知三联书店，2003，第 68 页。
③ 李舒：《新闻评论》，中国人民大学出版社，2013，第 4 页。

统新闻评论特征的同时，又有所发展，呈现出鲜明的融媒体特性，主要表现为符号的丰富性。

融媒体新闻评论继承了传统新闻评论的新闻性特征。2019年浙江广电集团新闻客户端"中国蓝新闻"推出了系列短评"基层减负"，将字幕、动画、主持人解说和现场视频相结合，清晰明了地列举了若干基层社区形式主义的"挂牌"行为，每块牌子后面都涉及建领导机构、找阵地、制度上墙等制度性考核要求，系列评论敏锐地捕捉到这些亟待整改的问题，并进行切中要害的剖析，鲜明地体现出新闻评论新闻性的体裁特征。

融媒体新闻评论继承了传统新闻评论的政论性特征。评论的政论性从我国近代报刊兴起之时就已展现出来，当时的报刊评论就以政论为主，1894年中日甲午战争之后，政论开始向新闻评论转变。由此可见，政论性深植于新闻评论的血脉中，一直延续至今。新闻评论的政论性体裁特征，是指着重从思想、政治或伦理的角度分析论述问题。① 新闻媒体想要表达观点，除了在新闻报道中将观点隐藏或渗透于事实之中，最重要的方式就是通过新闻评论直接表达态度立场。从思想、政治、伦理的角度出发来阐明观点，也符合公众认识客观事物的一般规律。人民日报在2019年全国两会期间推出了系列融媒体新闻评论"两会'石'评"。人民日报评论员通过竹板书的方式点评两会。在《部长为何请求"高抬贵手"》中，围绕国家文物局刘玉珠局长呼吁大家保护文物、"高抬贵手"，评论员从提高公众文物保护思想意识的角度入手，明确表达了对刘玉珠观点的支持，鲜明地体现了新闻评论政论性的体裁特征。

融媒体新闻评论的表现符号呈现丰富性的特征，多元的符号有助于更好地承载和传递观点。融媒体新闻评论的影响力逐渐增强与表达符号的丰富性密切相关。

（二）借力融媒体评论提升舆论引导力的必要性

舆论是公众关于现实社会以及社会中的各种现象、问题所表达的信念、态度、意见和情绪表现的总和，具有相对的一致性、强烈程度和持续性，对社会

---

① 李舒：《新闻评论》，中国人民大学出版社，2013，第15页。

发展及有关事态的进程产生影响。① 习近平总书记在党的新闻舆论工作座谈会上强调了舆论引导的重要性:"历史和现实都告诉我们,舆论的力量绝不能小觑。舆论导向正确是党和人民之福,舆论导向错误是党和人民之祸。好的舆论可以成为发展的'推进器'、民意的'晴雨表'、社会的'黏合剂'、道德的'风向标',不好的舆论可以成为民众的'迷魂汤'、社会的'分离器'、杀人的'软刀子'、动乱的'催化剂'。"②

舆论引导力是主流媒体在热点、重大新闻事件中所表现出的舆论引导权力、能力和效力之和。在社交媒体迅速发展的今天,人们的交往互动频率空前之高,社交网络将人们的距离拉近,形成了复杂的社会舆论场。在高度开放的公共领域中,公众的情绪态度与基于事实真相的理性判断往往会有一定的距离,因此主流媒体舆论引导力的提升显得尤为重要。

1. 国内外舆论场更加复杂

移动互联网让全息社会成为可能,舆论场的覆盖范围和舆论风险不断提升,主要体现在以下三个方面。

第一,热点舆论的形成速度不断加快。随着传媒技术的发展,信息传播和反馈的速度不断加快。互联网的去中心化赋予了舆论场立体化、多节点的传播特征,每一个新闻事件都有可能是潜在的舆论热点,高度的交互性、社交性使得热点舆论的形成速度比传统媒体时代提高了几个量级,有的事件甚至能在极短的时间内迅速爆发。

第二,热点舆论的数量和频次提高。在信息时代,话语权的部分让渡使得信息来源的主体愈加多元,信息的数量呈爆炸式增长,热点舆论的数量也随着信息基数的增长呈增长态势。由于网络空间自由度相对较高,网民可以随时随地进行评论,导致一个新闻事件可能有好几个舆情爆发点。也因为舆论热点多,时间线上后发事件可能会对之前的舆论热点造成冲击,使公众的注意力迅速发生转移。在热点舆论的主体上,"智能技术将通过'亲而信'纽带建构的舆论主体转变为通过'利相关'纽带建构的主体,提升智能网络舆论主体的

① 陈力丹:《新闻理论十讲》,复旦大学出版社,2015,第304页。
② 袁勃:《总书记新闻舆论金句——舆论导向正确是党和人民之福》,人民网,2019年11月29日。

构成宽度"①。即新闻事件或社会现象发生后，触及相关利益的用户会迅速集中起来，形成稳定庞大的舆论主体。

第三，热点舆论的覆盖范围扩大。随着综合国力的不断提升，我国在世界舆论场中受到更多的关注，国内舆论场和国际舆论场的边界日渐消失。在国际性舆论热点上，如何更好地发挥我国媒体影响和引导舆论的作用，是当下融媒体新闻评论要着力探索的方向。目前 CGTN 和 China Daily 已经开始尝试推出有特色的融评，努力联通国际国内两个舆论场。例如，CGTN 围绕热点话题，推出知名记者王冠的署名英文评论，系列评论融合了短视频与文字，通过网、端、号等多种渠道在国际舆论场中传播中国声音。做好网上舆论工作是一项长期任务，随着媒体融合的深化，舆论工作尤其是网络舆论工作需要进一步强化，而融媒体新闻评论作为一个有力的抓手，能够对国内国际舆论场产生直接而有效的影响。

2. 传媒环境娱乐化与情绪化

首先是传媒环境出现了娱乐化的倾向。尼尔·波兹曼在 1985 年出版了著名的媒介批评著作《娱乐至死》，表达了对日渐娱乐化的公众话语和文化精神的担忧。用户更倾向于娱乐化内容与社会高速发展不无关系，社会变革带来的各种压力让用户需要借助传媒产品寻求出口，媒体上的娱乐化节目得以大行其道。但过于强调娱乐性会使新闻媒体在内容取向上出现偏差，一旦娱乐化内容处于支配地位，媒体本身的监督、沟通等功能便会被削弱。

警惕娱乐化倾向并不意味着完全杜绝趣味性和娱乐性，而是要掌握好趣味和娱乐的边界。"新闻的表达方式幽默些、内容软一些、包装多样化些，都无可厚非，但要注意不要偏离趣味性和娱乐化的界限，让新闻的权威性和严肃性'毁容'。"② 融媒体新闻评论在探求表达方式的多样性时，也要掌握好娱乐的界限。适当的趣味表达有利于缓和评论主题的严肃性，如以脱口秀、评书、快板等跨界方式呈现的融媒体新闻评论，给观点套上了生动的外衣，能够减少"说服"的生硬感和不适感，但如果为了套用某种艺术形式而制作评论，则可

---

① 林凌：《智能网络舆论传播机制及引导策略》，《当代传播》2019 年第 6 期，第 40 页。
② 张建民、蒋新琴：《新闻过度娱乐化的迷失及其危害》，《中国广播电视学刊》2006 年第 4 期，第 50 页。

能适得其反。

其次是网民和媒体表达出现了情绪化的倾向。高兴、愤怒、悲伤等是人类共有的情绪，不同的新闻事件和社会现象能够触发受众不同的情绪。互联网的开放性和互动性为公众提供了更多表达的空间，而表达中往往夹杂着情绪的宣泄，甚至影响公众理性的思考，这正是"后真相"的典型表现。

公众情绪化的表达增加了新闻评论引导舆论的难度。"当今的网络远远超过传统媒体的舆论空间，但许多声音外表浮华，缺乏内在、缜密的思考，群骂、攻击、侮辱此起彼伏，不管出于什么原因，它都违背了公众舆论的本性。"① 自媒体和公众情绪化的表达往往附带着自身的诉求，如社交诉求、商业诉求等，为了实现某种目的而过分渲染情绪的情况也时有发生，这是值得警惕之处。融媒体新闻评论既要保持一定的权威性和严肃性，又要诉诸一定的情感，"适度的情感有助于我们洞察人性，辩证看待情感的功能，把握社会政治生态的变动规律"②，但要把握好情与理的平衡，不能被过度的情绪裹挟。

3. 技术发展带来机遇与挑战

传媒技术的发展带动了传播载体的变革，进而为融媒体新闻评论的产生提供了土壤。但技术是一把双刃剑，我们既要开拓传媒技术应用的可能空间，又要防止唯技术论对新闻传播的侵蚀。

以大数据在融媒体新闻评论领域的应用为例，通过大数据的筛选，能够得出热点话题的排名，挖掘出舆情关键词、传播路径甚至参与人群的各项特征。但表面数据背后各种因素的关联以及涉及的价值判断，则需要专业的新闻工作者进行挖掘。大数据包罗万象，但也存在内容疏漏和内容浅显等问题，在新闻生产中既要充分利用，又不能过分依赖。如，在论题的筛选过程中，大数据倾向于点击量大、讨论量高的热点话题，有可能使得一些值得关注的冰点问题被忽略。又如，对于传播效果的测量，单纯的阅读量和点击量数据未免停留于表面，不能对观点的理解效果、认可程度做出准确把握。虽然当前人工智能技术

---

① 刘建明：《公众舆论的对峙、理性与话语暴力》，《新闻爱好者》2014 年第 6 期，第 66 页。
② 郭小安：《公共舆论中的情绪、偏见及"聚合的奇迹"——从"后真相"概念说起》，《国际新闻界》2019 年第 1 期，第 115 页。

已经可以撰写新闻稿件，具有仿真的播报功能，但技术是有局限性的，尤其是面对与观点写作、价值判断相关的新闻评论时，还是要依赖人类的智慧。

4. 传统评论舆论引导存在局限

越来越多的公众可以通过微博、微信公众号等渠道发表观点，传统的报纸、电视、广播评论在社交媒体上的影响力受到冲击。综观国内外局势，国内改革进入攻坚期和深水区，国际政治局势诡谲多变，大国间博弈持续，加之新冠肺炎疫情带来的不确定性，舆论场的局势空前复杂，甚至出现了一定程度的分化。以 2020 年夏天的南方洪灾为例，人民日报、新华社和央视等主流媒体均对洪灾进行了报道，然而一些主要通过微信朋友圈或各种社交平台获取信息的受众却发出了"为何南方洪灾严重却不见媒体报道"的疑问。这个例子反映出主流媒体的影响力存在圈层化现象。2020 年 6 月 30 日，习近平总书记在中央全面深化改革委员会第十四次会议上强调，推动媒体融合向纵深发展，要建立以内容建设为根本、先进技术为支撑、创新管理为保障的全媒体传播体系，牢牢占据舆论引导、思想引领、文化传承、服务人民的传播制高点。① 然而在一些重大事件中，主流媒体传统样态的评论虽然内容优质、观点正确，却面临"酒香也怕巷子深"的困境，影响力减弱，甚至与受众"失联"，在一定圈层中出现了舆论引导力式微的问题。有的传统新闻评论的传播效果甚至不及一些自媒体账号，急需转型升级，"破圈"扩大影响。

融媒体新闻评论要探索针对不同的平台推出不同特色的融媒体评论内容。这首先要求融评制作者了解不同平台的特色，总结不同平台用户获取信息的倾向；其次，要探索融媒体评论编辑的多样化，"一次采集，多种生成，多元发布"的模式也适用于融媒体新闻评论；最后，还要加强策划创新能力，对于同一评论主题的策划，不同终端不同平台的作品既要各有特色，也要在观点表达、发布策略等方面相互呼应、形成合力。

5. 公众接受状态发生变化

随着自媒体的发展，公众获得了越来越多的表达渠道。一个社会事件发生后，公众不再仅仅是信息接收者，也是拥有话语权的观点发布者，有时甚至能成为意见领袖，对舆情发展产生较大影响。在后真相时代，公共事件出现后，

---

① 《习近平主持召开中央全面深化改革委员会第十四次会议》，新华社，2020 年 6 月 30 日。

受众对于情绪的宣泄往往甚于对事实真相的渴求，舆论极易受情绪影响而偏离理性的方向。2018 年 11 月，法国巴黎发生了 50 年来最大的骚乱"黄背心运动"，其诉求之一是抗议政府对燃油税的上调，而这场骚乱的开端竟是一位网民上传的抱怨燃油税的视频。这也反映出社交媒体带来的舆情变化大、爆点多、难预测，还有可能蔓延到线下，产生巨大的社会影响。

英国学者斯图亚特·霍尔曾提出"对抗性解读"的观点，即"受众明白媒体明确给出的信息含义，却用一种与媒体期待相反的方式理解，受众理解的结果往往与媒体想传达的意思背道而驰"[①]。在复杂的舆论场中，"对抗性解读"现象越来越普遍，甚至有一些别有用心的人会有意诱导公众对主流媒体信息进行"对抗性解读"。这就需要主流媒体借助融媒体新闻评论积极发声，特别要有意识地打破传播圈层和信息茧房，缩小不同舆论场之间的鸿沟。

融媒体新闻评论要达成"说服"和"制造同意"的目的，就应对传播对象进行探究。为了增强传播效果，要注重用户的媒体接受习惯、把握他们的接受心理，用生动形象的说理减少"对抗性解读"，于潜移默化中实现观点的传播。切合用户接受习惯要注意不同平台的用户特征，趣缘群体不仅在现实生活中存在，也在虚拟空间存在。正如因兴趣爱好而集聚，对信息的倾向性差异也会使用户在不同的平台集聚。这就意味着，融媒体新闻评论在多平台联动推出的时候，要意识到网络集群现象的存在，即在不同的传播平台上用户的年龄、受教育程度、观点倾向、接受能力与习惯等都有所不同，采取的传播策略和说理的方法手段也应该有所差异。

二　融媒体新闻评论发展的现状

融媒体新闻评论伴随新媒体技术的出现而诞生、发展。全媒体时代，媒体深度融合发展正在加快推进，融媒体新闻评论也从简单地照搬"上网"发展到多种形态有机融合、创新发展。

---

① 〔英〕斯图亚特·霍尔：《编码/解码》，载张国良主编《20 世纪传播学经典文本》，复旦大学出版社，2003，第 96 页。

（一）总量增多类型丰富

2015 年凤凰卫视推出资讯评论节目《全媒体大开讲》，2016 年中央电视台推出第一个融媒体新闻评论节目《中国舆论场》，随后各大媒体开始在融媒体新闻评论领域发力，数量众多的融评作品开始在舆论场发挥作用。

按时间周期，融媒体新闻评论可以分为：长期性融评专栏、季播性融评专栏和主题性融评作品。

长期性融评专栏在时间上具有一贯性，可以分为固定周期推送和不定期推送两种。比如，每周日晚 CCTV4 播出的《中国舆论场》属于固定周期推送的长期性专栏，中国青年报在 2018 年 11 月推出的"中青融评"、新华社在 2017 年 2 月推出的"辛识平"等，只在热点新闻事件、社会现象出现的时候才会推出融评作品，属于不定期推送的长期性专栏（见图 1）。总体来看，不定期专栏占大多数，符合新闻事件的偶发性特征。

图 1　新华社融媒体评论"辛识平"

季播性融评专栏则在每年固定某一时期推出，一般与周期性的重大活动相关。比如每年的两会期间，都会涌现一批融媒体新闻评论，其中不乏一些已经具有一定品牌知名度和影响力的评论专栏，如《两会"娜"么说》《侠客岛·两会观察》《冠察天下》等。这些连年出现的专栏，其传播效果一方面与评论本身的内容质量和呈现方式有关，另一方面也与活动本身的影响力相关联。

与前两者相比，主题性融评作品在时间上更加灵活，没有固定的刊发或推送周期，而是与重大事件、活动相联系。主题性融评作品没有固定的周期与栏目限制，而是配合重大事件、活动推出的即时性评论作品，往往具有较强的创新性。如新冠肺炎疫情期间，人民日报联合网易新闻推出的《武汉时刻》、新华社推出的《江·湖·行》等。

（二）多种向度融合发展

融媒体新闻评论不仅融合了多种媒体传播渠道，而且融合了多种媒介表现形态。从融合向度看，融媒体新闻评论有文字和声音相融、文字和图片表格相融、视频和大数据相融、图文和音视频相融。

最开始的融合向度是"电视媒体＋大数据"，即视频评论和大数据相融合。2016 年 3 月，《中国舆论场》在 CCTV4 开播，以每周日晚直播的形式，与用户交互评论舆论场中具有较大影响力的事件，包括"热词大搜索"和"中舆最热评"等板块。而这些热点事件、词语和评论则来源于大数据的抓取与分析。大数据的介入切中了舆论的脉搏，《中国舆论场》的议题广受关注，收视份额曾高达 5.1%，单期节目互动人次最高达 7900 万人次（见图 2）。

图 2　《中国舆论场》舆情指数

随着融媒体新闻评论的发展，融合向度越来越丰富，报纸、网站等媒体也开始探索融合评论。如，人民日报"中央厨房"推出的任仲平系列微视频、微音频就是将传统报纸评论和视频、音频相融合，浙江新闻客户端推出的《画里有话》就是将文字和动图相融合。目前融媒体新闻评论逐渐呈现文字、音视频、图片、动画多符号多向度相融合的趋势。

（三）参与主体多元互动

美国学者亨利·詹金斯在《融合文化：新媒体和旧媒体的冲突地带》中讨论了媒体融合、参与文化和集体智慧三者之间的关系。在当前的传媒环境中，他认为应该将媒体制作人和消费者"看作按照一套新规则相互作用、相互影响的参与者"①，而"实时互动""交互评论"正是互联网参与文化的体现。

实时互动、交互评论的特点在《中国舆论场》中体现得非常突出（见图3）。《中国舆论场》是中央电视台中文国际频道打造的首档融媒体新闻评论节目。节目采取直播的方式，央广、国广、央视联动，三台的用户以及节目微信公众号的用户都有机会通过网络渠道进入直播间的"虚拟坐席"（见图4）。通过《中国舆论场》官方微信公众号进入直播间的居多，借助该微信公众号"边看边聊"功能，观众可以和同时看该节目的其他受众互动留言、相互点赞，也可以直接向现场专家提问，由主持人选择代表性问题请专家进行解答。用户在微信公众号的评论经过筛选后，还可以实时出现在电视直播屏幕的左侧，上下滚动播出。

图3 《中国舆论场》直播互动

---

① 〔美〕亨利·詹金斯：《融合文化：新媒体和旧媒体的冲突地带》，杜永明译，商务印书馆，2012，第31页。

图4 《中国舆论场》虚拟坐席

（四）专业媒体占据主流

由于制作成本和对评论的专业水平要求较高，目前融媒体新闻评论的制作主体主要是经验较为丰富的主流媒体。主流媒体通过客户端、微信、微博、抖音等平台传播，使得融评具有较广的覆盖面。

从观点表达的主体看，融媒体新闻评论可以分为代表编辑部意见的评论和由专家学者、用户等个人署名的评论。

目前代表编辑部集体意见的融评占据主导地位。融媒体新闻评论涉及多种符号的呈现和多种渠道的推送，比传统新闻评论耗费更多的时间、人力和财力，专业门槛较高，因此非专业机构和人员难以进入，制作方多为较成熟的拥有一定评论传统的专业媒体。新华社推出的融媒体新闻评论"辛识平"、人民日报客户端推出的《人民锐评》和中央广播电视总台推出的《冠察天下》等栏目均是以评论员身份传达编辑部意见的融评专栏。

需要注意的是，虽然主流媒体占据了融评的引领地位，但是在整个网络舆论场中，尤其与一些热点舆情事件相关时，用户的力量依旧不可忽视。这时就需要主流媒体充分利用已有的优势，抓住评论时机，提升舆论引导力，有效地影响、引导舆论。

（五）"时""效"追求趋向统一

作为一种新闻体裁，新闻评论非常注重时效性，从心理学首因效应

（primacy effect）的角度看，就是要在谣言和偏见生成之前将正确的观点传播出去。在移动互联时代，媒体随时随地推送新闻，公众随时随地阅读观看收听，新闻的保鲜期更短。但是新闻评论时效性和新闻报道时效性的内涵略有不同：新闻报道是对新近或正在发生的事实的呈现，当事实要素明确以后，需要尽快报道出去，以维持新闻的"新鲜度"；新闻评论也要求尽量压缩和新闻发生的时间差，但是更重要的是要掌握发言的时机，什么时间进行舆论引导更为合适，什么时间反应舆论影响更大，都是值得推敲的。因此新闻评论的时效性要从"绝对时间"和"相对时间"两个方面来理解，两者是辩证统一的关系。① 新闻评论既要抓紧时差，也要考虑时机，两者平衡才能真正实现新闻评论的"时"和"效"。

2020 年两会在抗击新冠肺炎疫情尚未完全结束的背景下召开，主流媒体既抢时间又把握时机，推出了大量融媒体新闻评论，在舆论引导方面发挥了积极作用。例如，人民日报海外版将品牌新媒体栏目"侠客岛"从网上搬到纸上，在新媒体平台和两会特刊上同步推出《侠客岛·两会观察》，实现了报纸和新媒体的良性互动；中央广播电视总台则通过"央视网评"、首个"5G＋竖屏"融媒体系列评论《冠察天下》、白岩松与董倩联手打造的《两会 1＋1》等栏目，使评论更"立体"、更"社交"、更符合融媒体时代的传播规律；光明日报、光明网推出大型全媒体专题《决胜》，通过漫画、图片与文字等的融合，点评两会热点话题；中国青年报通过"现场＋云连线"的形式，推出"两会青年说""我们云上见"等全媒体专栏，聚焦青年人成长、就业、创业的热门话题，并及时跟进评论；工人日报的融评栏目《工人日报 e 网评》聚焦疫情防控的相关话题，紧跟舆情动态主动引导发声。

地方媒体也根据各自的发展情况及媒体融合的特色，推出一系列紧跟重大新闻事件、具有极强时效性的融媒体新闻评论。如，新京报在文字评论的基础上加入了图片报道、动画、视频等，还在疫情防控期间推出了短视频评论栏目《陈迪说》；湖南日报在"新湖南"客户端推出疫情防控相关的融评文章，并借助新媒体平台多渠道分发；湖南卫视的《胡湘平》、湖南经视的《胡金平》及湖南交通广播的《国生讲两会》等评论栏目，借助"学习强国"等新媒体平台进行分发，体现了主动拓展影响力的意识；荔枝新闻"融评两会"集合

① 李舒：《新闻评论》，中国人民大学出版社，2013，第 5 页。

人民日报、新华社、央视等权威媒体的新闻评论，用融合漫画、长图等形式进行呈现；浙江卫视推出的《大舒小兰说"两会"》邀请知名评论员在虚拟演播室围绕两会热点话题，结合浙江当地情况，以短评的形式回应公众关切。这些把握了"时效"的融评作品，也都取得了良好的"实效"。

三 融媒体新闻评论在舆论引导上的优势

经过一段时间的实践探索，融媒体新闻评论在舆论引导上显示出特有的优势，主要体现在以下几个方面。

（一）借助大数据，提高议题关切

随着云计算的发展，大数据对新闻媒体的影响日渐增大。"阅读量""评论量""转发量""事件热度""舆论场占比""影响力""媒体参与情况"等数据可以从不同角度描述社会现象和新闻事件的传播特征。这为新闻评论在选题和效果评估方面提供了重要依据和参照值。

通过大数据筛选融媒体新闻评论的选题，无疑可以增强论题的社会关切度和现实针对性。在当前媒介环境中，事件的关注度与影响力可以量化评估并以数据的方式呈现。由于新闻评论重在观点的传达，更多情况下是在新闻事实相对完整呈现之后再进行表态，所以新闻评论与新闻事实之间往往有一个短暂的"时间差"，这个"时间差"恰恰给了大数据发挥作用的空间。融媒体新闻评论可以基于时间差内获取的大数据分析近期新闻事件中受众的关注点，有针对性地选择论题。例如电视剧《人民的名义》热播期间，新华社原创品牌栏目"讲习所"的融媒体评论"辛识平"推出评论《让"两面人"难以遁形》，剖析"廉政""捞钱"两面派的本质，思考政治生态净化之道。

（二）贴近受众，切合接受习惯

截至 2020 年 3 月，20~29 岁、30~39 岁的网民占比分别为 21.5%、20.8%，高于其他年龄群体。① 互联网用户年轻化是我国网民年龄结构的重要

---

① 《第 45 次中国互联网络发展状况统计报告》，中国网信网，2020 年 4 月 27 日。

特征，近一半的用户是互联网"原住民"。许多用户接触网络较早，阅读习惯碎片化，注意力容易分散，而传统评论篇幅较长、表达严肃、说理相对复杂的评论显然不符合这些用户的接受习惯。

为了在注意力竞争激烈的媒介环境中实现观点的传达，融媒体新闻评论在表述上更加符合年轻用户的接受特点，说理话语呈现"寓教于乐"的特点。例如，凤凰视频推出的《又来了》运用脱口秀的方式，将论点放进生动有趣的语言中，以增强融评的吸引力。四川广播电视台"四川观察"客户端推出的《洋洋大观》，主持人洋洋和穿着熊猫卡通玩偶服装的另一个"主持人"观观（与"四川观察"客户端小助手熊猫观观形象一致）一起出镜，为观点的表达增添新意，一扫严肃主题的沉闷之气（见图5）。

为了适应用户专注时长有限的接收特点，融评的篇幅普遍不长，多表现为短视频、短音频。以短视频评论为例，一些融评融合了脱口秀、快板书、旁白解读、歌曲动画等形式，但是无论什么形式，内容都非常短小精悍，一般不会超过5分钟。短视频融评在用户注意力涣散之前就已经传达完毕所有的观点，适应当下用户的接收状态，客观上也提高了传播效率。未来融媒体新闻评论并非一定囿于短篇幅，VR、AR沉浸式的事实呈现，事理结合的观点陈述，都更加贴近感官，适当拓展时长可能带来更大的发挥空间。

图5 "四川观察"客户端《洋洋大观》专题页

　　近几年，"VR + 新闻"报道形式在国内外都非常热门。VR 即虚拟现实，是一种"互动式的计算机模拟环境，能感知用户的状态和行为，替换或者加强对一种或多种感知系统的感官反馈信息，从而使用户获得一种沉浸在模拟环境（虚拟环境）中的感觉"① 的计算机信息技术。自 BBC 在 2014 年用 VR 录制主播的新闻简报开始，VR 技术被广泛应用于传媒领域。ABC 在《夜间报道》中，通过 VR 技术展示了叙利亚首都大马士革的画面。360 度的全景视频最大程度地贴近新闻现场，用户仿佛身临其境。《纽约时报》的 VR 平台 *NYT VR*、《今日美国》的 *VRtually There* 栏目等也各具特色，颇受欢迎。

　　2019 年全国两会期间，山东广播电视台"闪电新闻"客户端推出了新闻评论 VR 直播节目《拜托了两会》，节目通过 5G 连线现场记者，再加上 VR 呈现的现场，实时梳理两会的热点、主流媒体的评论和网友的反馈，获得了好评（见图 6）。2020 年新冠肺炎疫情期间，新京报评论栏目运用文字 + 图片/动画的方式，通过场景化的话语表达传递观点，从而使公众更好地理解评论所表达的态度与情感，实现了"以景带情、以论带理"的目的。

图 6　山东广播电视台"闪电新闻"客户端《拜托了两会》

（三）注重说理，强调主流价值

　　融媒体新闻评论作为表达意见性信息的新闻体裁，其核心始终是观点的表

---

① 　张珊珊：《虚拟现实新闻的现在与未来》，《新闻界》2016 年第 3 期，第 14 ~ 20 页。

达。观点的表达依托于说理，说理的目的是"说服"，即在用户中制造"认同"。因此，多样的表现手法只是说理的辅助，出发点是对内容即意见性信息的强调。融媒体新闻评论不能舍本逐末，新颖的形式能加强内容的传递效果，吸引用户的注意力，但是新闻评论的说理性始终是最重要的。这又回到了新闻评论体裁的基本规律，比如遵循客体的认知规律，斟酌新闻评论的观察视角、论证方法、逻辑结构等。

融媒体评论在说理中特别注重主流价值观的体现。以受到广泛好评的融评栏目《主播说联播》为例，该栏目由《新闻联播》的主播针对热点新闻话题进行口播短评，借助微信公众号、微博、抖音等渠道联动传播，篇幅虽短但说理深刻、启迪思想。在评论被羁押 20 多年最终无罪释放的张玉环案时，呼吁以正义之名追究审讯过程中不法行为主体的责任；在评论高分考生报考北大考古系这一网友热议的新闻时，说出"所谓专业，或许更该理解为专注成就事业"的金句，这些都传递了正确的价值观。又如，"人民日报评论"公众号的《画里有话》栏目也常常用发人深省的语言传递鲜明的价值理念（见图 7）。针对备受海内外网友关注的美国制裁 TikTok 的议题，《画里有话》以海报配一句话评论的形式亮明观点——"满身污迹却大谈'清洁网络'，美政客莫不是在讲笑话"，一针见血地点明美国政府"清洁网络"的荒谬性、讽刺性。在评论"天才少年入职华为获百万高薪"的热点话题时，《画里有话》配发"创造价值"的主题海报，用攀岩者的形象比喻"天才少年"的进取之路，文字点评"比年薪刻度更值得追求的是创造价值"与图片相互呼应，激发青年人要立志创造价值，不要一味地羡慕天才和高薪，引领其树立正确的人生观。

（四）符号多元，注重有效表达

正如施拉姆所说，"传播不是全部（甚至大部分不是）通过言辞进行的。一个姿势、一个强调语气、发型……这一切都携带着信息"①，融媒体新闻评论融合了多种表现方式，灵活运用多种传播符号取长补短，力求有效表意。

---

① 〔美〕威尔伯·施拉姆等：《传播学概论》，陈亮等译，新华出版社，1984，第 4 页。

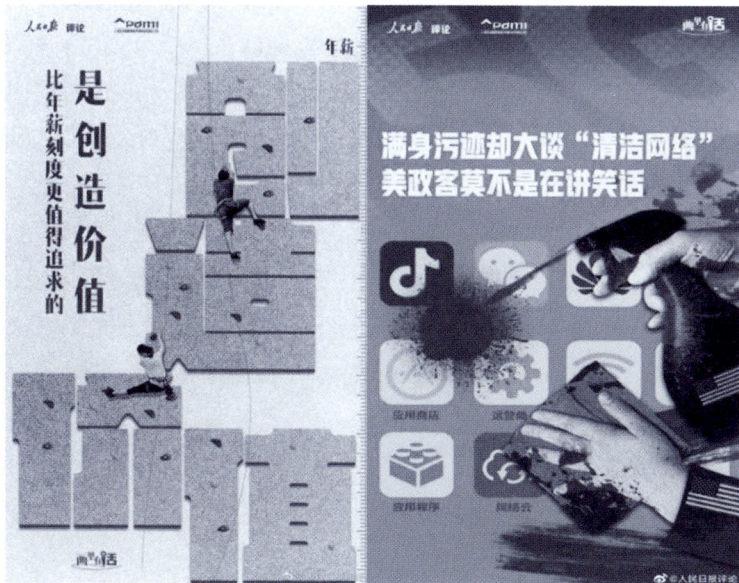

图7 人民日报《画里有话》栏目

美国符号学先驱皮尔斯认为，有三个要素构成了符号，即"代表事物的符号（形式）、被符号指涉的对象（指称）和对符号的解释（意义）"①。从不同的标准出发，可以对符号进行不同的分类，如听觉符号、视觉符号、语言符号、非语言符号等。虽然融媒体新闻评论的多种符号在传统媒体中也有体现，但是融评在符号的选取和运用上受网络文化和用户媒介使用倾向的影响明显，更适合移动端碎片化传播。融媒体新闻评论融合了多种符号，以贴近用户的不同需求。用户可以看视频评论，可以阅读文字，可以欣赏图片和听音频，不同环境、情境下的用户可以选择最适合的接收方式。

"四川观察"客户端在2019年推出了融媒体新闻评论《声张》，由主持人对热点话题进行2分钟左右的口播评论。《声张》采用音频评论置顶，且音频和文字不是重复而是补充的关系，文字和图片跟在其后，整个融评作品能看又能听。浙江新闻客户端则拓展了传统媒体"漫画评论"的内涵，采用编者按加动画、动图和打油诗的方式对热点话题进行评论。中国青年报打造了融媒体

---

① 李彬：《传播符号论》，清华大学出版社，2012，第4页。

103

新闻评论专栏"中青融评",对与青少年有关的热点事件保持高度关注,如"钟美美模仿老师走红""顶替农家女上大学事件""仝卓高考舞弊案"等。"中青融评"将图片、短视频、旁白解说和文字评论融为一体,集图片、文字、声音多种符号于一身,从多个端口推出,包括微信公众号、百家号、客户端、媒体官方网站、腾讯视频、微博等。

在文字符号的使用上,融媒体新闻评论不再拘泥于报纸、电视平台相对正统严肃的风格,而是和传播渠道相契合,文字风格大胆、有趣,社交感十足。如人民网推出的新闻脱口秀《两会听我"蒋"》的画面,大量的白色文字衬在浓重的姜黄底色上,同时将文字和图片符号配合使用,类似于综艺中的"花字",令受众感到醒目而又生动(见图8)。

图8 人民网《两会听我"蒋"》

在声音符号的运用上,融媒体新闻评论除了同期声、旁白之外,还加入了很多特殊音效。如《又来了》在配合主持人讲解时,会有各种表达情绪的特效声音出现,烘托了用户观看时的情绪,当特效声音是趣味的"人声"时,还会有一种陪伴感。心理学中的观众效应（bystander effect）强调，个体在感觉到陪伴的时候，活动效率会显著提升。此外，声音符号还成了一种可选择性的符号，融评专栏"四川观察"在视频评论下面配有文字和图片，也配有一个喇叭图标，受众如果不方便看视频，直接听音频也是可行的。

融媒体新闻评论中色彩符号的有效运用非常重要。心理学的色彩效应（color effect）认为，通过色彩的渲染可以触动或激发用户情绪。四川广播电视台客户端在 2019 年两会期间推出融评《快嘴幸儿 60 秒盘"两会"》。视频评论以竖屏呈现，画面整体由大色块隔开：浅绿色在顶部，显示 60 秒的倒计时；浅红色大块在底部，显示趣味字幕；中间是主持人，身后背景是栏目名称。纯色的大色块能够给人视觉冲击感，单纯没有杂质的色彩运用正好反衬复杂的意见性信息。主持人的服装作为一种特殊的符号，既体现了网络的自由包容，也能拉近与用户的距离。电视评论中的主持人多穿西服衬衫，融评主播的着装则有更多的可选择性。《又来了》的男主持人以身穿毛衣加休闲裤，给人一种邻家男孩的亲近感；《洋洋大观》的女主持人以"长袖上衣＋裙子"的搭配出镜，干练又可亲（见图 9）。心理学的附着信息效应（attached information effect）认为，传播中附着在事实信息上的信息可能是传播者有意或者无意传播的，但是能对用户产生心理上的影响，如主持人的穿着、动作、语调、表情等。[1] 当主持人的穿着、动作等与自己有相似之处时，用户容易将主持人视为自己人，产生自己人效应（acquaintances effect），更容易接受传播的观点。

跨界符号是融媒体新闻评论的吸睛点。《两会"石"评》中，评论员以快板书的形式评论，评论员穿着表演时的"大褂"，手执两块竹板，俨然一副演出的模样。大褂和竹板是演绎快板作品时的重要符号，出现在新闻评论中可谓真正的跨界，令人感到新奇。融评《8 首歌，让你听见香港》在香港回归 20 周年之际推出，作品摘取人民日报任仲平文章的精华部分作旁白，用 8 首经典歌曲的旋律和歌词配合历史资料、动画、实拍画面和字幕等，生动讲述了香港回归 20 年来的风雨历程，点明了香港和内地是牢不可破的命运共同体的论点。

---

① 白瑛、全黎华：《琐谈电视新闻镜头中的附着信息》，《新闻传播》2007 年第 6 期，第 32 页。

图9　主持人的服装符号（上《又来了》；下《洋洋大观》）

（五）联动传播，多种渠道抵达

融媒体新闻评论建立了全媒体传播体系，通过多平台联动推送实现立体覆盖，以最大程度抵达不同媒体使用偏好的用户，发挥评论反映舆论、引导舆论、影响舆论的作用。传统媒体和新媒体端的联动是融媒体新闻评论多渠道传播的重要特征，具体表现为以下几种方式。

一是传统报纸渠道与新媒体的联动。《画里有话》是"人民日报评论"公众号的特色栏目，通过"图片＋文字"的形式，生动直观地表达态度观点。2020年2月6日，《画里有话》推出融评《大理扣用重庆防疫口罩》，带有黑白棋子的图片上有点题金句"战'疫'本位主义要不得　坚持全国一盘棋"，并配发了文字短评。2月11日，人民日报评论版在刊发这一图片时的配文为："坚持疫情防控全国一盘棋，相关物资的调配才能有序进行。越是紧缺关头，物资调配越要有全局意识，分清轻重缓急，依法依规进行。疫情严峻，更需同心、有序应对"。报纸和公众号根据各自的特点对评论的内容进行了个性化处理，进而相互呼应、联动推出，有助于优质内容抵达不同平台的受众。

二是广播渠道与新媒体的联动。2017年北京青年广播电台推出可视化广播栏目《青年说》。北京青年广播的传播渠道多达十余种，包括：通过收音机频率 FM98.2 和 AM927 收听，通过网络广播平台蜻蜓 FM、喜马拉雅 FM、听收音机网等来收听；除了"收听"还可以"收看"，通过新浪"一直播"活力982、微信公众号"关爱青年计划"、"北京青年广播"以及"听听 FM"客户端、"北京时间"客户端、优酷、花椒直播、B 站等多种渠道都可以收看和互动。适应受众的接收条件和接收状态进行多渠道传播，改变传统广播线性传播、稍纵即逝的劣势，有效地提升了融媒体新闻评论的用户覆盖面和传播效果。

三是电视渠道与新媒体的联动。中央广播电视总台的《中国舆论场》、四川广播电视台的《洋洋大观》等都是电视与新媒体进行联动。《洋洋大观》可以通过四川卫视《今日视点》节目收看，也可以通过"四川观察"客户端或四川卫视微信公众号点播。在传播策略上，《洋洋大观》选择新媒体作为首发平台保障了时效性，传统媒体的再传播增强了权威性，充分发挥了传统媒体和新媒体互补的作用。

多元的传播渠道给用户更多的选择，用户可根据自己的接收习惯和接收信息时所处的不同环境进行最优选择。从传播平台的角度考量，不同平台的内容特色、文化氛围和表达风格集聚了不同信息偏好的用户，这正是移动互联时代"分众"传播的具体体现。融媒体新闻评论入驻不同的平台就要面对不同的用户群，如果与平台的特色契合，将对融评的传播起到明显的助推作用。比如，抖音等偏重娱乐性、趣味性的短视频平台更适合创意性强的短小精悍的视频评论，而 B 站欢乐、二次元的青春氛围与一些面向青年群体的融评专栏更加相得益彰。

2019 年《中国舆论场》在中国国际进口博览会期间推出的融媒体报道与评论，正是与不同平台特征相结合的具体体现。电视节目形式固定，有播出时间与时长等方面的限制，于是在进博会开始和结束的节点上，《中国舆论场》推出了《进博前夕探上海：开放新姿态》《进博会网红展品　全球期待中国市场》两期特别节目；新媒体资讯平台的推送较为灵活，《中国舆论场》在抖音、微博和今日头条等平台推出了"中舆记者带你玩转进博会"系列创意短视频；社交平台微信的用户量和活跃度高，适合扩大节目影响力、培养用户黏性，因此设计了小程序"中国舆论场喊你来挑战"，以好友 PK 进行知识竞赛的方式传递节目信息。整体上看，《中国舆论场》围绕进博会实施的传播策略渠道丰富、切合平台特征，多平台联动、互补的推送形成了合力，有力增进了用户对进博会的认识和理解。

（六）发展社群，增强受众连接

美国比较政治学家比尔和哈德格雷夫认为："模式是再现现实的一种理论性的、简化的形式……它的特点在于能够体现出各种关系。"[①] 为了更好地分析和把握融媒体新闻评论的传播模式，这里借助德国学者马莱茨克的大众传播模式（见图 10）进行分析。该模式是从社会心理学角度提出的，对于融评传播有可以借鉴之处。

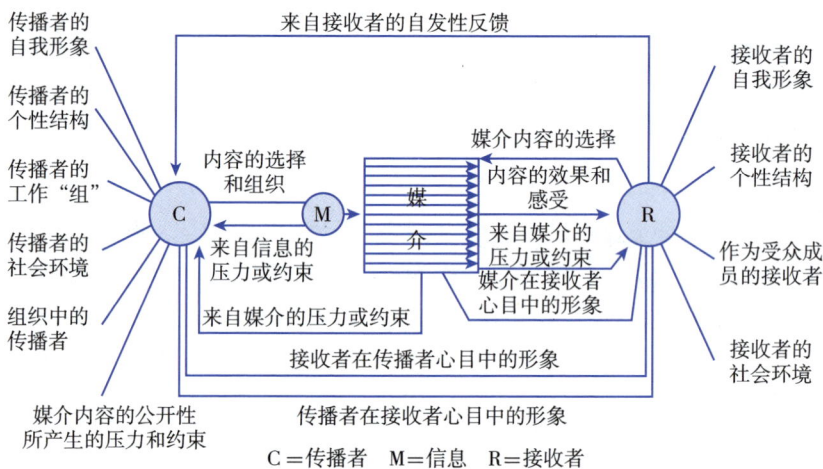

来自接收者的自发性反馈

传播者的自我形象
传播者的个性结构
传播者的工作"组"
传播者的社会环境
组织中的传播者

内容的选择和组织
来自信息的压力或约束
来自媒介的压力或约束

C

M

媒介

媒介内容的选择
内容的效果和感受
来自媒介的压力或约束
媒介在接收者心目中的形象

R

接收者的自我形象
接收者的个性结构
作为受众成员的接收者
接收者的社会环境

接收者在传播者心目中的形象

媒介内容的公开性所产生的压力和约束
传播者在接收者心目中的形象

C＝传播者　M＝信息　R＝接收者

图 10　马莱茨克模式

资料来源：胡正荣、段鹏、张磊：《传播学总论》（第二版），清华大学出版社，2008，第 133 页。

依据马莱茨克模式中的传播者和接收者的联系，可以将融媒体新闻评论分为短期传播模式和长期传播模式。《侠客岛·两会观察》《两会青年说》等融媒体新闻评论不是长期的栏目，而是两会召开以后，依托人民日报和中国青年

[①]〔美〕沃纳丁·赛弗林等：《传播学的起源、研究与应用》，陈韵昭译，福建人民出版社，1985，第 14 页。

报强大的主流媒体平台推出的主题评论。对于这种根据新闻热点推出的融评来说，传播平台的力量非常重要。因为短期融评不固定推出，评论的传播者和接收者是一种暂时的联系，强大的传播平台和长期积累的公信力能够迅速实现观点的抵达。

对于周期性推出的融评，传受之间的联系是一种相对稳定的关系，要保持长久的吸引力、影响力，以社群化的方式积累粉丝，进而形成相对稳定的收看收听群体是行之有效的经营思路。马莱茨克模式中"传播者在接收者心目中的形象""内容的效果和感受"等就是在这种经营中不断提升并保持群体活力和积极性的。

《中国舆论场》的社群化经营已经较为成熟（见图11）。其微信公众号里设有收看群体的个人中心，个人中心里可以进行每日签到赠送积分，积分达到一定数量后，用户可以在积分商城进行礼品兑换。用礼品增强用户的反应强度、频率，是心理学强化效应（reinforcement effect）的具体应用。个人中心还设计了积分排名，用排名增强用户黏性；用户还可以在个人中心完善自己的个人资料、邀请好友等，形成一种伴随感。微信公众号还有"在线互动"菜单栏，经常发起各种活动，比如新中国成立70周年发起了"壮丽70年·奋斗新时代"征集照片和故事的活动，一些征集来的内容有机会在电视直播中进行展示。此外，《中国舆论场》的节目嘉宾在电视直播之外，经常通过微博"一直播"在线讨论互动，这些都是巩固和扩大粉丝群体的有效举措。

在网络互动方面，融媒体评论用户的表达欲得到了进一步的满足。绝对的自由是不现实的，也有悖于新闻评论舆论引导的初衷，《中国舆论场》采用了审核制，用户的发言在审核通过以后（审核较快，基本可达成栏目所倡导的边看边聊模式）对所有人可见。往期《中国舆论场》的留言板也允许用户讨论和交流，多元的声音得以充分表达。这些积极的互动交流对用户陪伴感的形成具有非常明显的作用，他们互相争论、互相点赞，无形中实现了收看习惯的培养、用户黏性的增强。

（七）反馈精准，量化传播效果

随着媒介技术的发展，融媒体新闻评论比传统评论在效果评估方面更加便捷和精准。大数据能够测量反映传播效果，融评的阅读/播放/收听情况、用户

图 11　《中国舆论场》微信社群化经营

参与讨论情况、用户群体的特征等都能以数据的方式呈现。例如，评论发布后后台能够自动生成实时更新的数据，评论作品的"点赞数""阅读量""播放量"等在一定程度上反映了作品的影响力。用户群体的特征也可以通过大数据来掌握，编辑部可以针对用户情况更清晰地定位融评的基调和表达风格。

大数据和用户实时的意见反馈，使得融媒体新闻评论在传播效果的反馈上也更加精准。从媒体的角度，反馈准确性的增强有利于媒体及时根据用户需求和建议，快速对融评的内容或形式做出调整。如《中国舆论场》的用户可以通过"边看边聊"实时表达观点和对节目的意见建议，这在一定程度上是参与了节目制作，参与性的增强大大提升了融评的传播效果。

需要警惕的是，由于阅读量、转发量等只是绝对数据，并不能真实全面地反映传播效果。对融评传播效果的评估必须避免简单化、片面化的倾向，要进行深入的研判。比如有的评论的阅读量非常高，但用户对观点的认同度不一定高，单看直接数据是很难发现这个问题的。反过来，如果阅读量很低，只能说传播覆盖的预期没有达到，而不能简单化地判定为评论本身的质量不高。因此，大数据只是评判融评传播效果的指标之一，如何更加科学有效地分析解读数据，准确地评估传播效果，还需要不断探索。随着人工智能的进一步发展，未来针对融媒体新闻评论传播效果的评估也许可以通过设计更合理的模型、抓取用户对该评论的态度情感反应，获得更加精准的效果评估，进而根据评估反馈及时调整传播内容和传播策略。

四 融媒体新闻评论存在的问题及原因

由于媒体融合仍处于深化进程中，发展中的融媒体新闻评论也还存在一些问题和不足，需要在实践中不断寻求破解之道。

（一）存在的问题

1. 惯性思维，用户意识尚未自觉

近年来，融媒体新闻评论越来越受到重视，但在实践中一些媒体仍存在惯性思维，对融合媒体的特征、用户的特点关注不够，照搬传统媒体评论工作的经验，使得制作出的融评徒有其名，实质上与传统媒体新闻评论并无太大差异，只是通过多种媒体渠道传播而已。2019 年重庆市两会期间，华龙网推出解读两会的融媒体新闻评论专栏《小屏论》和《"小屏论"话两会》（见图 12）。从视频评论的质量上来说，如果在电视媒体上传播是完全没有问题的。但《小屏论》和《"小屏论"话两会》是定位于新媒体渠道投放的融评产品，以融合媒体的标准来考量，专栏表达方式未免显得有些单薄，主持人始终站在固定点位上进行口头评论，没有图片等手段的助力，背景音乐一以贯终，虽然评论视频时长不超过 5 分钟，但是给人的观感却比较单调和冗长，很容易让用户失去兴趣。

惯性思维还体现在说理方式和表达风格上。相比传统媒体新闻评论，融评的说理和表达更加灵动，更倾向于在轻松幽默中实现态度、观点的传递。从这个角度来看，目前一些融媒体评论还缺少适应性转化。比如，口播评论偏向正

图 12　华龙网《"小屏论"话两会》

统、平淡，甚至充满了"套话"。事实上，对于新闻评论来说，无论什么表现形态、在哪种媒体传播，空话套话都是应该杜绝的，因为空话套话容易与用户产生疏离感，降低评论的舆论功能。心理学中的飞去来器效应（boomerang effect）认为，引起逆反心理的传播反而会对传播者造成伤害，融评的传播亦如此。空话套话即便"正确"，也很难使观点抵达用户端，反而会损伤媒体的影响力。

融媒体文化比较突出的特征是创新性、趣味性和多元化。融媒体新闻评论要坚持自己的价值观和立场，但在说理和表达上却应该强化"用户本位"意识。只有采用用户容易接受的传播方式，才可能获得期待的说理效果。在融媒体新闻评论发展的初期，还有许多媒体尚未脱离传统媒体的思维定式和工作习惯，但媒体融合逐渐进入深度融合阶段，就需要打破惯性、突破自我，在创新中获得发展。

2. 符号依赖，简单相加替代融合

从实际情况看，现阶段融评对单一文字符号的依赖普遍比较严重。新闻评论是表达观点的新闻体裁，语言文字符号在表达抽象的观点、体现严密的逻辑关系等方面具有先天优势，说它是新闻评论不可或缺甚至是主要的表现符号也并不为过。但融媒体新闻评论在运用多种符号方面有丰富的可选择性，其最大的特点就是能够调动各种符号，将枯燥的观点传递、论点论证和意见说服变得生动、有趣、通俗易懂。融评作品如果只是文字稿的有声版、可视版，声音、画面符号成了可有可无的"配件"，甚至难以与有声语言或文字融为一体，是难以在网络舆论场上实现理想传播效果的。

需要指出的是，融媒体新闻评论多种符号的运用强调的是"融通"，而不是简单的"相加"。在融评发展过程中，一些媒体迈出的第一步是把多种平台相"加"在一起，把报纸评论照搬到网站、客户端和公众号上去，或者把文字、图片、声音等多种符号简单堆砌在一起，没有充分与观点表达的需要、与用户的感官需要相连，使得融评的表现能力没有提升反而打了折扣。比如单看"中青融评"的文字稿件是非常有水平有深度的，但作为融评作品，其图、文、视频"相加"的痕迹非常重，影响了融媒体传播的效果。所以融媒体新闻评论不能为了"融"而"融"，融合流于形式就成了"相加"。如果符号丰富了，符号的互补性却没发挥出来，那么作品的实际水平和影响力是不会有提升的。

人民日报"任仲平"文章是报纸的品牌评论，近年来在依托文字评论发展融媒体评论方面进行了有益的探索。比如上文提到的在香港回归 20 周年之际推出了任仲平系列微视频《8 首歌，让你听见香港》，其中的文字内容选自任仲平《同书写不朽香江名句——写在香港回归 20 周年之际》（见图 13）。该融媒体新闻评论既依托报纸媒体经典品牌评论，又根据融合媒体传播的特点，灵活运用多种符号拓展性地传递任仲平文章的观点，是文字评论向融合评论转化的代表。融媒体新闻评论必须摆脱文字依赖和"将文字做成视频就是融媒体"的错误认知，探索更丰富的表达方式。

3. 应用浅表，技术赋能有待加强

近年来，大数据、5G、人工智能等技术的发展，大大地改变了传播的形态和传媒的生态，也给传媒的内容生产带来了巨大的变革。从融媒体新闻评论的角度来看，技术的应用尚不充分。

一是对技术的应用比较浅表。以大数据为例，目前大数据在融评议题的筛选和传播效果的评估方面发挥着十分重要的作用，但从融评舆论引导力提升的角度来看，大数据的功能探索还停留在表层，对数据之间的关系、数据背后的意义切入不够。比如，对用户特征与态度关联的挖掘，对影响融评"认同"

图13　人民日报"任仲平"微视频

因素的考察，对融评中长期舆论影响力的研判，对预判舆情走向和舆论场的变化，对融评传播策略提出建议等方面都还有很大的发挥空间。这些数据的运用能够为融媒体新闻评论影响舆论提供科学依据，使其有的放矢，以最佳方式应对舆情。

二是对技术能够提供的呈现手段挖掘不充分。媒体技术的应用要和用户的感官相连接，使其产生冲击力、感染力，或者降低理解内容的"费力程度"。比如，评论作品中经常会出现抽象的数据，对其进行可视化的处理能够生动准确地进行说理。新闻评论不同于新闻报道，AR、VR等目前尚不具备普遍使用的可行性，按需应用传媒技术，不能为了表面更丰富的形式生硬地使用技术。

4. 渠道窄化，联动效能未能显现

与传统媒体新闻评论的大众传播相比，融媒体新闻评论可以实现多屏定制分发，通过渠道联动、相互呼应的传播策略，实现良好的舆论引导效果。然而目前有些传播者偏重于融评的内容挖掘和表现形式的融合创新，却忽视了渠道建设，使得一些优秀的融评被困在方寸之间。传播渠道的窄化，大大削弱了融评的传播效能。

《声张》是四川广播电视台推出的集音频、图片和文字于一体的融媒体新闻评论专栏。《声张》的选题切合舆论热点，说理也持之有据，比如《"南阳神车"背后的政绩饥渴》《吴鹤臣捐款事件，别把众筹当医保》等融评，都在内容和形式上进行了深入开掘，在客户端推出后收到了较好的反馈。但是《声张》的传播渠道只局限于"四川观察"客户端，客户端的阅读量、收听量最低仅有几千，最高不过 10 万。虽然客户端的用户对该评论专栏比较关注，但无疑，传播渠道的单一局限制约了评论影响力的进一步扩大，也阻碍了主流媒体舆论引导力的进一步提升。

与《声张》情况类似的还有浙江新闻客户端推出的融评专栏《画里有话》（见图 14）。该专栏以漫画、动图配打油诗的形式对社会热点进行评论，观点切中要害，内容生动形象，风格轻松活泼。如《自导自演"狼来了"伤了谁的心》《头顶安全谁负责》等动漫评论形象有趣，在客户端具有较高的关注度。但是该栏目也只限于在客户端、网站和浙江日报微博传播，没有主动拓展至其他新媒体平台，多渠道传播的联动效能显得十分有限。

图 14　"浙江新闻"客户端《画里有话》

类似的融媒体新闻评论的传播渠道窄化现象，其背后的原因可能有两个方面。一是地方媒体对融媒体新闻评论之于提升舆论引导力的作用认识不足，对于评论传播策略制定重视不够，致使优秀融评作品或专栏淹没于泛娱乐化的信息汪洋之中。二是一些地方媒体经营压力很大，在用户注意力稀缺的背景下，一些短视频更容易带来流量，因此，媒体把更多的资源配置给了短期内能产生效应的内容产品。融媒体新闻评论的制作成本很高，对传播者能力的要求也很高，因此产量并不大，其影响力的发挥也更多地体现为潜移默化式，而不是昙花一现的爆款。因此在评估资源配置时，不能简单地以流量来判断，必须要兼顾社会效益与长远影响。

5. 传受划界，多向互动亟待落地

移动互联时代，传播的一个鲜明特征就是传受边界的打破。传统媒体新闻评论的传播主要表现为"我说你听"，有限的受众反馈不仅数量少而且具有延时性，导致观点传播的单方面灌输感强、互动体验差。虽然传播技术给融媒体新闻评论的互动性提供了可能，但相当多的融评依然是自说自话，这种"单向度"的传播在形成"认同"上的作用是消极的。有的融媒体新闻评论在留言区选择性地刊发网友的意见，或者对个别意见进行回复，形成了一定的传受互动，但是目前来看这种互动还比较有限，依靠人力筛选大量的评论也不具有可持续性。

融媒体新闻评论的互动性应是打破传受边界、多向度的互动。既有传受之间的传播与反馈，也有用户之间的交流沟通。融媒体新闻评论的策划应该是一个包括内容表达、互动方式、传播渠道和推送策略等在内的整体，互动方式的设计是融评策划的重要组成。比如《中国舆论场》在设计之初就考虑到了传受、用户之间的多向互动问题，在端、微、网多个平台嵌入了互动功能，并把这种多向互动作为传播内容的重要组成，不仅增强了用户的参与感，还丰富了传播内容。

有效说服的前提是传播者全面准确地掌握用户对新闻事件或社会现象的观点、态度，这样才能进行有针对性的说理。多向互动有助于公众意见的充分表达，有助于传者准确把握舆情，发现公众的认识误区，从而进行有针对性的答疑解惑乃至观点纠偏，取得更好的舆论引导效果。

6. 引领弱化，主体意识需要重塑

媒体融合背景下，传播主体和传播对象的关系与传统媒体时代有着极大的不同。传统媒体时代，传播主体和传播对象是一对多的大众传播，传播主体掌握着传播渠道并且对传播内容有绝对的选择权，因此传播的主动权掌握在传播主体手中。随着去中心化的互联网在媒体传播中的作用日益突出，传播主体的主导权逐渐式微。互联网赋予传播对象对信息的选择权，为了吸引有限的注意力资源，传播主体从内容到手段都更加注重切合传播对象的需求，这种"切合"有时甚至发展成了"迎合"。传播过程的主动权一部分让渡到了传播对象的手中，意味着传者的主导地位开始陷落。

与之矛盾的是，新闻评论是传播者观点的表达，也是媒体影响社会舆论的重要手段，因此从社会功能的角度，要求新闻评论的传受关系中传播者具有更强的主导性，占据主体位置。但是在以"众声"为特征的网络舆论场上，舆论的方向往往被普通公众裹挟，主流媒体的新闻评论往往显得比较被动，权威性和引领作用相较传统媒体显得有些弱化。融媒体新闻评论要想在融合舆论场发挥旗帜和定盘星的作用，首先需要主流媒体重塑主体意识。

在融合舆论场中，重塑新闻媒体的主体意识，意味着媒体要运用好融评这一舆论引导的手段，或者主动设置议程，或者抢占时机，让真理和正确的价值观跑过偏见和错误言论，牢牢把控舆情的强度和走向，为经济社会的发展营造良好的舆论环境。

（二）原因分析

造成上述问题的原因是多方面的，既有内在因素的直接影响，也有外部因素的客观制约。从媒体自身的角度来分析，主要有以下几个方面。

1. 传播理念尚未升级

传媒技术飞速发展，一方面使得媒介的形式一直在改变，从传统媒体到新媒体再到如今的融合媒体，相应地，受众接收信息的方式和媒体接触行为、习惯也在发生变化；另一方面，新的技术也不断丰富着新闻报道、新闻评论的表现方式，改变着新闻内容生产与分发的模式。当媒介平台、传播模式发生变化时，融媒体新闻评论的传播理念也应该随之升级，否则无异于"新瓶装旧酒"。上文分析融媒体新闻评论存在的问题时，对融合媒体的特征、用户的特点关注不够使评论失去融媒体特色就是传播理念滞后所致。

互联网给传媒业带来的最大变化就是传播模式的改变。从线性传播过程、控制论传播过程再到系统传播过程，无论内部微观过程和外部影响环境的差异如何，这些都是在大众传播模式下做出的细分。互联网的到来推翻了一对多传播模式的霸主地位，其去中心化、多节点接收、多渠道分发的特质，使得受众的信源也更加多元，信息内容丰富多样，用户也从"接收"信息转向自主"找寻"信息。互联网强大的储存和链接能力改变了信息线性传播的模式，赋予用户选择和接收信息更大的自主性，这实际上给新闻评论的传播带来了巨大的挑战。

新闻评论观点的传播带有传播主体鲜明的主观意图，如何让受众乐于接收、悦然接受，传播理念的升级是根本。对于融媒体新闻评论的传播来说，社会化媒体的介入影响很大。用户每天都处于沉浸式的信息流中，注意力的有限性使得大多数用户进行"选择性接收"，更倾向于选择社交媒体上来自朋友、家人等的即时性分享，传统"一对多"的大众传播在观点传播方面的局限性愈加凸显。应对沉浸式的信息流、社会化媒体的高度介入、受众的"选择性接收"，传者的传播理念只有随之更新升级，才能实现评论内容的有效传播。囿于传统媒体的经验，用新平台新技术做旧式评论与传播，舆论引导能力的提升就是一句空话。

2. 对舆论复杂性认识不足

陈力丹提出了舆论的八大要素，分别为舆论的主体、客体、自身、数量、强烈程度、持续性、功能表现和质量。[①] 从要素的角度来观察，融媒体环境下舆论场的复杂性明显增强，主要体现在以下三个方面。

一是舆论的形成出现群体极化现象。舆论的主体是公众，即可以自主表达意见的人。但并不是所有的公众都发表了意见，所以舆论场域只是公众场域中的一部分。当前由于微博超话、百度贴吧、豆瓣小组、天涯社区等同类群体集合的平台增多，公众可以随时通过各类社交媒体便捷地表达自己的意见，从群体极化角度看，相同意见的抱团现象十分普遍，且意见一旦形成不容易改变，舆论引导的难度明显加大。

二是"潜"舆论更加难以把握。舆论的客体是有争议的社会问题、现象，针对这些问题、现象的公开意见就是舆论，情绪的流露或信念则可以视为一种

---

① 陈力丹：《舆论学：舆论导向研究》，上海交通大学出版社，2012，第3页。

"潜"舆论。普遍认为,当前舆论场特别是网络舆论场上的非理智成分增加,差异观点碰撞的强烈程度提升,舆论形成的周期大大缩短。然而这些都是显露在外的舆情,相对容易测量和感知。事实上,"显"舆情并不代表舆论场的整体状况,相比之下,"潜"舆情的强烈程度、持续性等更加难以把握,是主流媒体评论发挥导向作用的真正难点所在。如果关注和影响不到位,"潜"舆情极有可能转化为"显"舆情,给社会带来伤害。

三是网上网下舆论的边界不复存在。网络平台上用户可以随时加入话题讨论,并且之前的讨论内容实时可查,使得舆论的持续性延长,且容易蔓延到现实社会。如果一些负面舆情被现实社会中的问题、矛盾所激发,极易带来社会思想上的割裂。

这些都是主流媒体影响舆论的复杂因素,场域复杂性的增强带来风险性的增强。当前部分主流媒体在提升舆论引导力、运用融评引导舆论时往往缺乏宏观上的把握,对舆论场的复杂性认识不足,更多地聚焦在具体的融评业务层面,尚需在宏观的视野、深刻的认识中提升舆论引导能力。

3. 人才储备不够充分

2020年6月30日,中央深改委通过了《关于加快推进媒体深度融合发展的指导意见》,明确提出要"深化体制机制改革,加大全媒体人才培养力度"。早在2016年2月19日召开的党的新闻舆论工作座谈会上,习近平总书记就指出,"新闻媒体竞争的关键是人才竞争,媒体优势的核心是人才优势"。推进媒体深度融合,提升主流媒体的引导力,人才是关键和核心要素。

全媒体人才既包括全媒体业务人才,也包括全媒体管理人才和决策人才。具体到融合评论的领域,媒体不仅需要具有较强的分析判断能力、文字表达能力的评论员,也需要能够围绕评论内容用融媒体方式创新表达的创意人才,以及熟练掌握各种新媒体技术的生产制作人才;不仅需要懂得传播规律,能够进行用户洞察、善于组织营销布局的运营人才,也需要具有互联网思维、长于资源汇聚与配置、能够高效进行要素归集与调度的决策统筹人才。

主流媒体在融合转型的过程中出现了人才大量流失的现象,平台对优秀人才的吸引力不足,现行的人才管理使用和培养激励机制已经无法适应媒体深度融合发展的需要。面对这样的局面,实现融媒体评论的优化升级,还需要进一步完善人才激励机制,加大融合型、专家型人才培养力度,改革评价体系和考核机制，以事业留住人才。此外，还要鼓励和保护评论人才的多元化创新，解放和调动人才的创造力，给予他们充足的发挥空间，激发他们的内在驱动力。

4. 场域稳定受到影响

我国的新闻事业是在党的领导下成长起来的。从场域理论的角度分析，新闻场域根植于政治文化之中，新闻场域党和人民耳目喉舌的定位与沟通上下的社会功能也是政治场域赋予其的社会资本。

政治场域向新闻场域输送了文化资本和社会资本，赋予新闻场域传播信息的合法性与权威性。以党报为例，作为中央和各级党委的机关报，党报一直起着思想引领的旗帜作用，其刊发的新闻评论更是在传递党和政府的声音、引导社会舆论、传播主流思想和文化等方面发挥了不可替代的作用。随着媒体环境的变化，党报评论也逐渐向融评转型。政治场域加诸党报之上的权威性，延伸到了新媒体领域，新型主流媒体的建设赋予了融评作品在新媒体领域的权威性和主导力量。人民日报的任仲平音/视频融评和光明日报的系列融评"小明 AI 两会"等正是新型主流媒体在融媒体新闻评论领域探索的成果，它们在政治场域赋予的社会资本和文化资本的基础上，呈现鲜明的意识形态倾向和舆论引导意识。

与此同时，新闻评论在新闻场域和政治场域之间发挥着至关重要的沟通作用，也为政治场域的开放和稳定做出了贡献。当前中国社会正处于转型期，政治场域的政策和观点，如何以更容易理解的方式向公众阐释；公众在转型期间遇到的问题和困惑，如何更快地传递到政治场域，以便政治场域及时通过调整治理及制度设计解决问题，都是新闻评论的作为空间。

新闻场域和政治场域通过社会资本和文化资本的正常交换，维持了相互关系的稳定性，也有利于社会系统保持稳定。但是近年来，社交媒体和自媒体的出现，让新闻场域自身的结构发生了变化，甚至影响了新闻场域对政治场域正常的社会资本的输入，使政治场域受到来自新闻场域的挑战增加。如果两个场域失衡，会带来社会的整体性不稳定。对此，新闻场域应该做出适当的自我调整，自觉加强新闻评论对舆论的引导，保证新闻场域对政治场域社会资本的输出，这也是新闻事业应该发挥的社会功能。

5. 经营转型尚未实现

融媒体新闻评论的制作成本高，人力、技术和智力投入都要超过文字评论，需要制作方较高的持续投入。我国传统的报纸、广播、电视等的盈利模式主要是向广告主售卖受众资源，即通过出售用户的注意力获得经济资本。随着新媒体的冲击，传统新闻媒体的经营状况不断下滑，越来越多的资本转向新媒体，甚至是社交媒体和自媒体，一些地方媒体出现了较大的经济压力。这时在新闻生产的资源配置上，媒体就有可能先行削减投入较高或者短期直接经济效益不明显的产品。融评作为制作成本较高的内容产品，有可能被撤销或不再被持续支持。因此，传媒机构实现经营上的转型升级，具备高质量新闻产品生产的持续投入能力，也是融评得以良性发展的现实条件。

部分西方媒体在向互联网转型时，通过探索内容付费实现了盈利。这是内容生产机构通过售卖内容产品获得收益，继而进行再生产的经营模式。2019年6月，牛津大学"路透新闻研究所"（Reuters Institute）发布了《2019 数字新闻报告》（*Reuters Institute Digital News Report 2019*）。该报告基于对 38 个国家的 75000 多名在线新闻消费者的调查，呈现了全球新闻业数字化发展的趋势和特征。其中关于新闻付费的调查显示，新闻付费增长稳定，但稳中有忧。《纽约时报》和《华盛顿邮报》共吸引了超过一半的美国新闻订阅者，但实际上目前很少有人愿意为一个以上的新闻媒体订阅付费。德国 70% 的付费用户仅有一个订阅，而只有 10% 的付费用户愿意支付三笔或更多笔的新闻订阅费用。[①] 这就意味着内容付费市场的竞争也十分激烈，内容付费模式倒逼媒体生产优质全面的内容以争取用户。我国的《第一财经》《三联生活周刊》《中国新闻周刊》等媒体也在内容付费模式上进行了一定的探索，有的还在衍生内容产品上进行了创新。内容付费模式的优点是，可以使媒体机构回归自身的定位，不再简单化地追求流量，专注于生产优质的内容。

除此之外，媒体机构还可以适当引入市场机制或吸引投资，作为运营模式的有益补充。需要警惕的是，新闻媒体要保持经营行为和内容生产的边界，在寻求经济来源的同时，保持新闻的独立性，防止资本对新闻领域的渗透甚至是收编。一些融评在具体操作时，与资本保持距离的意识并不强，弄不好会让用户产生模糊认识乃至误读。在"四川观察"推出的《快嘴幸儿 60 秒盘"两

---

① 苏涛、白冰：《身处十字路口的世界新闻业：路透 2019 年数字新闻报告解读》，《新媒体研究》2019 年第 24 期，第 85～87 页。

会"》中,"五粮液"的标识清晰地展现在左上角,就是没有把握好经营行为与新闻内容边界的体现(见图15)。

图15 "四川观察"客户端《快嘴幸儿60秒盘"两会"》

　　总之,媒体融合背景下新闻媒体的内容生产需要在媒体技术的更新换代、采编和制作人员的培养以及新闻产品的开发与推广等方面持续地投入资金。融媒体评论的创新性和表现方式的丰富性更强,其对资金的要求也较高,因此更加需要媒体寻找到一个可持续发展的模式,为融媒体评论的发展提供充足的资金,以维持良性的新闻生产。当前,融媒体新闻评论的生产主体多为经济效益较好的媒体机构,也从另一个角度印证了这一点。未来如何更好地挖掘经济领域的资本动力,发挥好其在新闻领域的助推作用还需进一步探索。

五　融媒体新闻评论舆论引导力的提升路径

融合传播使国内国际舆论场的复杂性越来越凸显，舆论引导的难度进一步加大。尽管新闻评论的形式和传播渠道发生了诸多变化，但对新闻事件和社会现象形成正确的判断，弘扬社会主义核心价值观在全社会形成价值认同，仍是主流媒体的重要职责。这其中新闻评论作为表达观点的新闻体裁，发挥着不可替代的作用。在深化融合转型的过程中，主流媒体借助融媒体新闻评论这一有效的手段，努力提升舆论引导的能力、效力，并通过优化传播策略形成传播合力，对于传播好中国观点意义重大。

（一）提升融评的舆论引导能力

传统新闻评论的影响力、引导力虽然受到冲击，但主流媒体在长期发展中积累的公信力和品牌声誉仍是其转型发展的重要资源。主流媒体应在转变发展理念的基础上，拥抱融媒体技术，重视内容生产，全面提升舆论引导的能力。

1. 增强引导舆论的自觉性和建设性

引导舆论的自觉性主要体现在两个方面。一是关于重大议题特别是政治议题有计划地组织评论，这种引导更多地体现为媒介的"议程设置"，如关于党和国家的重大事件、大型活动以及两会的评论等。二是面对危机事件、社会矛盾、舆情焦点，积极应对发声，这种引导更多地体现为媒介的"社会纾解""舆论监督"，如张玉环事件、高考被顶替事件等。

总体来看，近年来融评的选题更倾向于前者，对危机和矛盾事件则较少发声或表态迟滞，在舆论引导的自觉性上还存在短板。分析原因恐怕在于，融媒体新闻评论的符号类别多，因此制作相对复杂，制作周期偏长。另外，融评从策划到制作、推广涉及的因素较多，需要内容、制作、推送各环节的人员花大量的时间融合符号、沟通想法，时间成本也比较高，这些都与时效性存在一定的矛盾。无论是主观意识不强还是客观条件制约，融评对社会矛盾和焦点事件的缺位都给了错误观点和谣言滋生的空间。

当前网络舆情事件往往燃点低、周期短、爆发点多、强度高，进行舆情引导的难度加大。相比传统新闻评论，融媒体新闻评论在舆情事件的引导上的优势是显而易见的。为了更好地弥合不同舆论场间的鸿沟，通过新闻场域向其他场域输送文化资本和社会资本，维持场域之间的稳定，是主流媒体的必然选择。要想有效地影响舆论，融媒体新闻评论就需要将目光放在公众的关注点上，增强言论议题的针对性，这是有效引导舆论的前提。主流媒体应进一步提高运用融媒体新闻评论引导舆论的自觉性，培养融媒体评论队伍，规范制作流程，增强融评各环节间的默契，让观点的力量得到最好的传达。

引导舆论的建设性也体现在两个方面。一是倡导将积极心理学应用到融媒体评论中，用评论传递积极的价值观和情感。即便是用评论进行舆论监督，也要本着建设性的出发点。批评和监督的目的不是简单地否定甚至是撕裂社会，而是要弥合社会分化，通过自我反思实现自我进步。二是要给出解决问题、矛盾的方向与思路，避免空话套话或者夸夸其谈，也要避免情绪化的表达。对于一个事物来说，否定容易建设难。融媒体新闻评论应该准确把握公众利益和社会发展方向，着眼于解决问题，提出切实有效的办法。对于发展中的新生事物，不要急于否定，要以开放积极的心态，给予事物一定的发展空间，鼓励新生事物在创新中规范、在规范中获得发展。

2. 力求传播内容的生动性和创新性

融媒体新闻评论的生动性和创新性互为因果，不可分割，主要体现在以下三个方面。

其一在于"融"。首先是符号的融合，皮尔斯的三元符号理论强调了符号意义生产的动态性、多样性和复杂性，不同符号类型在表意和解释能力上有一定差异。[①] 融媒体新闻评论集多种符号于一身，运用时要注意博采众长，注意符号的表意是否准确、指向性是否明晰。评论是思想和观点的碰撞，符号驾驭差之毫厘可能谬以千里。选择适合的符号恰当地呈现观点，是每一个融媒体新闻评论作品都要面对的问题。其次是平台的融合，网站、客户端、社交平台等渠道都可上线评论作品，要根据评论的内容策划好推送方案，使得融评的多平台传播有层次、有重点、有呼应。最后是新兴传媒技术的融合，根据主题表达的需要，有选择地使用相应的技术手段，如大数据、H5、AR、VR、MR 等。

---

① 赵星植：《皮尔斯与传播符号学》，四川大学出版社，2017，第 103 页。

需要强调的是，传播技术是为了更好地服务内容，不能为了展示某一技术手段而滥用，一切要以助力传播效果为归依。

其二在于"新"。融媒体新闻评论作品不断涌现，在内容和形式上推陈出新，是吸引用户注意、在竞争中脱颖而出、更好地实现媒体引导功能的有效手段。央视《中国舆论场》推出后，两家地方媒体也打造了形式上与之高度相似的节目，分别是山东广播电视台的《闪电舆论场》和江苏广播电视总台的《看头条》；2017年，人民日报推出《字解两会》后，各种媒体围绕不同主题、不同的活动"字解"系列评论源源不断。如果融评作品形式类似，内容新意不足，用户极易产生审美疲劳。

其三在于"短"。为应对网络用户注意力时长有限的现状，融媒体评论作品多以较短的方式呈现，近年来主流媒体推出了大量"短评""微评""短视频""微视频"等融评作品。央视的《主播说联播》视频时长基本在2分钟以内，有的甚至不超过30秒。短评意味着要内容精要、表达简洁，这样才能提高传播效率，在最短的时间内把核心观点传达出去。

值得一提的是，生动性和创新性不仅体现在内容上，也体现在表现形式上。内容和形式是"体"和"用"的关系，相互影响，相互促进。格式塔心理学中有一个交互效应（interaction effect），指在多因素影响的系统中，交互效应不等于简单相加，而是各因素有机联合作用的结果。具体来说，如果只有精当的内容，照搬传统媒体表现经验，没有融媒体的特色，便与新兴媒体平台水土不服，最终势必流失用户；如果内容平淡甚至糟糕，丰富的表现形式只能加剧其内容的负面作用。所以说，融媒体新闻评论的要求比传统新闻评论更高，只有优质的内容加丰富的表现手法才能生产出高质量的作品。

（二）提升融评的舆论引导效力

检验评论的传播效果，最重要的是看评论观点是否真正传递给了用户。融媒体新闻评论较之传统评论方式在加强传播效果方面拥有更多的主动权，可以发挥自身优势，从破圈传播、增强评论的互动性两个方面入手。

1. 推进圈层间的观点融通

传统媒体时代，媒体都有自己的目标群体定位，形成了传播的分众化、细分化。网络平台上，如果融评还固守原有的目标定位，难免会使自己的影响力局限在一定范围以内，无法对更大群体产生影响。因此融评要提升舆论引导的效力，必须要意识到传播的圈层效应的负面影响，努力"破圈"。

举例来说，《新闻联播》自 1978 年开播以来，以准确、权威的信息，沉稳、大气的风格赢得了稳定的受众。特别是自 1982 年 9 月 1 日起，中央明确规定重要新闻首先在《新闻联播》中发布，进一步奠定了其权威新闻发布通道的重要地位。相应地，《新闻联播》的受众多为有一定文化程度、年龄成熟的群体，他们关心时政，不少还拥有一定的社会地位。换句话说，党和政府的方针政策通过《新闻联播》能够迅速地到达这一目标群体。互联网和社交媒体兴起后，吸引了大批年轻人的注意力，而植根于传统媒体的《新闻联播》难以触及"90 后"和"00 后"的网络原住民。但如果忽视对这一群体的影响，主流媒体的舆论引导力显然是有短板的。为了更好地影响和引导未来舆论场的主体、吸引年轻用户的关注，中央广播电视总台依托《新闻联播》打造了定位于新媒体端传播的《主播说联播》栏目，在破圈传播方面做出了有益尝试。《主播说联播》为了将《新闻联播》的权威性、公信力延伸到新媒体平台，选择了《新闻联播》的主播担任评论员；为了让栏目体现新媒体风格，选择了手机竖屏拍摄，"国脸"主播们也在新栏目中改变了传播语态，将严肃的话语风格转变为生动鲜活的评论话语，围绕新近热点话题进行精到的点评，是主流媒体在融媒体新闻评论领域的突破和创新；为了赢得广泛的年轻用户，《主播说联播》还在微博制造话题、上线抖音，网感十足的评论语言加上多渠道的联动传播，不仅受到年轻用户的欢迎，也赢得了《新闻联播》受众的认可，大大提升了融评的引导效力。

社会公众的"圈层"有各种类别，有的是因为年龄、职业或者爱好形成的，有的是由于具有共同的价值理念、对某类事物有相同的立场形成的，有的是依托共同的利益或诉求形成的。主流媒体融评要想推进圈层间观点的融通，就要对圈层的成因和接受特点有准确的把握，这样在观点的传播上才能有的放矢，取得预期效果。

2. 优化传受间的互动体验

传受间的互动体现在以下两个方面。

一是让渡专业内容生产（PGC）部分权力给用户内容生产（UGC）。传统新闻评论都是传播主体表达观点，客体负责接收和"被说服"。互联网特别是社交媒体使得"人人都有麦克风",用户参与新闻报道、新闻评论的意愿明显增强。融媒体新闻评论适当吸纳用户的观点,赋予其一定的表达权,不仅大大丰富了评论的内容,也拓展了观察问题的视角。

CNN 的姊妹台 HLN 的节目《你们的观点》,尝试通过 Facebook 对新闻事件进行讨论,展现网民的不同观点,就是对 UGC 评论的应用。《中国舆论场》也设有类似的网友热评栏,同时在电视直播中设有与网络用户表达观点的环节。这一方式不仅让评论的主体更加多元,增强了用户黏性,而且赋予了网络用户通过更权威的平台表达观点的权利,有助于提升舆论的引导效力。

二是通过传受双方的实时互动获得有效反馈。近年来,融媒体报道在吸引用户参与互动方面做出了很多努力,中国新闻奖还专门设立了"新媒体创意互动"评选类别,《"点赞上合"大型线上互动活动》《幸福照相馆》《苗寨"十八"变》等互动作品在促进用户的新闻参与方面做出了不少有益的探索。聚焦到新闻评论领域,传统评论的编读互动多以读者来信、读者来论的方式进行,传受互动具有一定的滞后性。网络技术赋予用户群体实时参与互动的可能,不仅传受之间,而且用户之间也可以进行交流讨论。这就打破了传统媒体评论编读互动的局限,在实现范围、反馈时间、互动深度上有了明显的提升。2020 年新冠肺炎疫情期间,央视策划推出了《两会 1 + 1》,白岩松在节目中既是新闻评论员,也是全国政协委员,节目通过多个社交媒体平台征集网民的提问,由主持人董倩和白岩松针对热点、焦点问题与网民进行探讨,吸引了大批网民的关注。

美国心理学家赫洛克有一个著名的反馈效应实验。他把被试者分成激励组、受训组、忽视组和控制组,其中控制组与其他三组隔离,对工作不予评价;激励组和受训组正如名字一样分别给予激励和批评;忽视组则不给予任何评价,只让他们默默听其他两组受批评和激励。最终激励组和受训组成绩明显好于忽视组,且激励组成绩不断上升,而受训组成绩有波动。① 这个实验说明,反馈对于个体心理的影响是非常显著的。增强互动性的目的就是获得及时的反馈,对于传播者来说可以获得用户的态度,以便对传播内容和形式做出相应的调整;对于用户来说,无论获得认可还是争议,都能够增强其对融媒体新

---

① 刘京林等:《传播中的心理效应解析》,中国传媒大学出版社,2009,第 46 页。

闻评论的黏性。总之，评论反馈的强化能够从传受两个向度激发参与度，促进融媒体新闻评论舆论引导效力的实质性提升。

（三）汇聚融评的舆论引导合力

实现形成舆论引导力合力的目标，既要打通多种渠道，实现符号和渠道的双重融合，又要塑造好融媒体新闻评论的品牌优势，使得主流媒体既有影响力在新的传播空间获得再生长。

1. 打通融评传播渠道

打通融评的传播渠道主要有三个层面的含义。

一是用渠道融通策略实现用户覆盖的最大化。美国学者施拉姆在 20 世纪 50 年代提出了信息选择的或然率，即"选择的或然率 = 报偿的保证/费力的程度"。如今，信息的数量剧增、更迭速度加快，如果用户为获取某些内容还要非常费力，很可能就选择了放弃。因此融媒体新闻评论要尽可能地丰富渠道，实现大屏小屏、报网端微、固定端移动端全面推出，使用户能够触手可及，避免优质内容湮没在信息海洋中。

在打通传播渠道方面，还存在一个需要注意的矛盾。在推进媒体融合发展的过程中，许多地方媒体都推出了自己的客户端，其好处是自主性强，并且有一定的品牌识别度。但是这也导致新闻性客户端总体数量巨大，单一下载量却十分有限。换句话说，主流媒体自有客户端运行成本较高，却没能在提升舆论引导力方面发挥应有的效益。另外，当下一些商业平台发展势头强劲，凭借流量大、影响大吸纳了主流媒体优质内容的投放，媒体生态上的"马太效应"越来越明显。2020 年第三季度，微信及 WeChat 月活跃账户达 12.1 亿，[①] 同比增长 6.3%，是全国用户量最多的手机 App；2018 年，抖音国际版（TikTok）下载量超过 Facebook、YouTube、Instagram 等成为全球苹果商店下载量最高的应用，2020 年 1 月抖音及抖音国际版（TikTok）下载量达 6400 万次[②]；截至 2020 年 11 月，

---

① 《腾讯公布二零二零年第三季度业绩》，腾讯官网，http：//www. tencent. com/zh. cn。
② Sensor Tower，应用总览，https：//sensortower – china. com/android/US/tiktok – inc/app/tiktok – make – your – day/com. zhiliaoapp. musically/overview？ locale = zh – CN。

微博月活跃用户达到 5.23 亿。^① 在此背景下，主流媒体不得不选择借助商业平台提升内容产品的覆盖面，这可能使融评在舆论引导和价值观传递方面存在一定的被动性。同时，主流媒体高成本制作的优质内容并没有给自身平台带来流量和品牌收益，媒体能否实现可持续发展也将影响到融媒体新闻评论的发展，进而影响到主流媒体舆论引导作用的发挥。如何把握好主流媒体渠道自身建设与借助商业品牌扩大影响两者的平衡，值得认真思考。

二是用渠道互补策略实现信息的分类抵达。目前融媒体新闻评论普遍存在的问题是，用同样的内容进行"多次分发"。事实上，不同的渠道有不同的传播特点和用户群体，应该有针对性地对融媒体新闻评论做出相应调整，以更好地适应不同平台的传播要求。

比如，在 B 站开辟评论专栏时，要注意到用户群体的年轻化，在表现形式上贴近平台的二次元特征；在微博开设话题时，可以增加相关话题链接，或者对热搜榜上的话题给予更多的关注度；在今日头条上推出评论作品时，要注意标题在准确达意的基础上是否有足够的吸引力；在抖音、快手等平台上推送融评时，要注意篇幅是否短小精悍、表达风格是否生动幽默。

又如，随着智能手机的普及和 5G 技术的普遍应用，移动端在新闻传播过程中的重要性越来越凸显。融媒体新闻评论在努力拓展移动端渠道的同时，也要以更适合移动端的方式推出评论。中央广播电视总台 5G 媒体应用实验室的《冠察天下》、人民网的《两会听我"蒋"》，"四川观察"的《快嘴幸儿 60 秒盘"两会"》都采取了竖屏的方式，主动适应移动端的播放。

三是用渠道呼应策略实现观点的有效传播。拓展渠道并不意味着各渠道的简单叠加。为了取得良好的传播效果，融媒体新闻评论还要在渠道传播策略上下功夫。围绕传播目标，每个渠道都要有自己的角色定位，传播主体要判断并确定各渠道在融评传播中的先后、主从地位，制定系统的、协调有序的传播策略。

同时，围绕同一主题，主流媒体还要充分调动内部资源，推动评论栏目根据各自特点发挥评论功能，以实现舆论引导的合力。2020 年 5 月 28 日，十三

---

① 《微博目前月活跃用户达 5.23 亿，日活跃用户 2.29 亿》，澎湃新闻，http：//www.thepaper.cn/newsDexail – forward – 10053797。

届全国人大三次会议表决通过《中华人民共和国民法典》（以下简称"民法典"）。为了能让公众充分理解民法典对于社会治理的意义，以通俗易懂的方式帮助公众了解法律条文，中央广播电视总台通过调动既有评论栏目资源和策划系列专题融评的方式，形成了传播合力，提升了传播效果。《央视快评》和《新闻1+1》作为总台的老牌评论节目，以时评和述评的方式，传递法律精神，解读法律意义；《民法典你我他》作为总台专门推出的融媒体系列评论，以主持人与法律专家对话的方式，结合具体的生活，围绕民法典中的内容进行评论。三档节目又通过各自的平台进一步推送扩散，交叉呼应，形成了组合矩阵式传播的合力，有效地提升了评论的时效性、针对性和趣味性，助力民法典的普及和认同，充分体现了主流媒体的受众意识和互联网思维。

2. 塑造融评品牌优势

品牌是主流媒体重要的无形资产。传统媒体的时代，涌现了许多优秀的评论品牌，如央视的《焦点访谈》《新闻1+1》、央广的《新闻纵横》《央广财经评论》等、人民日报的《人民论坛》《今日谈》、解放日报的《解放论坛》、中国青年报的《冰点时评》、羊城晚报的《街谈巷议》、南方周末的《方舟评论》等。这些优秀的评论栏目积累了大批受众，形成了较强的公信力和影响力，在舆论引导方面发挥了重要功能。随着互联网的冲击，传统媒体的影响力减弱，主流媒体亟待在新的传播平台和舆论场上塑造融评品牌，通过品牌优势，展现权威性，树立用户信赖，进而提升舆论引导力。

在新的舆论场塑造融媒体新闻评论品牌有以下两个可行的策略。

一是实施既有品牌的延伸策略。可以依托原有评论品牌，通过生产融媒体评论并在新媒体渠道进行投放，实现传统评论品牌的转化升级。人民日报的"任仲平文章"是有鲜明识别度和极高权威性的传统媒体评论品牌，其作品可谓篇篇都是精品。"任仲平微视频""任仲平微音频"将原有品牌的优势过渡到融媒体新闻评论领域，在更多的平台拓展任仲平文章的影响力。原有评论品牌加上融媒体的呈现方式，扩大了"任仲平文章"原有的受众基础，巩固了品牌的影响力，其权威性和指导性也延伸到了网络舆论场，对于党报评论提升舆论引导力可谓事半功倍。

值得注意的是，在将原有评论品牌"嫁接"到新媒体时，要注意进行适应性调整。传统的文字评论通常篇幅较长，句子较长且句式相对复杂，文字书面化色彩较重，并不适合新媒体的传播。这就需要从全篇中挑出重点，拆解复杂句子，转换文字风格。比如，融评专栏《主播说联播》可以看作《新闻联播》的外挂评论专栏，该专栏沿用了公众熟悉的主播面孔，着力对《新闻联播》正统严肃的表达风格进行了改造，通俗易懂却又不乏启迪性的口语化表达，使其在移动媒体平台取得了良好的传播效果。又如，光明日报运用 AI 技术，推出了《光明政论·AI 小明说两会》。《光明政论》是有较高用户认可度的评论品牌，在融评探索中沿用这一品牌，可以充分利光明日报既有影响力，赋予新品牌权威性，使其能够在一个较高起点上继续发展。

总之，既有品牌的延伸能够在第一时间唤起用户的熟悉感和信任感，也继承了原有品牌的个性特征，但原有风格难免会与新的传播方式、用户特征不相一致，甚至相冲突。因此，需要认真衡量原有品牌的延伸点、原有元素与新平台的结合点，并认真处理好表达方式的转化、传播者观念的更新等问题。

二是实施全新品牌的推广策略。延伸原有评论品牌的权威性，运用既有资源和经验，打造全新的适合融合传播的评论品牌也是一条可选择的路径。如新华社推出的融媒体评论"辛识平"和中国青年报推出的"中青融评"，都是在新媒体空间开创的融媒体新闻评论新品牌。

在打造全新融评品牌时，也可以将公众熟知的元素注入新的品牌。比如人民日报《两会"娜"么说》选择了用户较为熟悉的评论员赵婀娜，除了评论员的身份，她还是人民日报资深的教育记者、"半亩方塘"工作室负责人、人民日报新媒体直播访谈节目《大咖有话说》主持人。《两会"娜"么说》结合了党报评论员的"熟"脸孔和"新"栏目，减少用户的陌生感，让新的评论品牌更容易被用户接受。

全新融评栏目的品牌推广往往有较大的操作空间，相对传统评论专栏，其推广重点的设定和策略的调整都较为自由，但也面临更大的挑战。用户对新品牌建立认同感和信任感需要通过优质内容的长期积累，也需要一定的时间。为了尽快形成品牌知名度，可以通过一些特别策划来实现。比如，浙江日报全媒体评论理论部联合浙江在线、浙江新闻客户端、弄潮号微信公众号推出融评专栏"弄潮"。"弄潮"栏目除了在不同平台进行日常推广，还举办了首届"弄潮号"全国大学生评论大赛，通过比赛丰富评论专栏的内容，进一步提升专栏在年轻用户中的知晓度。由于舆论场充满着变数，新品牌的树立过程可能是漫长的，也可能出现起伏，这就需要主流媒体以高标准对待新的评论栏目，多推出精品力作，与主流媒体原有评论相呼应、相配合，形成舆论引导的和声，汇聚舆论引导的合力。

B.5
主流媒体对外网络评论与中国观点的传播研究

李 舒　黄馨茹　朱 迪　程琳超*

摘　要： 主流媒体对外网络评论是一种以海外公众为传播对象，针对国际国内重大事件、国际关系等表达态度和阐述观点，以期影响国际舆论的新闻体裁。对外网络评论承担着向世界传达中国观点、中国态度、中国立场的职责，也顺理成章地成为塑造中国特色话语体系、增强国际舆论引导力的重要载体。由于一些主客观因素的影响，我国对外评论尚存在设置议题能力偏弱、"政""媒"默契有待提升、宣传话语痕迹明显、话语体系尚未形成等问题，导致中国观点、中国立场、中国态度在国际社会上的传播效果还有待提升。为了向世界展示一个全面、多彩、真实的中国，更好地表达中国观点、传播中国声音，主流媒体对外网络评论还需要在指导思想、话语表达、传播策略、运行机制、传播渠道、队伍建设等方面不断优化，以实现国际影响力的根本提升。

关键词： 对外网络评论　国际舆论　主流媒体　中国观点

---

* 李舒，中国传媒大学教授，博士生导师；黄馨茹，中国传媒大学博士研究生，《青年记者》编辑；朱迪，中国传媒大学硕士研究生；程琳超，中国传媒大学硕士研究生。

党的十九届四中全会指出，"当今世界正经历百年未有之大变局，我国正处于实现中华民族伟大复兴关键时期"①。目前，国际形势总体上保持稳定，世界多极化和经济全球化在曲折中继续发展，局部冲突、恐怖主义、种族歧视等国际问题依旧频发，新冠肺炎疫情在全球的蔓延更是加剧了国际政治局势的复杂程度。经过改革开放四十多年的发展，中国经济快速发展、综合国力迅速增强、国际地位日渐提升，已经成为世界第二大经济体，在诸多国际事务中发挥着积极的作用。但在国际舆论场上，中国媒体的声音和影响力还十分有限，西强我弱的国际秩序和话语格局亟待改变。

2012年11月8日，中国共产党第十八次全国代表大会（以下简称"十八大"）在北京召开，党的十八大报告从两个方面强调了增强国际话语权的关键路径。一是提到"文化实力和竞争力是国家富强、民族振兴的重要标志"，要"开创中华文化国际影响力不断增强的新局面"。二是提到"积极参与多边事务，支持联合国、二十国集团（G20）、上海合作组织、金砖国家等发挥积极作用，推动国际秩序和国际体系朝着公正合理的方向发展"。

十八大以来，中国继续深化改革、扩大对外开放，以习近平同志为核心的党中央提出了"中国梦""人类命运共同体"的政治思想和话语阐述，大大推进了中华民族价值理念和精神面貌的传播，有利于塑造中国负责任大国的形象。随着我国经济实力的增强和国际地位的提升，与我国密切相关的南海问题、钓鱼岛争端、贸易摩擦等话题受到了西方国家更多的关注。一些西方新闻媒体试图通过设置议题和报道框架主导国际话语权，在针对中国发展的西方媒体报道中，不乏片面报道，甚至还出现了歪曲事实和偏见式解读的现象。

互联网的出现突破了国际信息传递的壁垒，使立场、价值观各异的言论在世界范围内广泛传播成为可能。在此背景下，一方面，西方媒体凭借丰富的国际传播经验，对我国舆论空间的价值输出和意识形态渗透进一步加强；另一方面，受制于国际话语权的弱势地位，我国媒体在"走出去"方面面临困境，中国故事和中国观点的传播有待突破。

新闻评论是媒体重要的报道形式之一，是代表新闻媒体传播宗旨及其基本立场的旗帜。同时，新闻评论具有鲜明的意识形态属性，能够更加直接、更加

---

① 《习近平主持中共中央政治局会议决定召开十九届四中全会》，新华网，2019年8月30日。

明确地表达立场和态度。作为可以在纷繁复杂的舆论场上明确表达立场的"轻骑兵"，主流媒体新闻评论对内可以设置议程、呈现观点、引导舆论，对外则可以向世界传达中国观点、驳斥错误言论、塑造中国形象、影响国际舆论。

主流媒体对外网络评论更是承担着观点传播的重要任务，是国与国之间舆论对抗的利器。在网络时代，主流媒体对外评论借助自有网站、微博，以及Facebook、Twitter 等国际媒体平台得以更加快速广泛地传播，在传播中国观点、影响海外受众等方面发挥着更加重要的作用。研究主流媒体对外评论与中国观点在网络时代的传播，剖析主流媒体对外评论发展中存在的问题并寻求解决之道，有助于让世界更好地了解中国，从而为我国的发展营造一个客观、友善、健康的国际舆论环境。

一　主流媒体对外网络评论与中国观点传播

目前，中国已经成为世界第二大经济体，国际地位日渐提升，与中国有关的话题常常成为西方媒体报道和评论的主题，中国声音、中国观点也被越来越多的国家关注和认知。对主流媒体对外网络评论准确、清晰的认知，是更好地驾驭这种文体的前提。

（一）主流媒体对外网络评论及其特征

新闻评论是当代各种新闻媒体普遍运用的、面向广大受众的政论性新闻体裁。[①] 主流媒体对外网络评论是一种以海外公众为传播对象，针对国际国内重大事件、国际关系等表达态度和阐述观点，以期影响国际舆论的新闻体裁。作为一种特殊的新闻评论，对外网络评论不仅符合新闻评论的一般属性，也肩负着新闻评论认知、教育、导向和舆论监督的社会功能。

改革开放以来，我国综合国力不断提升，与世界各国的交流日渐频繁，国际地位日渐重要。一方面，在众多涉华问题上，中国亟待通过各种渠道发表官方意见，以回应或澄清争议问题；另一方面，随着中国国际影响力的不断提

---

① 李舒：《新闻评论》，中国人民大学出版社，2013，第4页。

升,在气候变暖、经济危机等重大国际话题方面,世界也越来越期待听到中国的意见和声音。在这样的背景下,针对国外受众的主流媒体对外网络评论得以快速发展。伴随着网络的发展,对外网络评论已经不拘泥于报纸、广播和电视等传统载体,借助互联网特别是移动互联网,对外网络评论有了更多元的传播渠道,也有了更加丰富的表现形式。

本研究中的主流媒体对外网络评论,主要是指主流媒体以国外媒体和受众为传播对象,以文字、图画、音视频等为表现符号,以中英文为主要表达语言,依托报刊、广电、网络媒体以及各类社交媒体(如 Facebook、Twitter)等进行传播,旨在影响国际舆论的意见性新闻体裁,具体表现为各种文字评论、音视频评论以及融合评论。

目前,我国主流媒体对外网络评论呈现评论主题重大、政论题材为主、舆论导向鲜明三个特点。

1. 评论主题重大

对外网络评论以国外媒体和受众为主要目标对象,在一定程度上代表着中国的立场和态度,也是国家软实力建设的重要部分。因此,我国主流媒体高度重视对外网络评论的建设与创新,China Daily 自 2017 年开始,优化对外核心报道机制,并报网同步发布了系列重大主题对外网络评论;《人民日报·海外版》自 2005 年 1 月 1 日创办以来,便推出品牌时事评论专栏"望海楼",以中外关注的世界大事和世界关注的中国大事为评论对象,向国外受众发出中国声音、表达中国态度,该栏目借助网站、电子版传播渠道,在国内外影响巨大,成为主流媒体在对外网络评论领域开设专栏的重要代表。除此之外,人民网、新华网、中国网、国际在线、中国青年网等网站近年来皆重视对外网络评论阵地的建设,为更好地传递中国观点、让国外受众更好地了解中国做出了努力。

梳理十八大以来我国对外网络评论的主题,主要聚焦在以下几个方面。

一是关于我国国家领导人的重要活动和重要讲话的评论。

十八大以来,习近平总书记的重要活动和讲话意义重大,是新一届中央领导集体执政理念、工作思路和信念意志的集中反映,也是坚持和发展中国特色社会主义的最新理论成果。主流媒体对外网络评论及时对习近平总书记的活动和讲话进行解读,既能够向国际社会主动发出中国声音、阐述中国立场、传播中国观点,也能在一定程度上防范和回应西方媒体对我国领导人讲话的曲解,有利于彰显中国的大国责任、提升中国的国家形象。

2019 年新中国成立 70 周年之际，多家主流媒体发表重磅社论，及时、主动地对习近平总书记的讲话和活动进行阐释。China Daily 在 2019 年 9 月 29 日报网同步推出英文社论 *Challenges of New Era Call for More Everyday Heroes*，阐释了中华人民共和国国家勋章和国家荣誉称号颁授仪式的重要意义，并详细解读了习近平总书记讲话中"一切平凡的人都可以获得不平凡的人生，一切平凡的工作都可以创造不平凡的成就"的要义；10 月 1 日，发表英文社论 *World Can Expect a More Open，Inclusive China*，指出新中国 70 年来的辉煌成就离不开中国共产党的正确领导，并进一步强调习近平总书记提出的"一带一路"倡议是发挥大国责任和使命的具体表现；10 月 2 日，发表英文社论 *Celebration of Strength in Unity Shows Future Path*，巧妙地运用习近平总书记重要讲话，对部分西方媒体宣扬的"中国威胁论"进行了有力反驳。此外，《人民日报·海外版》也在 2019 年 9 月 13 日至 25 日的"望海楼"专栏发表"70 年"系列评论，结合习近平总书记重要讲话解读新中国 70 年来伟大成就的意义与启发。主流媒体这一系列重大主题的对外网络评论，深入解读和传播了习近平总书记治国理政新思想新理念，主动向世界释放了和平发展的关键信号。

2020 年 9 月 8 日，全国抗击新冠肺炎疫情表彰大会召开，习近平总书记在大会上发表重要讲话，将抗疫精神归结为"生命至上、举国同心、舍生忘死、尊重科学、命运与共"，中央广播电视总台"国际在线"网（CRI online，以下简称"国际在线"）于当天发表国际锐评《抗疫精神是中国人民负重前行的强大动力》，对习近平总书记讲话中提到的抗疫精神进行解读，认为"这既继承了中华民族长期形成的特质禀赋和文化基因，也诠释并丰富了新时代的中国精神，具有很强的现实指导意义"①。

二是关于中央对经济形态做出的重要表述和判断的评论。

因各国政治、经济体制存在差异，西方媒体对中国新经济政策的误读和曲解报道频频出现。2010 年，中国 GDP 总量超过日本，成为世界第二大经济体，在世界经济一体化进程中，中国经济的发展已经成为国际关注的焦

---

① 《抗疫精神是中国人民负重前行的强大动力》，中央广播电视总台"国际在线"网，2020 年9 月 8 日。

点。特别是十八大以来，中国经济发展呈现出一些新趋势，如"新常态""定向调控"等，都折射出鲜明的时代特色、中国特色。相应地，中央对我国经济形态所作的重要表述和判断也应是主流媒体对外网络评论的重点。主流媒体对中央做出的有关经济的新判断、新表述进行深度阐释，对国外受众关注的中国经济发展中存在的问题进行及时回应，有助于让世界更加了解中国，进而推进国际经济合作。

2018 年以来，中美贸易摩擦不断，相关舆论持续发酵。2018 年 1 月至 6 月，China Daily 报网联合共计发表了 67 篇关于中美贸易摩擦的社论，外媒总转引达到 4000 余次，占同期总转引量的一半，在国际舆论场上产生了较大的影响。2019 年，中美贸易摩擦升级，多家主流媒体加强了经济方面的对外网络评论，在阐明中国经济政策的同时，揭露了美国借贸易之名实行霸权的真正目的。

《人民日报》在 2019 年 5 月 14～22 日连发九篇"钟声"署名文章，针对"美国吃亏论""加征关税有利论""中国出尔反尔论"等九大错误论调给予全面反驳，严肃表达了国家立场。

2020 年初，中方以建设性姿态与美国展开经贸谈判，最终达成中美第一阶段经贸协议，一定程度上缓和了中美关系。新冠肺炎疫情暴发后，多家主流媒体结合相关国际背景，对中美贸易关系发表评论，中国国际电视台（以下统称 CGTN）《冠察天下》专栏发表视频评论《中美关系是否持续恶化》①，梳理两国在经济方面仍然存在的问题，并邀请国际专家探讨中美在这场全球大流行病过后的关系走向；中国日报网发表社论 By Dropping Undeserved Designation, US Opens Door to More Fruitful Discussions，认为美国从一开始就不应该给中国贴上"汇率操纵国"的标签，不再视中国为货币操纵国应作为两国关系新的起点；环球时报英文网发表 China, US Move to Normalize Trade, Phase One Deal should be Cherished 等多篇社论②，对中美将签署第一阶段经贸协议做出解释和判断，认为这并不是中美关系的全部，希望这个初步协议对双方做出进一步努力形成积极的启示。针对中美在人文、科技等领域出现的新变化，"国际在

---

① 《中美关系是否持续恶化》，CGTN《冠察天下》专栏，2020 年 5 月 24 日。
② 环球时报英文网，刊发日期分别为 2020 年 1 月 14 日、1 月 16 日。

线"在2020年8月发表了11篇相关评论，分析美国政客的"甩锅"行为和错误决策。其中8月29日发表的评论《所谓"脱钩"是美国政客喂给美企的一颗"毒丸"》，指出让美国企业不与中国做生意，遭到了美国企业强烈抵制这一事实，并从历史的角度提出中美建交四十多年来在经贸、人文、科技等领域的合作发展，充分证明双方合作是互惠互利的，认为美国应该停止鼓动所谓的"脱钩"，停止损害美国企业的利益（见表1）。9月，人民网连续发表多篇相关评论，从历史角度、外交政策、中国发展等方面分析中美关系，认为中美关系的未来发展取决于双方对历史经验的理解和把握，美国应该与中国共同努力，在合作中双赢。

表1　"国际在线"2020年8月针对中美关系发表的11篇评论

日期	评论标题
8月5日	美国政客的胡乱决策正在拖垮世界
8月6日	美国政客重拾"甩锅"把戏已没有市场
8月11日	中方对等制裁美方人员正当且必要
8月12日	连遭盟友打脸的美国政客越来越众叛亲离
8月14日	打压孔子学院的"冷战分子"蓬佩奥令美国蒙羞
8月15日	纳瓦罗的胡言乱语折射出美国决策机制失灵
8月17日	妄图复活冷战的蓬佩奥又在欧洲碰个灰头土脸
8月18日	政治投机祸害美国人生命
8月21日	道貌岸然的班农们还有多少肮脏买卖？
8月24日	警惕美国政客"疫苗利己主义"破坏全球抗疫
8月29日	所谓"脱钩"是美国政客喂给美企的一颗"毒丸"

三是关于国内影响广泛的新闻事件和社会现象的评论。

中国正处于社会转型期，伴随着经济的快速增长、利益的分化和社会的疾速变迁，各种社会现象、问题都有可能转化成话题在舆论场上呈现。与此同时，我国在国际上受到越来越多的关注，国内的热点事件也经常为国外媒体和受众所关注。国外受众普遍对今天中国的发展和成就缺乏全方位的了解，在很多人眼中，中国还保留着神秘的东方色彩，是保守封闭、贫穷落后的国度。加之不同民族、国家在政治体制、历史文化、社会形态等方面存在诸多差异，沟通障碍、理解偏差时常出现。在这种背景下，对外评论应承担起"高举旗帜、引领导向，围绕中心、服务大局，团结人民、鼓舞士气，成风化人、凝心聚力，澄清谬误、明辨是非，联接中外、沟通世界"① 的重任，通过对重大事件、现象全面、均衡的解读，消除国际偏见，优化中国在国际社会的国家形象。

在新冠肺炎疫情武汉即将"解封"之际，针对湖北人在各地受到区别对待的现象，中国日报网于 2020 年 3 月 30 日发表英文社论 *Don't Discriminate Against Hubei People*，China Daily 3 月 31 日全文刊发。文章以详实的数据为论据，化解公众对湖北人携带病毒的担忧，并明确指出正是武汉广大干部群众以"隔一座城，护一国人"的担当，为全球战"疫"做出了重大贡献。这则对外评论跳出了传统正面宣传的宏大叙事，正面回应了抗击疫情中面临的现实问题，为社会复工复产营造了积极氛围，也让国外受众更好地了解了中国政府的抗疫思路和社会治理态度。

四是关于重大国际事件的评论。

近年来，我国主流媒体对外网络评论也开始积极探索中国与外部世界的话语共同点和利益交汇点，在国际社会普遍关注的事件上发出中国声音、表达中国态度、体现中国的责任与担当。这也是构建"人类命运共同体"理念在新闻评论领域的具体体现。

新冠肺炎疫情在全球蔓延后，我国作为最先控制疫情在本国蔓延并取得积极成效的国家，就国际疫情的防治和疫苗研发工作献计献策，主流媒体在国际社会上也针对疫情防控工作积极发声。例如，2020 年 5 月 31 日，中国日报网发布英文文章 *Global Governance Needs Shot in the Arm*②，对美国总统特朗普 4 月 14 日公然宣布暂停向世卫组织提供资金的决定进行批评，认为各国应共同努力改善国际治理体系及其机构能力薄弱的问题，而不是像美国一样做出破坏性的决策；3 月 13 日，环球时报英文网发表社论 *Some Countries Should Take Virus Seriously*③，针对疫情在欧洲和北美肆虐，一些国家却未能有效采取防控措

---

① 《48 字箴言，为新闻媒体建设指引方向》，人民网，2016 年 2 月 21 日。

② "Global Governance Needs Shot in the Arm"，中国日报网，2020 年 6 月 1 日。

③ "Some Countries Should Take Virus Seriously"，环球时报英文网，2020 年 3 月 13 日。

施，指出全球各国在抗击流行病方面应加强合作，形成统一的格局；3月28日，央视国际频道发表评论《美国确诊病例暴增，某些无良政客该警醒了!》①，以美国新冠病毒确诊病例总数暴增、美国劳工部收到330万份失业救济金申请、美国对其他国家援助不力等事实，批判华盛顿一些无良政客仍是冷战思维和敌视心态在作祟。围绕一些国家借助疫情加剧国际关系紧张、挑战联合国和全球治理权威，主流媒体的一系列对外网络评论立场鲜明地表达了中国观点，让国际社会看到了一个积极参与国际事务的负责任大国形象。

2. 政论题材为主

一是对外网络评论正面阐释国家政策。

十八大以来，新一届中央政府在精准把握国际形势和国内发展情况的基础上，提出了诸多重要的观点，施行了一系列具有划时代意义的政策，如"一带一路"倡议和"人类命运共同体"理念等，受到了国际社会的普遍关注。对政策做出正确的解读，有助于避免国际舆论场上的恶意曲解和抹黑。我国主流媒体对外网络评论在正面阐释国家政策方面进行了积极的探索。以对"一带一路"倡议的解读为例，《人民日报·海外版》刊发了《汇聚共建"一带一路"合力》《"一带一路"春正浓》《"一带一路"给欧洲创造了多重机遇》《中希合作为何频提"一带一路"》等多篇评论②，从多个角度向海内外受众阐释了"一带一路"倡议对参与国家的机遇和发展的意义，提升了这些国家的受众对中国方案的了解程度。

二是对外网络评论反击国际政治攻击。

主流媒体对外网络评论很大程度上直接反映了我国政府对一些国际政治问题的态度。针对一些国际社会中的政治经济摩擦，主流媒体及时跟进，通过对外网络评论表达本国立场和观点，辩驳或反击对立言论，有助于形成有利于国家发展的国际舆论格局。2019年12月，美国国会众议院通过了所谓的《2019年维吾尔人权政策法案》，这项法案严重践踏了国际法和国际关系的基本准则，是对中国内政的严重干涉。对此，《人民日报·海外版》连续发表了

---

① 《美国确诊病例暴增，某些无良政客该警醒了!》，央视国际频道，2020年3月28日。
② 刊发日期分别为2018年8月1日，2019年2月14日、3月21日、11月13日。

《美国再耍颠倒黑白卑劣伎俩》《美国"涉疆法律"是垃圾法案》《西方涉华舆论失真必将失信》《新疆的事，新疆各族人民最有发言权》等四篇对外评论。① 这四篇评论字字铿锵、态度坚决，第一时间对美国的错误行径做出了掷地有声的辩驳和反击。

2020 年 6 月 30 日，全国人大常委会审议通过了《中华人民共和国香港特别行政区维护国家安全法》（以下简称"香港国安法"），并于当天 23 时生效实施。正如环球时报社论《国安法配备利齿同时鼓励向前看》所说，香港国安法是"一国两制"的守护法，它将构建起防止香港成为亚洲最动荡城市的一道屏障。② 然而一些西方国家和媒体却因为香港国安法对中国政府进行无端指责，如英国《金融时报》（Financial Times）发表评论，认为此举是对香港政治和法律自治的挑战；美国国务卿蓬佩奥宣称，北京绕开香港立法会制定香港国安法是"敲响了香港高度自治的丧钟"。环球时报英文网对此连续发表多篇英文社论，其中 National Security Legislation Offers Overdue Remedy for HK，National Security Law a "Death Knell" for US Intervention in HK③ 等社论对西方的错误做法和言论给予了有理有据的批驳，指出香港国安法将根本解决香港维护国家安全法律工具不足的问题，极大遏制国内外一些势力利用香港从事危害国家安全的行动，认为它敲响的是美国对香港事务肆意干涉的丧钟。此外，中国日报网也在香港国安法通过前后发表英文社论（见表 2），对国安法的意义和正当性进行了系统的阐释，对驳斥西方政客和媒体的无理指责和有意污蔑产生了积极效果。

表 2   中国日报网关于香港国安法的英文社论（2020 年 6 ~ 7 月）

日期	评论标题
6 月 2 日	Washington's double-dealing laid bare
6 月 8 日	HK's education system needs urgent detox
6 月 9 日	Hong Kong must show reason and sense

① 刊发日期分别为 2019 年 12 月 6 日、12 月 10 日、12 月 11 日、12 月 12 日。
② 刊发日期为 2020 年 6 月 30 日。
③ 刊发日期分别为 2020 年 5 月 22 日、5 月 23 日。

日期	评论标题
6月11日	HK must not let violence flare up again
6月18日	HK legislation attacks show why it's vital
6月20日	HK moves step closer to closing legal loopholes
6月21日	Draft law shows lawmakers have a clear idea of how to protect national security
6月22日	HK legislation won't worry law-abiders
6月23日	"Judicial independence" just a red herring
6月28日	HK act exposes Washington's dirty tricks to stir up trouble for Beijing
6月30日	National security addition to Basic Law fortifies bedrock for HK's stability
7月1日	National security legislation tailored to safeguard 'one country, two systems'
7月2日	Stronger protection for rights and freedoms HK residents enjoy under the Basic Law
7月5日	Concern for HK reveals West's hypocrisy
7月6日	No compromising national security
7月14日	Mulish opposition will feel the stick
7月15日	Washington does not get to define Hong Kong's autonomy
7月19日	"Primaries" more opposition troublemaking
7月29日	Five Eyes expediently gang up on Hong Kong
7月30日	LegCo nominees disqualified by own behavior

3. 舆论导向鲜明

随着中国越来越多地参与全球化的发展，中国的形象也越来越多地呈现在国外受众面前，如何让国外受众更全面、真实地了解中国是我国对外传播要解决的重要命题。在西方媒体对我国的关注和报道增加的同时，一些带有误解和偏见的报道和评论也随之出现，若任由其发展，极易形成对我国发展不利的国际舆论。在复杂的国际舆论形势下，主流媒体对外网络评论作为中国观点对外传播的重要途径，承担着影响、引导国际舆论的重要任务。

2020年初，少数西方政客和媒体借新冠肺炎疫情造谣，诸多不实报道大面积传播，严重误导了国外公众对中国的认知，抹黑了中国形象。中央广播电视总台直面复杂、多变的国际舆论格局，以中国抗疫成效的事实为依据，第一时间发表了多篇对外评论加以回应，如 CGTN 的《刘欣评论》专栏发表了《不要对中国落井下石》《至暗时刻，至善人心》① 等系列评论，《冠察天下》专栏发表了王冠的《中国人的"封城"抉择被重新审视》《透过"甩锅中国剧本"看美式宣传》② 等中英文评论，有效破解了"中国病毒""东亚病夫"等标签，精准回应了"中国肺炎论""疫情数据造假论"等负面论调；9 月 22 日，美国总统特朗普在第 75 届联合国大会上发表讲话，就新冠肺炎病毒的传播对中国进行指责，人民网针对此事发表英文评论 *Trump's Seven Minutes of Nonsense Brings U. S. into Disrepute*③，将中国在抗疫中的行动、成效和美国近 20 万人死于新冠肺炎疫情进行对比，揭示了一些美国政客为规避责任而刻意制造谣言、抹黑中国的不良居心。上述主流媒体借助网络迅速发声、表明态度，在疫情中及时纠偏，对平衡乃至引导国际舆论起到了积极作用。

（二）发展主流媒体对外网络评论的意义

近年来，主流媒体对外网络评论通过多种形式呈现、多种渠道传播，积极抢占国际舆论场，努力为中国赢得国际话语权。发展主流媒体对外评论对于传播中国立场、抢占国际舆论场、最大化传播中国声音具有重要意义。

1. 传播中国立场的主要路径

互联网的发展使得国际舆论形势和外交的传播手段发生了深刻变化，媒体传播与外交活动交织，"媒体介入外交、外交融入媒体"的趋势越发明显。

媒体外交是指国家政府、媒体机构依托国内外新闻媒体、社交平台等，通过发布官方权威信息、开展对话和讨论、组织联合采访报道或主题活动等方式，以期影响国际公众与外交决策，推动争议问题解决，彰显国家形象的目的性行为。因此，主流媒体与外交部、国防部等政府部门一样，都是中国立场对外传播的主体，主流媒体对外网络评论也成为传播中国立场、塑造国家形象、维护国家利益的重要路径之一。

例如，针对美国政府对 TikTok 的打压，环球时报英文网连续刊发 *TikTok*

---

① CGTN《刘欣评论》专栏，刊发日期分别为 2020 年 2 月 8 日、2 月 25 日。
② CGTN《冠察天下》专栏，刊发日期分别为 2020 年 2 月 15 日、4 月 30 日。
③ 人民网，刊发时间为 2020 年 9 月 24 日。

Ban Demonstrates Barbaric Act of Rogue US，*Banning TikTok Reflects Washington's Cowardice*，*Washington Robs TikTok by Treading Upon Rules*① 等英文社评，指出这是美国政府与高科技公司对 TikTok 的围猎和巧取豪夺，揭示出美国常规竞争能力越来越弱的事实。新华网发表英文评论 *The TikTok Deal*，*A Brazen Heist*②，认为美国对 TikTok 的制约破坏了国际贸易规则和秩序，TikTok 是一家纯商业公司，美国政府利用国家力量对它"围猎"已经严重动摇了建立全球经济贸易规则的基石。主流媒体发表的对外评论，不仅代表着媒体的态度，也间接体现了国家立场，是外国受众了解中国立场的重要窗口。又如，2020 年 9 月 2 日，驻美国大使崔天凯和俄罗斯驻美国大使安东诺夫在防务一号（Defense One）网站发表题为《铭记历史开创未来》的联合署名文章，纪念中国人民抗日战争暨世界反法西斯战争胜利 75 周年，外交部网站刊发后，"环球时报"公众号进行了转载。这是政府作为媒体外交主体的表现，媒体的转载起到了"扩音器"的作用，传达并扩大了我国政府对于反法西斯战争相关历史问题的态度。

2. 争夺国际话语权的重要手段

长期以来，国际话语权由西方国家所掌控，中国和其他发展中国家的国际形象难以得到公平公正的呈现，因此这些国家在国际舆论场上长期处于被动地位，国际舆论场也呈现为失衡状态。国际话语权是国家"软实力"的重要组成，近年来受到越来越多国家的重视，各国在国际舆论场上的争夺也日益激烈。

党的十八大以来，我国政府对国际话语权高度重视，并将其上升到国家战略和整体外交层面。虽然我国经济增长迅速、综合国力日益增强、国际地位逐渐提升，但国际话语权与国家的国际地位尚不匹配。与立足于描述客观事实的对外报道相比，对外评论立场更加鲜明、论述更加充分、回应更具针对性，是抢占国际舆论场制高点的有力武器。面对国际舆论场上的激烈争夺与碰撞，对外评论要发挥凝聚共识、解疑释惑、激浊扬清的作用，推动展示国家形象、扩大共识，营造有利于国家发展的良好国际舆论环境。

---

① 刊发日期分别为 2020 年 8 月 2 日、8 月 3 日、8 月 4 日。
② 刊发日期为 2020 年 9 月 24 日。

新冠肺炎疫情暴发后，中新社中国新闻网针对西方某些国家借疫情抛出的"黄祸论""东亚病夫论""中国源头论""中国赔偿论"等荒谬论调，第一时间刊发时评加以批驳。《驱"疫"需有同理心》《共抗疫情，中国不会以邻为壑》《全球战"疫"，应摒弃"门户之见"》①等系列时评，以"人类命运共同体"的价值观为立论框架，有力地驳斥了抹黑中国的言论。这些观照中国价值、传播中国立场的评论刊发后，获得了海外媒体的广泛关注和转载，对于澄清事实真相、重塑国家形象、引导国际舆论发挥了积极作用。

3. 讲好中国故事的必要呼应

党的十八大以来，党中央高度重视对外宣传工作，做出了一系列重要工作部署和理论阐述，为做好新形势下对外宣传工作指明了前进方向、提供了重要遵循。习近平总书记强调："要精心做好对外宣传工作，创新对外宣传方式，着力打造融通中外的新概念新范畴新表述，讲好中国故事，传播好中国声音。"②

中国声音应该既包括"中国故事"，也包括"中国观点"。国际新闻报道告诉人们中国发生了什么，近年来，我国媒体围绕"讲好中国故事"努力优化对外传播的方法、手段，取得了良好的传播效果。但仅仅通过对中国典型人物、典型事件的报道，难以完整传达中国声音，必须要有中国观点的点题与升华。发表评论则是对"为什么""怎么看"等问题做出回答，与讲好中国故事合力，在对外传播好中国声音上具有不可替代的作用。"报道真相"是"事实判断"，"揭示真知"为"价值判断"，只有两者相结合，才能使人们不仅在"事实"层面知道有和无、真和假、虚和实，也能在"价值"层面认清是与非、丑与美、利与弊。③

当地时间 2019 年 12 月 3 日，美国国会通过所谓《2019 年维吾尔人权政策法案》，恶毒攻击新疆的人权状况，歪曲抹黑中国去极端化和打击恐怖主义的努力，公然干涉中国内政。12 月 5 日和 7 日，CGTN 相继推出了两部涉疆纪录片《中国新疆，反恐前沿》和《幕后黑手——"东伊运"与新疆暴恐》作为回应。两部纪录片以 44 种语言制作，披露了新疆反恐前沿大量骇人听闻的真

---

① 刊发日期分别为 2020 年 2 月 2 日、2 月 26 日、3 月 6 日。

② 《"平语"近人——习近平如何指导宣传思想工作》，新华网，2016 年 2 月 20 日。

③ 何平：《在众声喧哗中敲响"定音鼓"》，《中国记者》2019 年第 12 期，第 6~11 页。

实案例，引导国际社会认清新疆问题的真相。面对这两部涉疆纪录片，西方政府和主流媒体却集体失声，针对这一现象，CGTN 主持人刘欣 2019 年 12 月 14 日发表视频评论《为何西方媒体对新疆的暴恐事件视若无睹？》，总台央视国际频道 2020 年 6 月 20 日发表评论《新疆反恐又出铁证，美国政客还想装聋作哑到几时？》，明确提出了中国的新疆政策是基于真实存在的暴恐威胁，而不是所谓的打压"人权"。针对美国部分政客、非政府组织、行业协会、媒体等炒作所谓新疆"强迫劳动"问题的逆流，并借机推出与之相关的法案、制裁和外交动议，新华网发表英文评论 *Human Rights Developed*, *Not Abused in Xinjiang's Employment*①，从新疆的社会经济发展、劳动就业率、社会安全、健康文化权力等方面，以客观事实指出所谓的"强迫劳动"问题是子虚乌有的谎言，是赤裸裸的污蔑和抹黑。涉疆纪录片与主流媒体的评论相配合，构成了涉疆问题在国际上的立体化传播，通过讲故事和发表观点结合的方式在国际舆论场上发出了有理有据的中国声音，形成了传播合力。

二 主流媒体对外网络评论的现状

十八大以来，我国主流媒体积极建构对外传播体系，对外网络评论推出的频率和质量明显提升，中国声音在国际舆论场上受到了前所未有的关注。本部分选取 2019~2020 年新华社、中国日报网、环球时报英文网、《人民日报·海外版》、CGTN 五家主流媒体对外评论为研究对象，评估主流媒体对外评论在数量、选题以及呈现形式等方面的新发展。

这五家主流媒体较早开展对外传播，国际传播经验相对丰富，实力较为雄厚。新华社是中国国家通讯社，也是世界级现代化通讯社，一直坚持打造国家英文评论品牌；中国日报网是国家级英文日报网站，不仅向国内读者报道国际新闻，还注重对外阐明中国对国际事务的观点和立场，是对外传播的重要窗口；国际新闻日报《环球时报》于 2009 年开始发行英文版，其社论不仅代表了该报的观点，也被看作中国社会舆论中最有代表性的声音之一；《人民日报·海外版》依托中央级党报，是我国对外传播最具权威性的综合性中文日

---

① 刊发日期 2020 年 9 月 17 日。

报，其评论代表党和政府的立场；CGTN 作为中央广播电视总台重要的国际传播机构，以专业的内容和丰富的形式为全球受众提供视频信息服务。

受限于对外评论的发布形式和发布平台，新华社和 CGTN 对外评论的完整数据收集存在一定的难度，因此本研究的部分量化分析围绕中国日报网、环球时报英文网和《人民日报·海外版》三家媒体展开，聚焦其网站和电子版的新闻评论发展情况。

（一）数量增长，重大问题高频发声

中国日报网是中国最大的英文资讯门户，服务于国内外高端读者群，更是海外人士了解中国的重要渠道，已成为沟通中国与世界的桥梁。其中，中国日报网下设的专栏"Opinion"，分为漫评、社论、专栏评论、读者来信等多个版块，每日向读者提供大量的英文评论。

社论是编辑部就重大问题发表的评论，代表着编辑部的意见和态度，规格高、影响大。目前，发表于中国日报网的英文社论最早日期是 2017 年 3 月 31 日，本研究以此为起点，以一年为周期，统计了中国日报网在 2017 年 3 月 31 日至 2020 年 3 月 31 日发表的英文社论数量（见表 3）。统计结果显示，近三年来中国日报网发表的社论数量大幅增加。从第一个统计年的 314 篇、第二个统计年的 482 篇，增至第三个统计年的 676 篇，年度社论数量增长了 1 倍多，显示出中国日报网对社论这种表达观点的新闻体裁的高度重视与充分运用。

表 3   中国日报网英文社论数量统计

单位：篇

时间段	中国日报网英文社论数
2017 年 3 月 31 日至 2018 年 3 月 31 日	314
2018 年 4 月 1 日至 2019 年 3 月 31 日	482
2019 年 4 月 1 日至 2020 年 3 月 31 日	676

作为官方声音的代表，《人民日报·海外版》在对外传播中扮演着重要角色，其中"望海楼"是其品牌时事评论专栏。本研究以一年为周期，统计了最近三年《人民日报·海外版》"望海楼"专栏发表的评论数量（见表 4）。统计结果显示，《人民日报·海外版》"望海楼"专栏发表的评论数量相对稳

定在每年 260~300 篇, 没有出现大幅度的增加或减少。《人民日报·海外版》是海外发行的中文日报(周日无报),"望海楼"专栏在"要闻"版面, 近三年接近于每日一评的刊发频次。

表4 《人民日报·海外版》"望海楼"专栏评论数量统计

单位: 篇

时间段	"望海楼"评论数量
2017 年 7 月 1 日至 2018 年 6 月 30 日	298
2018 年 7 月 1 日至 2019 年 6 月 30 日	269
2019 年 7 月 1 日至 2020 年 6 月 30 日	277

环球时报英文网 2017 年 7 月 1 日至 2020 年 6 月 30 日共计刊发 1115 篇英文社论。2017 年 7 月 1 日至 2018 年 6 月 30 日共计 344 篇, 2018 年 7 月 1 日至 2019 年 6 月 30 日共计 373 篇, 2019 年 7 月 1 日至 2020 年 6 月 30 日共计 398 篇, 呈增加的趋势(见表5)。环球时报英文网秉承"出报即有社评""大事即有社评"的原则, 虽然英文社论在发表数量上受限于报纸的容量, 但总体上呈现小幅上升的态势。

表5 环球时报英文网社论发表数量统计

单位: 篇

时间段	环球时报英文网社论发表数量
2017 年 7 月 1 日至 2018 年 6 月 30 日	344
2018 年 7 月 1 日至 2019 年 6 月 30 日	373
2019 年 7 月 1 日至 2020 年 6 月 30 日	398

除《人民日报·海外版》外, 中国日报网、环球时报英文网三年来发表的对外评论数量都有一定的增加, 中国日报网的增幅最大(见图1)。其中, 2019 年下半年以来, 三家主流媒体的对外评论都有一定增长, 这与中美贸易摩擦加剧、大国关系出现新变化、新冠肺炎疫情在全球蔓延等重大事件较多密切相关。在这些重大事件中, 主流媒体找准角度, 把握基调, 抓住时机及时发声, 对于平衡国际舆论场发挥了积极作用。

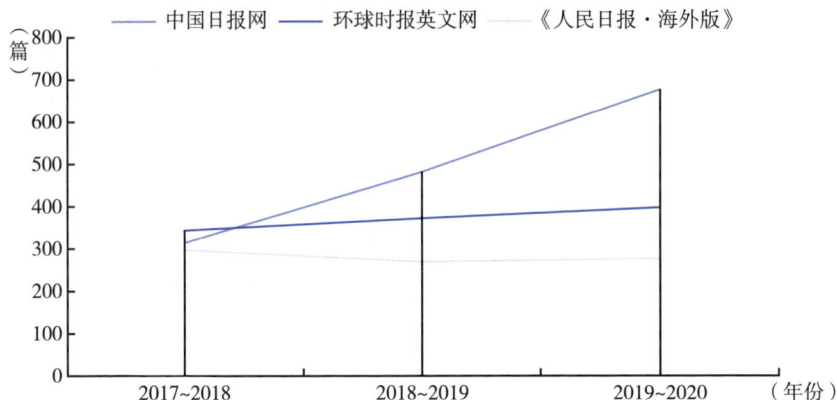

图1 三家主流媒体社论数量趋势

以最近一年（2019年7月至2020年6月）三家主流媒体对外评论的发表频次来看（见图2），中国日报网月均刊发的英文社论稳定在60篇左右，维持了日均约2篇的较高水平。环球时报英文网月均刊发社论35篇左右，日均约1篇。《人民日报·海外版》"望海楼"专栏的刊发频次略低，接近日均1篇。

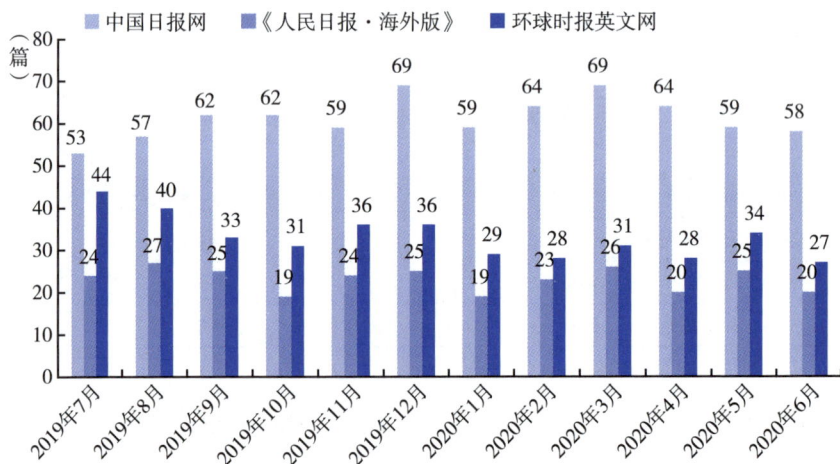

图2 2019年7月至2020年6月三家主流媒体社论数量统计

整体来看，主流媒体对外评论发展态势良好，无论是发表数量还是发表频次，都呈现稳中有升的趋势；借助网站和电子版，其影响力进一步扩大。究其原因，一方面，十八大以来，我国国际地位不断提高，国际社会保持着对中国的密切关注，越来越期待听到中国在一些重大议题上的声音，我国主流媒体也越来越主动、越来越有底气向世界进行意见输出和态度表达；另一方面，我国主流媒体在技术、渠道、机制、人才等方面的实力不断增强，为对外评论的创作和传播提供了有利条件。

（二）议题丰富，纵论国内国际焦点

观察对外网络评论关注的领域和反映的主题，大致可以划分为六大类：时事政治类、军事安全类、经济贸易类、文化体育类、环境生态类和社会民生类。时事政治类主要包括与中国有关的双边关系、中国外交政策及国际时政等，侧重于对国际问题和国际形势的分析和解读；军事安全类主要从国家安全和国防建设的角度进行选题和评论；经济贸易类聚焦于国内和国际的经济发展，如中美贸易摩擦、国内经济发展和经济政策解读等；文化体育类包括中国文化发展、国际文化交流、国内外重大体育赛事等；环境生态类包括世界面临的气候变暖以及国内的环境治理等；社会民生类聚焦于中国社会的发展现状，着眼于"民生问题"。

通过分析发现，主流媒体对外评论对国内、国际话题均有涉及，但评论议题的侧重因媒体定位不同而有所差异。其中，国家关系等是主流媒体对外评论共同关注的重要内容。

在中国日报网的样本中，时事政治类选题共有431篇，占比59%；其次是社会民生类话题，占比18%；关于环境生态类和文化体育类的评论议题相对较少（见图3）。

针对国内问题，中国日报网的社论以解释和分析为主。如2020年6月29日发表的英文社论 *Amendment Improves Rule of Law*，从中国法制建设的角度进行分析，用大量论据解释刑法修正案（十一）草案的必要性和合理性，并指出刑法的修改是保持我国法律先进性的必要措施。

值得肯定的是，在国内议题上，中国日报网的英文社论并不局限于正面话题，也涉及环境恶化、房屋拆迁等与普通民众利益相关的问题。例如，针对2020年国内连续6个月的暴雨对南部和西南部地区13个省份造成的人员伤亡和经济损失，2020年7月1日，中国日报网刊发英文社论 *Govts Must Help*

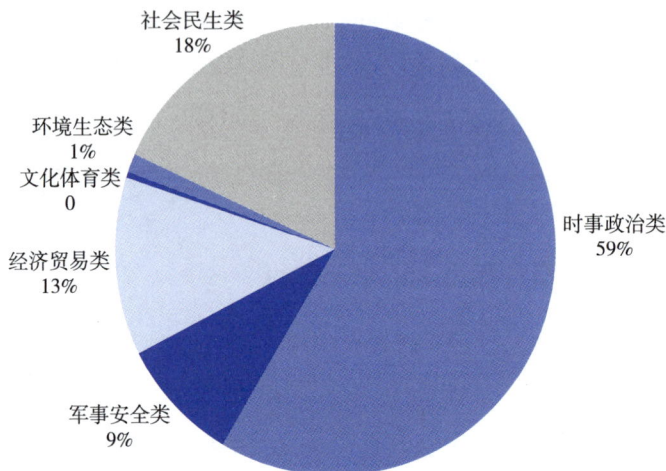

图 3　中国日报网社论选题

People Weather the Storms。文章分析了洪水造成的危害，呼吁政府要做好事前评估工作，及时转移受灾地区的群众，同时也要做好对次生灾害的预防工作。6 月 21 日，针对山东省出现的高考冒名顶替问题，中国日报网刊发英文社论 *Bringing Imposters and Enablers to Justice*，指出这一事件并不是个案，急需铲除高考冒名顶替的黑色产业链，维护高考公平。这类评论不回避问题，持论公允，赢得了公信力。

此外，中国日报网的英文社论不仅聚焦国内时政、经济发展、社会矛盾等议题，也在双边关系、国际秩序、国际政策等领域不断发声。如，2020 年 5 月 26 日，美国黑人乔治·弗洛伊德遭白人警察暴力执法，跪压颈部窒息而亡，该事件随即引发美国社会大规模抗议活动，国际社会对此高度关注。中国日报网及时发表 *Systemic Racism*，*Inept Administration Sparks for "I Can't Breathe" Anger in US*，*Racism Stains US Claims to Greatness*，*Violence the Windfall of Deep-rooted Causes that US Refuses to Address*① 等英文社论，不仅严肃理性地指出种族主义和侵犯人权是国际社会所共同反对的，也结合美国对新冠肺炎疫情应对表现剖析美国社会"暴乱"的原因。社论在国际社会中旗帜鲜明地表达了中国观点，从某种意义上对西方国家和媒体对中国人权问题无端指责起到了回击的

---

① 刊发日期分别为 2020 年 5 月 31 日、6 月 1 日、6 月 2 日。

作用。

2019年7月1日至2020年6月30日，《人民日报·海外版》"望海楼"专栏共发表277篇评论，其中时事政治类（44%）、社会民生类（34%）议题占比最高，合计占比近八成（见图4）。无论是文化、经济，还是军事、宗教，都涉及国内和国际两方面的议题，相比而言，《人民日报·海外版》的国内话题占比较多。如在中国抗击新冠肺炎疫情期间，"望海楼"发表《人民利益高于一切》《警惕冠状病毒，也要警惕"官状病毒"》《中国对绝对贫困的最后一战》《汇聚起中国经济的复苏动能》① 等评论，既关注疫情的发展，也关注疫情冲击下经济社会的持续发展，在抗疫、脱贫、恢复经济等重大议题上做出重要判断和工作提示，传递了疫情冲击下中国社会要统筹协调、持续发展的决心。

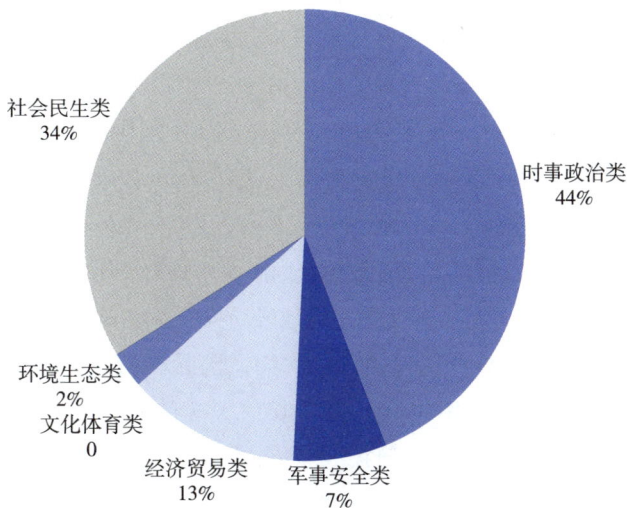

图4 《人民日报·海外版》"望海楼"专栏的选题

2019年7月，美国和一些外国组织就台湾问题、香港问题粗暴干涉中国内政，使台湾问题又起波澜、我国香港的公共秩序和公共安全受到挑战。《人民日报·海外版》加大对外评论力度，"望海楼"专栏发表《打"台湾牌"是

---

① 刊发日期分别为2020年2月8日、2月18日、3月12日、4月8日。

一场危险游戏》《香港事务不容外人说三道四》《绝不容许外国势力搞乱香港》① 等评论，环球时报英文网发表 *Don't Let External Forces Ruin Hong Kong's Future*，*Hong Kong's "Silent Majority" won't Stay Silent Forever*，*HK Opposition Should not Misjudge Situation*② 等英文社论。针对台湾、香港问题等敏感事件旗帜鲜明地表明立场，准确地传达了中国政府的态度，在国际社会上起到了"正视听"的作用，有力地配合了外交战线的工作。

环球时报英文网 2019 年 7 月 1 日至 2020 年 6 月 30 日共发表了 398 篇社论，围绕国际和地区热点问题、重大和突发新闻事件、涉华重要议题等及时发声，阐述中国立场、传播中国观点。其中，时事政治类话题占比（61%）最高（见图 5）。作为一份国际新闻类日报，环球时报英文网针对国际社会的社论主要集中在大国关系、周边安全和国际贸易等方面。例如，就澳大利亚全国性森林大火发表英文社论 *Australia Bushfires a Wake-up Call for the World*③，分析火势的严重性以及澳大利亚政府在火灾应对方面存在的问题。文章指出，自然灾害是当今世界大部分国家排位最靠前的威胁，呼吁国际社会以此为教训，探索世界应如何携手应对此类灾害危机，充分体现了中国作为大国的责任与担当。又如，针对中东问题，环球时报英文网发表了 *Iran Issue should not be Taken Simply*，*US Naïve to Think Iran won't Fight Back*，*US and Iran should Restrain for Peace*④ 等社论，深刻分析了美伊开战的负面影响，提醒美国的当权者审时度势，不要在伊朗问题上过度逞能，对美国干涉地区局势的做法表达了否定态度。

上述主流媒体在对外评论议题选取方面，国际国内话题并重，基本做到了紧跟国际时事热点，紧跟国际社会关切；表达的立场也符合国家价值理念，维护国家根本利益，使中国的观点、态度和立场在国际舆论场上得以充分呈现。

（三）样态多元，抽象观点生动可感

随着移动互联网的发展、新技术被广泛应用于传媒领域，媒体融合程度不

---

① 刊发日期分别为 2019 年 7 月 10 日、7 月 19 日、7 月 24 日。
② 刊发日期分别为 2019 年 7 月 10 日、7 月 21 日、7 月 29 日。
③ 刊发日期为 2020 年 1 月 8 日。
④ 刊发日期分别为 2020 年 1 月 5 日、1 月 6 日、1 月 8 日。

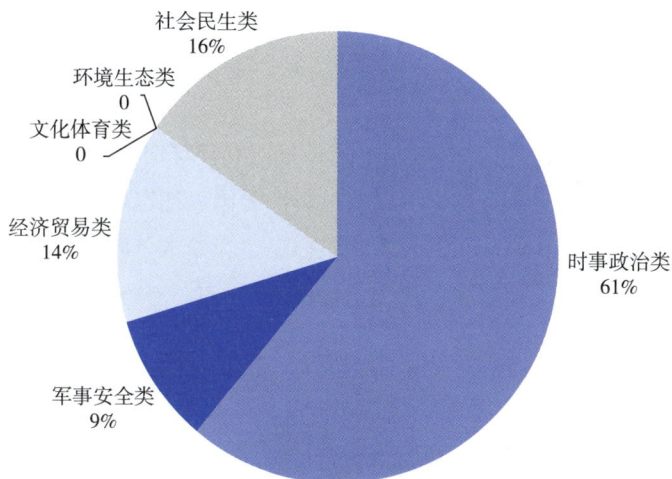

图5　环球时报英文网社论选题

断加深，各大主流媒体纷纷建立起外宣媒体矩阵，推出了多种样态的对外报道、对外评论。在评论领域，文字评论的单一样态逐渐被打破，声音、画面符号进入评论领域，各种漫画、动画、视频等可视化样态的对外评论开始出现，在传播效果上更加生动可感。

　　传播心理学相关研究表明，人脑优先处理的信息中90%与图像直接相关。在传播领域"视频转向"的背景下，讲好中国故事、传播好中国观点不能单单靠文字表达，也需要更加丰富多元的展示。CGTN自2017年开始推进建设新媒体评论，借助互联网和移动互联网的力量，在新媒体平台上大胆尝试，探索呈现评论内容的多元化样态。作为传统电视媒体，CGTN在网络和移动端上的延伸重点是开发视觉呈现形式，更多地运用图像、图表、动画等手段进行观点的表达，取得了良好的传播效果。

　　在新冠肺炎疫情期间，CGTN在网络和移动端上不断推出可视化新闻评论。如针对疫情暴发初期武汉"封城"举措引来外界争议，《冠察天下》于2020年2月16日推出短视频《中国人的"封城"抉择被重新审视》，提出人民的安康最重要，向公众讲明"封城"抉择是为了控制和阻断疫情的道理。2020年2月，刘欣在《点到为止》专栏发表英文口播评论《至暗时刻，至善人心》，就疫情初期一些国家对我国的帮助以及个别国家落井下石的行为进行点评。该视频一经发布就被路透社网站以及社交媒体的 8 个账号，《纽约时报》《华盛顿邮报》、美国之音等 20 家海外媒体转引报道。

除了发展视频评论外，CGTN、中国日报网和环球时报英文网还坚持在网站的评论版块下开设漫画评论专区，通过新闻漫画表达态度和立场（见图 6）。新闻漫画是国际媒体普遍采用的视觉评论样态，为原本单调的文字评论增加了可视化元素，降低了认知难度，优化了传播效果。

图 6　中国日报网漫画专区

2019 年 7 月 1 日至 2020 年 6 月 31 日，中国日报网共推出漫画评论 253 篇（组）。漫画评论是新闻评论体裁与视觉艺术相结合的产物，这种表达样态善于运用夸张、虚构、暗喻等手法传递创作者的观点和态度，特别具有讽刺性或幽默感。新冠肺炎疫情期间，针对西方国家在疫情问题上对中国的"甩锅"行为，中国日报网刊发多篇漫画评论进行揭露和反击。*Blame Game is a Virus*，*Blind to Reality*，*US is Trying to "Demonize" China*① 等漫画评论，通过直观的画面配合精短的文字，揭示出"甩锅"行径的荒谬，在海内外社交平台上广泛传播。漫画评论形式的对外评论，一方面，可以借助生动、直观的画面元素展现出作者对世界的敏锐把握和独到见解，化解新闻评论观点的抽象性；另一方面，在跨文化传播中，形象直观的新闻漫画可以一定程度上减少因语言差异造成的"文化折扣"，起到"一图胜千言"的作用。

（四）品牌效应，系列评论扩大影响

评论是新闻媒体的旗帜和灵魂，强大的评论品牌能够助力观点的有效输

---

①　刊发日期分别为 2020 年 4 月 10 日、4 月 23 日、4 月 29 日。

出，是衡量主流媒体对外评论国际影响力、引导力的重要标志。近年来，我国对外传播媒体也陆续成立独立的评论部，着力提高对外评论的内容质量及其在国际舆论场的影响力。

CGTN 近年来十分重视打造评论员个人品牌，在网站、客户端为评论员量身打造了评论专栏，形成了主持人评论专栏矩阵。经过一段时间的运行，个人评论品牌的影响力和评论专栏矩阵的合力逐渐形成。刘欣的新媒体评论专栏《点到为止》，由主播刘欣针对国际社会的有偏认知或错误言论进行精短而有力的辩驳和反击；邹悦的《悦辩悦明》专栏，聚焦于国外热点事件，国际色彩鲜明；库恩博士的《观察家》专栏，以外国人的视角认识中国问题，评论和见解颇有"他山之石"的意味；田薇的《薇观世界》专栏，通过评论员与高端嘉宾的访谈，探讨对国内外热点话题的看法（见图7）。这些以评论员个人为核心打造的署名评论专栏，具有鲜明的人格化表达特征，再加上网络平台互动功能的加入，进一步调动了用户参与感、在场感，能够形成品牌效应，助推观点的有效抵达。

a.《点到为止》　　　　　　　　　　　　b.《悦辩悦明》

c.《观察家》　　　　　　　　　　　　d.《薇观天下》

图7　CGTN 的评论员专栏

系列评论可以针对某一具体事件、现象、话题，进行多层次、多维度的分析和回应，在有力传递评论主体的立场和主张的同时，有助于系统建构自己的话语体系，形成整体声势，进而扩大话语的影响力。

157

例如，2019 年美国加征中国出口产品关税，并不断抛出"中方违背承诺""中方出尔反尔""加税对美有利"等诸多谬论，新华网对此组织了 10 篇"很不"系列评论。这组评论以事实为依据，痛批美方蛮横无理、妄图开全球化倒车的错误行径，标题分别用"很不文明""很不道德""很不明智"等对美国政府的行为进行评判（见表 6），充分表达了中国观点。

表 6　新华网"很不"系列评论（共 10 篇）

日期	评论标题
2019 年 5 月 15 日	用"文明"粉饰霸权，很不文明！
2019 年 5 月 17 日	如此打压中国企业，很不光彩！
2019 年 5 月 17 日	美妄图开全球化倒车，很不现实！
2019 年 5 月 18 日	美无视发展大势，很不清醒！
2019 年 5 月 18 日	践踏游戏规则的作法，很不光彩！
2019 年 5 月 19 日	美国的脸说翻就翻，很不体面！
2019 年 5 月 20 日	"美国优先"别人靠边，很不道德！
2019 年 5 月 21 日	美玩弄数字游戏混淆是非，很不地道！
2019 年 5 月 22 日	美搅局国际贸易，很不靠谱！
2019 年 5 月 23 日	美妄想在经贸谈判中"唯我独尊"，很不明智！

又如，《人民日报·海外版》"望海楼"专栏从 2019 年 9 月 13 日起，以新中国成立 70 周年为契机，在"十一"前半个月推出"辉煌中国"系列评论（见表 7）。系列评论分为"力量篇""精神篇""自信篇""道路篇"四个分主题，连续刊发 14 篇"望海楼"文章，从多个角度全面解读新中国 70 年发展历程，总结经验、获得启示、展望未来。系列评论视野开阔，认识深刻，大气磅礴，借助网站和电子版迅速传播，成为新中国成立 70 周年主题宣传中颇具代表性的外宣作品。

表 7　《人民日报·海外版》"望海楼"专栏"辉煌中国"系列评论

日期	评论标题	分主题
2019 年 9 月 13 日	70 年，时间的力量	
2019 年 9 月 14 日	70 年，初心的力量	力量篇
2019 年 9 月 16 日	70 年，人民的力量	

日期	评论标题	分主题
2019 年 9 月 17 日	70 年，伟大的创造精神	精神篇
2019 年 9 月 18 日	70 年，伟大的奋斗精神	
2019 年 9 月 19 日	70 年，伟大的团结精神	
2019 年 9 月 20 日	70 年，伟大的梦想精神	
2019 年 9 月 21 日	70 年——人间正道，浩荡前行	自信篇
2019 年 9 月 23 日	70 年——理论火炬，照亮行程	
2019 年 9 月 24 日	70 年——立治有体，行稳致远	
2019 年 9 月 25 日	70 年——弦歌不辍，步履铿锵	
2019 年 9 月 26 日	70 年！不忘本来启新程	道路篇
2019 年 9 月 28 日	70 年！吸收外来行正道	
2019 年 9 月 28 日	70 年！面向未来踏征途	

此外，近年来主流媒体还尝试吸纳外籍评论员开展评论工作，增强观点传播的效果。例如，新华网于 2017 年 7 月推出了《新华社记者说》融媒体时政专栏，以海外社交媒体为传播渠道，采用外籍专家出镜的方式解读习近平治国理政重要思想，阐释国内国际重大新闻背后的意义，取得了良好的效果。2019 年新中国成立 70 周年之际，《新华社记者说》专栏推出"新中国从这里走来"五集系列特别节目，外籍记者海伦·本利造访中共一大会址、浙江嘉兴南湖红船、长征出发地江西于都、革命圣地延安和西柏坡，最后回到开国大典举办地北京，带海外受众重温创立新中国征程的关键时刻。吸纳外籍记者参与对外评论工作，一定程度上弱化了官方媒体的宣传色彩，降低了"对抗式"解读的负面效应，更容易让国际社会和外国受众接受，也可以更有效地回应国际舆论场上的质疑。

（五）技术加持，拓展国际传播渠道

党的十九大报告明确指出，要高度重视传播手段建设和创新，提升新闻舆论的传播力、引导力、影响力和公信力。技术是深度融合、持续发展的重要推动力，5G、AI、大数据等技术在传媒领域的应用，为我国对外传播体系建设提供了有力支撑。

当前，CGTN 对外传播的数字化转型进入新的阶段，在媒体融合过程中不断采用新技术，提升采编能力，拓宽传播领域。以 2020 年全国两会报道为例，按照中央广播电视总台"5G + 4K + AI"的战略布局，CGTN 新媒体以技术创新全力、全程、全景对外报道 2020 年全国两会，拓展对外传播路径。具体到对外评论领域，总台 5G 媒体应用实验室推出首个"5G＋竖屏"融媒体系列评论《冠察天下》，使新闻评论更加立体化和社交化；央视新闻频道、央视新闻新媒体、中国之声、环球资讯广播联合打造融媒体特别节目《两会你我他》，实现了广播、电视、新媒体联手制作、同屏传播，其中环球资讯广播以"外国人如何看两会"为主题，从外国人的视角关注中国全国两会，评点中国发展；CCTV－4 利用 5G 信号实时回传进行"云对话"，推出《全球智库看中国》，邀请外国知名专家学者，以国际视角解读中国的脱贫攻坚、疫情防控，探讨如何在联合抗疫中体现人类命运共同体的理念。这些技术手段为对外传播赋能，使其在传播的速度、广度、融合度等方面有了明显进步。

社交媒体平台已经成为对外传播不可忽视的渠道，其便捷性、可视化、社群化、互动性等特质，往往可以加强观点传播的效果。近年来，我国主流媒体在不断创新对外评论手段、形式的同时，也十分重视拓展传播渠道，特别是海外传播渠道。随着国际受众的数字迁徙，我国主流媒体加大了在海外社交平台上的进驻力度，"借船出海"取得较大进展。2009 年，《环球时报》和 China Daily 先后于 6 月和 9 月入驻 Twitter，成为国内较早在海外社交平台开设账号的主流媒体。截至 2020 年 8 月，《环球时报》共获得 1.8 万人关注，China Daily 共获得 4.3 万人关注，从关注度上看还有较大的提升空间。2012 年 2 月，新华社也在 Twitter 上开设了账号，吸引了超过 1266.8 万人的关注。《人民日报·海外版》目前尚未在 Twitter 平台开设官方认证账号，但《人民日报》主账号"People's Daily, China"已于 2011 年 5 月在 Twitter 上线，目前获得 710.4 万人关注（见图 8）。中国青年报国际部、青年参考和中国青年网也借助海外账号加强外宣阵地建设，及时传递中国声音，刊发了一系列有影响力的融媒作品。中国青年网 Facebook 账号发表的《是时候让理性扮演主角了》《中国经济势不可挡》等评论，引发国外网友的热烈讨论（见图 9）。①

上述主流媒体中，CGTN 以多终端、个性化、差异化分发等特点在对外传播中互动成效显著。截至 2020 年 8 月，CGTN Twitter 粉丝数超过 1386 万，

---

① 《中国青年报社会责任报告（2019 年度）》，中青在线，http：//m. cyol. com/content/2020 – 07/16/content_ 18700026. htm，2020 年 7 月 16 日。

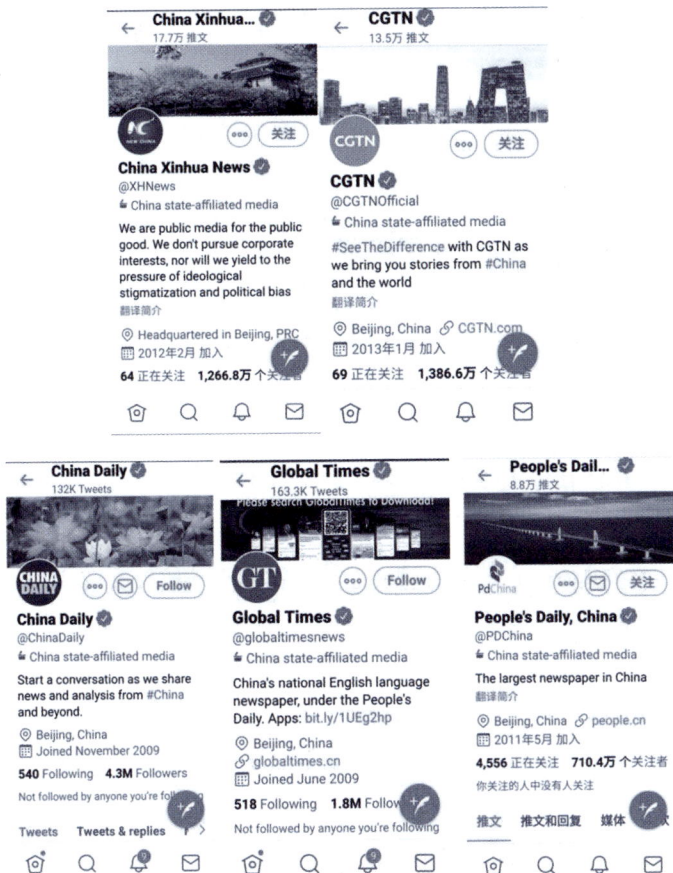

图8　新华社、CGTN、China Daily、《环球时报》、
《人民日报》的 Twitter 页面

图9　《中国青年报》的 Facebook 账号页面

YouTube 订阅者超 181 万。CGTN 英语新闻频道《视点》（The Point）每周五推出新媒体特别节目《点到为止》（Getting to the Point），由国际名主播刘欣主持，先小屏后大屏播出，既短小精悍、适合网络传播的交互性，又与电视专栏遥相呼应，强化观点穿透力。2019 年 5 月，美国福克斯商业频道《翠西·里根黄金时间》的女主播翠西对中美贸易摩擦发表了歪曲言论，5 月 22 日 CGTN 主播刘欣予以回应，推出了短视频评论《中国不会接受不平等协议》①，并表示愿意与翠西就此话题进行辩论。该视频评论由 CGTN 发布在海内外各大新媒体平台上，国内微博阅读量达 365 万，互动数超过 100 万，视频点击量高达 5000 万。一周后的 2019 年 5 月 30 日，刘欣与翠西就中美贸易摩擦争端进行了一场电视直播对话（见图10），引起了海内外媒体和公众的共同关注。电视对话对短视频评论起到了二次传播的作用，也印证了新媒体和传统媒体互相借力的重要性。主流媒体在海内外社交平台及时发布评论，有利于让中国的意见和态度更高效地抵达海外媒体和公众。

此外，CGTN 还在 YouTube 平台上设有"The Point with LIU Xin"视频评论专栏，由刘欣、王冠等名主播针对国际重大事件、热点话题发表视频评论。目前已有1500 多个视频，观看量达 20 万（见图11）。总体看来，通过网站和新媒体平台，主流媒体拓展了对外评论发布的重要渠道，观点传播上的"借船出海"已初见成效，在今后如何提高关注度、进一步拓展影响力还需不断探索。

---

①　《中国不会接受不平等协议》，CGTN 视频专栏《点到为止》，2019 年 5 月 22 日。

图 10　CGTN 女主播刘欣与 FOX 女主播翠西电视对话

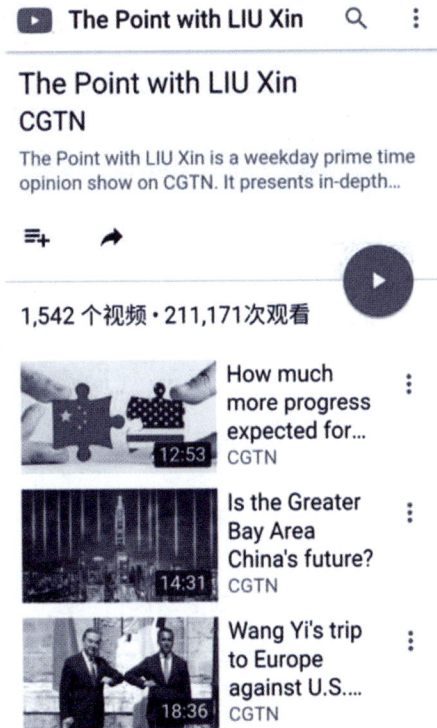

图 11　YouTube 平台上的"The Point with LIU Xin"视频评论专栏

三 主流媒体对外网络评论存在的问题及原因

我国主流媒体对外网络评论总体发展向好，在国际舆论场上积极呈现中国观点、表达中国立场，对于平衡国际舆论、展示国家形象发挥了一定的积极作用。但在媒体技术迅速发展和国际环境复杂多变的今天，主流媒体对外网络评论仍存在一些问题，影响了中国观点的传播效果。梳理主要问题，剖析形成原因，有助于主流媒体对外网络评论传播效果的提升。

（一）存在的问题

1. 设置议题能力偏弱

议题设置能力是评价评论工作能力、水平的重要方面。在国际舆论场上抓住时机、敢发先声，适时形成话题，有助于我国主流媒体掌握观点表达的主动权。综观主流媒体对外网络评论的表现，对国际舆情的影响多表现为应对，主动设置议题的意识和能力还都有较大的提升空间。

2020年新冠肺炎疫情在全球蔓延，国际舆论场上国家间的博弈升级。一方面，部分西方媒体借疫情早期在中国大规模暴发大肆污名化中国，"中国病毒起源论""中国病毒""武汉肺炎"等不实言论出现；另一方面，一些西方国家企图借疫情制造"政治病毒"，趁机打击中国，阻碍中国的发展步伐。对此，主流媒体通过评论进行了应对，如中央广播电视总台"国际锐评"连续推出《散播"政治病毒"的蓬佩奥正把自己变成人类公敌》《背负"四宗罪"的蓬佩奥已经突破做人的底线》《病急乱投医！邪恶蓬佩奥在科学面前大肆喷毒造谣》《口出狂言的反华急先锋班农唯恐天下不乱》《走火入魔的美国政客不是在玩火而是在玩命》《"政治凌驾于科学"，美国防疫跌入"盘丝洞"》等评论[①]，揭批美国反华政客"甩锅"中国的本质，建议对美国政府应对疫情的重重疑点进行调查。这些评论被美国有线电视新闻网（CNN）、英国广播公司（BBC）、法国24电视台、意大利广播电视公司、全俄国家广播公司、卡塔尔

[①] 刊发日期分别为2020年4月27日、4月28日、5月4日、5月4日、5月12日、5月14日。

半岛电视台以及美国《华尔街日报》《新闻周刊》、英国《泰晤士报》、法新社等 100 多家国际媒体转载。客观地说，这些评论虽然发出了中国声音，一定程度上扭转了国际舆论，但毕竟是对西方媒体设置议题的被动应对，距离外宣工作引导国际舆论的目标还有很大的差距。

近年来，我国主流媒体对外网络评论数量虽有增加，但整体上呈现"集中化"和"阶段性"的特征，评论多局限于对不实言论和质疑的回应、反击上，尚未能够针对中外利益交汇点、话语共同点、情感共鸣点主动设置议题，尚未形成稳定的对外评论格局。比如，2020 年 9 月，中国新冠肺炎疫情已经得到控制，社会全面复工复课复产，相较美、英等西方国家的疫情应对，中国政府的举措成效显著。这其实就是设置议题的好时机，主流媒体应以事实为依托，在传播国家形象、阐释制度优势、传播人类命运共同体理念等方面主动发声、主动作为。

应该看到，在西方发达国家强大的议程设置能力下，我国主流媒体对外网络评论在应对上显得有些迟滞，一些与中国有关的负面话题出现后，主流媒体对外网络评论有时并没有做到第一时间进行回应，致使我国在国际舆论场上处于被动境地。

2020 年 2 月 3 日，《华尔街日报》刊发评论文章 *China is the Real Sick Man of Asia*（《中国是真正的亚洲病夫》），借疫情对中国进行带有种族歧视色彩的攻击，"唱衰"中国经济。文章发布后，我国外交部发言人多次在例行记者会上对此进行批评和驳斥，在美华人也在征集请愿签名要求《华尔街日报》撤稿。相比之下，我国主流媒体的发声却显得过于"慎重"。中央广播电视总台于 2 月 24 日发表"国际锐评"《火烧到自家！〈华尔街日报〉还装啥？》，环球时报英文网于 2 月 26 日发表英文社论 *Washington Unwise to Push WSJ Reporters' Issue Too Far*，中国日报网于 2 月 28 日发表英文社论 *Headlines in New York Times are Misleading*，《人民日报·海外版》"望海楼"专栏于 3 月 13 日刊发评论《华尔街日报背离了自己的座右铭》。虽然这些评论引发了美国、意大利、俄罗斯、日本等多国媒体的广泛关注和转载转引，但从回应速度上看，明显滞后。事实上，该议题由西方媒体设置，由我国媒体首先进行回应是最为适宜的，因为媒体回应灵活便捷，媒体发声还可以给外交发声留下妥善处理的空间。遗憾的是，我国主流媒体没有把握最佳时机，应对上的迟滞一定程度上削弱了评论在国际舆论场上的作用。

2. "政""媒"默契有待提升

在国际交往和国际事务的处理中，我国与西方国家由于意识形态不同，在价值观念等方面存在一些矛盾和分歧，部分西方国家为了维护本国利益，不时制造一些抹黑中国的言论。中国国家形象的塑造既需要官方声音的及时表达，也需要主流媒体对外评论与之积极配合，形成"和声"。

仍以上文提到的《华尔街日报》刊发辱华文章 China is the Real Sick Man of Asia（《中国是真正的亚洲病夫》）事件为例。中国外交部发言人耿爽在2月10日网上例行记者会上表示，中方要求《华尔街日报》认识到错误的严重性，公开正式道歉，并查处相关责任人。而包括中国中央广播电视总台等在内的主流媒体的回应则在十多天后。

中国外交部例行记者会是中国政府传播信息的官方平台，是传递外事活动最新信息、回答其他国家驻中国记者提问的重要场所。外交部发言人的发言明确呈现了中国态度，坚定地向世界传播了中国声音，是一种刚性的传播方式。一般来说，主流媒体可以结合外交部发言的态度、立场适时组织评论，与外交部发言形成配合，助力中国观点在国际舆论场上的传播。

3. 宣传话语痕迹明显

目前，主流媒体的对外网络评论中仍然充斥着大量宏大叙事和直白的宣传话语，评论语言的生动性、感染力不强，对跨文化传播中受众的差异性估计不足在一定程度上弱化了传播效果，影响了国外媒体、受众的接受和认同。

以《人民日报·海外版》"望海楼"专栏为例，自2020年新冠肺炎疫情暴发以来，该专栏连续刊发了27篇相关对外评论（见表8），旨在向世界展现中国抗击疫情的成绩。梳理评论内容发现，这些对外评论虽然笔触厚重，思想深刻，但往往主题过于宏大，多以领导人的重要讲话、政府文件和重要会议等为切入点，在意义的表达方面与抗疫中的具体事实关联不够。如《人民利益高于一切》一文，虽然也运用了大量事实性论据，却频繁使用诸如"义无反顾""誓死不退""信念坚定"等词语，这些词语在跨文化语境中很难引发共鸣，反而会因宣传色彩浓厚导致"对抗式解读"。这提醒我们，对外评论的表达必须脱离内宣的惯性思维，要将自身置身于传播对象的文化和语境中进行构思和表达，要善于将观点、价值观蕴藏于事实的讲述中，否则有可能引发海外受众的反感甚至抵触心理，难以形成良好的传播效果。

表8 "望海楼"专栏关于抗击新冠肺炎疫情评论（2020年2～3月）

日期	评论标题
2月3日	决胜之地，领袖和人民在一起
2月5日	推进中西医并重的卫生健康治理现代化
2月6日	增强信心坚定信心
2月7日	一堂深刻的风险教育课
2月8日	"再也不能无动于衷了！"
2月10日	实事求是力挽狂澜
2月12日	"中国的行动让世界更安全"
2月17日	警惕冠状病毒，也要警惕"官状病毒"
2月18日	最伟大的力量是同心合力
2月20日	武汉必胜！湖北必胜！中国必胜！
2月21日	"只要祖（籍）国需要，我们竭尽全力"
2月22日	人民利益高于一切
2月26日	全国一盘棋强大行动力
3月2日	向奋战在一线的英雄致敬
3月10日	烈火之中锻炼真金
3月11日	同时间赛跑与病魔竞速
3月16日	凝聚起全世界团结合作的抗疫伟力
3月17日	新时代的中国青年是好样的
3月18日	你们每一个人的样子，我们都会记住！
3月19日	团结在一起，战斗在一起，胜利在一起
3月20日	各国各方一定要携起手来共同努力
3月21日	加强风险管理与国家管理制度现代化
3月24日	以人民为中心打赢疫情防控的人民战争
3月25日	加快构建中西医结合的应急医疗体系
3月28日	为人类健康作出中国贡献
3月30日	人民才是真正的英雄
3月31日	世界人民的团结是应对公共卫生危机的有力武器

4.话语体系尚未形成

近年来，我国主流媒体对外网络评论在中国声音的国际化表达方面进行了一些思考与实践，人民日报、新华社、China Daily等主流媒体自2009年开始陆续入驻 Facebook、Twitter、YouTube 等国际社交媒体平台。在这些平台上，主流媒体不仅开设了多语种频道，还推出了漫画、短视频、动画等多形式的对外评论。但总体而言，我国主流媒体尚未建成完善的对外话语体系，对外网络评论仍面临"有理说不清、说了传不开"的困境。

一方面，我国主流媒体急于向世界介绍中国发展和中国立场，在语言表达上多采用在国内惯用的表达方式，尚未结合传播对象的文化环境和现实语境进行适应性转化。中国有悠久的政论传统，中国人讲道理时擅长归纳总结、理论提炼，论证中偏向于运用宏观理论和抽象概念，这与西方受众注重个体感受，更加乐于从戏剧化、生动性的事例中获得启发有很大的不同。因此，继续使用本国文化下形成的评论话语体系发表对外评论，很难取得良好的传播效果。《人民日报·海外版》"望海楼"专栏以宏观论述为主，虽然其主要读者对象是海外华人、华侨、港澳台同胞、中国在各国的留学生和工作人员等，但作为我国对外传播的重要媒体，《人民日报·海外版》的报道和评论也是国外媒体关注的主要对象，常常被西方媒体引用或转载。若仅仅采用面向国内受众的话语体系，很难与海外媒体建立对话机制，容易陷入自说自话、"鸡同鸭讲"的困境。

另一方面，主流媒体网络对外评论也存在迎合和迁就西方国家价值标准的问题。在历史上，我国曾在诸多方面向西方学习，导致在阐释一些中国实践方面的内容时，需要套用西方理论和概念。如在早期阐释"中国梦"的理论时，出现片面挪用"软实力""文化产业"等西方话语的现象，导致海外受众将其错误地解读为"中国威胁""文化渗透"，给部分西方媒体抹黑中国制造了机会，也影响了我国文化自信的树立。习近平总书记曾多次指出，融通中外是构建对外话语体系的关键。但融通中外不是简单地迎合国外受众，而是要积极寻找与世界人民的连接点，如命运共同体、新型大国关系、"一带一路"等，将这些连接点以海外受众乐于接受的方式、乐于接受的语言进行传播，让中国观点成为国际共识。

（二）原因分析

长期以来，我国的对外传播渠道有限、流程不畅、人才短缺、效果欠佳，急需在传播理念、体制机制、内容供给、方法手段等方面获得突破。主流媒体对外网络评论在发展中存在种种问题，可以从主观和客观两方面寻找原因。

1. 主观原因

（1）内宣思维惯性导致外宣话语体系转变难

20 世纪 80 年代，关于国际传播的学术研究均以"对外宣传"为中心话题，直到 90 年代，一些研究者才引入了"对外传播"的概念。但是，"宣传"一词仍然频繁出现在官方文件和新闻媒体的话语体系中，对外传播实践在很大程度上依然带有浓厚的"宣传"色彩。而我国的对外评论在这样的思维影响下，难免带有对内宣传的烙印。

例如，"中国梦"在 2013 年一经提出就得到国际社会和全球舆论的高度关注。但我国主流媒体早期对"中国梦"的报道和评论过于强调国家的路线方针政策，过于强调"民族复兴""大国崛起"，缺少对独立个体的关注，也忽视了民间交流的传播元素。这使得本应具体生动的"中国梦"在国外受众那里变得抽象、难以感知，也给了西方政客和媒体歪曲解读的空间。此外，主流媒体虽然陆续在海外社交媒体上开设了账号，但其发布的信息往往是内宣的外文版，且全部为正面的报道与评论。真实世界中总是既有阳光，也有阴影，如果只有一味叫好的宣传性内容、负面问题始终缺席，会令公众对真实性产生怀疑，甚至进一步固化西方媒体宣扬的"中国媒体为官方宣传"的刻板印象。

习近平总书记指出，"读者在哪里，受众在哪里，宣传报道的触角就要伸向哪里，宣传思想工作的着力点和落脚点就要放在哪里"①。面对不同文化、不同民族、不同国家的受众群体时，如果不能充分认识并尊重差异，继续内宣思维惯性，不做出方法、手段、话语方式的转变，将难以实现预期的传播目标。

（2）核心术语翻译不准确导致核心观点传播难

中国的主流媒体对外评论在面对国外受众时，必须要转换成与之相符合的语言和叙述方式，而翻译就成了必不可少的环节。对外传播的翻译工作既要保持中国政治文化的特色，又必须保证传播思想的意义精准，如果处理不好，传播效果将大打折扣。如"一带一路"倡议于 2013 年提出，在早期的对外传播中常常被我国媒体翻译为"One Belt One Road"。在英语中，"One"是对量的

---

① 《习近平视察解放军报社》，新华网，2015 年 12 月 26 日。

描述而非属性的强调，因此"One Belt One Road"很容易被海外受众简单地理解为"两条线路"，甚至联想为中国围绕这两条线路推出的地缘政治战略。直至 2015 年 9 月，在"一带一路"倡议提出两周年之际，国家发改委会同外交部、商务部等部门对"一带一路"英文译法进行了规范，将其译为"the Belt and Road"。如果翻译未能精准体现核心术语的要义，那么对外评论对中国观点、中国方案的阐释将非常困难，还可能引起海外受众的误读或错读，有时甚至会产生严重的反作用。

高水平的翻译，不仅能对富有中国特色的词语和政策进行精准解读，还可以依据海外受众的语言习惯和阅读逻辑提供针对性的表达。目前，我国具备娴熟的中外双语能力的翻译人才稀缺，造成一些对外传播的内容译文生硬晦涩、缺乏感染力。与一般翻译人才要求不同，主流媒体对外网络评论人才不仅需要具有较强的外文写作能力，还要对新闻传播学、政治学、心理学等学科有深刻的掌握。如果对外网络评论是用中文写作再进行多语种的翻译，翻译时既要保证语言的准确性，也要考虑到受众所处的历史文化与政治环境，以及受众的接受能力与接受习惯，以保证对外网络评论翻译的"信、达、雅"，实现对外网络评论核心观点的精准传播。

（3）缺乏整体规划导致传播合力形成难

十八大以来，主流媒体对外网络评论在数量、选题、呈现形式、传播渠道等多方面都有了一定的提升，各大主流媒体也逐渐形成了各自的对外传播特色。新华社作为中国国家通讯社，近年来着力打造评论品牌专栏，大力提高外文评论水平，实现了外文评论多媒体呈现、多渠道同步播发；中国日报网拥有较为完整的专家库，经常邀请国内外权威专家学者围绕国内国际热点事件执笔对外评论；CGTN 牢牢把握其电视媒体的基因，积极创作漫画、短视频、动态图表等可视化评论，追求国际化的表达方式；《人民日报·海外版》始终将国家立场放在首位，虽对外评论多为宏大主题，但对于我国内政问题，却具有无可辩驳的权威性；环球时报英文网作为我国国际新闻报道的先行者，其对外评论能大胆触碰国内外的敏感话题，做到"大事即有社评"。

虽然主流媒体对外网络评论各具特色，但在重大议题上往往缺乏整体的规划和分工策划，尚未形成完整的、成熟的合作分工机制，也难以形成对外评论合力。一方面，在遇到重大国际事务尤其是重大涉华事务时，我国主流媒体集中、有针对性地刊发对外评论，或进行事实廓清，或进行辩驳争论，或进行立场表达，可以一定程度上影响国际舆论。但从整体上来看，运动式、阶段性的评论难以实现对海外受众的持久影响，也难以让海外受众形成对中国的完整认知。另一方面，主流媒体的对外网络评论常常"各自为战"，媒体间缺乏联动和配合。分则各自发挥作用，而拧成合力的对外评论矩阵尚未形成，主流媒体对外网络评论在国际舆论场上的整体力量还没有显现。

2. 客观原因

（1）政治制度、社会制度存在差异

我国是中国共产党领导的社会主义国家，我国的新闻事业是党和人民的事业，新闻媒体接受党的领导。在思想上，我国新闻事业始终与党中央保持一致，积极宣传党的理论、主张，准确及时地传递党的方针、政策，大力弘扬社会主义核心价值观。党的新闻事业对政治和社会也产生了深远的影响。在政治上，不断统一思想、团结人民；在社会层面，进一步巩固制度，维护社会稳定。新闻评论作为一种重要的观点表达方式，是舆论引导不可或缺的一部分。

而西方国家民主多为议会制，由两党或多党轮流执政，自由主义思想在媒体实践中也有所体现。比如，西方媒体刊发的新闻评论多以个人身份表达观点，并被标示"个人言论不代表本台立场"，用以切割问题言论的责任。事实上，西方媒体标榜独立、自由，背后却往往有政党和资本集团的影子。

由于政治制度及社会体制等根本制度上的差异，我国媒体和西方媒体在指导思想、价值观念和表达方式等方面存在诸多不同。在针对海外受众进行观点传播时，如不能充分考虑其政治制度及社会体制方面的差异，很难实现有效传播。

（2）文化传统、文化形态存在差异

随着互联网的发展，不同民族文化在国际舞台上的交流屏障被打破，加拿大学者麦克卢汉预言的"地球村"成为现实。在国际传播场域中，文化话语权的争夺日趋激烈。"文化"作为复杂的学术概念，在不同学科和不同领域中有着广泛的使用。泰勒认为，文化是一种复杂的集结体，包括知识、信仰、艺术、风俗、道德以及任何其他人（社会的一个分子）所获的才能和习惯。[1] 中

---

[1] Edward Burnett Tylor, *The Origins of Culture*, New York: Harper and Row, 1958, pp. 11 – 15.

西方文化差异及其在传媒领域的影响，主要体现在以下两个方面。

一是对中国社会影响最为深远的儒家文化，与西方社会的基督教文化差异很大。中西方媒体评论在判断、逻辑以及表达风格上的明显差异，与不同的新闻文化土壤不无关系，也是传媒内容产品对各自文化传统、文化形态的适应。

二是集体主义与利己主义的价值观差异。集体主义精神是当代中国精神的体现，是社会主义意识形态的组成部分。马克思主义认为，集体主义不会遮蔽个人价值，而会为个人成长搭建更广阔的舞台。历史实践充分印证了集体是个人成长的基石，集体利益也是个人利益的依托。反映在新闻评论活动中，表现为新闻评论工作自觉以推动社会和谐文明进步为己任，评论员多从时代宏阔背景和大局出发看待新闻事件或社会问题，或者建立个体事件与社会的关联，弘扬社会应该遵循的共同规范和价值观。而西方文化更多强调个人主义至上的思想，反映在媒体意见表达上，则表现为大多站在个人立场观察问题和表达个人态度。因此，西方媒体评论除了社论，其他均为评论员个体言论，媒体也会强调这些个人言论并不代表媒体立场。

（3）既有偏见、刻板印象的干扰

在多数情况下，我们并非先理解后定义，而是先定义后理解。在庞杂、喧闹的外部环境中，人们会优先识别和关注自己文化里已有定义的事物，然后又倾向于按照脑海中设定好的刻板印象去理解这些事物。[①] 2019 年 10 月 23 日，英国警方在一辆冷冻货车内发现了 39 具遗体，英国媒体报道称这些遇难者是中国国籍。11 月 1 日，英国埃塞克斯郡警方发表声明认为 39 名遇难者均为越南人。11 月 7 日，越南确认 39 名遇难者全为越南公民。而在 2019 年 10 月 25 日的外交部例行记者会上，CNN 记者针对英国冷藏货车藏尸事件对中方进行"偏见式提问"，对此外交部发言人华春莹回答道："你先入为主，设定遇难者就是中国人，把案件和我们庆祝新中国 70 周年联系在一起，这个出发点很有问题，你到底希望得到什么答案？"偏见或刻板印象的存在导致海外媒体和受众在面对涉华报道或评论时，时常忽视事实真相或难以接受不同的观点。

20 世纪末期，日本学者村井友秀发表了题为《论中国整个潜在的威胁》

---

① 〔美〕沃尔特·李普曼：《舆论》，常江、肖寒译，北京大学出版社，2018，第 67 页。

的文章，首次提出了"中国威胁论"。美国学者罗斯·芒罗发表了文章《正在崛起的龙：亚洲的真正威胁是中国》，美国版本的"中国威胁论"由此产生。从此，国际媒体时不时地将"中国威胁论"作为话题，从维护自身利益出发大肆负面评论中国的发展。西方媒体的做法不仅抹黑了中国的国家形象，更令西方公众形成了对于中国发展的偏见，给中国媒体在国际话语权的竞争上设置了障碍。

2017年，欧美智库、媒体、学界以"锐实力"（sharp power）概念为基本框架，攻击和批判中国在对外传播中运用"非常规手段"对目标国家或群体施加影响。2017年12月16日，《经济学人》杂志将《锐实力》作为封面新闻，并放言中国在追求扩大影响力的过程中，其胁迫性越来越高，甚至采用了霸凌的手段，这一现象应当引起西方的重视，甚至是反制。"锐实力"这一概念由美国华盛顿智库"国家民主基金会"一手炮制，目的是帮助威权媒体绑架和操纵外国的观点。"锐实力"实质上是"中国威胁论"的又一变体，这一概念与中国建立一个负责任大国的形象目标背道而驰，不仅加深了许多海外媒体对我国媒体的刻板印象，还在很大程度上阻碍了我国对外传播事业的良性发展。

四　主流媒体对外网络评论的优化路径

人民日报评论员文章指出，当前，外宣工作处于历史最好时期，同时也面临最大压力。[①] 这指明了我国对外评论发展面临机遇，同时也面临复杂的形势。因此，有必要从国际形势、国际话语权、中外媒体关系以及新技术应用等方面入手，对我国对外传播事业的发展环境进行分析，在此基础上进一步探索主流媒体对外网络评论的优化路径，以期为我国媒体在国际社会上更好地表达中国观点、传播中国声音提供借鉴。

（一）我国对外传播面临的环境分析

1. 国际形势不确定性加大

从全球层面来看，当前世界正经历百年未有之大变局，不稳定、不确定因

---

① 《人民日报评论员：不断提升中华文化影响力》，人民网，2018年9月2日。

素增多，大国竞争复杂激烈，地区热点交织变幻，单边主义、保护主义、民粹主义持续蔓延，贸易投资争端频繁出现。尽管国际局势复杂性、不确定性加大，和平与发展、合作与共赢仍是时代潮流，经济全球化、世界多极化、文化多样性、社会信息化程度逐渐加深，人类的命运从来没有像当下这样紧密相连，各国之间的利益也从未像现在这样深度交织。

2020 年，百年未有之大变局加速演进，国际格局正在经历从"一家独大"到多种政治力量协作发展的重大转变。习近平总书记在亚洲文化对话大会的开幕式上指出，今日之中国，不仅是中国之中国，而是亚洲之中国、世界之中国。① 这是现代化发展打破西方路径并走向多元化道路的重大机遇，也是中国从顺应时代、紧跟时代到引领时代的重要转变。复杂多变的国际环境对我国的对外传播事业既是机遇，也是挑战。

随着经济的快速发展，国家实力的不断提升，中国愈发深入地参与国际事务，为完善全球治理贡献中国方案，为实现共同发展提供新动能，成为国际社会的重要角色。2020 年 4 月 2 日，第七十四届联合国大会以协商一致方式通过一份名为"全球合作共同战胜新冠肺炎疫情"的决议，强调新冠肺炎疫情已经给人类社会造成巨大影响，国际社会应加强合作，共同战胜疫情。② 中国与世界各国在抗击疫情、疫苗研发等方面开展交流与合作，并为许多国家提供了防疫经验和物资上的支持。这是主流媒体设置国际议程，借助对外评论传播中国观点、塑造中国负责任大国形象的好时机。

与此同时，我国对外评论面临巨大的挑战。随着中国的国际舆论传播力、感召力、亲和力的提升，一些西方国家对中国崛起给国际格局和话语秩序带来的变化感到压力。为了维护本国既得利益以及在国际社会中的话语权，一些西方国家和媒体在国际舆论上大力施压，对中国方案、中国观点进行大肆攻击、恶意诋毁，在涉疆涉藏、涉港澳台、中美贸易摩擦、"一带一路"等问题上散布"中国威胁论"等错误论调，损害我国的国际形象，给主流媒体对外传播工作带来极大挑战。

在未来相当长的一段时间内，我国对外传播工作将面临复杂的国际舆论环

---

① 《习近平：今日之中国，是亚洲之中国、世界之中国》，人民网，2019 年 5 月 15 日。
② 《全球抗疫凝聚人类命运共同体新共识》，中国青年网，2020 年 4 月 5 日。

境。我国主流媒体需要推动国际话语体系的建设，努力通过报道向世界呈现中国和平发展取得的成就，通过评论向世界阐释中国理念和中国观点，让更多国外公众认识中国、了解中国，进而在世界范围内形成认同，为我国的发展赢得良好的国际舆论环境。

2. 话语权不平衡始终存在

国际话语权是一个国家或国际组织在国际范围内引导舆论使之有利于自己的权力，是主权国家通过一定话语权的传播途径、传播平台，将自己的文化理念、价值观念和意识形态对国家社会渗透，使其他国家接受与认同的权力。①国际话语权可以看作一种国家软实力，在本质上反映了一种国际政治关系。国际话语权的竞争归根结底是一场国际利益的博弈，建立起国家话语权的优势对一个国家的发展具有重大意义。

虽然经过 70 多年的发展，中国国家实力有了一定程度的提升，但目前国际话语权仍掌握在西方国家手中，西强东弱的国际传播格局并没有发生改变，国际话语权的不平衡始终存在。而西方国家为了维护既有的话语权格局，不惜使用各种手段对发展中国家，特别是正在崛起的新兴力量进行打压。在国际话语权的较量中，我国还没有取得与国家地位相匹配的话语权。主流媒体积极构建完善的对外传播话语体系，更好地塑造负责任的大国形象，要改变西强东弱的国际话语失衡格局，建立起更为公平的国际传播新秩序。

3. 中外媒体关系出现波动

从媒体公共外交的经验来看，影响国外媒体是优化对外传播效果的关键环节，也是有效路径。特别是在出现了逆全球化和单边主义冒头的情况下，与外国媒体的交流与合作是外交渠道以外开展国际交往的重要渠道，也是增强评论国际影响力的重要手段。

媒体外交是公共外交的重要组成。中国共产党历来重视与外国媒体及记者的关系。在抗战时期，为赢得国际社会的广泛支持，有过多次媒体外交的成功案例，如邀请外国记者访问延安等。美国女记者史沫特莱的《中国红军在前进》、美国记者埃德加·斯诺的《西行漫记》等成为西方国家了解中国共产党

---

① 张舒欣：《我国国际新闻舆论现状及对策研究》，《新闻传播》2018 年第 2 期，第 46 ~ 47 页。

及其抗日贡献的重要途径，影响至今。1970 年，美国记者斯诺再次来到中国，与我国国家领导人一起参加了天安门广场的国庆庆典，毛泽东主席在天安门城楼上与斯诺亲切交谈的大幅照片被刊登在《人民日报》头版上，传递了中美关系要解冻的信号。改革开放以来，我国与外国媒体的关系日益密切，从 1978 年 43 名常驻记者到 2018 年近 600 名常驻记者，新闻媒体成为国家间相互了解、加深交往的重要渠道。

新时期中外媒体的交流与合作更加紧密，通过借嘴讲话、借筒传声，及时、有效地传播中国声音。新冠肺炎疫情暴发后，中国媒体积极开展与国际媒体的合作。截至 2020 年 3 月，CGTN 各语种频道为英国、美国、俄罗斯、阿联酋、阿根廷等 65 个国家的 70 余家主流媒体提供了 138 次连线报道，其新闻及专题节目被包括美国有线电视新闻网、福克斯新闻、英国广播公司等在内的全球 1650 余家海外媒体使用了超过 98000 余次。① 主流媒体以信息沟通推进全球抗疫，践行了"人类命运共同体"理念。

但随着国际关系的波动和震荡，中外媒体之间的关系也出现了反复，目前正面临严峻挑战。2020 年 2 月 18 日，美国将新华社、《中国日报》美国发行公司、中国国际电视台（CGTN）、中国国际广播电台、《人民日报·海外版》美国总代理（海天发展有限公司）5 家中国媒体驻美机构列为"外国使团"，并采取人数限制措施，对中国媒体驻美机构和人员的正常新闻报道活动无端设限。6 月 22 日，美方再次宣布中央电视台（CCTV）、人民日报、环球时报和中国新闻社 4 家中国媒体为"外国使团"。② 作为对西方国家对中国媒体的歧视和政治打压的反制措施，中方已分别于 3 月 18 日、7 月 1 日要求"美国之音"、纽约时报、华尔街日报、时代周刊、华盛顿邮报等 5 家美国媒体驻华机构以及美国联合通讯社（AP）、美国国际合众社（UPI）、哥伦比亚广播公司（CBS）、美国全国公共广播电视台（NPR）等 4 家美国媒体驻华机构向外交部新闻司申报在中国境内所有工作人员、财务、经营、所拥有不动产信息等书面材料。③ 2020 年 6 月 26 日，澳大利亚情报部门人员在没有任何证据的情况下，

---

① 《中国国际电视台及时客观报道中国抗击疫情》，央视网，2020 年 3 月 7 日。
② 《中方针对美方打压中国媒体采取对等反制措施》，人民网，2020 年 7 月 1 日。
③ 《中方针对美方打压中国媒体采取对等反制措施》，人民网，2020 年 7 月 1 日。

176

对包括新华社悉尼分社记者在内的部分中国媒体驻澳记者的住所进行搜查，并扣押了采访和发稿设备。9 月 11 日新华社发言人发表声明，对上述行为表示强烈谴责和坚决反对，指出该行为不仅严重损害了中国媒体的声誉和形象，也严重干扰了中澳两国正常的人文交流。近年来，类似的国家间的政治波动已经对正常的人文交流、媒体活动产生了负面影响，进而影响到两国媒体长期以来建立的交流合作关系。

与外国媒体保持良好的关系是中国新闻对外传播事业发展的重要路径，我国主流媒体应在坚持原则的基础上，克服困难，消除障碍，努力推进中外媒体间合作的互惠化、深入化，使之成为国与国之间加强了解、建立友好关系的重要渠道。

4. 技术赋能媒体全面变革

当前人工智能、AR/VR、大数据等新技术在传媒业的运用更加频繁，技术已经深深嵌入媒体产业的各个环节。2019 年 1 月 25 日，习近平总书记在十九届中央政治局第十二次集体学习时指出，全媒体不断发展，出现了全程媒体、全息媒体、全员媒体、全效媒体，信息无所不在、无所不及、无人不用，舆论生态、媒体格局、传播方式发生深刻变化，新闻舆论工作面临新的挑战。①"四全媒体"反映出技术在传媒领域的重要作用，技术的发展推动传媒行业在媒体形态、传播渠道、内容生产、互动反馈等方面的全面变革。

智能技术的应用和升级带来了传播成本和传播效率方面的变化。在传统媒体时代，一篇新闻稿件的生产，要经历线索收集、采访、素材整理、写作、编辑制作、排版、校对、印刷或播出等繁杂而严密的过程。在智媒时代，内容生产从 PGC（专业生产内容）逐渐向 OGC（职业生产内容）、UGC（用户生产内容）等模式转变，一般内容的生产成本大大降低、生产流程极大缩短。具体到国际传播领域，主流媒体多语种、跨文化的传播能力也明显增强，如 2019 年 3 月，新华社推出全球首个 AI 合成女主播，在国际传播中可以 24 小时不间断地向不同时区播报新闻。"今日俄罗斯"（RT）从创立之初就开始打造全数字化媒体平台，在视频网站 YouTube 上 RT 年点击量达 70 多亿次，远超英国 BBC 和美国 CNN，RT 拥有全球 28% 的有线电视订阅用户，仅在美国就有 8500

---

① 习近平：《加快推动媒体融合发展构建全媒体传播格局》，《求是》2019 年第 6 期。

万用户，在英国有 200 万用户，是继 BBC 之后国际上收视率最高的电视台。①

技术的发展不仅给新闻报道带来更多的流量和更好的传播效果，也为观点的呈现提供了更加丰富的形式。对外评论从单一的文字转译发展为视频、漫画、动画等的多元呈现和报、网、屏、端、微的联动推送。对我国主流媒体而言，借助新技术拓展对外评论新的传播渠道、探索新的表现方式，从而形成传播中国声音、竞逐国际舆论场的新优势，是急需在实践中探索的重要方向。

（二）主流媒体对外网络评论的优化路径

1. 指导思想：坚持国家立场

作为对外传播的一部分，对外传播肩负着在国际舆论场争夺话语权、壮大中国声音的重任。因此，对外网络评论必须坚持国家立场，维护国家利益，把握正确的舆论导向。

党的十八大以来，以习近平同志为核心的党中央高度重视对外传播工作，习近平总书记多次就对外传播的顶层设计、理念创新、发展路径、方式方法等做出重要指示。主流媒体要牢牢把握习近平总书记关于对外传播重要论述的思想精髓，一方面要站在"国家战略"的高度，将其作为对外网络评论观察思考各种现象的立足点；另一方面要以"全球视野"的广度，把对外网络评论的创新提效放在与国际主流媒体竞争中去把握。

2020 年是新中国成立 71 周年，在国庆期间，环球时报英文网、中国网和 CGTN 等为数不多的媒体刊发了相关的对外评论。香港立法会员、新民党主席，曾任特区政府保安局局长的叶刘淑仪在《纽约时报》刊发专栏文章《管你喜欢与否，香港属于中国》，阐释香港与内地命运交织在一起的事实，提出国家安全法是在拯救"一国两制"等观点。在国庆等重大节日或重大标志性时间的纪念日，我国媒体也可以尝试借助可以团结的力量发声，整合政治力量和传播力量形成合力，输出具有特定符号和意义的信息影响海外受众。

作为媒体外交的一部分，对外评论是传播中国观点、表达中国态度的重要手段，同时也是正式外交途径的有益补充。因此，对外评论必须坚定维护

---

① 程宏刚：《俄罗斯争取国际舆论话语权探析与启示》，太和智库，2020 年 3 月 5 日。

国家主权、安全、发展利益，为开创中国特色大国外交新局面发挥媒体独特的作用。

党的十八大以来，习近平总书记深刻把握新时代中国和世界发展大势，在对外工作上做出了一系列重大理论和实践创新，形成了习近平外交思想。习近平外交思想对于坚持党对外事工作的集中统一领导，统筹国内国际两个大局，牢牢把握服务中华民族伟大复兴、促进人类进步的主线，具有十分重要的指导意义。习近平总书记强调，"世界好，中国才能好；中国好，世界才更好"①，其外交思想深刻地回答了新时代的中国要与世界建立什么样的关系以及如何构建这种关系的重大问题。主流媒体的对外评论也应聚焦中国与世界的关系构建问题，在对国际议题的评论中体现中国方案与中国智慧，推动构建人类命运共同体。

2. 话语表达：力求"硬""软"兼备

重大事件发生后，我国主流媒体一般会发表针对性的对外评论，如针对各国领导人的重要讲话、国内政治经济领域的重大政策、国内国际重大突发事件、国际关系变化等的评论。这些重大议题一般事关国家立场和态度，所以相关评论特别是"社评""评论员文章"往往视角宏观、用词严肃、态度鲜明。此时，及时进行严肃、权威的表态或解读，不仅可以向国际社会释放中国立场的关键信号，还可以防止某些西方媒体对我国的立场进行错误解读。

但是，毕竟国内外受众的文化背景和政治立场迥然不同，这些宏大叙事、态度鲜明的评论更容易发挥表态功能，在说服和构建认同方面则并不具有明显优势，有时甚至会让外国受众产生逆反心理，将评论看作政府的宣传而拒绝接受。这不利于我国主流媒体借助对外评论传播中国观点。因此，主流媒体的话语表达方式、风格必须与议题相对应，重大时政议题与社会民生议题在话语表达上应有所区别。西方的社会文化更关注个体，从个体出发、通过讲具体的故事来实现抽象观点的传播是西方评论的惯用手法。新冠肺炎疫情期间，中国的快递小哥登上《时代》周刊，就体现了外国媒体和受众的个体关注偏好。我国主流媒体在针对重大主题事件发布评论的同时，还应该学会更多地聚焦"小人物"、关注鲜活的个体，用海外受众习惯的接受方式进行话语表达，实

---

① 栾建章：《深入理解习近平外交思想的五个维度》，《光明日报》2018 年 8 月 15 日。

现观点输出的目的。

特别值得强调的是，对外评论的话语表达并无"定法"，"硬"内容也可以探索"软"表达。如，2020年5月CGTN推出双语评论动漫《被忽视的新冠"症状"，你中招了吗?》，把国际社会的一些不实言论和错误做法形象地比作"新冠眼""歪眼症""新冠指"，指出全球正面临环境恶化、饥饿、战争等挑战，各国应该遵循科学规律通力合作才能战胜危机。这则评论动漫不仅以风趣幽默的画面和解说语言指出了一些西方国家对我国的偏见，还为目前治理全球性问题贡献了中国建议。以生动、幽默的话语，同时调动各种图片和音视频符号来表达观点，有助于海外受众减少甚至消除抵触心理，进而减少对中国的误解和刻板印象，感受到生动、立体的中国形象。

3. 传播策略：立足精准传播

对外传播具有跨国界、跨文化、跨语言的特征。由于文化背景、政治立场、思维方式和阅读习惯等的不同，面对同一个评论文本，不同国家的媒体和受众可能会产生截然不同的感受。因此，为了保证实现预期的传播效果，对外评论应充分考虑到目标受众的特殊性，采取与接受对象相适应的表达方式、传播策略。正如习近平总书记在《人民日报·海外版》创刊30周年之际所强调的，对外传播要用国外受众"乐于接受的方式、易于理解的语言"① 来说理。主流媒体在创作对外评论时，要避免单纯地将对内评论翻译成外文，应在保证传递核心思想的同时，进行适当调整，在兼顾事实与逻辑的基础上，根据不同国家的历史、文化、政治情况，采取"一国一策"的创作策略，形成多语种多版本。

一方面，主流媒体对外网络评论选题需要把握海外受众的"兴趣"。"使用与满足"理论认为，受众的媒介接触是基于特定的需求动机来"使用"媒介。② 在对外传播中，主流媒体提供的信息如果可以满足不同国家、不同主体的兴趣和需求，便能在一定程度上提升传播效果。因此，对外评论要充分考虑目标受众普遍关注的议题，围绕其感兴趣的议题主动发声。

---

① 《习近平就人民日报海外版创刊30周年作出重要批示》，新华网，2015年5月21日。
② 〔英〕丹尼斯·麦奎尔：《麦奎尔大众传播理论》，崔保国、李琨译，清华大学出版社，2006，第334页。

另一方面，对外网络评论应考虑不同国家和地区在社会制度、文化传统和受阅习惯等方面的差异，采取有针对性的表达。特别是对美国等西方国家，对外评论应多采用"平等对话"的形式，避免照本宣科式、单向发布式的评论。2018 年 3 月 23 日，特朗普政府宣布对华加征高达 600 亿美元关税，CGTN 随即推出视频评论《中美贸易战？央视记者王冠跟特朗普算笔账》，引用全球权威机构经济数据和国际经贸原理跟美国算了 7 笔账，有理有据地驳斥了美国的错误做法。2019 年 5 月 29 日，中国环球电视网主播刘欣与美国福克斯电视台商业频道主播翠西就中美经贸摩擦议题展开了一场跨国对话。2019 年 9 月 3 日，刘欣应邀接受美国财经媒体 CNBC 的专访，就中美贸易和香港问题在《华尔街直播室》专栏发表见解。这些面向西方国家的评论要么摆数据、讲事实，要么进行理性探讨，体现了我国媒体对贸易争端冷静、理性的态度，也是主流媒体对外评论在话语机制和表达方式方面的有益探索。

4. 运行机制：遵循科学规律

缺乏整体的规划与策略，是制约我国对外评论功能发挥的一个长期问题。解决这一问题，需要从顶层设计的角度进行整体谋划，加强媒体之间的联动配合，引导主流媒体科学开展对外评论的创作与传播。建立科学的主流媒体对外网络评论机制要注重以下要点。

一是整体性。要通过政策引导和制度规范，推动主流媒体的力量能够集中起来形成整体，确保在重大问题上对外评论的立场一致。新闻评论的评论主体是多元的，观点相异本是常态，但由于主流媒体是我国国家立场媒体表达的重要窗口，一旦在重大主题对外评论上出现观点相悖、意见相左的情况，就会给西方媒体和公众误读的空间。"内部吵架"不利于中国声音的国际传播，处理不好还可能损害国家形象。

二是联动性。各家主流媒体作为独立的个体，具有各自的特点，比如《人民日报·海外版》在重大事件的表态上极具权威性；环球时报英文网长于国际问题评论和对华攻击性言论的驳论；中国日报网在对国内国际动态新闻事件的评论上反应迅速；CGTN 在视频化评论、融合评论方面的优势明显，新华网追踪国际舆情，围绕大国关系、世界经济、国际热点加强议题设置，及时主动引导舆论，扩大正面声音，达到增信释疑的传播目的。不同媒体发挥所长，互相配合，能够发挥"1+1>2"的效果。因此，对外评论的运行机制在整体性的基础上，还应具备联动性。各媒体的联动配合，无论是在主动设置重大议题上，还是在及时驳斥西方错误言行、表达中国立场上，都将有助于营造利于我国国家发展、形象塑造的舆论环境。

三是前瞻性。对外评论要想准确把握议题，在国际舆论场上争取主动权，离不开国际舆论监测预警和舆情风险研判。应对国际突发涉华舆情是对外评论的重要内容，针对我国对外评论主动发声意识不强、应对滞后的问题，必须完善国际舆论监测预警和舆情风险研判机制，以准确把握舆情的重点、强度与发展趋势，力求在涉华舆情出现的第一时间就能够有所反应，并主动设置议程，对国际舆论施加有效影响。2020年国庆期间，数据显示，8天假期，中国将有6亿人次出行，CGTN的评论栏目 First Voice 在10月1日发表评论 *What does This Year's Chinese National Day Remind Us of*，提出中国通过迅速有效的措施，社会经济和生活逐渐恢复了正常。评论强调，中国不应该放松警惕，因为世界其他国家仍在被新冠肺炎疫情困扰，海外市场的不确定也让众多中国企业的未来发展面临一定的不确定性。这一选题立足国际，在讨论疫情中的国民假日经济复苏的同时，不忘做理性的、前瞻性的提示，一旦有国际舆情出现，可以掌握主动，进行更有力的回应。

四是长远性。新闻评论的时效性要从"绝对时间"和"相对时间"两个方面来理解，两者是辩证统一的关系。[1] 评论的影响既要把握当下，又要立足长远。把握当下指的是在面对突发国际舆情时，主流媒体对外评论要做到反应迅速，争取对外评论发布的"绝对时间"，第一时间向世界表达中国的观点、立场、态度；立足长远指的是主流媒体对外评论要围绕效果的持续性、长久性，把握好对外评论的"相对时间"，在确保国际舆论热点和涉华问题上不缺位的同时，注重长期策略，着力于润物无声式的观点浸润。近年来，中国网紧紧围绕国际传播主业，在多语种短视频国际传播领域形成了一定优势。以中英双语全球新闻时事评论节目《中国3分钟》（China Mosaic）为例，该节目于2015年开办，目前已成长为具有较强国际影响力的品牌栏目，屡次在重大对外宣传工作中承担重任。截至2020年9月，《中国3分钟》栏目已推出近300

---

[1] 李舒：《新闻评论》，中国人民大学出版社，2013，第5页。

期，《面对疫情人类应有相同的悲喜》《外商投资法草案表决在即马斯克还会担心强制性技术转让吗》等评论播放量达到数千万，跟贴评论量高达十余万甚至数十万。栏目以"讲故事＋成系列"的策略，围绕国外受众关心的话题，以润物无声的特点影响着海外受众对中国的认识和态度。又如，《中国青年报》的网络评论工作也始终聚焦"向世界讲好中国故事，传播好中国声音"的主线，针对第二届"一带一路"国际合作高峰论坛、北京世界园艺博览会、亚洲文明对话大会、第二届中国国际进口博览会等重大活动，以及"中美经贸摩擦""香港'修例风波'"等热点问题，发布百余篇由专家学者和资深评论员撰写的解读文章，各端口累计访问量逾千万。媒体人评论与专家评论相配合，有助于新闻评论取得更为深远的传播效果。

5. 传播渠道：打造评论矩阵

在美国限制我国驻美媒体机构、打压我国媒体国际传播力的形势下，我国主流媒体急需拓展国际传播渠道。新一轮技术革命给主流媒体对外网络评论丰富传播渠道创造了条件，主流媒体应抓住机遇，既要维护好既有渠道和品牌，也要在新的渠道上发力。

当前社交媒体的影响力日渐增大，正在成为各国争抢的舆论阵地。新华社、China Daily、CGTN、环球时报等陆续在Twitter、Facebook、YouTube等国外社交媒体平台开设账号，并考虑海外受众的传播心理和媒介使用习惯，有意识地淡化对外评论的宣传意味，发布具有可视化、交互性、分众化的对外评论作品。针对美国国务卿蓬佩奥宣称有大量证据证明新冠病毒源于武汉，CGTN于2020年5月7日发表漫画评论 *The "Enormous Evidence" Turns Out to be a Box of Lies*（《大量证据？不，是"打脸"证据！》），漫画中蓬佩奥所谓装满"大量证据"的箱子打开后其实是"谣言"和美国总统特朗普，意在讽刺美国某些政客为转移国内疫情应对不力，甩锅中国，故意编造了各种反华言论（见图12）。CGTN在国外社交平台上发布的一系列原创漫画评论，有力揭穿并回击了西方媒体与政客的谎言。但不容忽视的是，主流媒体在海外社交平台上发布的内容以新闻报道为主，对外评论在数量、时机、形式等方面还有待提升。

此外，主流媒体还可以"借用"渠道，通过与国外媒体开展对话发表评论。主播或评论员可以在外国媒体上主动对国际社会普遍关注的热点话题进行回应，或释放关键信息，或进行事实廓清。近年来，我国新闻评论员也开始参

图12　CGTN 评论漫画《大量证据? 不，是"打脸"证据!》

与国际主流媒体积极发声，如关于新冠肺炎疫情问题，CGTN 主持人刘欣接受卡塔尔半岛电视台 The Listing Post 节目采访，介绍了习近平主席在北京居民区调研基层疫情防控的情况，还用大量事实有力地回击了某些西方媒体对中国疫情信息公开的抹黑和曲解；CGTN 记者赵云飞接受美国广播公司采访，回应了某些西方媒体关于新冠肺炎疫情的不实报道。

总之，我国主流媒体对外网络评论应积极布局，开拓更有影响力的传播渠道，构建起立体多样、融合发展、联通世界的对外评论矩阵。主流媒体还应加强对外评论专栏建设，创新说理方式和表达形式，打造若干常态化、风格化的品牌专栏。

6. 队伍建设: 探索"育""引"结合

要想在竞争愈加激烈的国际舆论场中占有一席之地，克服传播中的交流障碍和"传而不通"的问题，关键在于有一支政治素质高、业务能力强、国际传播经验丰富的人才队伍。

"传播影响力是一种权力运用的形式"[1]，接收者会因传播者的吸引力和威望而认同此人，并且基于情感的理由而愿意受到影响。所以，具有国际影响力的评论员是主流媒体对外评论的核心竞争力之一，也是提高国际舆论引导力的重要抓手。长期以来，主流媒体对外评论大多为本土作者，评论主体的单一性难免会制约跨文化传播效果。

主流媒体对外网络评论人才策略，可以从培育本土评论员和引进外籍评论员两个方面入手。一方面，要加大本土对外传播人才的培养力度，特

---

① 〔英〕丹尼斯·麦奎尔:《麦奎尔大众传播理论》，崔保国、李琨译，清华大学出版社，2006，第 386 页。

别是要加强对评论作者国际政治判断能力和跨文化表达能力的培养，着力打造一批熟稔国家政策、熟练掌握外语和跨文化传播技巧、具有国际影响力的评论员。另一方面，也要加强与各国媒体、智库、大学等的交流与合作，探索引进外籍评论员，特别是外籍专家型评论员，提升评论在目标国的传播效果。

从作者力量储备方面看，一些主流媒体已经开始建设拥有外籍专家学者的智库，汇集国外智囊力量。如中国日报网探索建立了国内外专家学者智库，包括美国、英国、新加坡、印度等海内外专家学者、媒体人，他们不仅可以做出更具专业水准的评论，其第三方的分析角度可以有效地增加评论的说服力；人民日报的"上海写作计划"，曾邀请100名来自38个国家的作家驻沪生活、写作，并将其见闻与感受著成系列文章，生动地向世界讲述中国故事；CGTN近年来不断加强评论员和智库建设，建立了"外脑策划机制"，已拥有约2000人的嘉宾资源库，常用嘉宾超过200人。

从外籍评论员参与评论实践看，主流媒体已经开始这方面的尝试，借助外籍评论员的力量，使中国的发展成就、建设情况更好地在国外传播，外籍评论员的参与有助于国外受众共识的形成。如CGTN网站在"opinion"频道下开设了"COLUMNISTS"专栏（见图13），约请国内外专家、学者、政界人士等以评论员的身份围绕国际热点话题发出多元化的声音，为我国争取更大的国际舆论空间。中国网海外版网站在"opinion"专题下亦设有"Columnists"栏目，邀请世界各国的专家、学者对大国关系、国家领导人讲话、中国社会发展、全球环境等问题发表观点和意见（见图14）。如专栏作家 George N. Tzogopoulos 针对王毅的欧洲之行发表评论 *What Kind of Message did Wang Yi's European Tour Send?*[1]，分析中欧之间的关系和未来发展。Mitchell Blatt 就美国对 TikTok 的制裁发表评论 *Banning TikTok and WeChat Makes No Sense*[2]，以个人经历和观察提出 TikTok 和微信作为社交媒体有利于人际交往，试图限制这些软件将会使人们更加孤立。在中美贸易摩擦这一热点事件中，人民网发表外籍评论员文章 *China and US: Judge for Yourself Who is Wrong or Right*，作者 Zamir Ahmed Awan

---

① 刊发日期为 2020 年 9 月 2 日。
② 刊发日期为 2020 年 8 月 17 日。

图 13　CGTN 网站"COLUMNISTS"专栏

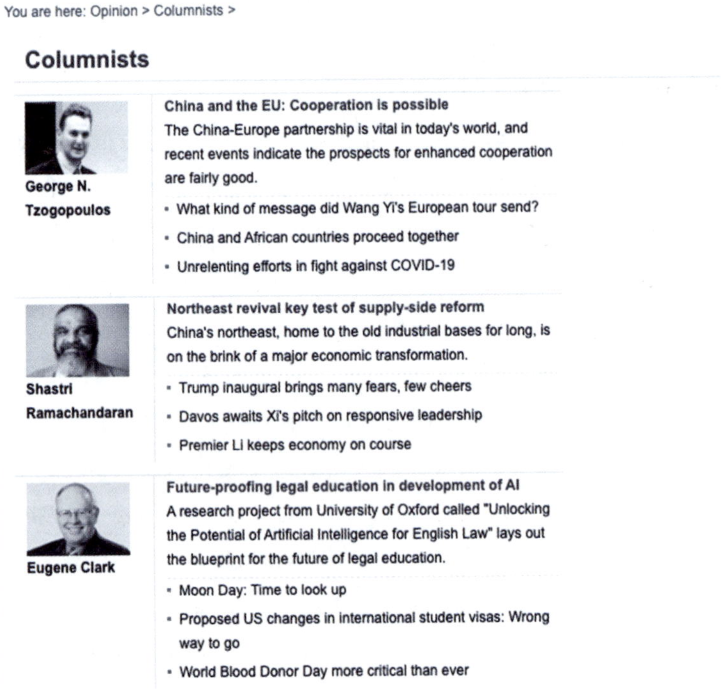

图 14　中国网海外版网站"Columnists"栏目

是中国与全球化中心（CCG）的高级研究员，他以翔实的论据分析了中美合作的有利之处，剖析了近几年中美对峙的原因和影响，进而提出是美国引发了这场冲突并增加了冲突的强度。在新中国成立 71 周年之际，作为英国政治和国际关系的分析师，中国网发表评论员汤姆·福迪（Tom Fowdy）的评论文章 *As We Look Back at the PRC's Establishment, We also Look to Its Future*①，回顾了中国 70 多年来取得的成就，认为中国虽然已经做好准备，但面对已经发生变化的地缘政治环境，还需要制定更加具有战略性的发展计划。

外籍评论员队伍的建设和外籍评论员在国际热点事件中的发声，有助于我国国际舆论影响力的凝聚与扩大，外籍评论员和知名对外评论 IP 的打造，对提升对外评论的传播效果大有裨益，主流媒体可在网站和新媒体端进行更多的尝试与探索。

---

① 刊发日期为 2020 年 10 月 1 日。

B.6
网络评论对当代年轻人认知塑形
与能动行为的影响

张瓅尹 李和风 湛超越*

摘　要： 通过对受访年轻人的问卷调查和数据分析显示，网络评论能够影响年轻人的社会认知和行为选择，当代年轻群体在网络评论接触习惯、内容偏好和能动参与等方面呈现出鲜明的特质和较强的可塑性。深入了解他们的网络评论接触偏好并获取精准的接触画像，成为主流优质网络评论获取年轻受众、把握舆论引导主动权的必由之路。网络评论的内容生产需在话语表达和视觉呈现上亲近年轻群体，在传播矩阵上促使全媒体覆盖和社交化渗透。

关键词： 年轻群体　网络评论接触　社会认知　舆论引导

　　中国社会的改革剧变和发展转型，与以互联网运用为表征的世界信息革命，在中国的时空上是重叠的。这一重叠，使得现实中任何社会改革发展都必然经历的利益冲突与重组、社会意识与思潮迭代的碰撞与磨合的艰难过程被网络放大，形成了中国网络言论特有的复杂与张扬。

　　从社会治理的角度，任何国家的良性运行都离不开作为社会主体的"人"的实践，而人的活动又受其社会认知、自主意识、价值观念所支配。但"真实的环境如此之大，如此复杂、如此转瞬即逝而难以直接获悉"[1]，这使得大

---

　　* 张瓅尹，武汉大学新闻与传播学院讲师，博士；李和风，武汉大学新闻与传播学院硕士研究生；湛超越，武汉大学新闻与传播学院硕士研究生。

　　[1] Lippmann, W. , *Public Opinion*, New York, N. Y. : Free Press, 1922, p. 23.

众传媒及其报道在形成公众对世界的感知上一直担当着建塑者的角色，公众需要大众传媒为之构筑拟态环境来使他们了解真实世界。因而，媒体的内容传播对公众的认知和行为有着重要的影响，它可以在新闻报道中基于不同的理念把同样的实物现实转化为不同的符号现实。这种媒介创造的符号现实直接影响着个体对国家和社会的认识，其中，新闻评论作为媒介产品中意识形态、价值导向最强的产品之一，直接作用于人的观点立场，对个人意见倾向的引导作用较为突出。

一 网络传播时代评论生产的挑战与适应

线性传播时代，新闻评论借由生产主体的限定性、传播路径的单向性，产生了非常强大的传播力和影响力，也为彼时发生的各类新闻事件、社会问题提供了有益的价值判断和精神文化支撑，使舆论这种大众关于现实社会及各种社会现象所持有的信念、态度和意见的总和得以有一个价值正确的生发根基，继而对社会现实产生言论观照和切实的行动指引。

但现实社会与网络革命在中国的时空重叠，技术赋权的全媒体传播生态在冲击线性新闻言论生产模式的同时，也使得言论的质量和价值站位产生了偏差和难控性。互联网的发展使人类活动超越了固有的社会边界，新媒体技术使信息传播的范围比以往任何时代都更为广泛，智能终端的普及使媒介产品的传播路径发生了颠覆性变化，大众接触媒介产品的行为也变得更为自主和独立。"反客为主"的移动终端使用者——"个体"的人，从不同维度对弈、影响和重构着社会舆论场，自媒体运营成为新的潮流。这一系列变革，使得网络新闻评论拥有了一系列史无前例的表征：观点多元甚至对立、生产主体庞杂。作为价值站位重要担当的主流媒体，越发需要高质量的、适应网络文化与网络传播的新闻评论产品融入社会网络言论场。

无论如何，舆论自身的本质和传播规律依然给了我们通过网络新闻评论掌握舆论主动权的一系列路径。舆论的产生和演变本就是置身于社会运行这一复杂的动态链条中的，有着许多节点和变数。如果能够将舆论的引导置身于舆论演化的链条之中，就形成了在这些节点改变舆论走向的可能性，并最终使相关事件朝着引导的方向发展。

想要使这些路径产生效果，我们需要研究的，正是网络新闻评论新的话语范式和传播方式。

在这个问题上，一方面体制内媒体机构及其新媒体平台正在走进全媒体浸染下的大众话语体系。话语范式的革新尚难一步到位，导致年轻受众的注意力市场不可避免地被新兴媒体吸引。这种吸引继而从横向和纵向两个层面持续培养着年轻受众的媒介接触偏好。横向上，年轻受众的社交对象大都是同龄人，他们之间的沟通已然形成了自己特有的交流方式和交友圈，在这个圈子里传播信息，会得到快速而广泛的认同。这种效应就像大学生之间讨论课程和教师，某一个学生的描述和传播在学生群体之间的影响力往往大过院校、老师对学生的客观介绍。但这种描述和传播大都是极为有限的个体经验，实质上并不能够代表事实和全貌。在他们传播的信息被广泛接收之后，又会形成再次传播。bilibili 一个新的视频在短时间内可以达到数百万，正是基于这种传播方式。纵向上，个人对于自己选择的媒介和内容在接触和传播过后，往往容易产生对于自己的正面刺激，即越发喜欢自己的选择。加之当前大数据推送形成的"信息茧房"影响，会使得他们接触更多同一平台、同一种类型的内容，继而加深对该平台媒体的接触。

另一方面，部分民营媒体和自媒体的诸多内容在流量崇拜及其所带来的实利驱使下，无限度迎合市场和受众，追求话语出位和眼球效应，缺乏价值考量和智力沉淀。"直播出轨""16 岁荣升宝妈"等各色不良内容充斥，影响着年轻一代的价值观念。一旦这类内容获得流量青睐，就会有更多的人参与进来进行模仿性的内容生产，从而扩展不良内容的数量与传播。言论领域，观点偏激、情绪性和口水型的评论也同样有着大量市场。

如果将当今年轻人媒介接触总量视为一个较为恒定的注意力池，那么上述种种，都在影响和挤压着这个池中的水朝哪个方向流动。因而，高质量评论如若希望在这个池中占有更多的青睐，还需深入了解目标大众的评论接触方式、偏好和业已对其形成的影响。

二 理论假设与研究方法

（一）理论假设

从宏观层面看，人类社会的发展历程不断印证着社会的发展以追求人的自由与解放为核心取向，人类历史从古代迈向现代的根本标志就是，人从一种被决定的力量逐渐解放成为一种决定性的力量。① 于是，人成为现代社会与现代国家的逻辑起点。由此，人的观念、权益与行动，就自然成为社会与国家运行发展的决定力量。② 而在这一动态互构的过程中，人的认知和能动行为受其自身的生活状态、阶层位置、年龄阅历、教育水平等因素的影响，同时受到其接触的外界"拟态环境"影响。在这种持续的、交互的作用中，人逐渐形成自己的意识与价值观念，并主导自己的能动行为。

因而，如若希望在人与社会这个复杂而漫长的互构过程中，影响人的认知和行为朝着有益于民族国家发展的方向去建塑，就需要使这种认知和行为成为"认同主体的自主选择"。人在不同的生命阶段，其认知和行为受影响的可能性是不同的。一般而言，年轻人由于年龄阅历的限制，其意识可塑性更强。同时，今天的年轻人会是未来社会建塑的主力，对他们的网络评论接触进行研究，探讨如何更好地影响和引导他们知行，意义更大。

从中观层面看，当下的中国年轻人在社会所处的地位十分特殊——他们成长于今天，却代表着未来。他们在一个社会的急速转型中长大，是一个能够用新的视野吸纳、思考、批判、创新的群体。在他们成长的历史时期，中国的经济领域经历了改革和利益重组；政治领域，政治民主化进程加快，法治观念不断强化；文化领域，开放为外来文化的传播提供了内容，主流文化自信尚待进一步增强。

在这样特殊的社会感知中成长，使得他们一方面在自我构想里充分肯定自己的"成熟"，认为自己了解社会、了解世界；另一方面，真正遇到社会层面的问题时，又难免迷茫、偏激、将个体事件或体验绝对化。他们的媒介接触行为、媒介认知和媒介期待在总体上呈现出一定的矛盾性：钟情于网络，却并不擅长运用互联网主动获得价值资讯；媒介接触时间长、途径多，但主观意识不明确；媒介接触信息面广泛，但对信息的筛选和甄别能力不强，对污染信息的抵抗力不强；对新闻娱乐化持负面态度，但自己却是娱乐

---

① 陆晔：《媒介使用、社会凝聚力和国家认同——理论关系的经验检视》，《新闻大学》2010年第2期。
② 林尚立：《现代国家认同建构的政治逻辑》，《中国社会科学》2013年第8期。

化新闻的主要消费群体；渴望媒介公信力的提升，却不能很好理解媒介的权威性与世俗权力权威性的区别；呼唤传媒的人文关怀，但自己却沉浸于铺天盖地的"明星＋"内容；能够认识到网络游戏对于身心的不利，但又把网游当作自己的主要休闲娱乐；有较高的媒介依赖，但又对媒介社会装置及其运行的了解浮于表象。①

所以，要使网络评论对年轻人产生较好的认知塑形效应，就必须切实了解他们的网络评论接触图景和内在动因，分析他们呈现这种现象背后的机理。

综上，网络新闻评论接触—媒介符号现实—个人社会认知—个人社会行为（包括网络评论参与），在理论上应是一个因果链，并产生持续的循环交互作用。本研究会在这一理论假设的基础上通过有考察效力的问卷设计，结合受试者的个人情况和问卷反馈情况，呈现当前年轻人网络评论接触情况、社会认知情况、个体能动情况和个人未来社会预期的大致图景，分析群体差异、不同的接触偏好与其认知和行为结果之间的逻辑关联，为实现更有传播力和影响力的网络新闻评论内容生产和传播模式提供参考。

（二）研究方法

本研究主要采用文献研究法、问卷调查法、数据分析法三种研究方法，通过选取相关文献及随机向年轻人发放问卷，考察年轻人对网络评论的接触情况、社会认知情况、能动行为情况，构建出清晰的当代年轻人网络评论接触图景及认知行为现状。通过数据分析、归因分析、理论分析梳理考察大学生网络评论接触和其社会认知、能动行为之间的内在关联。运用相关专业理论分析其因果关系，指出数据现象背后的深层内在逻辑，最终对如何运用网络评论等舆论手段构建当今年轻人的良性社会身份提出可行性建议。

1. 文献研究法

在本研究的主题框架之下，着眼于"大学生与网络评论""高校舆论引导政策""青年人格特质与网络舆情""网络评论"四个方面 SSCI 和 CSSCI 文献

---

① 张璨尹：《网络言论传播与国家形象在年轻一代的良性内构》，《西南民族大学学报》（人文社科版）2018 年第 7 期。

及部分相关专著。通过分析整理及重新归类研究，把握与本研究内容相关的主题研究现状，构建已有学术研究与本研究主题相关的认识图谱，在为本研究提供理论依据的同时寻找创新观点和新的研究方向，形成对本研究整体主题的科学认识。

综合所得文献，当前对新闻评论的研究大致呈现两个类别。一是从新闻评论这一新闻产品的生产角度研究新闻评论的语义价值和社会价值。具有代表性的是将之作为公民展开公共言说的工具与平台，向社会提供正义。[①] 二是从舆论引导的角度研究新闻评论，将之视为引导社会舆论的重要阵地。

而网络新闻评论从本质上来说是一种意见性信息，它打破以往传统媒体单一主导发言权的现状，将一定的言论空间释放到年轻人的话语世界中。年轻人乐于在网络上实时聊天、评论与共享，虽然容易被附着于网络舆情的意识所左右，但个体人格独立性具有调节作用。整体而言，年轻人对于网络舆情的认知主观性较强。在网络环境下，舆情容易出现情绪化、反复难控的局面，年轻人的网络语言也已经产生异化，因此网络舆情对年轻人产生了重要的情绪感染作用，例如消解意识形态认同、放大认知困惑、淡化责任意识和行为热情等。想要避免网络情感冲突更多地转换为消极的社会认知和能动行为，建构多维度、高层次的共识是一种有效途径。

对大学生这一群体的研究则体现出较强的随机交互性。因为大学生本身是一个有着多重内涵的客观社会群体，它可以和很多议题发生关联。与本课题有一定相关性的有媒介认知[②]、媒介素养[③]、社会认同[④]等。香港学者黄耿华和莫家豪[⑤]的研究发现，大学生群体对于社会阶层分化和社会机会的认同存在较大同质性，多数人认为向上的阶层流动已经较为狭窄，而代际"再生产"机制占据优势。体现出了将大学生作为研究样本在社会身份研究层面的可参考性。

① 赵振宇、张强：《新闻评论的正义观初探》，《国际新闻界》2013 年第 11 期，第 34～46 页。

② Baran S. J. ，"Introduction to Mass Communication：Media Literacy and Culture," *European Neuropsychopharmacology*，2005（4）：p. 193.

③ 罗以澄、黄雅堃：《大学生媒介素养研究与对策》，《当代传播》2009 年第 5 期，第 33～36 页。

④ 林尚立：《现代国家认同建构的政治逻辑》，《中国社会科学》2013 年第 8 期，第 22～46 页。

⑤ 黄耿华、莫家豪：《"后精英"的社会印象：当代大学生对阶层分化及社会机会的主观认知》，《浙江大学学报》（人文社会科学版）2013 年第 4 期，第 182～195 页。

2. 问卷调查法

针对评论的网络特性及新冠肺炎疫情期间调查目标分布的分散性,本研究通过网络问卷平台面向全网年轻人随机发放问卷。为了考察当代年轻人网络评论的接触情况和个人的社会身份建构情况,我们联合新闻学专业、社会学专业、心理学专业和社会调查机构的专家精心设计了问卷。问卷分为四个部分。

第一部分为个人情况调查。本研究在这部分重点考察年轻人的年龄、成长环境、学历、城乡来源地等情况。

第二部分为网络评论接触情况的调查。在这一部分,我们着重考察年轻人接触网络评论的介质、频率、阅读(观看)习惯、平台偏好、内容偏好及其对所接触的网络评论的评价和自己是否参与网络评论、如何参与新闻评论的情况,从而获知网络评论的投放和收效情况,如有多少人收看和关注网络评论,收看或关注哪类媒体的新闻评论。

第三部分为年轻人的社会认知情况。我们首先通过问题了解年轻人对个人生活状态的感知,继而考察年轻人对于当今社会政治、经济、社会状态、文化、价值观念的认知。

第四个部分是个人能动行为情况。我们通过个人的社会角色、国家层面的行为预期、社会层面的行为判断来考察当代年轻人的能动行为现状,并通过个人对未来生活状态的预设来考察年轻人在国家、社会、个人三个层面能动行为的可能性。

这四个部分之间的内在逻辑是,个人生活情况是个人感知社会的起点和基础。处于不同年龄段,有着教育程度差异、城乡差异的个体极有可能在对社会问题的关注、对社会的感知和个人能动行为上存在相当差异,所以这是研究的参考基础。同时,处于不同生活状态的人对网络评论这类复杂现象的关注也不尽相同,故我们会将个人生活情况和个人网络评论接触情况做归因分析,考察其内在关联。对网络评论的接触不同,对评论内容的看法不同,则很有可能影响到自己对周围世界的看法。因为网络评论本身就是对社会事件和问题发表"观点性意见"并说理,这是网络评论接触情况和社会认知之间的关联。而社会认知也直接影响个人的能动行为,年轻人是一个比较特殊的群体,其中"年轻人"本身就是一种社会身份,同时,他们也有着其他的社会角色,特别是对于"社会公民"这个身份及其衍生的"社会责任"内涵,并不是每个年轻人都对其"有意识"。网络评论接触较多的、思考社会事件或问题较多的、社会参与较多的年轻人可能会对"社会公民"和"社会责任"有更敏感的意识和理性的认知。我们会通过问卷数据考察这一假设，并探寻如何更好地让年轻人接触有价值的网络评论，引导年轻人形成对社会发展有益的、具备"社会责任"意识的认知以及做出相应的能动行为。

问卷发放结束后，我们共收到315份问卷，有效问卷共312份。其中，受访者年龄主要集中在18~25岁，来自28个不同的省级行政单位，城乡来源地分布较为合理，从源头保证受访者的代表性及来源地的多样性。发放途径为网络结合虚拟社群，参与者具备很大的随机性，从而保证样本的研究价值。

需要特别说明的是，因问卷主要采取"人传人""人传群"的社交网络途径进行传播，致使95.83%的受访者学历都是大学生及以上，在受试者覆盖广泛性方面存在不足。

3. 数据分析法

本研究会将回收的有效问卷做多重数据整理和归因分析。

首先是基本的单项数据的整理和统计，以反映各个基础问题的回答情况，并给出最直观的统计结果。继而将每个部分的不同问题和不同部分的相关问题进行关联和归因分析。

问卷的多选题采用交叉列联表进行分析，交叉列联表是观测数据按两个或更多属性（定性变量）分类时所列出的频数表。它适用于对两个以上的变量进行交叉分类，以判明所考察的多选题选项之间有无关联，即是否独立。其中，响应率分析多选题各选项的相对选择比例情况，普及率分析多选题各选项的选择普及情况。

为了判断出各因素间的显著性和关联性，本研究主要采用了卡方检验及方差分析。卡方检验主要用于判断两组数据之间的偏离程度，由此探究出不同因素之间是否存在关联，如将年轻人的年龄与他们的新闻评论接触情况进行比对，如果所得数值呈现出显著性，则说明两组数据具有显著性差异，年轻人接触新闻评论的情况受到所在年龄段的较大影响。而方差分析则是用于分析定类数据与定量数据之间的关系情况，探究不同来源的变化对总变化的贡献大小，从而确定可控因素对研究结果影响力的大小，如将网络评论接触情况和社会认知情况及能动行为情况进行关联分析，通过其显著性判断我们的理论假设是否成立。最后在数据统计的基础上结合理论进行内在的逻辑分析。

（三）当代年轻人网络评论接触图景与认知行为呈现

本研究采用问卷调查法，从个人信息、网络评论接触状况、社会认知状况和个人能动行为情况四个方面收集被访者的网络评论行为和习惯数据，运用单选题、多选题等多种题型测量被访者的网络评论相关行为，利用李克特五级量表测量被访者的社会认知状况，运用矩阵单选题收集被访者的个人能动行为状况。问卷回收完毕后，使用 SPSS 统计软件对抽样结果进行多重数据整理和归因分析。

首先，我们对基本的单项数据进行整理和统计，以反映各个基础问题的回答情况，并给出最直观的统计结果。

1. 网络评论接触图景

（1）受访者基本信息画像

在问卷的第一部分，研究者对受访者的基本信息进行收集，确定受访者画像，用于进一步分析。

312 位被试者的年龄、家庭来源地区和学历如表 1 和图 1、图 2 所示。

表 1　受访者年龄基本情况

项目	最小值	最大值	平均值	标准差	中位数
数值	17	35	20. 061	2. 303	19

注：样本量 n = 312。

此次问卷调查的被访者年龄跨度为 17～35 岁，跨越"85 后""90 后""95 后""00 后"四个年龄段，中位数和平均年龄均在 19 岁左右。根据 2018年《第 46 次中国互联网络发展状况统计报告》①，截至 2020 年 6 月，10～39 岁群体占总体网民的 55. 1%。其中，10～19 岁、20～29 岁、30～39 岁

—————

① 中国网信网，http：//www. cac. gov. cn。

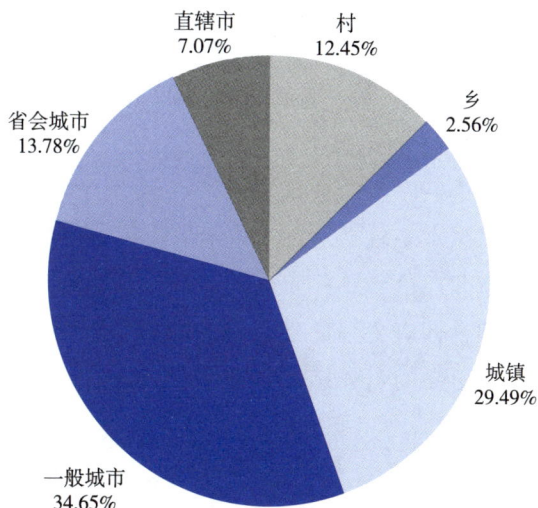

图1　受访者家庭来源地区统计

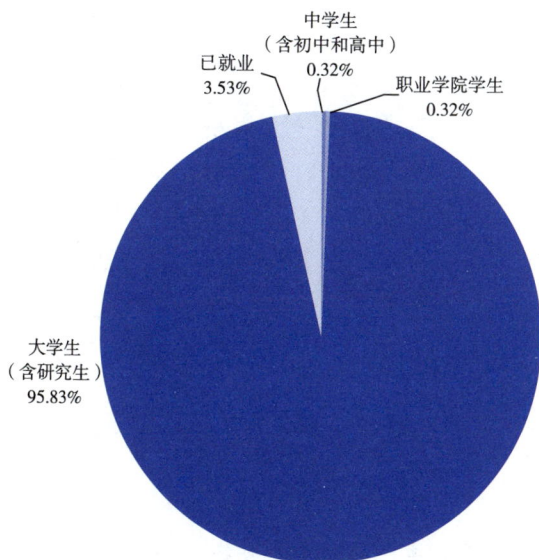

图2　受访者学历统计

群体占比分别为14.8%、19.9%、20.4%。综上所述，此次调查的受访者能够
代表年轻一代网民的年龄特征。

大多数受访者来自一般城市（34.62%）、城镇（29.49%）和省会城市（13.78%），被试者来源地区基本符合我国现阶段的人口分布规律，① 说明问卷受试人员所在地域的发展水平、基础设施与中国社会人口的情况比较接近，其接收网络信息的便捷度、话语氛围等也具有较大的参考价值。

学历方面，调查结果显示，被试者主要为大学生（含研究生）群体，个人受教育水平和思想水平较高，对新技术的运用能力和熟悉程度也较高，因此更有可能接触新闻评论。一方面，高等教育的获得使该群体更有可能成为未来的精英人群，拥有更强的建设和改善社会的潜力。另一方面，高等教育也赋予了他们更强的责任感，可能在公民社会责任中表现出更多的担当。

综上所述，研究对象具备较为典型的样本价值。年轻群体接触网络评论的状况与其"社会身份"意识的现状与发展可能，以及二者的互构关系，是本研究具体考察的目标。

（2）受访者网络评论接触情况统计

主流上网设备。随着可移动电子设备和无线网络的全面推广，网民几乎可以随时随地接触网络评论。调查结果显示，在移动互联时代，PC 端（13.14%）逐渐式微，手机（85.58%）以其多样化服务和极强的便捷性获得越来越多被试者的青睐，成为他们接触网络评论的主要设备，在一定程度上也对用户接触网络评论的渠道和偏好产生了影响（见图 3）。

网络评论浏览频率。调查显示，97.5%的被试者都曾阅读过网络评论，其中有近一半的用户已经养成阅读网络评论的习惯（47.76%），另一半用户则没有固定的阅读习惯（49.68%），只浏览自己感兴趣的话题。因为大多数被访者使用手机等移动端接触网络评论，所以新闻评论类 App 和公众号成为发布评论内容的一大重地（见图 4）。

拥有新闻类和评论类 App 和公众号的情况。在问卷中，我们重点考察了被试者下载新闻类和评论类 App 的情况和关注的新闻类与评论类公众号的情况。调查结果显示，过半用户下载了 1~3 个新闻类和评论类的 App，而关注公众号的样本分布情况则相对分散，甚至有 16.45%的受访者关注了 10 个及

---

① 中国产业信息网，http://www.chyxx.com/industry/202004/854512.html。

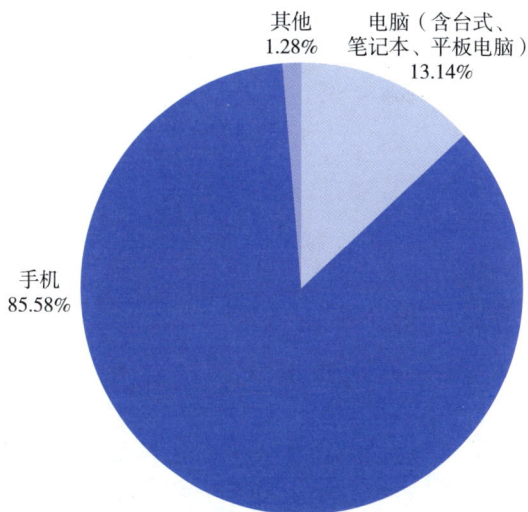

图3　受访者主流上网设备统计

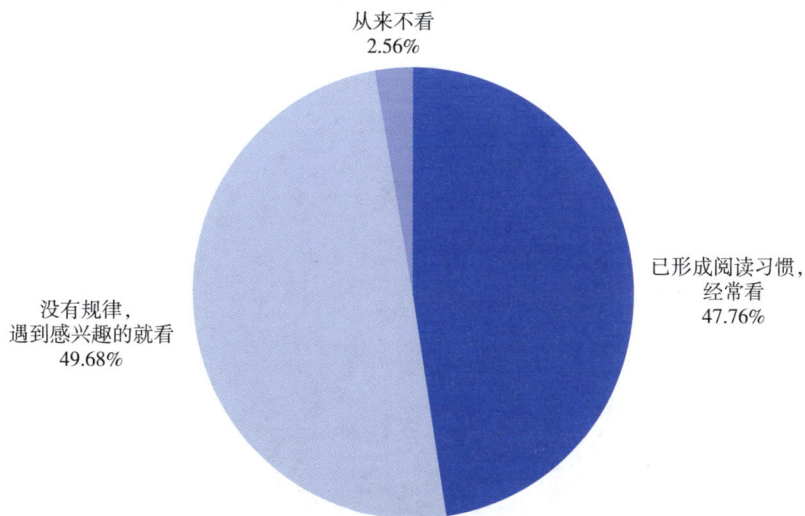

图4　受访者浏览网络评论的频率统计

以上的新闻类与评论类公众号。这说明公众号平台以便捷性得到了用户的青睐，在此平台上发布的评论内容可能收获更多的阅读量和转发量（见图5、图6）。

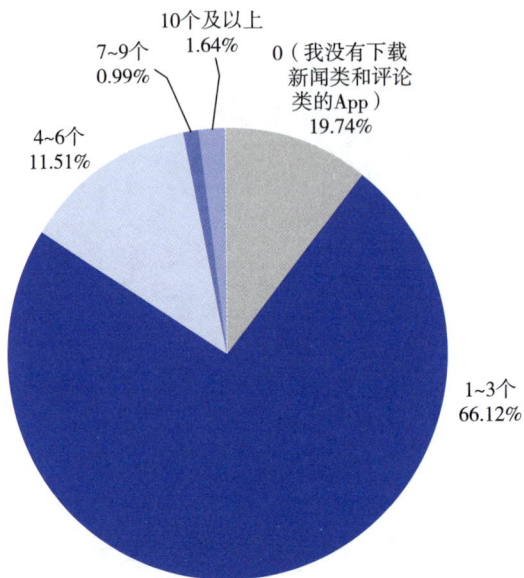

图 5　受访者新闻类和评论类 App 下载情况统计

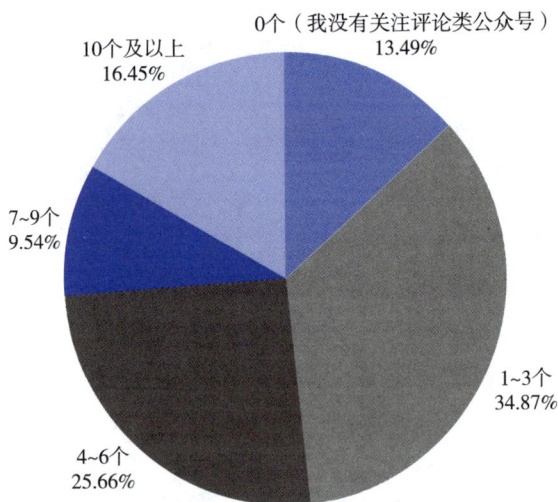

图 6　受访者新闻类和评论类公众号关注情况统计

新闻类和评论类公众号关注情况。绝大多数人都下载了评论的 App，并且近九成被试者至少关注一个公众号，半数以上被试者关注了至少 4 个公众号，说明年轻群体接触网络评论的渠道非常广泛，展现了年轻群体熟练运用互联网技术以及多方搜集信息的能力。

接触网络评论的途径或平台。在激烈的平台竞争中，用户接触网络评论的途径也越发多样。研究者进一步考察了年轻一代网民接触网络评论的渠道，按照渠道的性质、功能等将其划分为主流媒体网站、商业网站、商业网站移动端、社交媒体 App 和短视频媒体平台等，请受访者选择自己最主要接触网络评论的渠道。

网络评论接触渠道。如图 7 所示，有 61.18% 的受访者主要从社交媒体App（如微博、微信、知乎等平台）接触网络评论信息，其次是人民网、央视客户端等主流媒体平台，除此之外，商业网站和短视频媒体平台也成为一部分受访者接触网络评论的主要平台。值得说明的是，现实中受访者接触网络评论的渠道不可避免会产生交叉，例如许多主流媒体在开辟自营平台的同时也会利用微博、微信等社交媒体平台发布作品。同时，微博、微信等社交媒体平台上的作品也可能来自不同的运营主体，二者的互动关系有利于新闻与评论的进一步传播。同时，主流媒体和社交媒体在接触渠道中占据绝对比重，也证明了主流媒体内容在受访者中受欢迎程度较高。因此本研究认为，在众声喧哗的网络时代，年轻一代群体在表达自我的同时，仍然对优质、严肃、深刻的议题和评论保持兴趣。这说明优质内容在当代仍然是新闻机构或社交媒体平台的稀缺资源，受到大量关注。此外，年轻一代网民比较善于利用多种平台和渠道获取信息，因此商业网站和短视频媒体平台的发展不容小觑，传统主流媒体若想获得更强的传播能力，在努力建设好自己的发布平台的同时，还必须善于利用新媒体技术建立信息矩阵，设置多平台账号，将优质网络评论内容发布在更多样化的平台之上，才能进一步扩大受众面。

阅读频率。本研究假设网络评论在一定程度上重塑了社会舆论场中作为个体的"人"的存在，使得受众能够更广泛地参与有关新闻事件的讨论。在此过程中，处在人生观、价值观形成的重要时期的年轻人，更有可能受到网络评论带来的双重影响，在社会认知、社会身份建构方面发生切实的改变。调查结果显示，大约 3/5 的受访者花费 30% 以下的媒介接触时间在网络评论的阅读方面，只有 1/10 的受访者会花费 50% 以上的媒介接触时间来阅读网络评论。并且大多数年轻人阅读网络评论的场景是没有规律的，只在"遇到

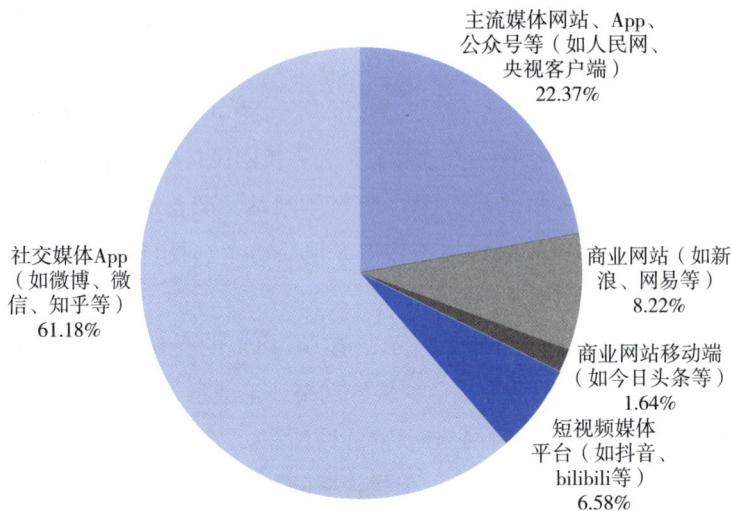

图7　受访者网络评论接触渠道统计

感兴趣的内容"、"学习或研究有需要时"和"打发闲暇时间"时主动阅读网络评论内容，说明网络评论并不是年轻人在媒介接触中关注的主体，但是年轻人媒介接触中的重要组成部分在一定程度上能够对受访者的社会认知和身份建构产生影响。

发布主体偏好。在评论主体的偏好方面，研究结果显示，普通网民在知乎、微博等社交平台上发布的评论的受欢迎程度（49.01%）远远超过传统媒体所发布的评论（24.67%），证明了社交媒体的快速发展及其不可忽视的影响力。与以往主流媒体发布的评论相比，社交平台上用户的评论更加多元化、平民化，因此更容易受到普通用户的关注。在表达与倾听民意这一层面上，一方面，社交媒体为公共事务的评论提供了发声平台，从而增强了公众参与的力量；另一方面，人们利用社交平台与他人分享自己的见解和专业知识，针对各种热点新闻及公共事件发出自己的声音，也更有利于公共问题的解决，以及社交平台的进一步完善。这一过程重塑了评论与受众之间的关系，为新闻发布者和新闻受众的良性互动提供了契机。

评论情感偏好。在评论涉及的情感偏向方面，受访者的选择较为集中。如表 2 所示，此题项的拟合优度检验具有显著性（$\chi^2 = 365.046$，$p =$

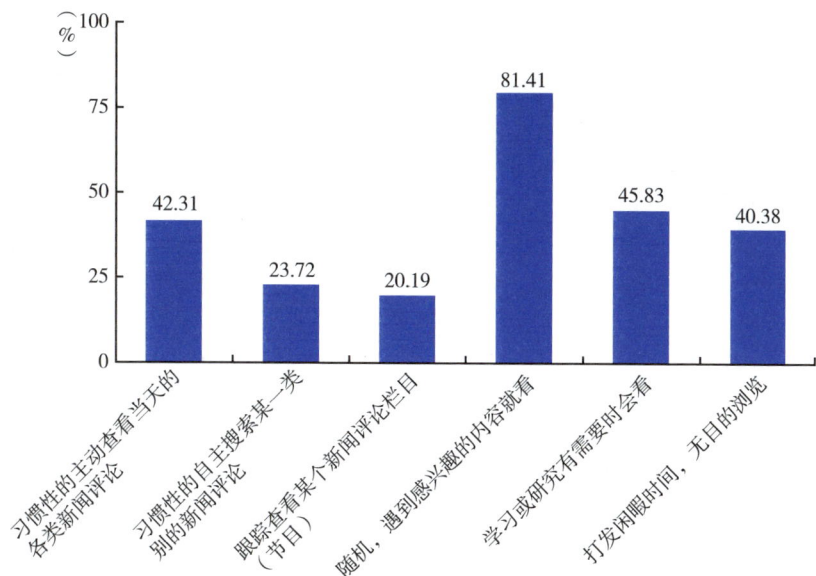

图8 受访者接触网络评论的习惯和场景

0.000＜0.05），意味着各项的选择比例具有明显差异性。具体来看，"我更喜欢观点鲜明的评论""我更喜欢深入论述某一问题的评论""我反感空洞无论述的情绪性评论""我反感口水型评论"和"我反感背书式评论"这5项的响应率和普及率明显较高，基本能够代表大多数受访者对评论情感偏向的喜好（见图9）。

表2 受访者评论偏好

评论内容偏好			
项目	响应		普及率(%)
	n	响应率(%)	($n=312$)
我更喜欢观点鲜明的评论	200	16.43	64.10
我更喜欢情绪强烈的评论	23	1.89	7.37
我更喜欢篇幅较短的评论	67	5.51	21.47
我更喜欢深入论述某一问题的评论	202	16.60	64.74
论证过程决定评论的质量	107	8.79	34.29
我愿意看长篇深刻的评论	83	6.82	26.60

评论内容偏好			
项目	响应		普及率(%)
	n	响应率(%)	($n=312$)
我反感与我观点不符的评论	25	2.05	8.01
我反感空洞无论述的情绪性评论	175	14.38	56.09
我反感口水型评论	190	15.61	60.90
我反感背书式评论	145	11.91	46.47
汇总	1217	100	390.06
拟合优度检验:$\chi^2=365.046$ $p=0.000$			

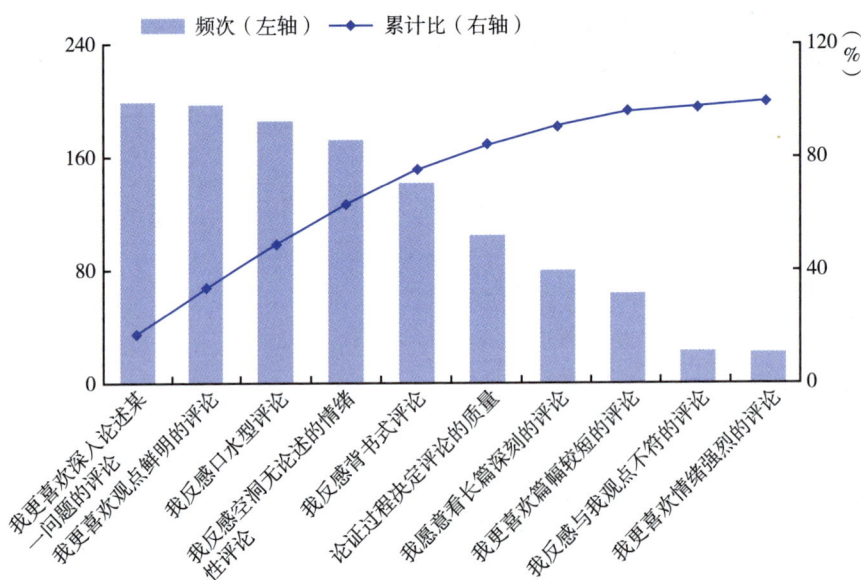

图9　评论内容偏好帕累托（前10位）

受访者对网络评论的反馈状况。年轻一代网民对社会焦点问题的参与感和责任感较高。调查结果显示,74.01%的受访者都曾对网络评论做出过反馈,说明其反思能力和表达欲较高。本研究建议相关部门正确引导大学生群体对热点问题的表达和参与活动,合理利用大学生对热点问题的表达热情收集反馈和建议,形成网络评论与受众的良性互动。同时警惕无意义或另有所图的讨论,通过合理途径弱化不良信息对青年造成的影响。需要指出的是，青年对网络评论的反馈主要体现在评论区的互动中，仅有 30.59% 的受访者曾向媒介发布过自己的新闻评论作品，说明这种参与和反馈多为非正式互动。对此，新闻机构可以适当开辟出栏目或板块展示青年评论作品，培养青年意见领袖，增强年轻一代网民的社会责任感。在曾向媒体发布过自己网络评论的受访者当中，"希望表达观点"这一选项的响应率较高，说明被访者对社会热点事件确实有话想说。同时，在不曾向媒体发布网络评论的受访者中，"时间、精力不允许"这一选项的响应率较高，可以解释为青年网民有较强的表达欲，但限于时间和精力无法正式表达。对此，本研究建议学校和相关单位建立完善讨论机制，营造宽松的舆论表达环境和劳逸结合的工作、学习环境，引导青年参与社会问题的建议和治理过程。

2. 社会认知状态呈现

根据社会建构理论，"人"这一主体是在不断与外界发生联系和互动的过程中实现自我身份建构的，且媒介传播的效果研究显示，媒体在这一互构过程当中发挥着不可忽视的作用，具有"建构社会真实概念"的功能。因此，本研究围绕网络评论与认知的互动关系设置"社会认知情况"这一维度，考察受访者的整体社会认知情况，以及阅读网络评论对其社会认知状况的影响。

在社会与人的互相建构过程中，个人的生活状态也会对个人的社会认知产生影响，研究结果显示，近九成受访者认为接触网络评论可以促使自己更加关注社会公共事件，说明接触新闻评论更多的人更有可能对社会问题进行严肃认真的思考，并思考个人在社会运行中的社会责任。

在整体生活满意度方面，问卷数据呈现较为乐观的景象，被试者生活满意度的平均数为 3.6，中位数为 4，说明被试者对自己的生活状态、价值感和社会信任感认知较为积极，这与党的十八大以来取得的一系列民生成就息息相关。在社会认知的几个维度测量分析中我们将详细论述这一点。

本研究进一步列举了一些近期社会热点事件，包括"对《后浪》演讲的反向解读体现了年轻人的真实心态""被高息'校园贷'坑害的学生，是自己虚荣消费和超前消费导致的"等陈述型题干，调查被试者对热点事件的态度。本题分为不赞同、赞同和中立三个选项，专门对选项进行极化处理，诱导受访者产生极化观点。但是结果表明，大多数受访者并没有被题干和选项所误导，体现出了较为中立的态度。同时，我们在题项后面设置了填空题，请受访者根据需要发表自己对这些热点事件的看法。本研究将被试者的选择分为三种态度：全部题项中只选择赞同或者不赞同（没有选择中立选项）的群体为"观点态度"，题项中选择 1 个及以上中立选项且没有发表观点的群体为"中立态度"，在 19 题之后的填空区域发表自己见解的群体为"议论态度"，根据此划分，调查结果见表 3。

表 3   受访者对热点事件的态度分类

单位：名，%

态度	数量	比重
观点态度	7	2.24
中立态度	292	93.59
议论态度	13	4.17

在 312 名受访者中，仅有 7 名被试者全部选择了"赞同"或"不赞同"选项并没有给出原因，为较为明确的极化观点态度。在议论态度中，2 名被试者只选择了"赞同"或"不赞同"选项，但在填空区域发表了较为激进、态度明确的看法。此外还有 11 位有选择"中立态度"的被试者发表了自己对热点事件的看法，其中有"法律是底线，道德不是唯一判断标准"，"事件背后的因素复杂，不会轻易判断性质，也不会轻易表态""强调'女'，并不符合全部事实""部分问题没有关注，没有了解，所以态度中立"等观点，说明被试者中，有部分人对社会热点事件有自己的看法，并且乐于表达，能够较为客观的分析事件原委，面对自己不了解的事件不会妄加评论，体现出较为成熟的评论素养。

19 题给出的题项可以划分为社会公共话题、政府行为话题和年轻人话题三部分，受访者态度分布见图 10。

随后，本研究对被试者对我国目前的经济、文化、社会价值观和总体情况的认知进行了测量，采用李克特量表，将每一个部分分为 4~7 个维度，请被试者进行打分（1~5 分，"1"表示非常差，"5"表示非常好）。打分结果显示（见图 11~图 14）。

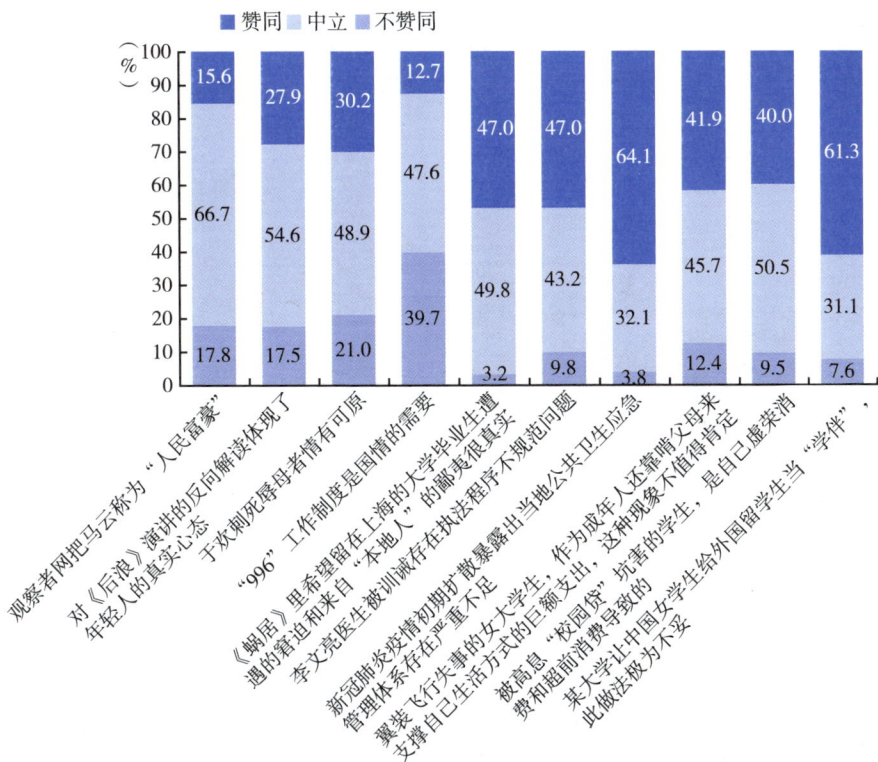

图 10　受访者对热点事件的态度统计

综合来看，受访者整体对社会总体状况较为满意，打分最高（3.717 分），经济、文化和社会价值观维度分数相当。

经济层面上，调查结果显示，我国的经济增速、世界影响力、扶贫成效等得到了受访者的肯定。

文化层面上，调查结果显示，被试者对我国的文化与教育受重视程度、主流文化影响力感到满意，对文化产品质量的满意度有待提升。

社会价值观层面上，调查结果显示，受访者对我国的社会价值观认可度较高，证实了社会主义核心价值观建设的成效。同时，我们也可以利用网络评论来加强引导，使社会主义核心价值观更加深入人心。

总的来看，受访者对我国社会总体状况较为满意，在社会稳定、公共服务、社会和谐等方面给出了较高的分数，但是在社会信任方面还有较大提升空间。建

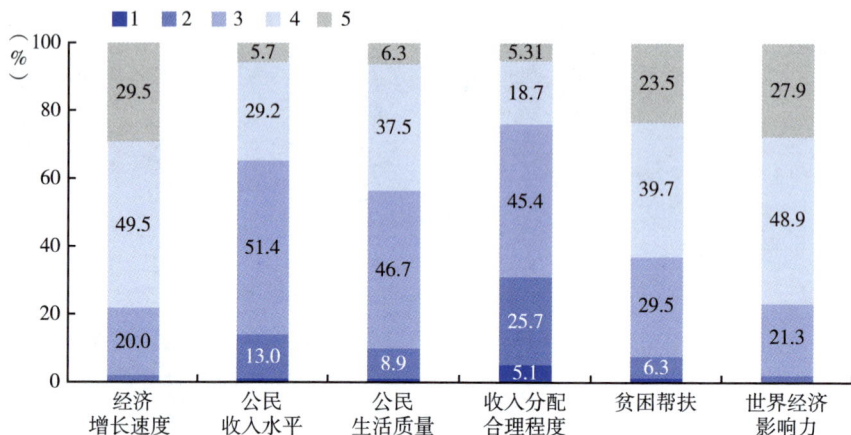

图11 经济维度评价

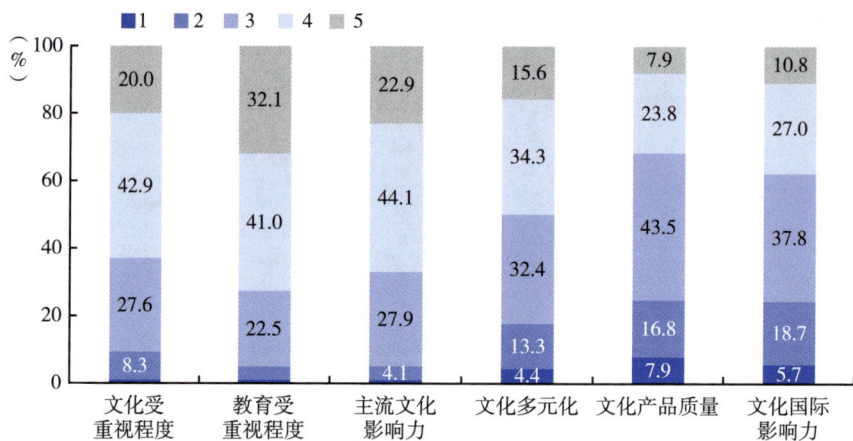

图12 文化维度评价

立完善的征信体系、通过教育提高公民素质，是解决社会诚信危机的有效途径。

3. 能动行为意愿呈现

舆论的核心是观点性意见，它反映了大众的意见倾向，在社会运行中具有强大作用。对于国家维护政治稳定、引导规范公众行为、达成共识、塑造社会主流价值观等都有积极意义。除了对受众的社会认知产生影响以外，网络评论还有可能对个人行为及意愿产生影响。本研究假设，个人是否接触及如何接触新闻评

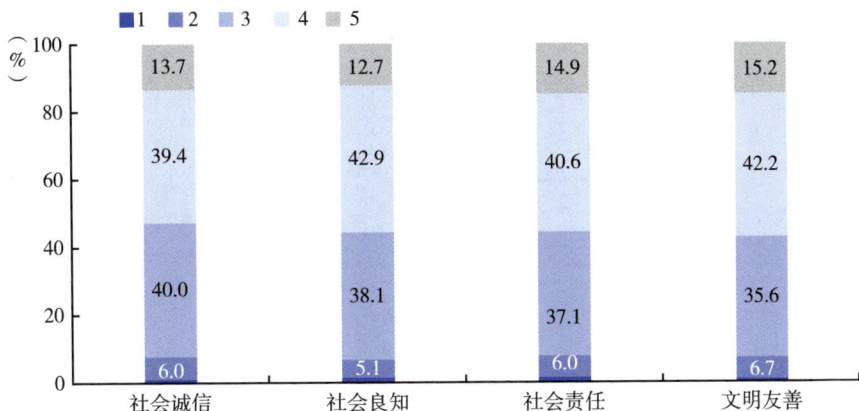

图13　社会价值观维度评价

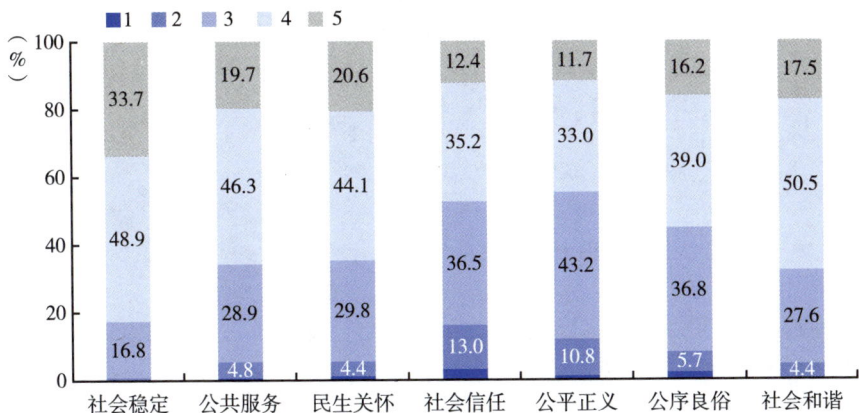

图14　社会总体状况评价

论，会影响其社会认知和自我身份建构，进而影响到个人的社会行为反馈。

因此，在问卷的 C 部分，本研究设置了两道情景化的选择题，考察被试者的个人行为意愿，结合前述的网络评论接触行为，分析网络评论是否会对受众个人行为意愿产生影响。

在26题中，研究者分国家、社会和个人生活三个维度设置相应的情景，询问受访者的个人意愿。研究结果如图15所示。

研究发现，相比于国家和个人层面的意愿选择，受访者整体对社会公共事

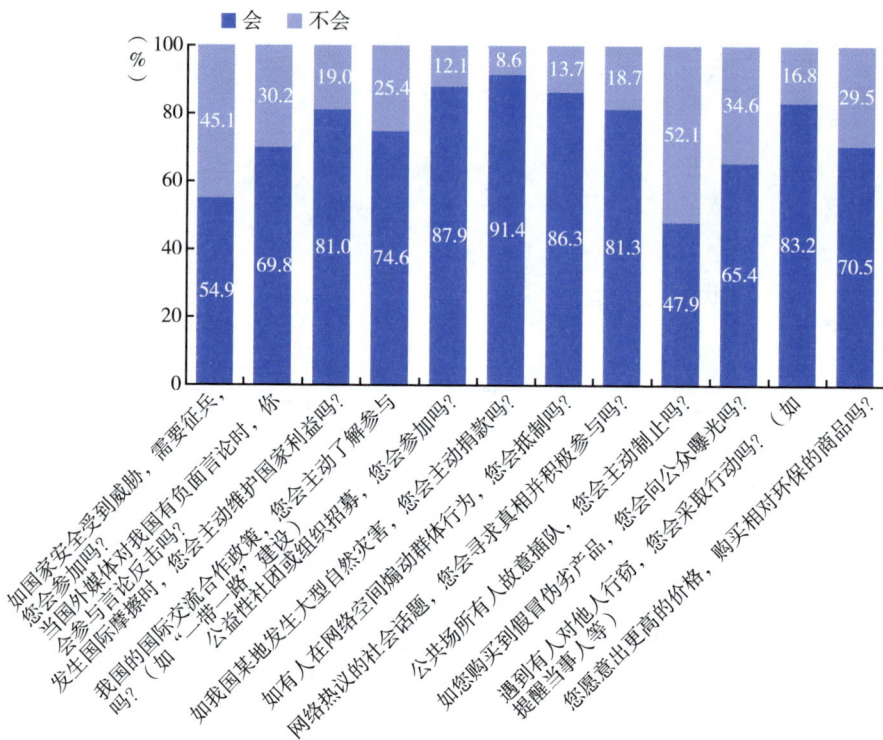

图15　受访者个人能动行为统计

务的意愿反馈更为积极，具体表现为积极参与公益活动、主动向灾区捐款、抵制网络煽动行为和主动参与有关社会热点问题的讨论并寻找真相，体现了青年群体的社会责任与担当。在国家层面，或许是限于性别、健康状况等条件，对国家的征兵政策做出积极反馈的群体大约只占受访者整体的 54.9%，但在抵制负面言论、主动维护国家利益、积极响应国家大政方针等方面，受访者依然保持着较高的积极性，体现了年轻一代网民的爱国情怀。在个人生活方面，被试者选择则比较分散，体现了青年人和而不同的生活状态。总体来看，调查数据显示出受访者群体具有较强的正义感，愿意主动维护自己和他人的利益。

在对未来的期许方面，本研究采用李克特五级量表，从个人发展、公共事务等方面设置情景，调查受访者的自我认知。从调查数据来看，受访者展示出了较强的爱国情怀和社会责任感，如图16所示。

其中，分别有 35% 以上的受访者表示，自己非常可能参与志愿活动和慈善活动。并且有大概50%的受访者表现出对社会治理等公共事务的兴趣。同时，46.3%的受访者认为自己不会移民，显示了我国日渐增强的综合实力对年轻人的吸引力，以及年轻人对祖国的信心与忠心。

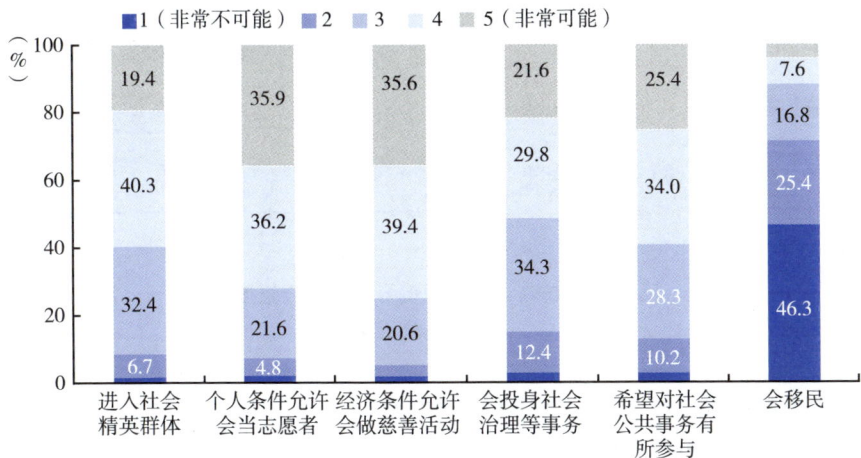

图16　受访者对未来的期许统计

（四）当代年轻人网络评论接触与认知行为的归因分析

1. 网络评论接触对社会认知情形的影响

为了探究网络评论接触与受众社会认知、个人行为选择之间的关系，本研究将问卷中 A 部分的网络评论接触状况与 B 部分社会认知状况和 C 部分个人能动行为中的一些题项进行交叉分析，力图找出网络评论是否对受众社会认知和个人行为产生影响，如果有影响，具体在哪些方面。

首先，本研究探究了浏览网络评论与受众生活满意度之间的关系。网络评论的来源与受众的生活满意度有一定程度的关联。

分析图17可以得知，部分主要从商业网站移动端、短视频媒体平台和社交媒体 App 上获得网络评论的被试者对生活的满意程度较低，研究者猜想这是因为近年来"键盘侠"与"网络喷子"的出现，网民之间的交流可能火花四溅、不甚和谐。尤其在负面新闻报道中，和新闻事件主体相关或利益有关联的人群可能在评论区"带节奏"，引起网民愤怒。长此以往，会对受众产生不良影响，出现诸如抑郁、愤怒、不安等情绪，导致生活满意度下降。此外，因

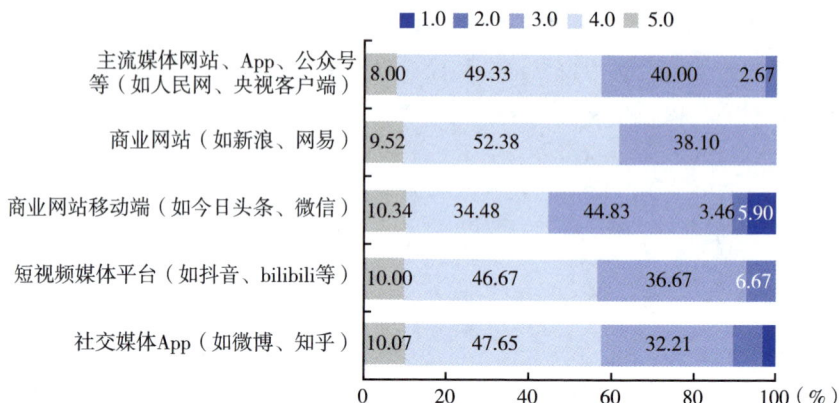

图17　受访者评论来源偏好和生活满意度的
交叉分析结果

为本研究的调查主体为大学生群体，处在人生观和价值观尚未成熟的阶段，并且相对难以控制自己的情绪，因此更有可能在社交媒体平台上受到来自网络评论的影响。同时，受教育程度相对较高、较为理性的大学生群体尚且可能被社交网络评论所影响，其他更低教育程度的受众也可能因缺乏独立理性的判断而受到网络评论的影响，从而对生活感到失望。因此可以从教育入手，提高网民的平均受教育程度，引导社交媒体用户文明、友好交流建立风清气正、积极向上的网络空间。

　　研究结果显示，评论内容偏向的喜恶也对被试者的社会总体认知产生了影响。

　　分析图18我们可以得知，更喜欢情绪强烈评论群体的生活满意度指数两极分化较为严重。一方面，对生活感到"非常满意"的比例（17.39%）比其他喜恶其他类型评论的群体更高，同时，对生活感到不太满意（1分或2分）的比例（12.5%）也相对较高。本研究认为，用户的个人情绪偏好会影响其网络评论的阅读体验，情绪较为强烈的评论更容易带动读者的个人情绪，对新闻事件产生较为极化的看法，久而久之，也会影响到受众对待社会整体和个人生活的看法。支持"论证过程决定评论的质量"这一论点的群体对生活的满意程度最高，说明更加理性、有条理的受众因为拥有更强的独立分析能力，更容易摆脱"口水性""情绪性""背书型"等无意义或极端化评论的影响，通过阅读更多深刻、有逻辑的评论，认识到新闻事件的整体面貌，从而产生更为客观的判断，生活满意度更高。综上所述，本研究建议相关部门通过培训、引导等方式提高网民的媒介素养，培养网民的深刻阅读能力和独立思考能力，通过科普等形式建立畅通的社群沟通渠道，逐渐减少网络空间中的极化评论现象，有利于网络用户生活满意度的提高。

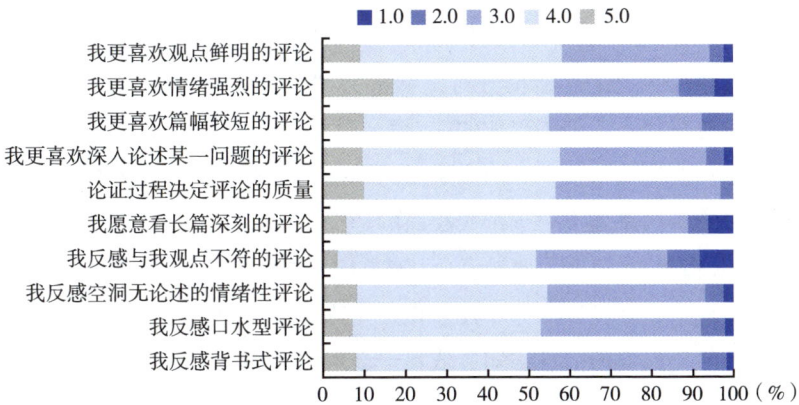

图18　受访者网络评论内容偏好与生活满意度的交叉分析结果（堆积条形图）

2. 网络评论接触对个人能动行为的影响

在问卷的 C 部分个人能动行为选择中，研究者从国家、社会和个人生活三个方面考察了受访者的个人能动行为选择，并利用方差分析将之与受访者的网络评论接触状况进行交叉比较，探究网络评论接触是否与个人能动行为之间存在相关关系。数据分析结果见表4。

表4　受访者阅读网络评论的频率与个人能动行为选择的交叉分析结果

项目	浏览网络评论的频率（平均值 ± 标准差）			F	p
	已形成阅读习惯，经常看（n = 149）	没有规律，遇到感兴趣的就看（n = 155）	从来不看（n = 8）		
个人层面的选择	0.65 ± 0.29	0.66 ± 0.27	0.91 ± 0.19	3.175	0.043 *
社会层面的选择	0.88 ± 0.18	0.85 ± 0.20	0.94 ± 0.18	1.018	0.363
国家层面的选择	0.70 ± 0.30	0.69 ± 0.30	0.88 ± 0.23	1.496	0.226

注："＊"，$p < 0.05$。

从表 4 可以看出，国家和社会层面的能动行为选择没有表现出显著的差异性（$p > 0.05$），意味着不同浏览网络评论的频率样本对于二者的影响均表现出一致性，并没有差异性。另外，浏览网络评论的频率样本对于个人层面的选择呈现显著性（$p < 0.05$），意味着不同浏览网络评论的频率样本对于个人层面的选择有差异性。经分析可知，浏览网络评论的频率对于个人层面的选择呈现出 0.05 水平显著性（$F = 3.175$，$p = 0.043$），从具体对比差异可知，有着较为明显差异的组别平均值得分对比结果为"从来不看 > 已形成阅读习惯，经常看 > 没有规律，遇到感兴趣的就看"。总结可知，不同浏览网络评论的频率样本对于社会层面的选择和国家层面的选择不会表现出显著性差异。另外，浏览网络评论的频率样本对于个人层面的选择呈现显著性差异。

上述研究结果说明，受访者所代表的年轻群体在日常上网过程中接触了大量的网络评论，在新兴媒体和社会化媒体普遍使用的媒介环境中，各种信源完全是开放的，人们的信息认知更依赖于多重现实环境下的理性选择和判断。因而，媒介的使用行为强化或弱化了人们对现实的意义建构。所以，在现实社会实践中，受众经过教育、生活所培养出的责任感与正义感也不会因极端化的网络言论而消失，在面对国家危难、社会危机之时，大部分受访者仍会选择支持祖国、维护社会正义、帮助他人，说明碎片化的网络评论对受众的生活影响较小。

评论的来源偏好并没有与个人能动行为产生显著性联系，具体见表 5。

表5　受访者网络评论来源偏好与个人能动行为选择的交叉分析结果

项目	评论来源偏好（平均值 ± 标准差）					F	p
	主流媒体网站、App、公众号等（如人民网、央视客户端）（n=75）	商业网站（如新浪、网易）（n=21）	商业网站移动端（如今日头条、微信）（n=29）	短视频媒体平台（如抖音、bilibili 等）（n=30）	社交媒体 App（如微博、知乎）（n=149）		
个人层面的选择	0.72 ± 0.26	0.65 ± 0.30	0.63 ± 0.27	0.66 ± 0.27	0.63 ± 0.29	1.182	0.319
社会层面的选择	0.87 ± 0.21	0.87 ± 0.17	0.85 ± 0.16	0.83 ± 0.22	0.87 ± 0.18	0.279	0.892
国家层面的选择	0.76 ± 0.27	0.67 ± 0.32	0.64 ± 0.32	0.68 ± 0.29	0.68 ± 0.31	1.232	0.297

从表 5 可以看出：不同评论来源偏好样本对于个人层面的选择、社会层面的选择、国家层面的选择均不会表现出显著性（$p > 0.05$）。

上述结果说明，阅读不同主体发布的网络评论并不会影响到被试者的个人能动行为。大学生群体的总体人生观、价值观的形成是综合多方面因素的结果，经过多年的爱国主义教育和思想政治教育，大部分受访者呈现出较为乐观积极的人生态度，具有较强的奉献精神，对社会主义核心价值观的认知情况较好，道德意愿强烈，具有较强的道路自信、理论自信、制度自信和文化自信，对党的认同度较高，学习和传承中华文化的意愿较强。[1] 因此网络评论主体的不同基本不会影响到被试者的爱国情怀、社会正义感和个人生活习惯。

3. 个人认知对个人能动行为的影响

本研究对问卷 B 部分的社会认知情况与 C 部分的个人能动行为也进行了交叉分析，结果见表 6。

表 6　受访者生活满意度与个人能动行为选择的交叉分析结果

项目	生活满意度（平均值 ± 标准差）					F	p
	1.0($n=6$)	2.0($n=18$)	3.0($n=111$)	4.0($n=148$)	5.0($n=29$)		
个人层面的选择	0.71 ± 0.25	0.56 ± 0.33	0.64 ± 0.29	0.68 ± 0.27	0.72 ± 0.29	1.372	0.244
社会层面的选择	0.88 ± 0.14	0.90 ± 0.15	0.87 ± 0.20	0.86 ± 0.19	0.85 ± 0.19	0.199	0.939
国家层面的选择	0.75 ± 0.22	0.72 ± 0.33	0.68 ± 0.28	0.71 ± 0.30	0.69 ± 0.38	0.326	0.86

从表 6 可以看出，在此次调查中，不同生活满意度样本对于个人层面、社会层面和国家层面的选择均不会表现出显著性（$p > 0.05$）。

研究结果显示，被试者的社会认知状况对其个人能动行为选择并无太大关联。从生活满意度来看，对生活的接受和满意程度高低并未影响到被试者的家国情怀、公益选择和生活习惯，说明被试者在对待个人与社会、国家之间的关系时能够做出整体性判断，个人生活状态对此影响不大。研究者认为，以大学生为主的受访者群体大多没有真正步入社会，或者真正参与国家建设过程，受访者对国家与社会层面的看法大多基于个人观察和直观体验，仍处于主客体二

---

[1]　沈壮海、肖洋：《2016 年度大学生思想政治状况调查分析》，《思想理论教育导刊》2017 年第 1 期。

元对立状态，因此个人生活满意度与被试者在国家、社会层面的选择并没有呈现出显著相关性。

（五）结论与思考

1. 研究结果总结及原因分析

（1）网络评论接触普遍，社交媒体平台成主要接触渠道

随着个人主体意识的增强，年轻人对带有主观性、批判性的网络评论愈发亲近。首先，年轻群体接触网络评论的渠道非常广泛且普遍。开放的网络环境下，繁荣生长的新闻评论类 App 和公众号为双方接触提供了客观条件。其次，年轻人具有明显的主观意愿去阅读、发表网络评论。现代化赋予更多主体意识觉醒和丰富选择的机会，年轻人渴望在网络上表达自己的观点以满足倾诉欲求，或是寻找到相同的评论观点以获取价值认同。

尽管年轻人接触网络评论越来越多，受访者在阅读网络评论方面花费的绝对时间仍然较少，且以碎片化吸收为主，无规律可循，这是微传播模式下年轻人通过社交媒体平台接触网络评论的必然趋势。伴随着"两微一端"已经成为受众获取信息的主要阵地，网络评论的主要生产模式已经由专业内容生产（PGC）部分转化为用户内容生产（UGC），超过一半的受访者主要从社交媒体 App（如微博、微信、知乎等平台）接触网络评论信息，且普通网民在微信公众号、微博等社交平台上发布评论的受欢迎程度已经远远超过传统主流媒体。这足以证明微传播模式下社交媒体发展迅速和影响力不容忽视，与以往主流媒体发布的评论相比，社交平台上用户的评论更加多元化、平民化，因此更容易受到普通用户的关注，也有利于重塑网络评论与受众之间的关系，为信息发布者和受众良性互动提供契机。但是社交媒体碎片化、快迭代、信息爆炸等特征，让年轻人仅仅使用碎片化时间接触网络评论，在某事件热点时期，大量接触同一事件的网络评论，同质化严重，获取信息量总体过载、单个却不完整。

主流媒体依旧是年轻人接触网络评论时无法避开的存在。一方面，许多主流媒体在通过自营客户端发布新闻的同时也会利用微博、微信等社交媒体平台发布作品；另一方面，在众声喧哗的网络时代，年轻一代群体在追求表达自我的同时，仍然对优质、严肃、深刻的议题和评论保持偏好。社交媒体的出现似乎带来了人人生产的权力狂欢，每个人的发声好像都可以让无数人知晓，都可

以成为万众瞩目的焦点，事实上，这是一种幻觉。因为即使每个人在智能终端急剧扩散的背景下都成为"低头族"，能让人稍长时间驻留的焦点依然是有品质的内容。人人都是新闻或意见的生产者，但大多是昙花一现，引发众人瞩目的个体生产往往是惊鸿一瞥。现代社会的细致分工，具体到新闻/意见的内容生产上，意味着集束化的规模性生产，否则，留人驻目的可持续性就不可能存在。也就是说，需要有掌握专门技艺的专业人士和具有专门流程的专业机构，源源不断而非间歇式地传递内容给受众。之所以如此，不仅取决于信源获得，也取决于内容引发的社会伦理判断，还取决于受过专门训练的新闻群体接续。①

（2）网络评论参与频繁，理性参与者社会认同感更强

当前，互联网发展所带来的后现代化正逐渐使传统媒体去权威化、去中心化，良好的传播模式是传—受实时转换，年轻人不仅会阅读网络评论，还会对其做出反馈。互联网为年轻人带来了更广阔的世界，年轻人从中汲取了信息、知识养分，提高了反思能力和表达欲，自然就会对网络评论做出反馈，不论是想通过舆论为公共事件处理施压，还是想要充分行使自己的言论自由权利，年轻人希望表达自己的观点，为社会、个人谋取一定利益。受长久处于被动接受信息一方以及"官媒才是正统"观点的影响，年轻人较少向媒介发布正式新闻评论作品，对网络评论的反馈主要体现在评论区互动中，未能充分利用好互联网带来的正式互动的可能性。同时，年轻人作为社会活动的主要参与者，不论是承担学业任务还是社会劳动，都难以拥有足够的时间、精力去响应网络评论。

理性作为人类认识世界的基础能力，伴随着人类对世界的认知水平提高而提高。年轻人的受教育水平不断提高在一定程度上有助于他们接触网络评论，并选择各自的喜好。尽管个体看法不同，但年轻人能够学以致用，以自己的学识客观地理解公共事件并分析其中原委，这也正是近些年"我不同意，但我尊重你"类似观点频频出现的原因。面对自己不了解的事件不妄加评论，是年轻人逐渐形成成熟的网络评论素养的表现之一。

主动参与公共事件的处理是公众、社会变得更加成熟理性的标志之一。频

---

① 任孟山：《坚持"内容为王"远未过时》，《传媒》2015年第7期，第20～21页。

繁爆发的网络评论有利于将年轻人的目光吸引至公共事件之上，而不是"娱乐至死"，通过了解公共事件的发展变化以及对大众意见的详细认知，年轻人有更多的可能性去思考社会问题，思考个人在社会运行中的社会责任。伴随着社会总体向上的基本发展趋势，网络评论让年轻人对自己的生活状态、价值感和社会信任感认知愈发积极。尤其是主动参与及带有理性的年轻人，支持"论证过程决定评论的质量"这一论点的年轻人对生活的满意程度最高，说明拥有更强的独立分析能力，更容易摆脱无意义或极端化评论的影响，通过阅读更多深刻、有逻辑的评论，认识到新闻事件的整体面貌，从而产生更为客观的判断，生活满意度更高。

（3）评论二次互动效果欠佳，感性参与者社会认知呈极化现象

网络评论带给年轻人的认知影响并不全是正面的，部分主要从商业网站移动端、短视频媒体平台和社交媒体App上获得网络评论的被试者对生活满意程度较低。由于社交媒体用户面广，热点新闻很容易在短时间内获得超高评论量，基于此评论量，各种不同的观点会在评论区碰撞。但在网络环境难以约束用户的特性下，部分极端用户发表的网络评论不满足"沟通有效性"的四个条件：可领会性、真实性、真诚性、正确性。因此，年轻人在开放式平台的评论交流可能并不和谐，反而容易被调动和激化情绪，容易产生极端言论，对读者产生负面影响。并且，伴随着累积效应，以及年轻人处在人生观和价值观尚未成熟的阶段，相对难以控制自己的情绪，"无理性"网络评论容易对受众产生不良影响，出现诸如抑郁、愤怒、不安等情绪，导致生活满意度的下降。此外，本研究的受访者多为受教育程度相对较高、较为理性的大学生群体，可以合理想象其他更低教育程度的受众同样可能因缺乏独立理性的判断而受到网络评论的影响，从而导致生活满意度下降。

网络评论所构成的拟态环境几乎将选择的权力全都赋予了用户个人，个人喜好也通过网络评论这一介质对用户的社会总体认知产生了影响：第一，更喜欢情绪强烈评论群体的生活满意度指数两极分化较为严重。对生活感到"非常满意"的比例比喜恶其他类型评论的群体更高，同时对生活感到不太满意的比例也相对较高。把强烈的情绪看作动机，通过网络评论这一放大媒介，刺激用户对公共事件产生较为两极分化的看法，久而久之，也会影响到受众对待社会整体和个人生活的看法。第二，反感与本人观点不符评论的群体对生活的

满意度最低。由于信息技术提供了几乎全领域的巨量知识和更自我的独立空间，一些人还可能进一步逃避社会中的现实矛盾，成为待在信息茧房里的与世隔绝者。在同一社群内的交流更加畅通和高效的同时，不同社群之间的沟通并不见得会比信息匮乏的时代来得高效和顺畅。深陷于自己所打造的"茧房"中的用户缺乏与多元化社群沟通的主动性和渠道，自己幻想中的生活与现实生活产生过大差距，导致生活满意度降低。

（4）有效构筑"感知现实"，认同感需要强化

年轻人对于政府公信力的认知同样受到网络评论的影响。一方面，公信力的社会基础是群众不断提升的幸福感获得感，网络评论增进了这一认知。通过经济宣传、形势宣传、成就宣传以及对群众获得感幸福感的展示传播评论，年轻人不断认识到党的十八大以来取得的一系列瞩目成就，日益加深对党的执政理念的认同。另一方面，公信力的法理基础是制度和体制机制。十八大以来，我党严格规范党内政治生活，制度建设持续完善，反腐倡廉深入推进，以网络评论等途径宣传展示得到年轻一代网民认可，道路自信和制度自信扎下深根。当然，年轻人对部分领域个别现象的认同感仍有提升空间，这说明对于制度自信以及文化自信的宣传引导需进一步入脑入心。与此同时，我国主流媒体作为宣传"喉舌"，身肩舆论引导重任，应切实加强疏导引导，避免说教和单一化，在网络评论中把握时度效，在互动评论中倾听年轻人的不同声音，致力于消除年轻人的隔阂感、不信任感。

2.改善网络评论影响年轻人现状的建议

基于以上分析结果，我们发现网络评论对年轻人的影响正负并存，为加强网络评论对年轻人的正向影响成效，本研究根据相关主体发挥作用的不同提出以下建议。

（1）主流媒体的传播矩阵有待完善

主流媒体应加快媒体深度整合发展，用好具有强社交属性的、极易产生病毒式传播的平台，进一步扩大受众面，增强网络评论传播引导效果。同时，应适当开辟栏目或板块为青年评论作品提供展示阵地，培养青年意见领袖，增强年轻一代网民的社会参与感及责任感。

（2）网络评论的呈现形式迎合年轻受众偏好

在具体操作层面，网络评论传播平台可利用标题或首句突出观点，在评论

深度上下功夫，产出力透纸背的优质评论，避免过于情绪化、无意义和背书式内容，从而争取更多受众，扩大作品影响力，起到积极的舆论引导效果。面对批评或建议性评论，给出针对性答复，使受众在互动中产生自我实现的"成就感"，从而提高对媒体和社会生活的满意度。

（3）文化创造氛围需更具亲和力

相关职能部门要着力提高文化产品质量，打造良好文化创作氛围。建立完善讨论机制，引导青年参与社会问题的建议和治理过程。走好网上群众路线，合理利用年轻人对热点问题的表达热情收集反馈和建议，形成网络评论与受众的良性互动，同时，要警惕无意义或另有所图的讨论，通过合理途径弱化不良信息对青年产生的影响。

（4）媒介素养教育的全民化和幼龄化急需普及

国家层面应加大教育投入，通过培训、引导等方式，提高网民平均受教育程度及媒介素养。引导社交媒体用户文明、友好交流，培养网民的深刻阅读能力和独立思考能力，通过科普等形式建立畅通的社群沟通渠道，潜移默化地减少网络空间的极化评论现象，营造和谐网络舆论氛围。

3. 研究局限及展望

（1）样本数量和样本覆盖面受到客观限制

样本量相对于近4亿的中国年轻人（根据中国社会科学院数据，2017年中国15～35岁的青年人约有3.66亿）还显得很小。同时，受访的年轻群体较为同质化，大学生在样本中占极高的比例。虽然大学生作为主要样本在网络评论研究中具有一定优势，但仍不能掩盖本研究未能探析整体而多元的年轻人群体样态的局限。

（2）研究方法及价值可借鉴性强

问卷设计、线上推广方式具有较强的可借鉴性，突破样本局限后有望获得更为权威的研究成果。后期如能通过更大力度的推广方式回收足够数量的有效问卷、覆盖足够多样的年轻人群，再通过类似分析方法进行数据整理和逻辑分析，将可能获得更有说服力的、描绘整个中国年轻群体网络评论接触及其对该群体作用效应的研究成果。

案 例 篇

Case Reports

B.7

从新中国成立70周年网络舆论引导
看宏大主题宣传

高 雅*

摘 要： 依托移动互联网新兴传播技术，新中国成立70周年重大主题
宣传呈现"全景式视野""沉浸式场景""落地式话语""交
互式传播"等多方面特征。本报告结合网络大数据，探析此
次主题宣传成效和传播经验，以期为后续重大主题网络舆论
引导创新提供有益启示。

关键词： 新中国成立70周年 主题网络舆论引导 媒体融合

　　重大主题网络舆论引导是围绕党和国家重要决策部署、中心工作和时代主

---

* 高雅，光明网总编辑助理，舆情中心主任。

题所进行的网上报道活动,是检验主流媒体舆论引导能力的重要标志。当前,面对互联网舆论生态、媒体格局、传播技术的深刻变化,习近平总书记强调:"要因势而谋、应势而动、顺势而为,加快推动媒体融合发展,使主流媒体具有强大传播力、引导力、影响力、公信力,形成网上网下同心圆,使全体人民在理想信念、价值理念、道德观念上紧紧团结在一起,让正能量更强劲、主旋律更高昂。"

2019 年是新中国成立 70 周年,在此重要时间节点,主流媒体通过宏大主题的生动叙事,回顾了党团结带领全国各族人民走过的光辉历程,深入阐释了我国治国理政的核心理念和制度基础,形成了强大的主旋律传播效应,是我国主流媒体创新主题宣传的一次成功实践,也是遵循新闻传播规律、践行习近平总书记提出的增强"四力"要求的生动案例。相比以往,新中国成立 70 周年系列报道主题鲜明、形态丰富,最大限度拓展了用户与信息的连接和情感互动,"全网融合""全民互动"特征更为突出。

一 新中国成立70周年舆论引导效果

(一)热度趋势:全网激荡,引爆爱国热情

1. 尖峰时刻话题热度空前

2019 年是不同寻常的传播季,新中国成立 70 周年主题宣传几乎贯穿全年,尤其下半年起逐步升温,在 9 月底至 10 月初达到高潮。大数据统计显示,2019 年 9 月 20 日至 10 月 10 日,与"新中国成立 70 周年"主题相关总讨论量高达 2496.7 万条,于 10 月 1 日当天达到最大声量(见图 1)。

与同年同类事件相比,70 周年话题热度远超其他时政要闻。2019 年 6 月 20 日至 7 月 10 日,建党日前后,"建党 98 周年"相关讨论量 121.4 万条;11 月 1 日至 11 月 20 日,"空军成立 70 周年"相关讨论量 41.5 万条,与"新中国成立 70 周年"信息量均不在同一数量级。

2. 正面情绪占据绝对主流

从网民跟评来看,围绕国庆表达正面和中性观点的人数占比高达 96.18%,"祝福祖国""为祖国发展点赞"系最主流舆论,仅少数观点围绕经济社会发展过程中的个别问题表达忧虑(见图 2)。

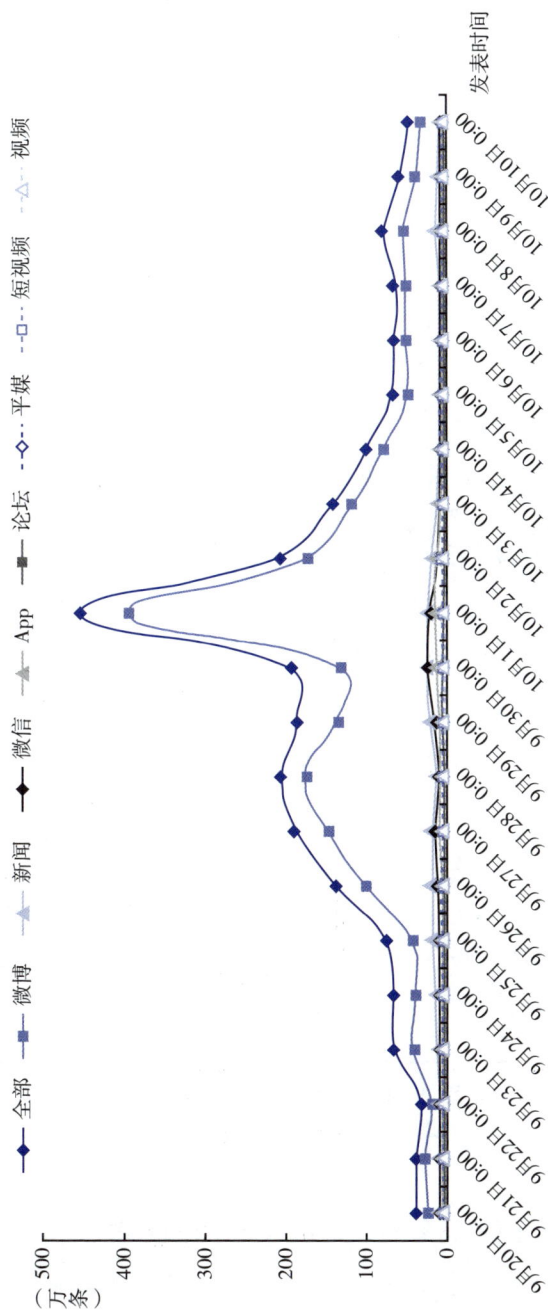

图1 2019 年 9 月 20 日至 10 月 10 日新中国成立 70 周年相关话题热度走势

从分议题看，"国庆大阅兵""新中国成就""我和我的祖国""国庆庆祝活动""群众游行与联欢活动"等话题热度最高，社交平台热词与主流媒体议程设置呈现高度关联、同频共振，群众被充分"激活"，字里行间彰显出充沛的爱国热情（见图3）。

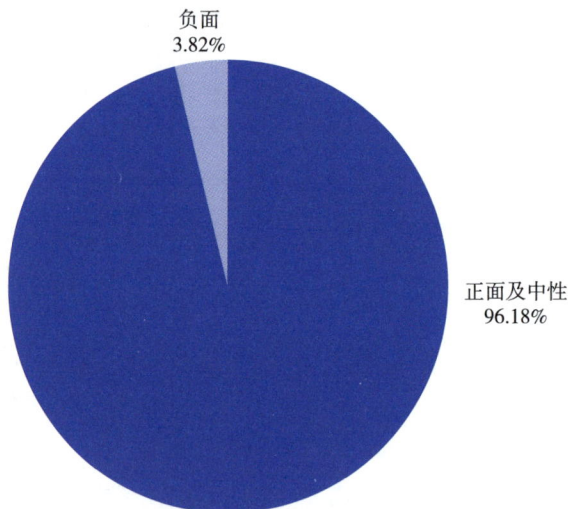

图2　2019年9月20日至10月10日新中国
成立70周年相关话题跟评情绪分析

a. 媒体　　　　　　　　　　b. 社交平台

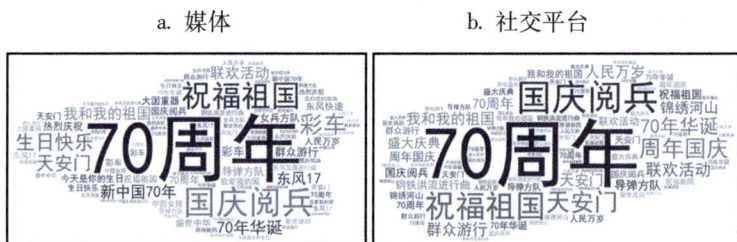

图3　2019年9月20日至10月10日新中国成立70周年
媒体及社交平台热词对比

（二）覆盖人群：全民参与，青年人空前踊跃

1. 呈现"全民热议"传播态势

大数据分析表明，新中国成立70周年主题宣传触达人群十分广泛。据百

度指数显示，老、中、青各年龄层网民总体都表现出了较强的积极性。与一般时政类话题不同，新中国成立 70 周年话题参与者性别特征并不突出，男女比例相对平衡，女性占比 57.23%，略高于男性（见图 4）。同时，网民地域分布极广，涵盖 31 个省（自治区、直辖市），以及港澳台地区、部分其他国家网民，真正形成了不分年龄、不分性别、不分地域的"全民热议"态势。

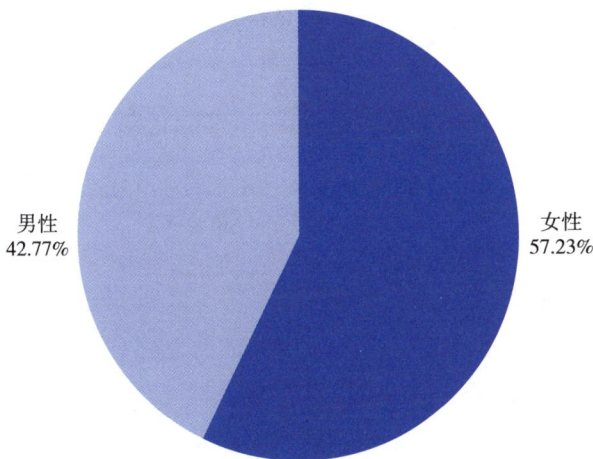

图 4　2019 年 9 月 20 日至 10 月 10 日参与新中国成立 70 周年话题讨论的网民性别分布

2. "90 后"等新生代群体热情高涨

从具体年龄层来看，参与新中国成立 70 周年话题讨论的 40 岁以下中青年占总人数的 89.76%。结合百度 TGI① 分析，"90 后""00 后"等新生代青年尤为活跃，TGI 超过 100，尤其是"90 后"TGI 高达 127.2。

可以看出，随着我国综合国力的增强，"90 后""00 后"等新生代青年的爱国情绪不断增强，在涉及国家、民族的议题中，更容易被感染、被号召，无论是在社交媒体的自发表达，还是参与媒体、平台的互动产品或活动，都空前的踊跃。

---

① Target Group Index（TGI），用以反映目标群体关注程度与平均水平的对比度，指标值高于 100 代表该类用户对某话题的关注程度高于整体水平。

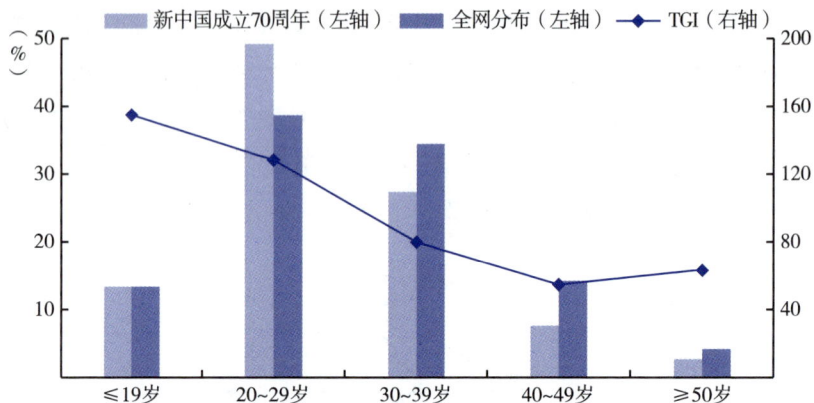

图 5　2019 年 9 月 20 日至 10 月 10 日参与新中国成立 70 周年话题讨论的网民年龄分布

3. 经济发达地区民众获得感突出

从参与网民地域分布看，作为一线城市的北上广，在主题报道中起到了舆论中心的辐射示范作用，围绕京津冀、长三角、珠三角等经济圈舆论声量较大，网民参与度最高的为广东和北京，其次是江苏、山东、浙江、四川、上海、河南、福建、湖南等。经济发达地区民众收获感相对较强，对媒体成就类报道感触和共鸣更深，骄傲、喜悦、感动、奋斗等成为该类群体参与新中国成立 70 周年话题讨论的主情绪。

（三）主体平台：主流媒体引领，各平台齐聚发声

1. 中央及省级媒体强势引导

新中国成立 70 周年重大主题报道以主流媒体为主导，影响力辐射至网站、微博、微信、客户端、论坛、短视频等各类平台。据统计，省级媒体声量最高，发布信息占比 64.56%，其次是中央媒体，占比 23.23%，其后是中央政府、市级及以下媒体、市级及以下政府等发布的信息（见图 6）。[①]

媒体融合趋势在新中国成立 70 周年主题宣传中有突出显现，传统媒体借力 "两微一端一网一抖" 表现出强势的引导力。国庆期间，新华网和新华社

---

① 吴阿娟、孙洁：《时间轴中记录峥嵘身边事里谱写华章》，《中国新闻出版广电报》2019 年 9 月 24 日。

市级及以下政府
1.59%
市级及以下媒体
2.72%
其他信息
3.56%
中央政府
4.34%
中央媒体
23.23%
省级媒体
64.56%

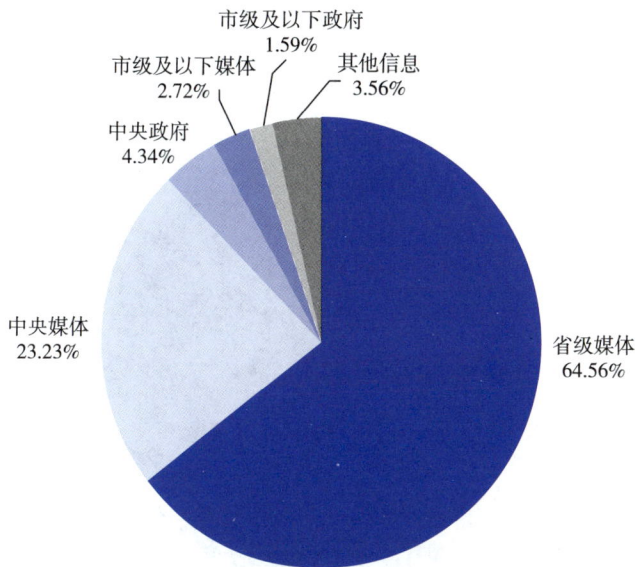

图6 新中国成立70周年相关话题各级媒体分布

客户端页面总浏览量超过3亿；中央广播电视总台推出的《日出东方》70小时不间断大型直播，利用总台丰富的信号资源，多视角呈现庆祝大会、阅兵式、群众游行盛况，截至10月2日12时，从央视新闻客户端各路直播总观看量超过10亿，包括各合作平台账号总观看量超过17亿。

2. 微博平台系话题讨论主阵地

从平台分布看，微博"新中国成立70周年"相关信息最多，占总量的76.7%；其后依次为新闻占9.6%、微信占6.6%、App占4.6%、论坛占1.8%等。视频、短视频制作门槛较高，虽然单个产品平均影响力较大，但两者占比仅0.4%左右（见图7）。

据统计，参与微博讨论的账号中有94%系普通网民，表明主题宣传对民众的带动效应显著，网民在热烈喜庆的国庆氛围中被感召，自发成为相关话题的主传播者（见图8）。

3. 线上线下、境内境外同频共振

腾讯媒体研究院随机对平台8502名用户的调查显示，超九成网民关注了70周年相关内容策划，七成用户参与H5、小游戏等线上互动活动，逾六成网

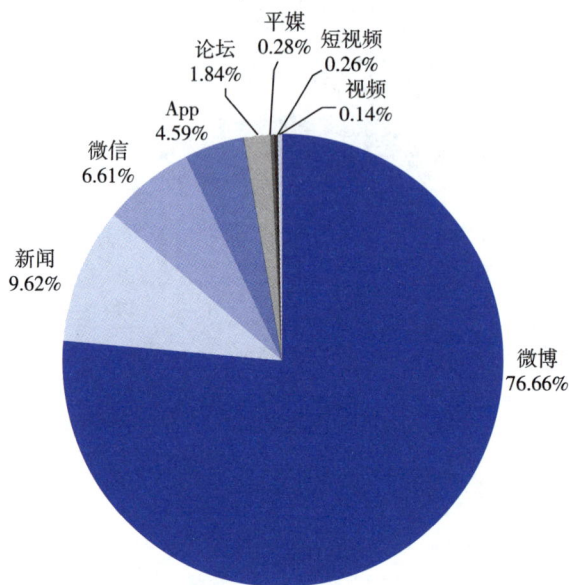

图7　2019年9月20日至10月10日新中国成立70周年相关讨论平台分布

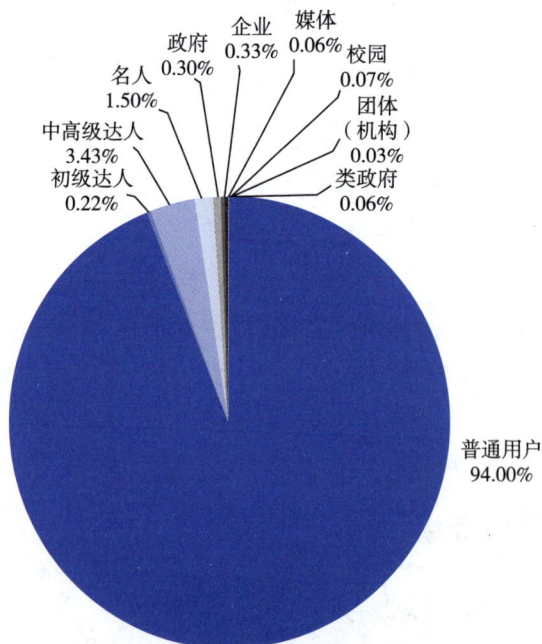

**图8　2019年9月20日至10月10日参与新中国成立70周年
微博话题讨论的用户身份**

民参与线上线下联动活动。线上的有效引导有助于扩大用户对线下活动的参与深度，线上线下传播的交相辉映，激发民众强烈的代入感，不再满足于做历史事件的旁观者，而是主动汇入历史进程，留下自己的印记。

不仅境内，新中国成立70周年的国际传播较之以往也有所突破。新华社英文客户端进行4K＋VR直播国庆盛典，总浏览量超900万，4万余人同时在线观看，创历史新高；中央广播电视总台举办"与中国同行"海外受众互动活动，通过44种语言发布宣介新中国发展成就的多媒体主题帖近千条，高达上亿阅览量，吸引了120多个国家受众。中国日报报、网、端、微全平台联动，70周年主题总传播量破6.2亿，其中国庆庆祝大会相关系列报道在170余家海外主流媒体落地。

二 媒体宣传引导方式及特点分析

（一）仪式化传播提高政治认同

20世纪70年代，美国传播学者詹姆斯·凯瑞（James W. Carey）提出"传播仪式观"，认为传播不是分享信息的行为，而是共享信仰的表征，是一种把人们吸引在一起的神圣仪式。[1] 新中国成立70周年主题宣传理念的一大变革，即是从"传递信息"到"构建仪式"的转变。主流媒体通过组织长时间、大规模的宣传报道，构建传播仪式场域，营造情绪氛围吸引观众参与，在传播过程中强化"中国人"身份认同，进而达到传达政治意义、深化主题宣传的目标。

1. 分阶段烘托仪式氛围

建构具有情感吸引力的仪式场域是仪式化传播的第一步。2019年3月28日，中宣部在河北西柏坡举行"壮丽70年·奋斗新时代"大型主题采访活动启动仪式，围绕这一主线，贯穿全年的主题宣传正式开启。主流媒体通过分阶段层层渲染，一步步将观众情感推至高潮，整体来看，前期预热大致有三个阶段（见图9）。

---

① 〔美〕詹姆斯·W. 凯瑞：《作为文化的传播》，丁未译，华夏出版社，2005。

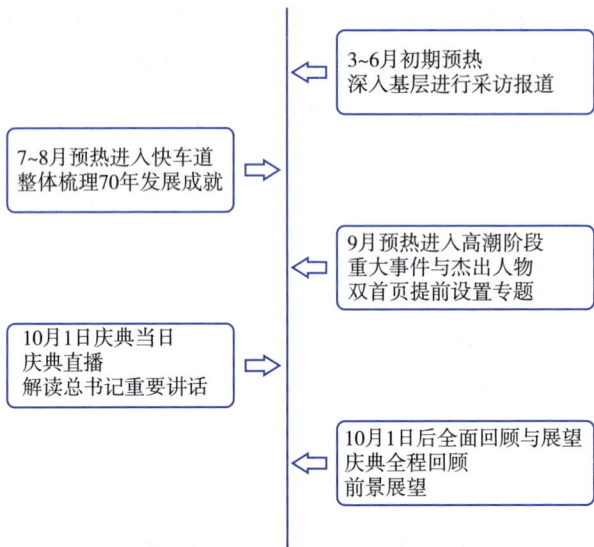

```
3~6月初期预热
深入基层进行采访报道

7~8月预热进入快车道
整体梳理70年发展成就

9月预热进入高潮阶段
重大事件与杰出人物
双首页提前设置专题

10月1日庆典当日
庆典直播
解读总书记重要讲话

10月1日后全面回顾与展望
庆典全程回顾
前景展望
```

图9 新中国成立 70 周年主题宣传进程总结

第一阶段以展示基层风貌为主。4 月 11 日起，全国新闻战线组织开展"壮丽 70 年·奋斗新时代"蹲点调研报道，仅一个月时间，各级媒体累积发稿 2 万余篇，全网阅读超 10 亿，相关微博话题阅读破 6 亿，一大批带有思想高度、内容深度、情感温度的蹲点报道和评论手记相互配合，为主题宣传起到了良好预热效果。第二阶段以 7 月中旬"壮丽 70 年·奋斗新时代"行进式主题采访活动启动为标志，媒体开设专栏深度聚焦 70 年发展成就，解码神州大地从站起来、富起来到强起来的沧桑巨变，在全社会唱响礼赞新中国的昂扬旋律，进一步抬升 70 周年主题宣传热度。第三阶段是 9 月后，媒体浓墨重彩重温载入史册的重大事件、重要时刻，以改革先锋、时代楷模等杰出人物故事串起共和国壮丽 70 年，历史评述与人物特稿交相呼应，将预热引导带入高潮。提前一周左右，各大主流媒体双首页"飘红"，同时开设国庆专区，通过图文、音视频、新媒体等多种形式对重要稿件和程序性报道进行及时呈现，为70 周年报道做最后铺垫。

这一系列梯次呈现的预热，将新中国成立 70 周年塑造成一件举国上下倾心尽力的重大庆典工程，使之成为既激荡当下又包含历史价值的媒介事件，充分调动民众期待，成功营造了"仪式化"的传播氛围。

2. 情绪共振实现身份归属

在媒介仪式中，观众不是被动的信息接收者，而是作为仪式的一部分积极参与着仪式的建构，这是媒介仪式产生效果的秘密所在。① 激发"共同体"情感是 70 周年主题宣传引导民众加入"仪式"的主要方式。各级媒体通过铺天盖地的成就宣传、生动的故事讲述，以历时性呈现、逻辑性叙事、符号化表征，从政治、文化、经济、科技、社会等国家体系相关的各个角度，营造大国语境，最大限度调动最大范围的民众情绪，为各地各领域建设成就喝彩，并通过宣传过程中国家概念的不断强调，全方面构建属于中国人的自豪感，最终点燃民众对国家认同的沸点。人民日报新媒体中心更是采用"时光博物馆全国巡展"和线上直播结合的形式，在北京蓝色港湾放置一辆红色的时光大篷车，车内布置上 70 年来不同时间节点最具代表性的物件，包括老式收音机、电视机、自行车、《人民日报》等，让不同年代受众在时光博物馆的观看中消除代际隔阂，唤醒对 70 年中国发展的记忆和民族情感，从而实现价值共享。这种"认同建构"的方式在引导国民塑造历史记忆、心系社会关切、凝聚民族共识、投身社会建设等方面均有明显作用。

3. 融媒直播拓宽仪式场域

仪式传播需要存在于特定的时空环境中，"在同一空间见证"是仪式化传播的重要特征。主流媒体充分运用融媒直播等新技术、新手段，扩大仪式"现场"，使得传播行为得以跨越时空、地域、终端限制，获得更广泛的参与度。如，国庆阅兵除了常规电视台转播视角外，总台在网络终端增加了观礼台视角、长安街景点、地面和天空镜头等 6 个视角，通过 5G + 4K + AI + VR 的新媒体报道方式，带来了 5G 时代直播的全新看法，产生了强大的传播效应。据微博 10 月 3 日公布的数据显示，国庆直播累计播放量 6.8 亿，累计互动量 1928 万；短视频网站快手公布的数据显示，自 10 月 1 日 7 点至 12 点 50 分阅兵仪式直播结束，网民通过快手网站观看央视直播的人次超过 5.13 亿，最高同时在线人数超过 600 万；4K 高清信号首通院线，"直播大片"《此时此刻——共庆新中国 70 华诞》在全国 70 家影院同步播出，全部爆满。主流媒

---

① 〔美〕丹尼尔·戴扬、伊莱休·卡茨：《媒介事件——历史的现场直播》，麻争旗译，北京广播学院出版社，2000。

体通过新媒体直播技术，引导更多不同地区观众聚集在同一虚拟场域，跟随镜头的多视角展示去见证、去感受，形成身临其境的参与感。不少观众表示："仿佛身临其境在现场，大银幕前大家聚在一起观看阅兵式的氛围更令人动容。"

（二）切面式角度呈现宏大主题

重大主题宣传作为政治传播的重要组成部分，由于议题宏大，很容易陷入堆砌数字的成就式报道和凌虚蹈空的综述性报道窠臼，内容显得空洞单一。而新中国成立70周年主题宣传通过宏观、中观、微观三条脉络的配合呼应，从不同层面丰富了宏大主题的展现维度，实现了全景视野、特写叙事和微言大义的融合统一。

1. 多角度、立体化呈现宏观全景

70周年主题宣传以时间为轴线、从历史维度追忆70年峥嵘岁月、展现国家发展和重大战略部署，以全景视野的多维呈现为主要特征。人民网、新华网、央视网等推出的"70年70问""史诗70年""逐影寻声70画"等专题专栏与"70"这一数字紧密挂钩，系统回顾新中国成立70年的重要场景和重大变化，既有政治高度、时代视角，又有历史回望和故事嵌入，展现了中国创造伟大奇迹的奋斗历程和驶向伟大复兴的壮阔前景。

值得一提的是，70周年报道不仅展示"中国怎么能"，更从宏观视角挖掘成就背后的制度逻辑，讲清"中国为什么能"。国庆节前夕人民日报连续推出"任仲平"署名评论，人民网配合刊发"读任仲平文章有感"系列网评——《"中国伟业"，如何奋进》《"中国奇迹"，有何逻辑》等，进一步深刻阐明新中国70年来创造奇迹、铸就伟业的必然性；光明网开展"精神的力量·新时代之魂"主题宣传，将理论与实践有机结合，邀请专家学者、业界人士与媒体记者共话伟大精神的作用，共同探讨"中国精神"的时代内涵和中国成功发展的内在逻辑；新华社评论《速度与效率——中国逐梦民族复兴在路上》对"中国速度"进行全新诠释——"经过70年的发展，'中国速度'已经不限于简单的GDP增速，更体现在中国加速推动创新、追求绿色发展、推进市场化改革等方方面面"。这些策划从不同角度展示了中国的"四个自信"，既有全局观，又有思辨性，使得宏大主题宣传更显立体。

2. 通过主题特写丰富中观横切面

从成就报道的角度看，如果一味陈述 GDP 增长等宏观经济数据，会显得较为空泛，而选取具有特定意义的行业、领域动向，以专题特写的方式展现宏大主题的不同横切面，则显得更加丰富、具象。中央主要媒体统一开设的"共和国发展成就巡礼"专栏，从教育、医疗、能源、交通等重点领域、重点行业，通过图文镜头、数据陈列展示行业变迁，透过行业视角探讨中国与全球产业链的融合发展，反映各地各行各业在习近平新时代中国特色社会主义思想指引下的生动实践。又如，人民财评围绕"70 年饮食之变""70 年衣冠之变"等衣食住行这些和百姓息息相关的话题，折射时代变迁下人民理念的转变，映衬出祖国的发展和国人的自信。这些具有代表性的行业、领域像整个社会发展的一个个横切面，这些故事的讲述避免了一概而论的空洞，增强了内容的可读性。

3. 下沉关注微观个体的时代故事

历史是由人民群众创造的，70 年壮丽征程也是由千千万万的个体故事拼接而成。70 周年主题宣传通过"下沉式"报道，以小切口串联时代故事，成为主题宣传的又一大特色。如，光明网《奋进的中国精神》栏目，深入塞罕坝、云南善洲林场、古浪八步沙林场等基层一线，录制拍摄八步沙治沙人、塞罕坝建设者黄大发、王有德、杨善洲的先进典型事迹，通过挖掘人物精神和环境变迁，深层次地解读中国精神，传递出新时代生态文明建设、脱贫攻坚过程中的奋斗担当。新华社"70 秒说 70 年"有关中国经济发展的论述，没有宏大的发展叙事，而是以湖南邵东 53 岁农民赵顺华小时候和现在"一小时农作收割效率"的对比，说明"人均创造 GDP"的概念，折射中国生产效率的疾速提高，用小故事讲述大主题。这些在媒体聚光灯下的"个人"，既有共和国勋章获得者、改革先锋、时代楷模等先进模范，也有在平凡岗位上奉献追梦的普通人。这些故事虽然都是历史长河中的一个点，但汇聚在一起，从不同侧面以小见大地彰显了整个时代主题。

（三）柔性化策略转变话语形态

汪凯在《转型中国：媒体、民意与公共政策》一书中指出，公共权力对互联网的管理将不太可能延续政府对传统媒介的管理方式，以柔性的对话关系为主的模式更有可能成为新的方式。① 所谓柔性对话是相对于硬性"说教式"传播而言的,包含有平等的视角、温和的态度、轻松的方式等多方面含义,柔性的传播策略有助于拉近受众距离,淡化主题宣传政治色彩,以达到潜移默化、润物无声的传播效果。在新中国成立 70 周年主题宣传中有以下几方面的突出表现。

1. 以平等视角降低传播姿态

不同于以往主题宣传聚焦先进人物和社会精英、以高大全形象引领社会风俗的做法,新中国成立 70 周年主题宣传除了模范人物的先进事迹,更多将目光聚焦到普通人的奋斗故事上,表现出平民化的叙述视角。人民网设立的《大国小家精品图片欣赏》专栏,由"光阴的故事""家园的风景""国家的脚步"等板块组成,通过富有冲击力的图像讲述了新中国成立 70 年来普通人的生活故事和变化。中央广播电视总台公益广告《十四亿分之一》以电影级制作呈现运动员、出租车司机、建筑工人、外卖骑手、医护人员、教师等各行各业普通人的奋斗身影,强调新中国的壮丽由每个普通的"1"书写而成,号召向 14 亿劳动人民致敬。虽然没有典型人物的惊心动魄,但大时代下,平凡人的生活、平凡岗位上的奋斗,却更容易让受众从这些"小人物"身上找到自己的影子,从而促发对故事价值观和情感的认同。

2. 以质朴语言消除传播隔阂

长期以来,主题报道由于浓厚的政治目的而天然带有严肃刻板的色彩,相对书面的语言风格很容易让受众产生距离感乃至逆反心态,不符合当下互联网的传播语态。"用日常语言说老百姓关心的故事"正在逐步成为新闻人的共识。新中国成立 70 周年主题采访中,保留有很多通过平实淳朴的语言文风展现新时代中国当代人物和当代故事的案例。总台央视综合频道播出的《开学第一课》,为了让同学们理解"五星红旗,我为你自豪"的抽象意义,邀请江姐狱友、假肢登顶珠峰第一人、"中华神盾"海口舰护航战士等当事人现身说法,讲述"为让五星红旗高高飘扬而不懈奋斗"的感人故事,当事人朴实而带有方言口音的语言,亲切而饱含情感,让现场观众无不动容。这种平实的讲述语言,不加雕琢,却更显生动真实,能有效消解重大主题报道中官方语言和民间语言的隔阂、

---

① 汪凯:《转型中国:媒体、民意与公共政策》,复旦大学出版社,2005,第 13 页。

宣传话语与日常用语的差异，使两个话语体系更好融合，让主题宣传更加通俗易于接受，缩小政治传播的信息鸿沟。

3. 以政娱融合拉近民众距离

政治与娱乐的破壁融合在 70 周年主题宣传中有突出体现。首先是娱乐话语的运用。主流媒体主动融入年轻人的圈子文化与话语体系，将原本存在于饭圈、网络用语中的"阿中哥哥""70 岁仔仔"等称谓运用到主流宣传中，没有了早前"祖国母亲"的深沉，摆脱了"家长式"的说教，凭借对青年亚文化的尊重、符合青年人的话语模式打开了这个群体的心门。由拟人化中国形象衍生出的"民族偶像"火速走红，大量年轻人参与议题互动，"为阿中庆生""给阿中应援"，爱国主义与大众娱乐达到空前一致的同频共振。其次是娱乐形式的融合。国庆期间，红歌传唱成为流行趋势，在各媒介平台的引导下，歌声成为全民爱国最温暖的注脚，《我和我的祖国》音乐相关全网传播的传播量破千万。而人民日报和腾讯联合推出模拟建设游戏——《家国梦》，通过在游戏场景中模拟各类城乡建设项目，引导玩家一步步了解国家扶贫攻坚、绿色出行、减税降费等硬核政策，将政策宣传转化为"寓教于乐"的游戏产品，9 月24 日开启测试后，整体曝光量超过 10 亿，共上架 30 + 家下载渠道，上架第二天就登顶 AppStore 免费游戏榜。

（四）矩阵式传播提升引导效力

在当下自媒体高速发展和碎片化传播背景下，避免宏大主题遭遇解构式全民狂欢，对媒体舆论引导能力提出了极大考验。70 周年主题宣传自上而下的调控安排，以央媒为中心向外辐射，通过多端合力、多平台协作的组合矩阵式传播，实现了用户流量和传播效果的双重提升，为主流媒体在去中心化媒介环境中"重夺麦克风"提供了鼓舞人心的经验和有益启示。

1. 多级媒体各司其职

70 周年主题宣传尽管传播主体众多，但基本以中央级媒体、机构为中心主导议题，各地以本土为特色联动配合。据云和数据显示，国庆当日搜索量前十的微博话题中，6 个由央媒或中央机构单独主持，2 个由央媒参与共同主持（见表1）。这种"中心辐射"的传播模式，确保了主题的可控性，也有助于政治宣传的宏大叙事和权威感。尤其是共青团中央主持的"阅兵车牌号是 1949

和 2019"这一话题一经推出，迅速引发网民共鸣，被称为"最感动一幕"，成为 70 周年阅兵式上的标志性时刻。

表 1　10 月 1 日当天微博搜索量前 10 的国庆相关话题及主持人

单位：次

微博话题	当日搜索量	累计阅读量	话题主持人
大阅兵	1169.7 万	24.8 亿	人民日报等共同主持
阅兵车牌号是 1949 和 2019	597.5 万	9.3 亿	共青团中央
全体受阅官兵集结完毕	571.1 万	5.6 亿	央视新闻
香港光头刘 Sir 挥舞国旗	566.3 万	2.5 亿	人民日报
全场唯一站着不动接受检阅的队伍	477.3 万	4.2 亿	央视新闻
祖国生日快乐	341.2 万	17.2 亿	中新经纬等共同主持
国庆烟花	325.1 万	6.1 亿	央视新闻
每人一句华诞祝福	322.6 万	2222 万	深圳头条大热门等共同主持
国庆联欢活动节目单	317.5 万	2 亿	人民日报
东风快递使命必达	292.9 万	2.8 亿	DS 北风

　　将主题报道本土化是地方媒体探索的方向。在 70 周年报道中，省市级媒体紧跟央媒议题，通过将主题报道与地方特色、地方文化相结合，讲好本地故事，拉近本地受众距离，避免了重大主题报道概念化、模式化、通稿化，取得了良好的传播效果，与央媒形成了相互配合。河北新闻网策划推出河北地方戏联唱《我和我的祖国》MV，采用"河北地方戏曲 + 歌曲"形式，全新演绎《我和我的祖国》，多平台总播放量达 2341 万，在当地备受热捧。湖南广播电视台广播传媒中心联动 70 个城市，结合各地"解放路上"的独特故事，搭建起"音频 + 视频 + 图文 + 线上互动传播"等多种呈现形式的融媒体传播矩阵，将节目打造为广播、电视、网络、新媒体平台、出版物五大资源和渠道的融媒体产品。全网络触达用户规模达到 2175.08 万，占全国触达人数的 51.44%，突破了媒体与媒体之间的窠臼框架与信息壁垒，实现了信息的互通共享。

　　2. 多端合力，跨平台协作

　　在移动互联网的发展浪潮之下，各级媒体纷纷落实"两微一端一网一抖"的生态布局，在 70 周年主题中尽显身手。尤其是中央媒体，积极响应习近平总书记"全程媒体、全息媒体、全员媒体、全效媒体"的"四全媒体"号召，凝聚多端全媒体平台资源，打造出全方位矩阵式融合传播的创新路径。中央人民广播电视总台联动"两微一端一网＋卫视"打造多平台联合传播，大型直播特别节目《共和国发展巡礼》走进全国 31 个省、自治区、直辖市及新疆建设兵团的城市和乡村 100 多个直播点，不仅在央视及各级地方电视台同步直播，更在央视网、新浪微博、抖音、快手等新媒体端同时传播，形成了中央媒体与地方媒体、传统媒体与新兴媒体相配合的强大传播矩阵。新华社媒体融合创新项目"声在中国"，围绕"声音、时代、人生"三大主线跨界融合叙事，通过挖掘音乐作品及多种声音背后的故事，从各类声音记录国家的方方面面。新华社还根据各平台特性策划并制作了音视频、H5 等新媒体内容，其中，原创爱国歌曲专辑不仅在新华自有平台、账号上线，更在 QQ 音乐、酷狗音乐、酷我音乐、全民 K 歌迅速掀起热潮，微博发起的同题话题阅读量破 10 亿，为用户提供了多维度、全方位、多视角的融合传播盛宴，形成了一次跨界、跨平台、跨次元媒介大事件。

3. 线上线下形成联动

腾讯大数据显示，8 月 1 日至 9 月 30 日，新中国成立 70 周年各式线下庆祝活动信息在线上的传播量高达 1639.7 万条，日均信息量 26.9 万条，临近国庆日均信息量陡增（见图 10）。主题宣传线上线下联动规模之大、范围之广，在 2019 年国庆达到最盛。合唱、快闪等活动形式新颖，也成为媒体和社群等线上平台争相关注的焦点。

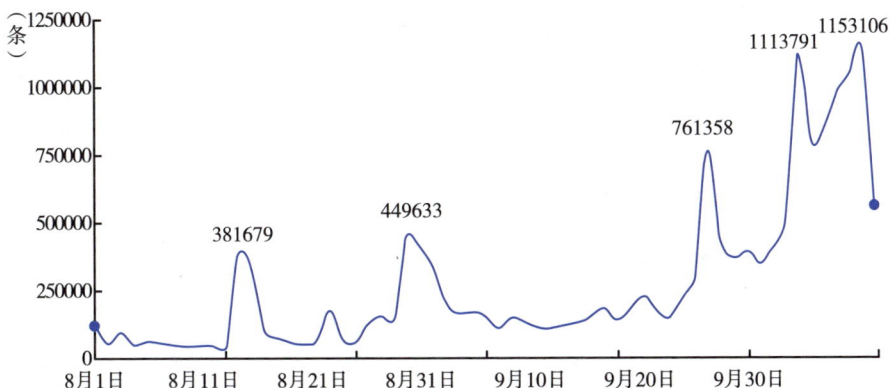

图 10　线下庆祝活动全网传播趋势

8月11日，央视新闻在微博发起"我和国旗同框"活动，号召与国旗合影，一起祝福祖国。同时，线下同题活动走进北京、上海、广州、深圳、南京等多个城市，设立活动区引导民众参与"同框"活动，并加设"我和国旗同框""我爱你中国""我是护旗手""我和我的祖国"等活动定制纪念邮戳，让参与者DIY制作专属明信片当场寄送，在线上线下掀起"同框"热潮，"我和国旗同框"微博话题阅读量23.5亿，讨论量187万，成为全民参与爱国活动的一大表达方式。多地发起的"快闪"活动更是以非主流、年轻态的表现形式成为一大靓丽风景线，吸引了各年龄层的网友参与。腾讯大数据显示，新中国成立70周年"快闪"系列活动在35岁以下网民群体中热度最高，15~25岁、15岁以下、25~35岁网民讨论热度分别占比31%、23%、20%，合计超过70%，不少快闪片段也在网上传播引发热议，相较其他时政话题，女性群体表现尤为积极。

（五）交互手段打造沉浸式场景

麦克卢汉提出，真正有意义、有价值的信息，不是各个时代的传播内容，而是这个时代所使用的传播工具的性质及其所开创的可能性和带来的社会变革。[①] 交互性和场景化是当下移动传播的重要特征，70周年主题宣传中，主流媒体充分利用新兴技术，打造个性化场景体验，实现信息和服务的聚合，成为吸引受众、联系受众的关键。

1. 虚拟场景打造沉浸体验

移动互联网时代的场景强调的是由大数据、移动设备、社交媒体、传感器和定位系统"五种技术力量"所营造的个性化的在场感，是一种基于空间、行为、心理的环境氛围。[②] 在此次重大主题报道中，主流媒体综合运用VR、AR、MR等技术，打破了时空界限，给观众带来时空一体化的"身临其境"体验。新华社新媒体中心联合腾讯推出"我为祖国点赞"小程序，立足新华社独家史料价值的新闻图片，精选不同年代的30幅老照片，以沉浸式场景给

---

① 〔加拿大〕马歇尔·麦克卢汉：《理解媒介——论人的延伸》，何道宽译，商务印书馆，2000，第46页。

② 〔美〕罗伯特·斯考伯、谢尔·伊斯雷尔：《即将到来的场景时代》，赵乾坤、周宝曜译，北京联合出版公司，2014。

用户上了一堂生动有趣的历史课。AI手势识别技术的引入，以"为祖国点赞"为寓意，激发民众参与"表白"，仅一个小时，文章点赞破万，而微信文章《今天，我们一定要竖个大拇指！》则迅速突破10万。

传播学者斯蒂芬森提出"传播游戏说"，认为大众传播的最妙之处在于允许阅者沉浸于主观游戏中。随着媒体融合向纵深发展，"游戏"的范围也在不断扩大，在70周年主题宣传中有突出体现。新华社智能化编辑部推出《这些"大国重器"，让你在桌面上亲手操控》，运用AR制作新技术，准备了主战坦克、武装直升机、东风弹道导弹等武器，让用户通过亲手操控，提前感受大阅兵的震撼冲击。新华网推出的微信互动小游戏"熊猫跳跳跳"，将知识科普与休闲游戏相结合，以"向上跳"映射中国人积极向上的精神状态，通过卡片、彩蛋的方式呈现国家发展、时代变迁，持续点燃参与者的热情，互动量破亿。

2. 交互设计增强用户参与

增强用户与新闻产品之间、用户与用户之间的互动性，是促进裂变式传播的重要因素。人民日报、新华社、央视等主流媒体打造的《我的年代照》《我的最美"打卡照"》《70年我是主角！首部全民定制电影等您试镜》《全民在线换装互动，一起接受祖国检阅》等H5以"换脸"技术为核心，凭借轻量化操作、场景化体验、交互式参与等特点，在社交平台打造了"刷屏"态势，其中人民网"我的年代照"总参与人数超过3700万。总台三网倾力打造的"AI＋媒体"全新应用产品《课本里的新中国》，由用户和三台主播担任的领读人共同完成课本中耳熟能详的经典课文朗读。用户朗读的音频，经过AI校验后可与主播朗读音频合成一个音频文件，从而拉近用户与偶像的距离。这些具有高度交互性的融媒体产品赋予了用户充分的参与权，促进了用户的自发参与，容易取得事半功倍的传播效果。

70周年主题宣传中，主流媒体还充分运用新媒体的双向传播特性，让受众从被动信息接收者转变为主动参与者。如，人民日报9月1日推出"30天表白祖国"微博话题活动，并持续推出"你心目中的中国名片""为什么一出国更爱国""最让你感动的一句话""一句话应援我们的阿中哥哥""为祖国热泪盈眶的瞬间""你心中祖国最坚强的一刻""我为祖国画海报"等子话题，调动网民花式赞美祖国，将普通网民推上传播主位，截至10月6日，相关话题累计阅读量超44亿，讨论量超276.9万。

3. 注重内容的"对话性"

新闻传播的对话性指的是媒体与受众之间的双向反馈，对话性得以有效实现的前提条件是受传者之间新闻语境的共通，以及传者新闻视野和受传者新闻期待视野的交叉融合。70周年主题宣传中，主流媒体高效的反馈系统、预设对话机制的新闻文体以及富有对话意识的新闻传播方式，对提高新闻舆论引导水平大有助益。以人民网重磅推出的"70年70问"成功经验为例，除了采取全方位覆盖、全天候延伸、多领域拓展的全媒体传播策略外，不难看出这70组5000字左右篇幅的稿件和不足5分钟时长的视频，无一不以预设问题的方式、从不同路径和切口回答着当今中国社会的时代命题，以答疑解惑的方式解说历史变革背后的"中国密码"，寻找历史性成就蕴含的"中国基因"，获得了视频播放量2.3亿、微博话题阅读量2.2亿的卓越成绩。

除了预设类对话场景的构建，主流媒体还注重通过及时捕捉和回应舆论焦点来提升宣传关注度。新华社联合知乎发起"你好中国·问答70年"专题活动，以"名人提问、网民回答"的形式共同回首往昔、展望未来，相关问题总浏览量超过3200万，总回答数超过2.5万个，聚合大量网民共抒民族自豪感。庆典过程中，围绕"放飞的7万羽信鸽从哪里来、到哪里去""是否会产生风险、污染环境""陕西彩车由于现场光线等条件导致演出效果不佳"等突发性周边问题，各级媒体也通过"两微一抖"予以及时解答，既避免了舆情发酵，也掀起了新一波借势宣传，效果良好。

三　对重大主题网络舆论引导的几点启示

从新中国成立70周年系列网上报道可以看出，全媒体时代，重大主题宣传正逐步从单向输出向多向度、立体化、融媒态的多维互动转变，舆论引导工作有待因时而变、因势而变。回归传播的核心价值逻辑，即"内容为王"和"体验为先"，搭载丰富的新媒体技术手段，激活优质内容资源，精准回应用户需求。

（一）策划先行，分阶段做好议程设置

重大主题宣传通常时间跨度较长，推出的报道和融媒体产品如若过于分

散，很容易淹没在海量资讯中，难以形成集群效应。应根据启动、预热、高潮、保温、收官等不同阶段的不同情势和需求，从循序渐进推动到集中力量、重点突击，分阶段做好议程设置，并在后期做好承前启后、巩固宣传成果。对于重大主题宣传过程中的舆论困惑或质疑，应予从容应对、及时回应。

（二）注重"全景观"与"下沉化"相结合

从主题表现上，应坚持全景视野，在围绕主题立意的同时，从"点"延伸到横向、纵向的各个方面，尽可能从不同侧面、不同角度挖掘有价值的内容，形成大主题的立体化展现。从引导方式上，则要注重宣传视角下沉，避免"高高在上"的说教方式，应转过身来眼睛向下，深入基层、现场和群众，从群众视角讲述大主题，从细处着眼、从故事着手，既要站得高、看得远、谋全局、反映整体全貌，又要低机位、平视角、接地气、展示细节。

（三）打造矩阵，各级各类媒体各司其职

矩阵传播的价值既是扩展触角，也是相互补位。重大主题宣传涉及面广、参与者众；中央媒体可以发挥内容策划、引导优势；地方媒体围绕央媒唱响协奏曲；新媒体平台拓宽渠道，提高信息触达率。各级各类媒介应在实现资源整合、融汇共通的基础上，通过媒介优势的优化组合和信息延展，进一步发挥媒体信息的传播效力，实现针对差异化受众的分众传播，在同声呼应中放大一体效能。

（四）从"向用户灌输"向"与用户交流"转变

宣传既是一种述之于理的活动，也是一种诉之于情的互动，以达到教育、引导、鼓励或批判反驳的目的。首先宣传者要以平等的态度与受众进行对话式思想交流，建立互信关系；其次注重传播过程的交互，倾听民间声音、反映民众关切、激发和释放受众能动性，着眼于"议题引导"而非"生产内容"本身；最后选取适宜的产品形态，通过叙事方式、情感浓度以及扩散方式和使用情境等，打造或适宜理性宣传或适于氛围营造的内容。

（五）充分发挥技术效能，实现场景化传播

实现场景化传播是媒介变革的重要方向，根据受众场景制作内容与形式相

匹配的新闻产品，实现信息和服务的聚合，是主流媒体联系受众的一大关键所在。应最大限度鼓励将技术创新融入新闻采集、生产、分发的各个环节，充分发挥 5G、VR、AR、人工智能等技术，以及线下活动、微博话题、长图、短视频、歌舞、游戏等新形态，在丰富产品叙事方式、刺激宣传对象思考或情绪、提供个性化内容场景、提升受众阅听体验、拓宽传播场域、实现用户跨时空连接、丰富宣传层次等方面的作用。

总而言之，纵观各大媒体对新中国成立 70 周年重大主题的宣传报道，无论从理念、内容，还在技术、形式上，都体现出前所未有的创新与突破，实现了媒体融合背景下与时俱进的发展。这次成功的传播实践也启示我们，新媒体赋予了普通人更多参与传播、表达自我的权利和自由，"引导"已然成为重大主题宣传贯彻始终的关键词，只有顺应互联网传播规律，在理解用户的基础上进一步完善议程设置、优化话语表达、创新产品形态，才能在"去中心化"的媒介环境中保持主流媒体的权威性和话语权，实现媒体融合的新发展。

B.8
主流媒体与突发公共卫生事件
网上舆论引导

汤辉 郭元元 何都*

摘　要： 及时准确发布权威信息、有力引导网上舆论是取得抗击新冠
肺炎疫情胜利的重要保障。本报告较为全面地总结了主流媒
体关于新冠肺炎疫情网上舆论引导情况，提炼了新冠肺炎疫
情舆论引导在融合传播、"建设性"新闻、助力基层防疫
"新闻服务"等方面的新特点，有的放矢地提出了坚持内容
为王，巩固主流地位、深入推进媒体融合，创新话语表达、
重视科学思想和科学精神传播、维护意识形态安全、打造引
领主流宣传的 KOL（指意见领袖）等对策建议。

关键词： 主流媒体　舆论引导　突发公共卫生事件

　　2020年初，新冠肺炎疫情暴发并蔓延，民众对于权威、准确、透明的新
闻信息需求也随之大为增加，中央、地方主要新闻网站，积极组织宣传引导，
及时准确发布权威信息，有力引导网上舆论，为打赢疫情防控阻击战营造了良
好的网上舆论氛围。数据显示，有关新冠肺炎疫情的报道中，新华网、人民
网、央视网等主流新闻网站在报道数量和议程设置上优势依旧明显，奠定舆论
主基调（见图1）。东方网、东南网、大众网等地方主流网站结合当地实际，
集中策划服务性强、共鸣性强的内容，取得一致好评。可以说，在这场围绕疫

---

* 汤辉，新华网思客知识中心副总监；郭元元，新华网思客知识中心舆情直报室副主任；何都，
新华网思客知识中心舆情直报室主任。

情动向、防控宣传、专家解疑、谬误澄清、政策解读、对外报道等一系列报道活动之中，主流媒体在专业性、权威性以及新闻报道的深度与广度方面，充分体现出在重大突发性公共事件报道与传播中的主导作用，为打赢疫情防控阻击战提供了有力的舆论支持。

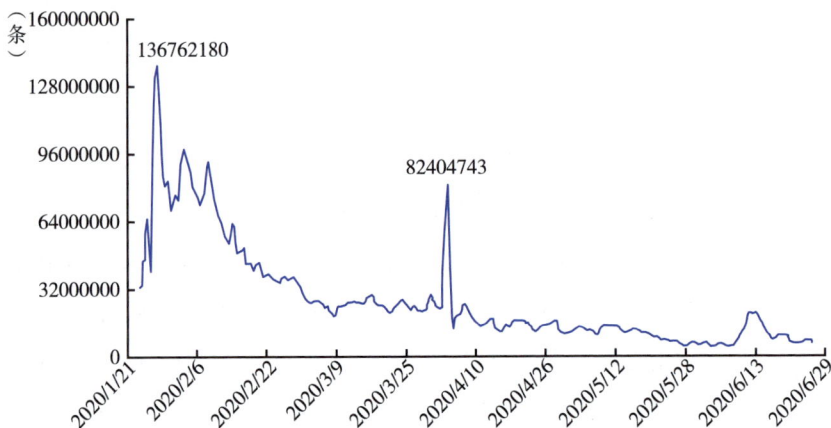

图1　新冠肺炎疫情信息整体传播量超 45.1 亿

资料来源：新华睿思数据云图分析平台、腾讯指数。

一　主流媒体新冠肺炎疫情网上舆论引导情况

新冠肺炎疫情暴发以来，主流媒体以高度的政治责任感和使命感，积极组织全方位、全媒体、多语种宣传报道，及时准确发布权威信息，积极正面引导网上舆论，受到网民广泛赞誉，为打赢疫情防控阻击战营造了良好的网上舆论氛围。

一是着力打造网上权威全媒信息总汇，为网民提供"一站式"新闻信息服务，稳定网民情绪。疫情期间，中央和地方主流媒体借助自己的媒介地位，充分发挥了在信息掌握和发布方面的强大能力。无论是习近平总书记多次主持中央政治局常委会会议并做出重要指示的信息提炼，视察首都相关医院、社区并现场连线湖北疫情防控前线的拍摄报道，还是李克强总理在武汉现场检查、指导工作的新闻报道，抑或通过采访院士、专家完成的专业信息披露，乃至对武汉、湖北疫区患者和医生的调查采访，都体现出了主流媒体在重要信息发布上的权威性。首先，突出做好习近平总书记重要讲话和指示精神宣传解读。围绕习近平总书记主持召开重要会议、亲赴一线调研指导疫情防控工作发表重要讲话、做出重要指示，主流媒体全程跟踪、精心策划、深入梳理、巧设议题，对总书记重要讲话和指示精神进行全方位、多层次、多角度深入宣传解读。新华网"学习进行时"《团结合作！习近平为全球抗疫提出中国倡议》等86篇原创深度解读报道单篇平均转载量超过400次。其次，第一时间报道权威信息，包括累计确诊病例、疫情防控进展、官方通报、谣言澄清与解释等，以"快讯""最新消息""速报"等形式报道第一时间第一现场的即时内容。同时推出融媒体专题，汇总各类信息。人民网则推出"人民战'疫'"直播专题，通过新闻生产大平台，打通抗疫报道"横纵贯线"，发动社会化生产，将优质内容第一时间上浮，并通过多介质多渠道分发，促进了抗疫信息的高效传播。央广新闻客户端第一时间建立"实时更新：新型冠状病毒肺炎信息汇总"专题，24小时不间断直播疫情进展。专题中涵盖了疫情速报、各地防控、救援进展、专家解读、第一现场、总台独家评论以及科普常识等内容。中国军网、强军网同步制作推出"军民携手，打赢疫情防控阻击战"大型专题，传递党的声音，集纳权威信息，发布各级贯彻中央决策部署的活动动态；军报记者微博、中国军网今日头条号和中国军网腾讯企鹅号同步开设"打赢疫情防控阻击战"话题，实时更新发布全国全军勠力同心战"疫"情。此外，加强专家解读，大众网及客户端针对社会上产生的恐慌焦虑情绪，及时推出《应对新型冠状病毒我们该怎么预防》《保持警惕无需恐慌充满信心——专访省疫情处置工作领导小组医疗救治专家组组长》等专家解读报道，解疑释惑，稳定人心。中国传媒大学电视学院教授曾祥敏总结了疫情报道中中央级媒体守正、清源的三大利器：一是守好网端时政头条的置顶阵地；二是搭建信息高效聚合平台，把长期以来积累的基础能力转化为内容生产力；三是通过高密度对话权威疫情防控和科研专家，传播更具价值的科学防控信息。在各部门各媒体的共同努力下网民情绪由恐慌、担忧逐渐趋于理性乐观（见图2）。

二是深入报道防疫抗疫一线感人事迹，在网上激发强大正能量。如何在这场重大灾难中有效激发正能量，做到强信心、暖人心、聚民心，对宣传舆论引导

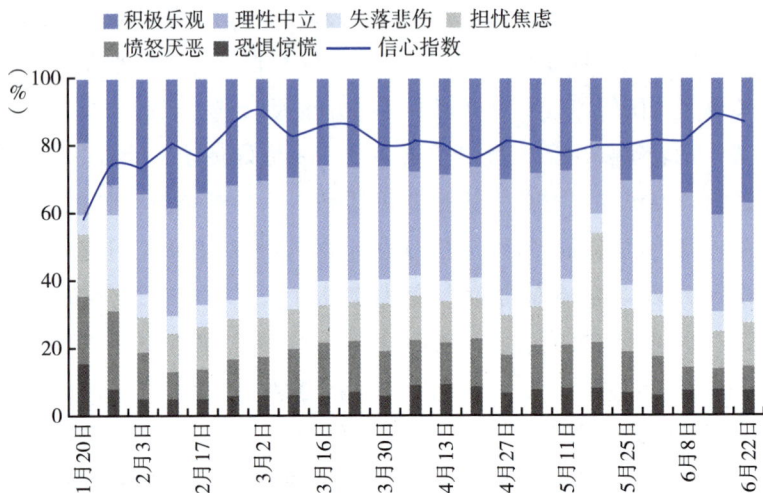

图2　疫情舆论情绪态势

工作来说是一次大考。在这次抗疫报道中，涌现了大量有情感、有温度的爆款故事，展现了中国人民团结一心、同舟共济的不屈精神和互帮互助、甘于奉献的人间大爱，增强了信心，温暖了人心，安抚了情绪。如新华网打造"新华网连线湖北"栏目，综合运用手机视频采访、录屏、云剪辑等多种报道手段，为网民第一时间带来各地援鄂医疗队展开救治工作情况，推出"湖北救援日记"系列报道，生动再现来自战"疫"现场的实况和医务人员崇高的精神境界。主流媒体还将视角对准万千普通人，中国军网《群像｜抗疫一线，那些义无反顾的"逆行者"》《盘点战"疫"一线医务人员的暖心之举》等整合报道，《战"疫"一线，他们的身影让我们热泪盈眶》《或许你看不清我的脸，但请让我护你平安!》等手绘画，都深受网民喜爱。东南网策划推出了《致敬战"疫"中的平凡英雄系列》系列海报，连续推出《医疗工作者》《志愿者》《基层干部》等18期。这些感人至深、传播力超强的"暖"新闻没有空喊口号，而是真实展现了抗疫一线平凡人的不平凡事迹，情节真实鲜活，催人泪下，引发了公众强烈精神共鸣，传递了"没有一个春天不会到来"的信心。

三是着力做好网上热点问题引导，积极正面有效引导网上舆论。面对疫情防控过程中出现的社会热点问题，中央和地方主流媒体敢于发声、善于发声，关键时刻不缺位、不失语、不误语，第一时间回应群众关切，牢牢掌握网络舆论场主动权、主导权。人民网推出"众志成城 加油武汉"系列网评，紧跟疫情舆论态势，持续发出主流媒体最响亮的声音，精准、犀利、深入地为打赢疫情防控阻击战提供有力舆论支持。《及时发布信息，才能稳定"军心"》倡议信息透明；《疫情当前，处理好小口罩也是大事》关心口罩安全；《疫情就是集结号，高举党旗奋勇向前》号召党员发挥先锋模范作用，发声及时，直指人心。新华网围绕黄冈卫计委主任被免事件，连夜推出《新华锐评：守土不尽责必被问责》；围绕大理截留重点疫情防控地区口罩，推出《新华锐评：大理，你"欠理"了!》，登上当日微博热搜榜，成为社交平台的热门话题；《新华锐评：不掩护才是真保护》直击隐瞒境外旅居史或健康状况人员"痛点"，推出后受到广大网民拥护。针对有关上海封城舆情，东方网及时主动发声，发表《防控必须从严，措施必须精准，应对必须科学》评论文章，指出上海有能力防控好疫情，不必过于紧张和恐惧。武汉"解封"当日，为防止武汉"解封"引发的社会心理疏导问题，东方网发表评论《武汉解封之日，这两个社会心理问题特别需要疏导》，呼吁各地公众要换位思考，对武汉人多一些服务和关心；武汉人对各地的防控措施，要多一分理解，少一分多心和烦躁。主流媒体相关发声直面问题、澄清谬误，有锐度、有态度的表达，在网络上引发巨大反响。

四是着力做好疫情防护知识科普与辟谣，引导网民科学正确理性地看待和应对疫情。在抗击新冠肺炎疫情这场没有硝烟的战争中，科普的重要性再次凸显。中央和地方主流媒体的科普信息非常丰富，有效消解恐慌情绪，及时揭穿谣言谎言，为网民科学认识疫情、提高自我防护能力提供有力支持。光明网策划推出"防疫科普"系列图解和H5知识小游戏《全民大战疫》，以新媒体形式及时准确地传递最权威的科学信息，呼吁网民不信谣不传谣。主流媒体还将"权威解读切片化传播"，通过拍摄短视频或将长视频剪辑为小视频，在抖音、快手等短视频平台科普疫情知识，比如央视网与卫健委合作开设《够科普》专栏，《为什么发热要及时报告？这件事情千万别忽略》《隔离为什么需要14天》等15期短视频以活泼的形式科普防疫知识，通过抖音及微博向网民传播。此外，有关部门与主流媒体网站都开设了辟谣平台，对谣言一一予以驳斥，取得了良好的辟谣效果。互联网联合辟谣平台推出《一周谣言盘点看看这些你都中招了吗?》等系列报道，央视网推出"新型冠状病毒谣言必考卷"H5，以答题方式帮助网民正确防疫、科学抗疫。主流媒体的科普表现对传播科学信息、稳定社会情绪、肃清非智舆论具有关键意义。

五是立足大众，做好抗疫服务，为尽快恢复经济社会秩序营造良好舆论氛围。中央和地方主流媒体在做好新闻报道的同时，还通过自有平台和各类新媒体渠道，提供各种防疫防控知识、居家学习指南、复工开工建议等，为尽快恢复经济社会秩序营造良好舆论氛围。人民网、新华网、央视网等主流新闻网站纷纷推出云上学、云讲堂等内容，联合教育培训机构提供中小学全学科免费直播课。央视网发挥视频优势，推出"在家看央视，健康你我 TA" H5 产品、"战疫补给站"融平台等产品，为网民推荐央视防疫权威报道，提供美食、健康、体育、学习等宅家生活视频集，提供经典热播电视剧、动画片、纪录片等。其中，秧纪录推出《百部精品纪录片免费看，宅家也能看世界》在央视网、央视影音客户端、中国互联网电视、北京移动魔百盒等平台同步上线，100 多部纪录片让网民尽享。围绕经济形势解读，新华网推出财经类短视频栏目《战疫·应考》，结合相关部委最新部署和各地有关安排，展现全国上下为维护宏观经济、金融市场平稳有序运行的有力举措，引导网民正确看待宏观经济形势。围绕全国各地复工复产，推出《【一图读懂】复工在行动·地方篇》系列图解，《财经战"疫"云课堂》等，对各地积极组织复工复产政策措施进行全面梳理、可视化呈现，邀请经济学家、教授结合当下疫情防控现状，为广大网民提供专业理性分析与务实有效建议。东南网积极牵线京东、易联众、科大讯飞等科技企业，打造多功能公益服务平台——福建疫情防控公益服务平台。平台设有福建疫情滚动播报、公告通知、辟谣举报、福建疫情实时地图、新冠肺炎小区查询、新冠肺炎症状自查、发热线上义诊、应急物资信息发布、AI 主播等服务功能。该平台不断嫁接到福建的省直机关、地市、县、乡镇的微信公众号内，服务各层级网民。受疫情影响，福建一些地方交通运输不便、客商减少，导致不少农产品滞销，农户面临销售困难。东南网主动发挥媒体优势，打通资源壁垒，核实发布信息，对接电商平台，协助农产品滞销的各地农户对接平台消费者，在首页开辟了《战"疫"有我，助农在行动》专题页面，携手朴朴、淘宝、拼多多等，在《福建疫情防控公益服务平台》上向全社会征集滞销农产品信息，协助农产品滞销的各地农户对接平台消费者，展现主流媒体担当。

六是积极与网民互动，凝聚全民抗疫的决心和信心。人民网及时反映网民呼声，1 月 22 日在人民好医生 App 推出"科普＋辟谣＋公益援助"疫情防控平台，联合人民网全媒体、腾讯、新浪微博、今日头条等流量终端，科学宣传疫情防护知识，发布百余条经过严格审核的权威消息，引导公众增强防护意识。大众可以将了解到的确诊、疑似、密切接触者以及无法排除的发热者，特别是目前还没得到隔离收治的，通过填写求助信息表告知平台，平台将为求助者提供对接协助。央视网、湖北广播电视台、中国军网联合策划推出的"武汉加油！中国加油！"H5 产品成为一大亮点。这是第一个由央媒、军媒、省媒共同策划开发的新媒体产品，号召网民更换微信头像，表达抗疫决心，并提供了"武汉加油""中国加油""医护加油""我爱口罩""拒绝恐慌""拒绝扎堆"等头像模板（见图 3）。

图 3 "武汉加油！中国加油！"H5 产品成为一大亮点

H5 自 1 月 25 日上线后，短短六天完成四次产品迭代。1 月 30 日，产品推出地方定制版，建立全国新媒体联动矩阵，当天就有云南网、中国江苏网、红网、大河网、鲁网、安徽网等超过二十家省市级新媒体加入，推出"云南加油""河南加油""江苏加油"等系列产品，网民踊跃参与，更换微信头像，表达为武汉加油、为家乡加油的强烈意愿，以个体行为汇聚全民战胜疫情的决心和信心，让"众志成城抗疫情"的精神传遍网络。

七是着力做好对外传播报道，讲好中国战"疫"故事、展现大国担当。面对复杂的国际舆论，中央主流媒体的国际传播能力在这场战"疫"报道中得到充分展现，在"硬"实力持续增强的同时，"软"实力也有明显提升，在讲什么故事、怎么讲故事、怎么让世界听见中国故事方面做出积极探索。一方面，多语种讲述中国抗疫故事。新华网通过 9 个语种，向全球 36 个国家或地区的 100 家知名媒体网站实时推出"中国抗击新冠肺炎疫情"融媒体专题和重点外文原创报道，成功落地《华尔街日报》《经济学人》等国外主流媒体，实现专题报道规模化落地。中国日报网推出"抗击新冠病毒的中国方案"英文网络主题页面，面向国际社会和在华外籍人士，围绕国际社会最关心的疫情防控话题和信息需求，第一时间发布中国在疫苗研发、药物疗效等方面的最新进展，分享在中国实施后已确认有效的防控和治疗方案，邀请权威专家解疑释惑。中国网制作中、英、法、德、俄、阿、西、日、韩 9 个语种专题，策划推出系列原创栏目《国际聚焦》，及时客观反映国际疫情趋势，扩大国际协同防控力，开设中英双语栏目《疫情动态双语播报》，帮助在华外国人了解掌握疫情信息以及防护知识，消除恐慌。另一方面，针对复杂的国际舆论生态，国内媒体纷纷主动出击，用好"真相放大镜"，力争让真相"跑"赢谣言。新华网撰写《污名化不利于全球抗"疫" 团结合作才是战胜疫情的唯一途径》等系列英文评论，有力回击驳斥"中国病毒"等抹黑攻击言论。央视网通过 CCTV 系列账号，在海外社交平台以"战疫进行时"为核心主题开展对外报道，总浏览量近 1 亿，总互动人次超过 823 万；Facebook、YouTube 平台视频观看量近 1800 万。在疫情报道主题相关的帖文下，海外网民纷纷留言为中国加油，网民陈锋留言道："多难兴邦。这次疫情，进一步提升了中国政府应对各类灾害的形象，进一步强化了中华民族的团结精神。"

二 新冠肺炎疫情舆论引导的新特点及启示

一是新技术新形态加持使融合传播跃上新台阶，舆论引导覆盖人群更广。主流媒体对各种新媒体手段的花式应用，新媒体语态的创新表达，在此次疫情报道突出集中展现，效果较好。短视频、Vlog、海报、疫情大数据地图、MV、沙画、海报、说唱等作品，以艺术之力温暖人心，鼓舞士气。首先，"慢直播"得到广泛应用。1月27日晚，"中国电信"官方账号在央视频开通火神山和雷神山医院的"慢直播"建设，24小时不间断呈现现场施工实时画面，开通直播不到3天时间，累计访问量超过2亿，成为2020年开年的"最火直播"。其次，短视频在宣传疫情、号召用户科学防控等方面发挥了突出作用，主流媒体纷纷将短视频平台的巨大流量转化为科普和辟谣的高效传播通道。人民网通过"原创特别直播节目+5G直播+短视频+全国党媒视听新媒体"联动，形成了"智播"人民战"疫"的强大声势，全网受众超过2亿。同时，各地人民拍客积极行动，生产了诸多优秀作品，为武汉加油打气。抖音、快手、微视等平台，成为主流媒体通报最新疫情、专家观点、科普知识的前沿，也成为用户信息获取的重要渠道。再次，随着疫情的发展和相关信息传播成为常态，疫情报道逐渐进入突发事件的常规报道阶段，媒体报道主题向各地政府举措、基层抗疫故事等方面过渡，Vlog成为疫情传播中深入一线日常、讲述普通人故事的一支独特力量。此次疫情中融媒体传播呈现的一大特色是来自抗疫一线的UGC生产力量被传统媒体纳入新闻生产体系。封面新闻将Vlog系列视频作为展现一线疫情防控进展的重要手段，以日记体形式记录了真实奋战中的武汉。《战疫Vlog：与口罩和消毒液度过的一天一夜》《战疫Vlog：仙桃境内，村与村之间的路被堵了》《战疫Vlog：抢建黄冈版"小汤山"的志愿者们，他们心里是有希望的》等播放量超过3000万。利用Vlog进行融媒体传播，是主流媒体在内容创作中进一步融合PGC和UGC的探索，"用户生产内容+专业媒体把关"为传统媒体的内容生产注入了新的活力。最后，卫星新闻、数据可视化等得到充分运用。新华网推出的《卫星图告诉你，火神山医院是如何炼成的?》等系列卫星新闻，《思客数理话｜595例境外输入病例从哪儿来?》《习近平强调的这件事，也是网民的关注点》等大数据新闻，紧跟网上热点，采用大数据采集分析、"小数据"梳理呈现等方式，获得普遍好评。

二是"人"成为疫情报道的灵魂，提升网民共鸣度。在灾难性报道中，"人"是最受关注的，与人相关的故事也最扣人心弦。图片是引发思想和情感共振的有力载体，特别是一些经典的瞬间，产生的情感冲击力最大。抓住这一点，新华网持续推出了"新华网评·'疫'中人"系列漫评，对典型人物形象、抗疫一线感人故事进行创作，文字精妙、漫画生动，传递真情实感、触碰受众心灵、引发读者共鸣，增强了报道感染力和认同感，震撼人心也温暖人心。以该系列第一期《新华网评·"疫"中人 | 跨越 12 年的感恩》为例，其将一个关于"报恩"的故事手绘成漫画，画面中一句"因为我是汶川人啊"堪称点睛之笔，不用再做其他多余的解释，故事已经跃然纸上，足以让人理解画中深意和所承载的情感，点到为止的创作让人瞬间泪目。文章配发的不足100 字点评，又将瞬间的感动升华为一种"你投我以桃，我报你以李"的精神，并将这种精神传递给读者，引发强烈共鸣。"央视新闻"微信公众号开设的新媒体专栏《疫情之下的生活切面》，通过展现日常生活细节和朴素而真切的情感，记录了疫情中一个个触人心弦的感人故事。其中，1 月 29 日发布的《疫情之下，武汉的 15 个生活切面》微信阅读量超过 70 万。央视《东方时空》栏目、央视新闻微博和新浪微博共同发起的《武汉日记》影像志征集活动则充分利用 UGC 形式，鼓励武汉市民拿起手机记录周围生活。这些小切口、大视角的系列策划彰显了主流媒体作为"公众的精神纽带"的正向引导力量。

三是"建设性"新闻得到充分运用，给受众带来温暖力量和实际帮助。面对此次新冠肺炎疫情大考，媒体直面问题、履职尽责，在传递真相、服务疫情防控工作大局的同时，提出了许多建设性方案，助力战疫一线解决了不少实际问题。通过这次疫情大考，部分媒体逐渐构建起了具有自身特色的突发公共卫生事件建设性新闻报道形式。比如，央视网推出两微创意互动产品《全国小吃都在为热干面加油》，结合武汉热干面和各地特色美食为武汉加油，成为紧张疫情中温暖的"治愈系"传播。新华网《武汉"封城"这七天》、湖北广播电视台出品的武汉最新城市宣传片《爱和希望比病毒蔓延得更快》，通过描述武汉的生活场景来弥合武汉与其他城市的隔阂，给予人们希望和力量。再如，疫情期间，民众需要泛科普的防疫知识的传播，各类媒体提供的"坐电梯会有感染风险吗""新冠病毒能在体外环境存留几天"等防疫科普指南也是一种建设性传播。而类似指出武汉返乡者被歧视、个人隐私遭泄露等问题，提出为武汉人集中解决安置问题方法的报道，《比"武汉加油"更实际的，是善待武汉人》既具有建设性，也充满情怀和温度。有专家评论说，在这次疫情防控及复工复产报道中，媒体除报道外，还帮助采访对象想办法解决问题，有些媒体搜集疫情信息、脱贫攻坚中的难点等，建立大数据，这些都具有积极的建设性。国内媒体本身带有社会责任属性，建设性新闻报道形式是其一大优势，如何用建设性新闻助力国家治理，值得进一步探讨。

四是 PGC + UGC，主流媒体 + 新媒体平台"兼容并包"的新模式使信息触达率高、有效性强。此次疫情中融媒体传播呈现的一大特色，是来自抗疫一线的 UGC 生产力量被传统媒体纳入新闻生产体系。此次疫情报道中，专业的内容生产机构与自媒体平台合作明显增多，比如央视新闻与武汉当地 B 站 UP 主"食贫道"合作制作《武汉观察 Vlog》，央视提供平台，"食贫道"提供素材，实现主流媒体与自媒体的优势互补。利用 Vlog 进行融媒体传播，是传统媒体在内容创作中进一步融合 PGC 和 UGC 的探索，"用户生产内容 + 专业媒体把关"为传统媒体的内容生产注入了新的活力。主流媒体也以多种形式与平台合作，共同为正能量声音打造精准传播端口。如人民网、人民视频联动央视频、新京报、腾讯新闻、今日头条等媒体机构和商业平台进行信息联动，共享媒体资源。人民视频与腾讯新闻联合推出的《战"疫"家书》为奋战在一线的医务人员带去问候，传递温暖。

五是融媒体中心助力基层防疫"新闻服务"成果初显。从此次疫情中可以发现，基层融媒体对地方疫情信息的传播起到关键作用。人民网、人民视频联合省市县多级融媒体中心，及时发挥主流媒体平台共建共享作用，实现从顶层到末梢的全方位、纵深化架构与报道。各地融媒体中心在疫情防控、便民服务等方面发挥了重要作用。一些融媒体中心利用融媒优势，构建立体式、全覆盖的宣传网络，提高防疫信息的覆盖面和到达率。陕西广播电视台启动省市县三级融媒体中心协作机制，激活 107 个县级融媒体中心，在省融媒体中心统一调度下，全体出击，多平台联动，形成全省疫情防控的立体新闻传播大网。与此同时，一些基层融媒体中心利用大数据、云服务等技术，为群众提供新型肺炎疫情实时动态查询等各类信息服务，抗疫服务聚合类融媒体产品涌现，成为此次疫情期间便民利民的高效产品。东方网联合上海 16 个区融媒体中心，推出了《抗击疫情上海在行动》抗"疫"服务聚合类新媒体产品。该产品在上海 16 个区融媒体中心 App 同步上线，包括疫情通报、实时动态、上海融媒联播、党员站出来、辟谣专栏等信息发布子栏目，也包括确诊患者同程航班车次查询、防护用品生产企业查询、口罩预约方式查询、定点发热门诊导航等便民服务板块。此外，产品还嵌入疫情知识问答等交互式内容。在疫情防控的重要关口，这类融媒体产品实现了"媒体""政务""服务"三方面功能的融合，既是战"疫"信息传播价值的延伸，也是基层融媒体中心建设的成果显现。

三 如何进一步发挥主流媒体引导作用

（一）坚持内容为王，巩固主流地位，发挥好"中流砥柱""定海神针"作用，引领百舸争流

全媒体时代，商业媒体、专业媒体、自媒体海量信息百舸争流。网络论坛、微博、短视频平台、移动直播、问答社区等丰富了重大突发事件信息获取渠道。主流媒体要巩固主流地位，发挥好"中流砥柱""定海神针"作用，必须按照主力军挺进主阵地的要求，坚持内容为王，坚持以人民为中心的创作导向，找准内容生产和议题设置的着力点，把握"时度效"，更好地回应社会关切，从而提高新闻舆论传播力、引导力、影响力、公信力。新冠肺炎疫情防控传播中，新闻舆论工作特别是主流媒体新闻报道，在重大突发事件风险预警、社会动员、防范应对等方面发挥了突出作用。国家信息中心的调查显示，抗击新冠肺炎疫情报道中，新闻网站满意度评价排前两位的是人民网、新华网。主流媒体从政策高度、现场广度、科学精度、社会深度以及服务暖度等多维度，为重构突发事件信息传播秩序做出了巨大努力，充分发挥了强信心、暖民心、聚人心的重要作用。

当前，新冠肺炎疫情防控进入常态化阶段，主流媒体仍要系统深入宣传党中央决策部署，扮演好解读者、传播者的角色，让党中央重大决策部署在人民群众中既"听得到"又"听得懂"，让各地区各部门联防联控的措施成效成为

坚定全社会信心的重要源泉；要多层次、高密度发布权威信息，正视存在的问题，公开透明回应群众的关切，增强及时性、针对性、专业性，以官方优质内容"驱逐"网络谣言、偏见、阴谋论；要生动讲述防疫抗疫一线的感人事迹，彰显战疫斗争中的中国力量、中国担当和中国精神，让主流声音牢牢占领舆论场，更好坚定主心骨、汇聚正能量、振奋精气神。

（二）深入推进媒体融合，创新话语表达，不断提升全媒影响力，把握网上舆论主动权、主导权

在以移动化、分众化、互动化为特征的新媒体时代，网上舆论工作必须参与进去、深入进去、运用起来。纵观近年来的全媒体发展，从具有社交链接属性的微博、微信应运而生，到以资讯聚合分发为特征的今日头条、一点资讯风生水起，从直播平台映客、斗鱼受到关注，到短视频平台快手、抖音快速崛起……媒体版图变化的一个结果是，主流媒体的"舆论主场"变成众多跨界者涌入的"舆论广场"。如何成为舆论压舱石、社会黏合剂、价值风向标，考验着主流媒体推动深度融合发展的能力。在此次抗疫防疫报道中，人民日报、新华社、央视等主流媒体充分运用融合发展成果，有力发挥了主力军、主渠道、主阵地作用。然而也要看到，虽然网上点击量过亿的现象级产品大多出自主流媒体，但优质内容依然供给不足；有的媒体融合还是"物理捆绑"，尚未产生"化学反应"；有的从业者还停留在舒适区，没按下"全媒人"的转型快进键……媒体融合短板尚存，需要主流媒体加速进入"我就是你、你就是我"的全媒体阶段。此外，新技术风口迭出，不断为主流媒体进行技术赋能。主流媒体应主动运用大数据、云计算、人工智能以及高清信号制作等技术，赢得流量战争，占取舆论高地的发力重点。此外，主流媒体除创造流量外，还肩负着引导社会价值的使命，在内容推送方面，除利用人工智能实现用户画像、需求分析、喜好分析等推送算法外，还要将社会价值、正能量等引入计算指标体系，破除唯流量论，致力于提高内容质量、培养用户格调。

（三）重视科学思想和科学精神传播与倡导，营造更理性的舆论环境

此次疫情中一些针对科学家的舆论事件、非理性的抢购事件等暴露了我国

公众科学思想和科学精神等方面的缺失，运用科学方法解决问题、做出决策的能力不足等现状。而主流媒体在科普中扮演着不可替代的角色，应强化对主流媒体在应急科普中重要作用的认知，最大化发挥主流媒体科普潜力和能力。当前主流媒体在科普中传递的信息基本停留"是什么"层面，在"为什么""怎么想"等层面较为欠缺，叙事方式上偏向于"劝服宣传"，传播效果上启迪作用有限。长远来看受众对科学知识只能处于被动接受状态，主动寻求、理性思考、客观分辨的能力依旧缺失，"谣言跑赢科学"的现象仍会时常上演。因此，在必要的科学知识宣传基础上，主流媒体应灵活应用评论等形式与受众对话，倡导科学精神，传播科学思想，努力营造理性的舆论环境。与此同时，主流媒体应充分利用权威优势，扩大优质科普产品影响力。如泛科普视频自媒体"回形针 PaperClip"制作的《关于新冠肺炎的一切》，在全网达到超过 1 亿的播放量。主流媒体应当多发掘转载此类民间科普作品，要让民间优秀的科普作品赢得与负面信息的注意力竞争。此外，目前融媒体平台科普的影响力还较为有限。除科普中国、果壳、"丁香医生"等头部科普品牌外，大量优秀的科普类内容生产者仍未将科普阵地扩展至官方融媒体平台。因此，主流媒体应当在保证质量的前提下鼓励更广泛的科普内容生产者入驻自身融媒体平台，既丰富自身科普素材库，也能够对民间科普达人形成激励。当主流媒体和民间的优秀科普内容成为科学传播信息主流时，谣言流言等垃圾信息生存的空间就会被大大压缩。

（四）把握舆论斗争新特点，维护意识形态安全

当今的网络舆论场，已经成为信息传播的集散地、话语碰撞的大擂台，互联网已经成为意识形态斗争的主战场。新冠肺炎疫情期间，网上舆论和意识形态斗争尖锐复杂。以美国为代表的一些西方国家政客和媒体还把本应共同抗击新冠病毒的关键时期，当作传播"政治病毒"的"天赐良机"，无视中国贡献，不断抛出"中国隐瞒论""中国误导论""中国责任论""中国赔偿论""劣品出口论""口罩外交论"等论调，幸灾乐祸地宣称疫情影响之下"中国所失可能是本国利好""在华产业链转移"，甚至炮制新"黄祸论"引发全球排华辱华浪潮。因此，新闻媒体应将"舆论斗争"和"舆论引导"统筹起来、将"正面宣传"和"精准批驳"结合起来、将"权威发声"和"群众呼声"

融合起来，有破有立、占据主动，确保在互联网这个战场上顶得住、打得赢，更好地维护意识形态安全和政权安全。同时，主流媒体需要拓展对外传播的多元化平台，讲求舆论发声突破藩篱、精准落地、精准发力。除开展国际媒体交流合作、公共外交积极布势之外，要巧用国际社交媒体、意见领袖"在场发声"，"在中国的外国人"和"在外国的中国人"均可发挥重要的外宣"意见领袖"作用。如中国外文局组织外籍员工录制"第三只眼看中国"多语种专题战"疫"节目，宣传中国应对举措，消除外籍员工家乡同胞的疑虑；自媒体平台"歪果仁研究协会"创始人之一 Raz Galor 在家乡以色列特拉维夫紧急募捐，将提供援助的情形全程以短视频形式发布在海外社交媒体平台；中国国际广播电台希伯来语部记者奚啸琪在 Facebook、YouTube 上发声，《耶路撒冷邮报》专门刊文"中国奚为何被记者视为权威"等，以此种方式壮大国际舆论场朋友圈。

（五）打造引领主流宣传的 KOL (指意见领袖)，增强主流舆论宣传传播力和影响力

自媒体的发展是去中心、去权威的过程，随着自媒体时代来临，主流媒体强大的话语权有所减弱，自上而下的议程设置效果也在减弱，主流媒体容易陷入"自己叫得响，大众不买账"的尴尬境地。为此，主流媒体应当创新思维，充分重视 KOL 在网络意识形态中的独特地位，建立 KOL 创新激励机制、挖掘培养机制、扶持管理机制、分级评估机制、考核评价机制和危机保障机制等，为 KOL 塑造全流程闭环机制，为培育打造引领主流宣传的 KOL 深根固蒂，立好四梁八柱。主流媒体还应当重视分群体分层次打造 KOL，在坚持正确政治导向、舆论导向、价值观取向的基础上大胆探索符合不同圈层传播特征的话语体系，针对不同圈层，找准特色定位，锁定目标受众，分群体、分层次打造官方 KOL、党建 KOL、卫生健康 KOL、基层干部 KOL 等，形成个性品牌。同时，对 KOL 的传播力、影响力、辐射范围进行量化评估，提升 KOL 发声本领，让主流宣传工作事半功倍。

B.9
网络新闻评论赋能脱贫攻坚的特点与展望

王佳　张谢君　刘鹏飞*

摘　要： 新闻评论被誉为媒体的灵魂与旗帜，在脱贫攻坚的舆论场中，网络新闻评论呈现明显的规律性特点，对营造脱贫攻坚舆论氛围发挥至关重要的作用。综观有关网络新闻评论脱贫攻坚的文章，主要表现在以下几个方面：分析形势，明确脱贫攻坚发展方向；解读政策文件，为有关扶贫工作答疑解惑；弘扬正气，给扶贫乱象敲响警钟；针砭热点事件，引导舆论方向。收官之年，在传播格局多样化、不稳定因素叠加的背景下，脱贫攻坚网络新闻评论还需乘风破浪继续远航。

关键词： 网络新闻评论　赋能　脱贫攻坚

一　传播特点

（一）网络媒体为主要载体，紧跟脱贫攻坚宣传节奏波动

人民网舆情数据中心统计了 2019 年 7 月至 2020 年 6 月的脱贫攻坚新闻报道，发现网络媒体借助影响范围广的优势，在脱贫攻坚新闻评论中占有较大比例，为主要传播渠道。微信文章次之，已成为第二大脱贫攻坚新闻评论传播渠道，占比超三成。第三大传播平台为 App 客户端，占比 11.0%，远低于网媒、微信两大平台。纸媒与微博平台占比基本持平，传统媒体的纸媒在脱贫攻坚新

---

* 王佳，人民网舆情数据中心主任舆情分析师；张谢君，人民网舆情数据中心舆情分析师；刘鹏飞，人民网舆情数据中心副总编辑、人民网新媒体智库高级研究员。

闻评论领域逐渐式微，微博、论坛、博客等交流为主的自媒体平台，也对脱贫攻坚网络新闻评论的传播扩散贡献重要力量（见图1、图2）。

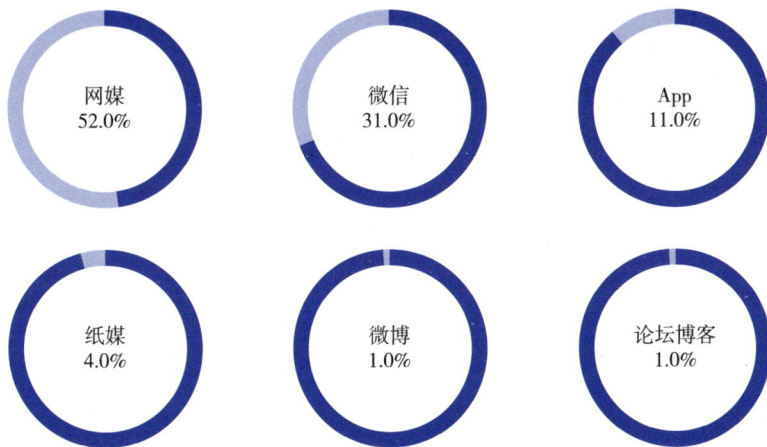

网媒
52.0%

微信
31.0%

App
11.0%

纸媒
4.0%

微博
1.0%

论坛博客
1.0%

图1 脱贫攻坚网络新闻评论媒介来源分布

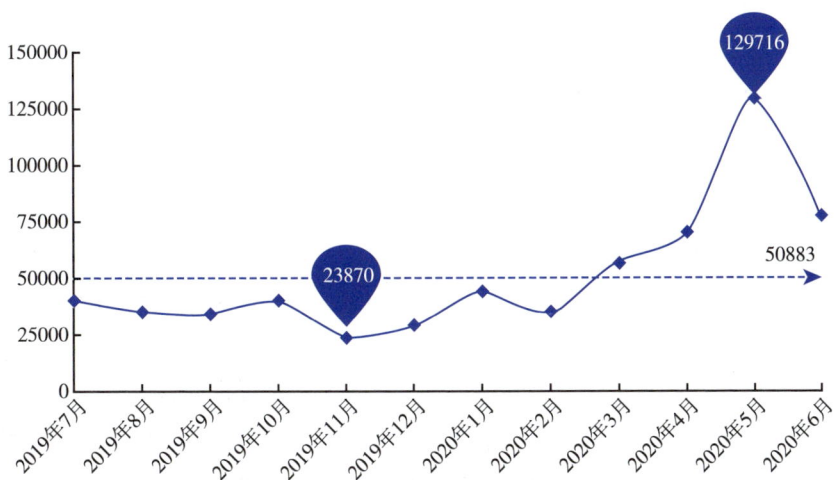

图2 脱贫攻坚网络新闻评论信息量走势

从信息量走势上看，脱贫攻坚网络新闻评论信息量变化与脱贫攻坚网络重要会议及国家领导人相关讲话息息相关。2019年下半年脱贫攻坚网络新闻评论信息量较为平稳，峰值出现在10月，当时为全国第六个扶贫日，媒体纷纷发表新闻评论对我国取得的脱贫攻坚成绩予以肯定和称赞，11月信息量最少。2020 年上半年信息量呈持续上涨态势。1 月，脱贫攻坚网络新闻评论信息量持续上升，各省、区、市召开地方两会，脱贫攻坚年度工作成效和总结赢得瞩目，助推脱贫攻坚网络新闻评论信息量升高。2 月，受新冠肺炎疫情影响，广大驻村扶贫干部纷纷转战防疫一线，守护群众的生命安全与健康，舆论焦点转向抗击疫情，脱贫攻坚网络新闻评论信息量有所下降。3 月 6 日，习近平总书记出席决战决胜脱贫攻坚座谈会并发表重要讲话。此后，多场新闻发布会围绕决战决胜脱贫攻坚展开。5 月，全国两会召开，习近平总书记两会"下团组"强调，坚决夺取脱贫攻坚战全面胜利，脱贫攻坚网络新闻评论信息量攀升至顶峰。

（二）地方级媒体担当主力，中央级媒体评论高屋建瓴

随着媒体融合向纵深推进，媒介边界逐渐由清晰变得模糊，而媒介的性质则具有鲜明属性，其发布的内容也与自身定位相关。梳理发现，近一年来发表脱贫攻坚领域新闻评论的媒体中，地方级媒体为主要传播阵地，中央级媒体次之，再次是机构网站。地方级媒体依托庞大的媒体数量，发表的脱贫攻坚新闻评论占比近五成；中央级媒体占比达三成，略高于机构网站（见图3）。结合具体内容来看，中央级媒体积极解读中央层面政策方针，全方位分析脱贫攻坚整体态势及发展方向。如《人民日报》发表《论学习贯彻习近平总书记在决战决胜脱贫攻坚座谈会上重要讲话》系列新闻评论，从"坚决夺取脱贫攻坚战全面胜利""统筹推进疫情防控和脱贫攻坚""确保经得起历史和人民检验""决定性成就世界性意义"等方面切入，深入分析脱贫攻坚战的目标、意义与发展阶段。[①]

地方级媒体则在全国层面基础上，结合本地脱贫攻坚实际情况，发出贴近基层、贴近民生的声音。如华声在线评论文章《不负韶华如期交出脱贫攻坚湖南答卷》表示，在脱贫攻坚的决胜时期，不仅需要从思想上"拔穷根"，更需要在产业上"破穷根"，用真心付出、贴心帮扶，用务实方法、有效举措，用更多产业、更好项目，只争朝夕，不负韶华，为全国高质量打赢脱贫攻坚战

[①] 《坚决夺取脱贫攻坚战全面胜利——论学习贯彻习近平总书记在决战决胜脱贫攻坚座谈会上重要讲话》，《人民日报》2020 年 3 月 8 日。

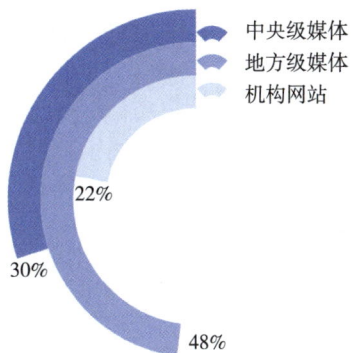

图3 脱贫攻坚网络新闻评论媒体来源占比

交出合格的湖南答卷。①

　　政府机构网站发布脱贫攻坚相关新闻评论时，多结合自身职能加以阐释，重点展现其以己之力推动扶贫工作向好向上发展。《中国纪检监察报》多次发文，针对脱贫攻坚队伍建设及部分薄弱环节展开论述，表明纪检监察部门以作风攻坚促进脱贫攻坚，在提高脱贫质量、解决"两不愁三保障"突出问题等方面提供坚强的纪律保障。② 水利部在水利扶贫、保障农村饮水安全等方面发挥重要作用，相关新闻评论亦多围绕本职领域内容展开。

　　传统媒体向融媒体转型进一步助推评论文章声量扩大。媒体融合时代把报纸、电视台、电台等传统媒体，与互联网、手机、智能终端等新兴媒体传播渠道结合起来，形成多种媒介的聚合，中央、地方媒体以及机构网站多数已建立包括客户端、微信、微博、资讯网站账号等在内的融媒体矩阵体系，脱贫攻坚新闻评论文章的发布渠道拓宽，信息量随之上扬，知晓率提升，对扶贫领域舆论影响力增强。但值得注意的是，脱贫攻坚新闻评论的表现形式单一、知识门槛高，如何乘融媒体发展之帆远航，还需持续深入探索与推进。

①　庄葛：《不负韶华　如期交出脱贫攻坚湖南答卷》，华声在线，2020年1月3日。
②　《切实把监督抓到底抓到位　全力保障脱贫攻坚决战决胜》，中央纪委国家监委网站微信公众号，2020年5月11日。

（三）全局视角突出，针对多领域建言献策

本文根据人民网舆情数据中心监测数据，选取自 2019 年 7 月以来转载量高的脱贫攻坚网络新闻评论前 100 篇，进行文本内容分析，提取新闻评论重点论述关键词进行分类整理。近三成文章从全局出发，重点关注全国脱贫攻坚发展进程、目标意义和面临的阶段性困难（见图 4）。如总书记在决战决胜脱贫攻坚座谈会上发表重要讲话后，《人民日报》刊发评论员文章《坚决夺取脱贫攻坚战全面胜利》《统筹推进疫情防控和脱贫攻坚》等系列文章，并在网站、微信等平台转发扩散。各地主流媒体及其新媒体账号也充分发挥联动作用，展现当地决战决胜脱贫攻坚的决心信心。另外，新闻评论多着眼于脱贫攻坚大局，总结成果与优势，补足短板，为脱贫攻坚战提神打气，鼓舞干劲。在脱贫攻坚取得阶段性成效的同时，如何提质增效，巩固扶贫成果，并建立脱贫长效机制，防止返贫，亦具有较高的关注度。此外，还有不少新闻评论通过严谨深入的探究分析，为脱贫攻坚各项工作献计献策。新闻评论对基层扶贫干部作风建设、提升产业扶贫"造血"功能、扩大就业扶贫规模、健全完善消费扶贫产业链条等方面关注度较高。

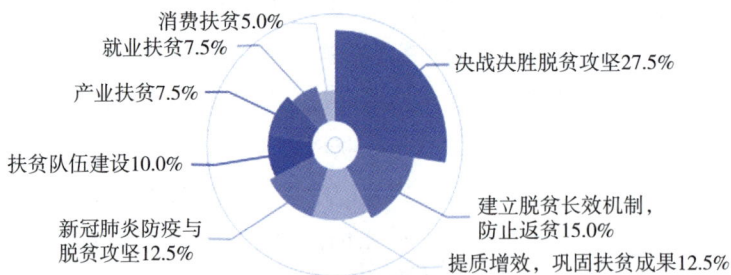

图 4　脱贫攻坚网络新闻评论内容分析占比

二　赋能

（一）分析形势，讲清脱贫攻坚发展方向

脱贫攻坚推进是一个持续动态的过程，在此进程中全国各地、各系统、各

单位不断探索创新、奋勇前进，同时也遭遇瓶颈、挑战。新闻评论敏锐洞悉脱贫攻坚的发展趋势，抓亮点与重点，解难点与弊端，成为引导脱贫攻坚方向的重要方式。

1. 针对专项行动或活动，开宗明义释放重要信号

2019年12月下旬，为了深化扶贫领域腐败和作风问题治理，中央脱贫攻坚专项巡视"回头看"启动。央视新闻频道播出《中央脱贫攻坚专项巡视"回头看"启动：聚焦巡视整改强化再监督助力如期打赢脱贫攻坚战》，《中国纪检监察报》发表同题文章，《人民日报》刊发《高质量打赢脱贫攻坚战》，相关新闻评论获得人民网、新华网等中央级媒体转载扩散，激发各地主流媒体、政务微信公众号积极转发超千余篇，有效传导党中央关于脱贫攻坚工作的决策部署，释放高质量打赢脱贫攻坚战的信号。

2. 瞄准关键时间点，凝心聚力鼓舞士气

2020年初，新冠肺炎疫情暴发，贫困劳动力外出务工受阻，贫困户生产经营受损，驻村帮扶工作受限，扶贫项目开工和扶贫龙头企业、扶贫车间复工复产延迟，给收官之年的脱贫攻坚带来新的困难和挑战。自疫情暴发以来，媒体持续发表评论文章，鼓舞如期打赢脱贫攻坚战士气。人民网舆情数据中心统计显示，2020年1月1日至2月29日，媒体发布的有关打赢脱贫攻坚战文章超1万篇，《人民日报》评论文章《奋力夺取疫情防控和实现经济社会发展目标双胜利》，《光明日报》评论文章《决胜全面建成小康社会，不能缓一缓等一等》等多篇文章，获得大量转载。新闻评论起到向全社会释放发展信号的作用，为打赢脱贫攻坚战持续凝心聚力。

（二）解读政策文件，为有关扶贫工作答疑解惑

精准扶贫在各领域发力，逐步形成大扶贫格局，各地方、各部门针对当地或相关领域的规划、问题等不断完善发布各项扶贫政策。扶贫政策发布后的知晓率、影响力、执行力需要宣传报道进一步扩大，新闻评论在此过程中起到了解读政策、凝聚舆论共识的有效作用。

1. 中央政策文件发布后，解读脱贫攻坚工作方向

中央一号文件发布后，主流媒体纷纷发布解读文章，脱贫攻坚成为高频热词。2019年中央一号文件把脱贫攻坚放在了全文的第一部分，央广网评论认

为这次对脱贫攻坚的重视程度前所未有。文件明确，到 2020 年确保现行标准下农村贫困人口实现脱贫、贫困县全部摘帽、解决区域性整体贫困。2020 年中央一号文件正式公布后，中国日报网评称，这是 21 世纪以来第 17 个指导"三农"工作的中央一号文件，充分彰显了党中央始终坚持把解决好"三农"问题作为全党工作重中之重的战略思维和战略定力，展现了党中央、国务院对广大农民群众根本利益的深切关怀，必将指引全党全国进一步抓好抓实"三农"领域重点工作、如期实现全面小康。①

2. 各部委脱贫攻坚文件下发后，具体建议助力实施

各部门落实党中央关于脱贫攻坚重大决策部署，各项举措纷纷推进实施，在政策文件公布的同时，借助中央级媒体以及中央机构网站、机关媒体发表或扩散评论性文章，为相关扶贫工作开展答疑解惑，拓展思路。国务院扶贫办和财政部联合下发关于贯彻落实《关于建立防止返贫监测和帮扶机制的指导意见》，引发舆论广泛关注。华龙网评论称，防疫关键时刻，中央重要会议、重要文件都对防止返贫工作做出重要部署，为各地坚决打好脱贫攻坚战进一步指明了方向，打开了思路。还提出"摸清底数，让滴灌更精准""激活产业，让'造血'更强劲""保障就业，让脱贫更具底气"等建议②，获得中国新闻网、央广网等媒体转载 80 余次。

3. 各地方扶贫政策文件宣传，巧用当地主流媒体增强影响力

各地发布扶贫政策文件善用本地媒体评论资源，充分体现贯彻落实中央精神，全力开展脱贫攻坚工作的决心和行动。各地方媒体在媒体转型的过程中，顺应信息传播方式多元化的潮流，不断拓展在各平台的传播影响力，同时成为当地政务传播的主力军。在网络评论方面，各地方媒体建立了网络评论栏目，其舆论引导力和品牌影响力日益凸显，脱贫攻坚主题是其重要内容之一。在各地发布扶贫政策文件时，地方媒体发表新闻评论，进行分析与解读。如河北省借助本地媒体长城网在扶贫政策文件、会议等发布时发表新闻评论，《河北产业扶贫 2019 年工作要点》发布后，长城网评论《举全省之力打赢脱贫攻坚

---

① 毕超：《2020 年中央一号文件：响鼓重锤精准 聚焦脱贫攻坚和补齐"三农"短板》，中国日报网，2020 年 2 月 10 日。

② 梦方醒：《像"促脱贫"一样抓"防返贫"》，华龙网，2020 年 3 月 30 日。

战》称，河北省委、省政府多次强调"举全省之力打赢脱贫攻坚战"。有了制度设计的硬杠杠，各个环节严把关，换来的是实打实的脱贫成效。[①]

（三）弘扬正气，汇聚脱贫攻坚合力

新闻评论以可贵的问题意识、批判精神，敏锐地洞察判别扶贫领域出现的问题、不足，通过一针见血、提纲挈领式的语言针砭时弊，起到警示教育、思想引导的重要作用，促使参与脱贫攻坚各方群体摒弃不正之风，净化作风习气，凝聚社会齐心协力打赢脱贫攻坚战的舆论共识。

1. 聚焦扶贫领域腐败和作风问题，发挥警示教育作用

扶贫领域腐败问题是舆论监督的主要领域，各地通报扶贫干部腐败和作风问题典型案例，以案促改，为脱贫攻坚保驾护航。中央纪委国家监委网发文表示，要持续深化扶贫领域腐败和作风问题专项治理，严肃查处腐败案件和突出作风问题，抓住典型案件通报曝光，加强同级同类警示教育，深化以案促改工作。各级纪委监委网站新闻评论开门见山、一针见血，起到鲜明、直接的警醒作用。

针对形式主义、官僚主义问题，部分媒体在新闻评论中明确表示，要"克服官僚形式主义""坚决破除形式主义""集中整治形式主义歪风"等，为基层扶贫工作廓清舆论方向。求是网评论《基层迎检为什么那么多》、央广网文章《破除文山会海，让广大基层干部干事创业》等详细阐述了基层扶贫工作的形式主义弊端与破解形式主义桎梏的重要性。上观新闻文章则从实际操作层面提出，当前基层负担重，存在官僚主义、形式主义问题，更多的是由治理任务重与治理资源有限之间的矛盾造成的。针对这一矛盾，要用实现基层治理体系现代化来解决。[②]

2. 挖掘问题本质，深究背后成因

近年来，多起贫困县大建"形象工程""政绩工程"案例被曝光，引发舆论热议。新闻评论由此及彼，深刻剖析其产生的负面社会影响，并从政治意识高度加以警示。如针对"贵州省独山县举债 400 亿建形象工程"事件，光明

---

① 郭慧岩：《举全省之力打赢脱贫攻坚战》，长城网，2019 年 8 月 27 日。
② 《忙迎检、忙总结、忙部署……基层越到年底事越忙，正常不正常？》，上观新闻，2019 年 12 月 29 日。

网时评指出，公共财政取之于民，理应用之于民，唯有把钱花在该花的地方，才是真正的民生为本。① 西部经济网则直指根源，认为"形象工程""面子工程"劳民伤财，虽然个别领导脸上贴了金，但损害了党群关系，丢失的是群众基础，忘却的是宗旨意识，必须严整严治，建立立体化的整治体系。② 同时，对于部分地区基础设施建设中出现的种种乱象，新闻评论还抽丝剥茧地探究其背后的成因。如河南郑州五云山将"扶贫路"修进了别墅区。红网评论称，表面上看是扶贫路、扶贫井的问题，实际上病根还在人身上。处理时不能再仅仅是"打板子"，还要"挖根子"，期待相关部门以刮骨疗毒的勇气坚决清除作风积弊。③ 通过新闻评论直面问题的鞭策和监督，释放出摒弃不正之风、务实为民的强烈信号，净化扶贫领域的作风习气。

3. 紧盯扶贫资金使用，助力脱贫攻坚提质增效

扶贫资金作为决战决胜脱贫攻坚的基础和保障，要确保其规范安全使用。各级媒体紧盯扶贫资金使用，针对部分地方存在的管理不规范、扶贫资金挤占挪用、虚报套用、资金使用不够精准等问题发文展开讨论热议，分析根本原因，找寻监管解决方案。有关扶贫资金使用制度建设关注度颇高。如新华网发文关注扶贫资金闲置问题，并提出最大限度避免扶贫资金被闲置和浪费，精准扶贫要引入"参与式扶贫"模式，将扶贫项目审批权和扶贫资源主导权下放到基层。④ 涉及扶贫资金的典型个案也易引发关注。如针对舆论热议的宁夏西海固地区某农村存在贫困户借牛羊套骗国家扶贫补贴款问题。河北新闻网文章认为，要多管齐下，完善补贴政策、加强过程监管、加大执纪力度、改进干部作风、提高违法成本、强化教育引导，才能真正把"活在表格里的扶贫牛"牵出来，把一些人脑子里的"懒牛"赶出去。⑤

4. 批判"等靠要"思想，激发贫困群众内生动力

脱贫攻坚战进入啃硬骨头、攻城拔寨的冲刺阶段，有针对性地扶贫扶志，激发贫困群众自我发展的内在动力尤为重要。部分媒体针对扶贫扶志问题发表

① 斯远：《光明时评：1.9 亿建"鲤鱼跃龙门"，公共财政岂能恣意挥霍》，2019 年 1 月 23 日。
② 税春梅：《严整严治"形象工程""面子工程"》，西部经济网，2019 年 12 月 13 日。
③ 赵耀世：《"扶贫路"修到"别墅区"跑偏了扶贫本义》，红网，2019 年 7 月 15 日。
④ 潘洪其：《评论：扶贫资金闲置浪费谁之过？》，《北京青年报》2016 年 6 月 30 日。
⑤ 刘凤敏：《把每一分扶贫资金都用在"刀刃"上》，《河北日报》2020 年 6 月 8 日。

观点，重点关注部分贫困群众参与的主动性和积极性不高，抱有"等靠要"思想甚至"看客心理"等不良现象。2019 年 11 月，云南省昭通市一村民拒绝签字脱贫被村委会通报事件，引发热议。澎湃新闻网发文称，有效的脱贫攻坚，就得从扶思想、扶观念、扶信心方面下功夫，在做好医疗、教育等基本保障的前提下，创造更多的就业机会和岗位，而非任由一些人抱着贫困户的"金帽子"不丢。① 半月谈网发文表示，少数贫困群众担心脱贫后无法再享受帮扶政策，甚至在第三方评估调查脱贫成果时，故意不说实话，隐瞒收入。② 同时，还有媒体多角度深入剖析贫困群众内生动力不足的原因。从整体上看，舆论聚焦扶贫扶志问题的初衷还在于期望扶贫群众同扶贫干部勠力同心，共同探索从脱贫到致富的捷径，长久稳定地提升人民群众生活水平。

（四）针砭热点事件，引导舆论方向

党的十八大以来，脱贫攻坚各项工作稳步推进，社会各界的关注度也不断攀升，扶贫领域发生的热点事件吸引舆论广泛聚焦。舆论一方面对脱贫攻坚过程中出现的个别不合理事件进行批判，辨明是非；另一方面，期待脱贫攻坚取得更加显著的成效，惠及更多贫困家庭，推动社会民生向好发展。在诸多观点交汇的舆论场上，新闻评论充分发挥褒优贬劣、激浊扬清的作用和效果，在众声喧哗中廓清是非、拨云见日、凝聚共识，成为舆论信赖和认可的"压舱石""定盘星"。

1. 发挥舆论监督作用，助力问题解决

针对易引发舆论广泛关注的脱贫攻坚热点舆情，媒体通过新闻评论的形式积极发声，回应舆论关切，监督涉事部门妥善处置，引导舆论理性、正面看待在全面打赢脱贫攻坚战过程中可能遇到的困难和在实际工作中存在的不足，弥合舆论分歧。如陕西省城固县"县长直播带货"活动出现"干部最低消费 50元"的强制摊派现象，造成不良影响。光明网发文表示，强制摊派可以一时解决这个月的销售需求，那么下个月呢？这种竭泽而渔的做法，并没有把消费市场的蛋糕做大，而是透支了已有市场。③ 新华每日电讯评论员文章认为，任

---

① 史奉楚：《贫困户"拒绝脱贫"，扶贫还需先扶志》，澎湃新闻网，2019 年 11 月 21 日。
② 李雄鹰、陆华东：《脱贫第三方评估：公信力还差什么》，半月谈网，2019 年 6 月 5 日。
③ 《"干部最低消费 50 元"，直播带货不能搞强制摊派》，光明网，2020 年 5 月 11 日。

由强制摊派行为发展下去，直播带货的"真经"势必会越念越歪。当务之急，是给官员直播带货"立规矩"，坚决杜绝弄虚作假、硬性摊派、"赶鸭子上架"等乱象，逐步将直播带货导入理性轨道。① 在舆论的围观监督下，城固县扶贫办迅速发布情况说明回应社会关切，承认错误并公开致歉。其后，舆情热度逐渐回归平稳。可见，新闻评论以更具逻辑性的分析和思考，指出热点脱贫攻坚事件暴露出的问题，促使涉事部门采取合理的应对措施，最终达到化解舆情危机的目的。

2. 澄清谬误，营造理性舆论氛围

在脱贫攻坚热点事件中，部分事件主体因具有贫困户身份而导致整件事被舆论贴上"脱贫攻坚"标签，使得舆论的矛头指向扶贫主管部门并引发舆情危机。如疫情期间，河南省邓州市发生的一起"贫困户女儿自杀"事件，微信公众号"邓州实话实说"最初曝光此事时称，该女孩因家中贫困无法按时听网课而自杀，引发舆论强烈反响。其后，红网发文表示，在女生自杀原因未明之前，不宜妄下定论。现在唯一能得到警示的，就是要加强青春期女生的心理健康教育，特别是对农村女生。② 这一观点使舆论从最初的"因贫困而自杀"的固有逻辑中跳脱出来，重新审视事件涉及的个体及其可能的原因。同时，还有不少媒体、自媒体从网课教育、女权保障等多个角度进行分析解读，引导舆论理性客观分析事件始末，缓和激愤不满情绪。新闻评论通过丝丝入扣的条理化分析，多角度呈现事件原因，转移舆论焦点，对冲自媒体有意"带节奏"的言论，降低舆情风险。

3. 激浊扬清，还原事件真相为舆情降温

在全媒体传播环境下，脱贫攻坚热点舆情通过多平台融合化传播，以最快的速度实现大范围的扩散，并迅速酝酿成社会热点事件。部分媒体、自媒体利用脱贫攻坚舆论生态的这一特点，刻意放大或突出负面事件中的敏感信息，挑动公众情绪，导致舆情在短时间内形成"一边倒"的态势，为舆情应对、处置带来较大困难。出现这一不利局面时，若有媒体新闻评论厘清事件真相，激浊扬清，将助力涉事部门高效平息舆论质疑。

---

① 《给官员直播带货"立规矩"，既必要又及时》，新华每日电讯，2020年6月21日。
② 叶建明：《女生因无手机上网课自杀？别急着下定论》，红网，2020年3月2日。

2020 年初，江苏在省十三届人大常委会第十三次会议上发布脱贫攻坚进展情况，其中江苏省脱贫率达到 99.99% 以上、还剩 17 人未脱贫等信息引发舆论热议，部分网民调侃未脱贫数据出乎意料，质疑相关部门存在"数字脱贫""虚假脱贫"的嫌疑。对此，光明网评论认为，将贫困户减至个位数，将贫困人口缩减到两位数，这样精确的扶贫数字完全契合精准扶贫的工作要求。[①] 新京报网发文称，数字精确是精准扶贫应有之义，江苏省敢于直接用数据说话，这份底气即来自扎扎实实的脱贫攻坚工作。[②] 与此同时，微信公众号"中央政法委长安剑""侠客岛"等账号在自媒体平台陆续发表评论文章，澄清舆论误读，放大理性声音，为舆情降温。

三　展望

（一）信息化浪潮下传播格局多样化，丰富评论形式，助力脱贫攻坚舆论场

信息化浪潮催生新的媒体技术，传媒生态随之嬗变，传播格局向多样化方向发展。习近平总书记在新的发展形势下提出"建设全媒体，推动媒体融合纵深发展"这一重要论题。脱贫攻坚宣传工作逐步向多渠道传播，新兴传播平台的信息量呈增长态势。据统计，新闻评论的主要传播载体为网络媒体，52.0% 的新闻评论来源网络媒体。31.0% 来源微信，是第二大发布平台。第三大发布平台是 App 客户端，占比 11.0%。其他平台发布的新闻评论总占比仅为 7.4%。在当下多样化的传播格局下，脱贫攻坚新闻评论单一的发布渠道，局限了评论赋能脱贫攻坚的作用。

据人民网舆情监测中心统计显示，2019 年 7 月至 2020 年 6 月，有关脱贫攻坚的信息量达 2079.6 万条，其中新闻评论 30.5 篇，占比仅为 1.5%。新闻评论总量在舆论场中不占优势，但在舆论影响力上起到引导舆论方向的压舱石作用。因此，在脱贫攻坚宣传工作中，要加强新闻评论的内容建设和平台推

---

① 《17 人未脱贫为何引来全国公众的关注》，光明网，2020 年 1 月 10 日。
② 龙之珠：《"江苏剩 17 人未脱贫"，数字精确是精准扶贫应有之义》，新京报网，2020 年 1 月 9 日。

送，充分发挥新闻评论政策解读、引导舆论等方面的作用。一方面需要在内容建设上进一步提升，优质的新闻评论内容是吸引多平台传播的前提条件。如人民日报微博除了发布新闻报道外，其短小精悍的短评也常引发舆论广泛关注，被主流媒体进行报道转载。另一方面在发布渠道上也应向融媒体渠道拓展，打破评论仅为文字表达的局限性。如新华社推出"新华社评论员"的秒拍视频，由评论员通过短视频和图片来讲解观点，在官方微博"新华视点"、抖音号等多个渠道推送，获得较高的转评赞量。

此外，扶贫系统在政务新媒体建设方面稍显滞后，是脱贫攻坚评论量式微的另一原因。地方扶贫机构出于各方面原因，新媒体建设薄弱，未能形成互相呼应的传播矩阵。扶贫系统政务新媒体建设不断推进，加上脱贫攻坚评论的传播形式丰富，将有效提升脱贫攻坚舆论场的正能量。

（二）全球化背景下不稳定因素增加，加强评论引导反击杂音噪音

2020年是实现第一个百年奋斗目标，开启第二个百年奋斗目标新征程的关键之年。全球形势还有许多不确定性，特别是中美贸易摩擦还没有得到最终解决，全球经济竞争加剧，国际贸易保护主义抬头，新冠肺炎疫情席卷全球等，都会对中国经济发展产生影响。在此背景下，如期打赢脱贫攻坚战迎来加试题，需要贫困地区奋力前行，并且积极向上的舆论环境也至关重要。评论需充分发挥引导作用，对具体问题进行具体分析，在内外舆论场进行各个击破。

国内少数舆论关注扶贫工作短板，评论传递正能量凝聚共识。党的十八大以来，中国脱贫攻坚进程提速冲刺。7年间，全国农村贫困人口累计减少8000多万人，脱贫攻坚交出优异成绩单。脱贫攻坚收官之年，全国各地摆脱绝对贫困的喜报频传，产业扶贫、消费扶贫、易地扶贫搬迁、危房改造等多种举措助力贫困地区实现"两不愁三保障"，舆论对如期完成脱贫攻坚目标任务信心十足。与此同时，少数媒体和网民关注到扶贫工作中还存在一些短板和不足，经济下行给脱贫带来挑战，泛贫化讨论误读扶贫工作等，舆论出于担忧可能放大解读，产生怀疑、不满等消极情绪。评论需发挥引导作用，正确看待扶贫工作中存在的问题，提出理性、有效的建议和意见，传递正能量声音，维护清朗的脱贫攻坚舆论空间。

境外部分意识形态之争延伸至扶贫领域，评论"出海"势在必行。2020年如期消除绝对贫困后，中国将提前10年完成联合国《2030年可持续发展议程》中制定的消除贫困目标。联合国前秘书长潘基文表示，过去40年，中国减贫努力对联合国提前实现千年发展计划中减贫目标功不可没。中国的减贫成绩获得了多国领导人、知名人士、专家学者的肯定，中国的扶贫经验吸引世界目光。但仍有部分异见人士存在意识形态分歧，在脱贫攻坚收官之际，借由个别事件进行歪曲解读，偷换概念，否定脱贫攻坚成绩。我国境外脱贫攻坚宣传借助主流媒体海外传播平台，报道内容多集中于脱贫攻坚成绩、扶贫经验、感人事迹等，对于意见分歧正面回应少，评论也应适时"出海"，与其展开舆论战，让观点进行碰撞，赢得更多的支持与认同。

B.10
主流媒体网络评论在中美贸易摩擦舆论
引导中的角色与作为：以人民系网评为例

丁丁　张意轩　姜赟　荣翌　尚丹*

摘　要： 中国主流媒体的网评在中美贸易摩擦舆论引导中发挥了极其
　　　　重要的作用。本报告以2019年度人民系网评为例，探讨主流
　　　　媒体网评在中美贸易摩擦舆论引导中的角色与作为，较为系
　　　　统地梳理了人民系相关网络评论基本情况，总结了"两微一
　　　　端"转化转发评论的方式和重点评论篇目特点，量化评价了
　　　　人民系网络评论的传播效果，对中美贸易摩擦的网络舆论引
　　　　导进行了深入探讨。

关键词： 中美贸易摩擦　主流媒体　网络评论

　　中美贸易摩擦不仅是近两年影响全球的大事，也是国内外舆论场上的焦点
话题之一。随着移动互联网的迅猛发展，中国主流媒体的网评在中美贸易摩擦
舆论引导中发挥了极其重要的作用。本报告以2019年度人民系网评为例，探
讨主流媒体网评在中美贸易摩擦舆论引导中的角色与作为。这里的"人民系"
包括人民日报、人民网和人民日报新媒体（本报告主要指人民日报微博、微
信、中文客户端，简称"两微一端"），"网评"包括纸媒推出并同时发到网上
（含PC端和移动端）的评论及网络原创评论。在全媒体时代，无论发端自纸

---

* 丁丁，人民日报社研究部副主任；张意轩，人民日报社新媒体中心副主任；姜赟，人民日报
社评论部新媒体评论室主编；荣翌，人民日报社研究部编辑；尚丹，人民日报社新媒体中心
编辑。

媒还是网媒，这些评论都在网上获得关注、引发热议。可以说，针对中美贸易摩擦，人民系网评站在国家高度和民族立场强势发声，通过客观理性的阐述和深刻辩证的分析，强调中国坚持有原则的合作，坚决捍卫国家核心利益和人民根本利益的立场，旗帜鲜明、掷地有声，回应及时、反击有力，逻辑严密、说理透彻，很好地配合了党和政府的应对举措，发挥了析事明理、释疑解惑、激浊扬清的积极作用，彰显了中国主流媒体在中美贸易摩擦舆论引导中的责任与担当。

一　人民系相关网评基本情况

中美贸易摩擦开启以来，人民系推出一系列评论，在网上广泛传播，在揭露美方霸凌主义、极限施压的同时，讲清中国就中美开展经贸合作的立场原则，讲明中国始终是世界和平的建设者、全球发展的贡献者、国际秩序的维护者，从而树立自信开放负责任的良好国际形象。2019年，在2018年积累经验的基础上，人民系网评更加丰富、更为有力。这些评论不仅包括人民日报纸媒和网媒同步推出的"钟轩理""本报评论员""国纪平""五月荷"等署名评论和"钟声""人民论坛""国际论坛"等专栏评论，还包括人民网原创网评，以及人民日报新媒体（"两微一端"）对纸媒评论进行转化的评论，可谓数量大、分量重、名目多，构成了人民系网评矩阵。

（一）"钟轩理"评论

2019年5月，美国特朗普政府突然宣布，对中国原征收10%关税的2000亿美元的进口商品加征关税至25%，且短期内将对另外3250亿美元商品征收25%的关税，导致中美贸易摩擦升级。面对美国咄咄逼人的态势，中国进行了有理有利有节的反制。2019年5月17日，人民日报推出"钟轩理"评论文章《没有任何力量能够阻挡中国人民实现梦想的步伐》。评论指出："放眼中华民族伟大复兴的奋斗历程，美国挑起的贸易战，不过是中国发展进程中的一道坎儿。无论外部风云如何变幻，对中国来说，最重要的就是坚定信心、集中精力办好自己的事情。"

事实是最好的证明。这篇评论纵观11轮中美经贸磋商，孰是孰非一目了然。通过罗列美方挑起经贸争端的对美损失、预期增长等数据，对比中国的基础数据、当下经济表现、转型升级的方略，不仅说明美方挑起贸易争端占不了便宜，也展现出中国的信心。全文言之凿凿，掷地有声，透露出强硬、自信和正义在握的底气。

（二）"本报评论员"评论

中美贸易摩擦是一个反复波动、不断出现焦点新闻的长期性事件，美国政客及其媒体附庸构造出虚假"媒介现实"，将国际社会对该事件的看法引向歧途。为及时驱散国际舆论中的迷雾，呈现事件真实的原貌，人民日报社评论部推出6篇评论员文章《君子之国，先礼后兵》《漫天要价，意欲何为》《反复无常，失信天下》《霸凌主义，不得人心》《极限施压，注定无用》《战略误判，后果严重》，以气势高昂的战斗姿态、正面交锋的锐利风格，六评中美贸易摩擦升级，在国内国际舆论场上引发了较为强烈的反响。

（三）"国纪平"评论

2019年人民日报共推出"国纪平"评论文章10篇，其中5篇与中美经贸摩擦相关，占比达50%。值得注意的是，其中既有单篇，又有系列，这在"国纪平"历史上非常罕见。

1. 单篇有气势

5月11日，美国宣布对2000亿美元中国输美商品加征关税上调。5月13日，人民日报推出署名"国纪平"的文章《任何挑战都挡不住中国前进的步伐》。文章分为七个部分，分别阐明了美方行为让中美经贸关系蒙上阴影、美方给世界经济增长和全球贸易带来严重负面影响、中国坚持有原则的合作并有信心应对压力挑战、合作共赢才是中美关系大势、贸易摩擦进一步坚定中国深化改革开放的信心和决心、经济全球化是不可逆转的世界大势、集中精力办好自己的事等七个方面的内涵，从中国自身发展、中美关系互动、发展中的中国与世界等层次阐明了中国立场。评论仅在人民日报客户端阅读量就超过259万，获网友点赞量近6500次，评论3300余条，同时被新华社客户端、央视新闻客户端、环球时报、凤凰网等诸多媒体转发，形成了全网传播态势。8月13日，"国纪平"又推出单篇评论《中国有足够信心底气战胜任何困难挑战》，进一步向世界表明中国不畏艰难的坚定信心。

2. 系列壮声势

6月14～21日，人民日报推出系列"国纪平"——"评美国一些人战略迷误的危险"，共上、中、下三篇，分别是《世界潮流浩浩荡荡不可阻挡》《世上本无"修昔底德陷阱"》《正义的事业是任何人都攻不破的》。在同一话题上如此密集推出重磅"国纪平"文章，在人民日报历史上十分罕见。系列"国纪平"直指美方行为"深刻暴露出其深陷危险的战略迷误。最根本的迷误，就是逆经济全球化的潮流而动"。这三篇"国纪平"，分别从全球发展的时代大势、大国关系的历史规律、中国发展的内在逻辑三个层面，在纵横捭阖的历史经纬中论证了中美关系的本质和发展趋势。这一系列"国纪平"文章仅在人民日报客户端阅读量就超过436.8万，获点赞量2万余次，评论量近5000条，引发全网热烈反响。

（四）"五月荷"评论

5月起，人民日报在"国际论坛"栏目推出署名为"五月荷"的评论文章共17篇。"五月荷"署名评论笔法辛辣，在美方宣布加征关税后，用多篇文章强调中方反制能力。

比如，5月29日开篇的评论《美方不要低估中方反制能力》，即以"不愿打，不怕打，不得不打！"亮明坚定态度，并指出中国作为世界最大稀土材料供应国的优势所在。

又如，面对美方步步紧逼，一而再、再而三地为贸易摩擦加码，"五月荷"署名评论又先后推出《加征关税无用，中国有能力奉陪到底》《坚决反制奉陪到底》《第三轮反制说到做到》，声明"中国人民从来都是有骨气、有勇气、有能力、有恒心的，越是面对外来压力，越能彰显强大凝聚力，越能迸发无穷无尽的战斗精神"，亮出一系列反制"王牌"。

（五）"钟声"评论

作为人民日报社国际部传统评论品牌，"钟声"专栏刊发的评论着眼大事、把握大局，早已成为国际舆论场上举足轻重的"中国声音"。经统计，2019年，人民日报发表"钟声"评论161篇，其中与中美经贸摩擦相关的有91篇，超过一半（见图1）。

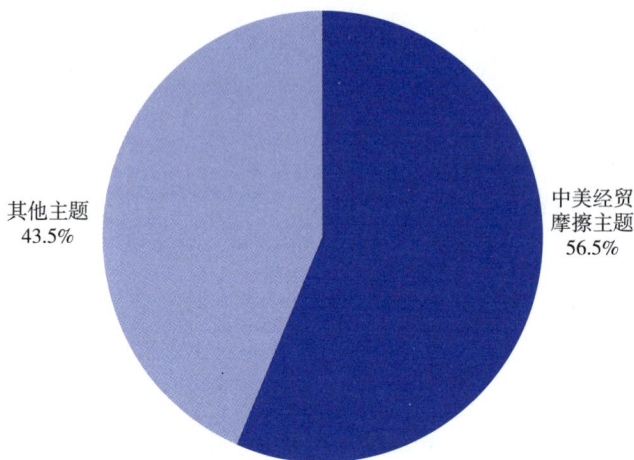

图1 "中美经贸摩擦"主题的钟声文章占比

2月14～15日,第六轮中美经贸高级别磋商结束,双方在诸多领域达成原则共识。2月16日,人民日报即推出"钟声"文章《落实中美元首共识合作解决经贸问题》,指出习近平主席首次会见美方经贸团队成员"为下一阶段中美经贸关系发展指明了大方向、注入了新动力"。

5月12日,人民日报推出"钟声"评论《中国不会屈服于任何极限施压》。面对美国再次挥舞关税大棒,"钟声"在第一时间阐明了"中方一直以高度负责任的态度和最大的诚意推动中美经贸磋商,但决不会屈服于美方的极限施压,在原则问题上不会妥协"的坚定立场,通过回顾中国入世谈判的曲折历程增强信心,有理有利有节地表达了对中美关系相向而行、合作共赢的期望。此后,"钟声"不仅推出单篇评论,还以多个系列评论在舆论斗争中发挥积极作用。其中,尤以三个"九评"声势最大,为"钟声"塑造了善用驳论的鲜明风格。

1. "可以休矣"系列九评

5月14～22日,人民日报连发《谁在"为赋新词强说愁"》《不要陶醉于自欺欺人的"胜利"》《谁在"出尔",谁在"反尔"》《从来就没有什么救世主》《欲加之罪,何患无罪》《香者自香,臭者自臭》《捕风捉影者,风必摧之》《不要逆历史潮流而动》《轻舟已过万重山》等9篇"钟声"评论,组成

"可以休矣"系列，集中火力对美方的不实之词给予重拳回击。文章刊发后，立即引发国内外舆论高度关注，被国内一些媒体称为继2018年"'九评'中美经贸摩擦"之后的新"九评"。"可以休矣"系列在人民日报"两微一端"转载后，仅在人民日报客户端平台就获点赞量4万余次，评论量近1.4万。

2. "必将失败"系列九评

5月23~31日，"钟声"又连续推出《国际秩序容不得任性妄为》《公平合作是唯一正确的选择》《狂风骤雨不能掀翻大海》《搞科技霸权就是阻碍发展进步》《玩弄强权注定失道寡助》《"美国例外"是有害的文明优越论》《信用破产是最大的破产》《难道非要撞了南墙才回头》《机关算尽一场空》等9篇文章，即"必将失败"系列，一针见血地揭示了美方逆历史潮流而动的行径必将失败的结局，再次得到国内外舆论的广泛关注。有了"前九评"的经验，"必将失败"系列的"后九评"网络传播量再创新高，在人民日报客户端转发后，每篇文章点赞量均超1万次，总点赞量近13万次，总评论量2万余条。

3. "看清美方真面目"系列九评

6月4~24日，"钟声"又推出"看清美方真面目"系列评论，包括《亚当·斯密在悄悄流泪》《留下玫瑰，授人荆棘》《关了自家的门，堵了大家的路》《打自由贸易之名，行贸易保护之实》《究竟是市场经济，还是强买强卖》《搬梯子，还是扔砖头》《于人谈"契约"，于己忙"弃约"》《道义高地容不下背信弃义》《国际规则不是提线木偶》等9篇文章，针对美方口口声声鼓吹的自由市场、互惠互利、开放竞争、公平贸易、契约精神、国际道义、国际规则等理念，揭露美国某些政客"合则用，不合则弃"的真面目。这一系列"钟声"文章同样在人民日报客户端转载，仅《关了自家的门，堵了大家的路》一篇文章浏览量就超过210万，再次刷新了"钟声"在人民日报客户端的传播数据。《搬梯子，还是扔砖头》获央视新闻联播播报，相关片段被剪辑制作成短视频，在抖音等平台广泛转发。

此外，"钟声"还先后组织了"评美国一些人的背信弃义""美国一些人的不实之词荒谬在哪里"等系列评论，对美方的霸权行径和诋毁言论逐一批驳。

（六）"人民论坛"评论

中美贸易摩擦升级后，舆论场高度关注，中美贸易摩擦、华为、关税、中国经济发展等成为社交平台和自媒体上高频出现的词语。尽管强烈的爱国情怀和号召共渡难关的声音构成舆论主基调，但是不同群体的解读方式和理解能力的差别也会产生混淆视听的噪音、干扰大局的杂音。当此之际，亟须权威声音引领导向、明辨是非、凝心聚力。主流媒体勇于亮剑、善于说服，才能无愧于舆论压舱石的角色。人民日报即在"人民论坛"专栏推出多篇评论，有两组系列尤为重要，可用一"驳"一"立"来概括。

1. 驳——批评"恐美崇美"论调

"屈服有利论""中国理亏论""放弃反制论"在美国舆论的推波助澜下，一时甚嚣尘上，甚至引发"恐美""崇美"的心态。针对这种情况，人民日报推出"人民论坛"系列评论，设置专门议题，语言表达富于说服力、战斗力。其中，《摒弃"恐美崇美"心态》直面问题、切中要害，从历史和现实两个维度，剖析"恐美崇美"心态的来源，坚定宣示中国人民决不答应成为美国附庸；《爱国情感绝非民粹主义》善于说服、引导情绪，以"这怎么能是民粹"的问句作为情绪引导的支点，直指"把正常的爱国情感与民粹主义联系到一起，显然是别有用心"；《中国人要有中国人的志气》激发志气、鼓舞人心，以事实为依据，指出美国对华贸易战"易胜""速胜"的企图已经破灭，并从世界百年未有之大变局和民族复兴的战略全局拨开迷雾，点明美国一些人找中国的麻烦，对中国使出"围追堵截"百般手段，就是"想把中国挡住、摁住、掐住，不让我们奔跑追梦"。

2. 立——坚定中国发展信心

5月11日起，"人民论坛"相继推出《中国经济的深层优势》《中国经济的无限潜能》《中国经济的空间广阔》《中国经济的创新动力》《中国经济的信心所依》《中国经济的大势所趋》等多篇评论，以专业论述和权威观点，证明中国经济有能力应对挑战。评论指出："一系列因素，厚植起中国经济回旋余地大、韧性强的优势。我们不仅有底气和定力，更有条件和能力，引领中国经济行稳致远。""今天，中国创新体系完善、创新动力强劲、创新劲头红火，推动经济发展效益更佳、质量更高、持续性更好。这正是未来中国经济保持稳健运行的底气所在。"这组评论站在全局高度，客观求是、从容引导，为准确把握经济大势、提振未来信心起到"定盘星"作用。

（七）人民网原创评论

人民网除了播发人民日报纸媒上的评论，还积极推出原创评论。2019 年，主要有三个原创网评系列与中美贸易摩擦有关。

1. 系列网评批驳"恐美崇美"错误论调

针对互联网舆论场中存在的"恐美崇美"错误论调，人民网自 6 月 17 日起，连续 6 天在人民网首页头条位置刊发评论文章，力求以正视听。这组评论包括《人民网评：中国人怎么爱国还需要别人来教吗?》《人民网评：斗争的结果会是"中必输"吗?》《人民网评：中国扛不住美国的"三板斧"吗?》《人民网评：中国能吞下"如果"带来的苦果吗?》《人民网评：中国"委曲"就能"求全"吗?》《人民网评：真是中国高调惹的祸吗?》，表示人民网以中央新闻网站的高站位拨开迷雾、明辨是非，有助于广大网友更加客观地认清中美贸易争端的起因、实质、对策、走向等，从而更加团结一心、众志成城。

2. 系列网评"三论华为事件"

中美贸易摩擦持续升温，美国加大对华为施压。5 月 18 日，"联想断供华为"的传言刷屏。5 月 19 日凌晨，联想集团发布声明，表示目前向华为公司供货正常。5 月 21 日，任正非接受了央视专访，对舆论进行回应。对此，人民网相继推出三篇网评。

作为系列评论的第一篇《人民网评：与其坐而"联想"，不如奋起"华为"》，从"断供"刷屏的新闻切入，认为在各种信息满天飞的时候，官方的回应才更接近事实真相，并深刻剖析这件事的根源是美国极限施压，采取各种手段阻击华为。文章指出，用中国企业之间所谓的嫌隙"传闻"，撕裂舆论共识，激化公众情绪，是亲者痛仇者快。强调与其被各种传闻牵着鼻子走，做一些无谓的"联想"，不如奋起直追，对中华文明的赓续有所作为。

首篇评论获得了舆论的高度肯定，网友反响热烈。在此基础上，人民网根据事态的新发展，在深度和广度上对华为事件进行深挖，进一步从时代的格局、对世界的认知、对自己的认知等层面进行升华，推出了两篇评论文章——《人民网评：历史的河流上，华为将成为一个生动坐标》《人民网评：华为从容的背后，有我们时代的整体加持》。

"三论华为事件"是人民网网络评论部成立以后推出的第一个系列作品，

一经推出就受到关注。舆论认为这才是中央媒体应该发出的声音，在中美经贸摩擦关键期，人民网的评论"恰逢其时、掷地有声"，充分起到了正确引导舆论、凝聚社会共识的作用。

3. 系列网评回顾"峥嵘2019"

2019年是不平凡的一年，迎来新中国成立70周年，也面临包括中美贸易摩擦在内的巨大挑战。面对这些挑战，我们党领导中国人民进行了伟大斗争，取得了伟大胜利。为了回顾这一年的风险与挑战，盘点这一年的峥嵘与辉煌，鼓舞全党全国人民为实现"两个一百年"奋斗目标、实现中华民族伟大复兴的中国梦而顽强奋斗，人民网推出"峥嵘2019"系列网评。

第一篇《人民网评：峥嵘2019，我们在伟大斗争中成长》梳理这一年进行的伟大斗争，侧重谈现象。文章以习近平总书记的新年贺词开篇，"2019年，有机遇也有挑战，大家还要一起拼搏、一起奋斗"。然后梳理这一年各个领域面临过的重大挑战，比如中美经贸摩擦上了一堂"形势教育课"、华为事件上了一堂"斗争实践课"等，论述中国是如何不避问题、积极应对并且战胜这些挑战的。

第二篇《人民网评：峥嵘2019，我们在乘风破浪中接力》，侧重分析伟大斗争在新的历史时期呈现新特征，与以前同类型的挑战进行对比，斗争精神在乘风破浪中得到新的升华。通过对一些事例的分析，进一步论证2019年我们更加自信、团结、坚定。

第三篇《人民网评：峥嵘2019，我们在承前启后中进发》，侧重谈怎么迎接新的斗争。评论指出，斗争不是短期的而是长期的，斗争的存在是客观的、必然的，至少要伴随我们实现第二个百年奋斗目标全过程。通过对未来的展望，论述了面对斗争应该怎么做，即"准确研判斗争的时代特征是胜利的前提""不断提高斗争的实践本领是胜利的基础""紧紧依靠斗争的根本力量是胜利的保证"。

（八）"两微一端"转化转发的评论

伴随着移动互联网的高速普及，"两微一端"成为评论传播的重要渠道。人民日报"两微一端"十分重视传播人民日报发表的中美贸易摩擦相关评论，并在传播时注重结合新媒体特点进行适当的改造，使其更加符合新媒体传播规律。例如，在转载"钟声""人民论坛""国际论坛"等专栏的评论时，力图实现"准确"和"吸引力"的兼容和最大化，在严肃内容中寻找情感传播和价值传播的特别方式，犀利有力地表明态度、引导舆论。从文字层面的处理看，有以下三种方式。

1. 在原标题前加上"人民日报""人民日报钟声""人民日报国纪平"等，强化评论的权威性

比如，评论《极限施压注定徒劳》经加工后，呈现在人民日报客户端上的标题为《人民日报评美国一些人的背信弃义：极限施压注定徒劳》；《要用诚意磋商，不要无事生非》经加工后，标题为《人民日报钟声：要用诚意磋商，不要无事生非》。

2. 在原标题的基础上增加信息、亮明观点、融入情绪

比如，评论《欲加之罪，何患无罪》经加工后，标题为《欲加之罪，何患无罪："中国强制转让技术论"可以休矣》；《轻舟已过万重山》经加工后，标题为《人民日报：人无信不立国无信则衰中国退步论可以休矣》，在保留原标题气质的前提下，增加了对新闻事实的剖析，信息含量的增加，使得传播更加一目了然，更加适应碎片化时代的传播。

3. 将"人民日报"和观点同时突出

比如，评论《理性看待和应对中美经贸摩擦》，最终呈现在人民日报客户端的标题为《人民日报刊文：理性看待和应对中美经贸摩擦 软弱退让换不来同情》，既点明权威出处，又直接亮出观点，同时适当注入情感含量，有利于与网友建构起价值认同。

二 重点评论篇目特点分析

这里选取"本报评论员""钟声"和人民网原创评论进行重点分析，对其主要特点进行梳理总结。

（一）"本报评论员"六评中美经贸摩擦升级

这6篇"本报评论员"文章包括《君子之国，先礼后兵》《漫天要价，意欲何为》《反复无常，失信天下》《霸凌主义，不得人心》《极限施压，注定无

用》《战略误判，后果严重》，主要有以下特点。

1. 正面交锋、响鼓重锤，树立开放自信负责任的中国形象

这组评论回顾历史事实、聚焦现实发生、剖析国际大势，注重以详实的数据凸显自信、以充分的事实展现开放、以落地的行为彰显责任。

比如，《君子之国，先礼后兵》点出"自古以来，中国就是礼仪之邦，交往讲究礼尚往来，交锋讲究先礼后兵"；《漫天要价，意欲何为》用事实证明"对中美经贸谈判，中国人是有诚意的，但中国人也是有尊严的；中国人是讲道理的，但遇到不讲理的也不怕"；《极限施压，注定无用》说明"中美经贸摩擦，本质上是进步与落后、平等与霸权、自由贸易与保护主义的较量，中国站在国际道义和时代潮流这一边"……系列评论凸显中国诚意，在国际舆论场中引发强烈反响、赢得许多赞誉。

2. 驳立交融、相得益彰，有效实现舆论反制和扩大国际共识

一方面，驳的是美方霸凌主义、极限施压的行为。评论指出，"在中美经贸谈判过程中，美方翻脸比翻书还快。往往是刚刚表态'进展顺利'，随后又无端指责中国；一会儿说要达成'重大协议'，一会儿又肆意挥舞关税大棒""美方的翻云覆雨、阴晴不定，正在透支、损耗美国的国家信誉""一些美国政客对中国的敌意，是自私、狭隘和偏执的混合物，暴露出错误的世界观、过时的知识结构和顽固的意识形态偏见"……系列评论事实充分，一针见血地回击美方的污蔑中伤和美国自我营造的"吃亏论"。

另一方面，立的是求同存异、合作共赢的人心所向。评论指出，"贸易战没有赢家""一个好的谈判协议要达成，必须照顾到彼此核心利益和重大关切""在世界经济的大海中，各国互通有无，船只川流不息，靠的是信用之帆和规矩之锚"……这组评论站位高、看得远，析事明理，彰显了国际社会共同建构的共识。

3. 巧借"外嘴"、事半功倍，极大增强可信性与说服力

从美国著名谈判专家杰勒德·尼伦伯格的"成功的谈判，双方都是胜利者"，到美国开国元勋本杰明·富兰克林的"诚实是最好的策略"，再到美国作家马克·吐温的"对于一个手中只有榔头的人，他所看到的问题都是钉子"……系列评论用美国的名人及其彰显的美国信念来驳斥美国特朗普政府的倒行逆施，更有讽刺意味，对增加文章的说服力起到以一当十的作用。

（二）"钟声"系列评论

观察中美贸易摩擦中的"钟声"系列评论，主要有以下特点。

1. 集中连续，系列作战

"钟声"大多打系列评论"组合拳"，尤其是三组"九评"前呼后应、相互配合，形成了批驳美方错误言论的规模声势。一是在标题中频繁发问，反问美方"谁在'为赋新词强说愁'""谁在'出尔'，谁在'反尔'""难道非要撞了南墙才回头"；二是大量使用否定句式，正告美方"不要陶醉于自欺欺人的'胜利'""不要逆历史潮流而动""国际规则不是提线木偶"；三是巧妙运用对比手法，揭露美方给自己"种花"却给别人"种刺"，"关自家门"却"堵别人路"，表面"自由贸易"却暗地"贸易保护"，高谈"契约精神"却背信"弃约"，在对比中让美方频频"打脸"。舆论战也是心理战，这些手法强化了驳论的底气，不仅塑造了于我有利的强大舆论声势，也对美方形成不小的国际舆论压力。

2. 精准回击，各个击破

在集团作战的同时，"钟声"也用好点对点的"单兵出击"，每篇文章只针对美方一个观点展开批驳，一篇文章相当于一支精锐部队，专门攻打对方一个特定阵营。

"可以休矣"系列，9篇评论分别对"美国吃亏论""加征关税有利论""中国出尔反尔论""美国重建中国论""中国强制转让技术论""中国技术有害论""中国盗窃知识产权论""对华文明冲突论""中国退步论"等9个错误论调予以全面驳斥，对不实指责背后的真实用意给予深刻揭露。

"必将失败"系列，分别直指美国无视规则、零和博弈、逆势而动、拒绝竞争、唯我独尊、双重标准、言而无信、一意孤行、自作聪明等表现，揭示它们殊途同归"必将失败"的结局。

"美国一些人的不实之词荒谬在哪里"系列，以《"七宗罪"之说用心险恶》统领，再分别用7篇评论针对美国白宫国家贸易委员会主任彼得·纳瓦罗给中国罗织的"盗窃知识产权""强制技术转让""窃取商业秘密""对美国市场倾销""大力补贴国企""输入毒品芬太尼""操纵货币汇率"等7项虚假"罪名"，对美方"泼脏水"的行为动机予以深刻揭露。

3. 立足学理，有理有据

中美贸易摩擦期间的"钟声"评论明显增强了学理性，善于运用国际政治学、经济学的原理和国际关系相关理论来解释问题、阐明观点，夯实论辩的理论根基。

比如，"现代经济学之父"亚当·斯密关于自由市场和全球分工的理论，古希腊历史学家修昔底德关于崛起大国与守成大国关系的理论，卢梭的"契约论"等经典理论，都成为"钟声"的有力论据。

又如，杰弗里·萨克斯、保罗·克鲁格曼等美国当代著名学者发表的理论文章和观点，也常被"钟声"引用，达到"借嘴说话，借筒传声""以子之矛，攻子之盾"的功效。

（三）人民网六评"恐美崇美"错误论调

人民网这一系列原创网评有理有据，主要有以下特点。

1. 切中要害，拨云见日

人民网评论部准备充分、策划到位，经过对多位中美问题专家的采访之后，按照"中国张扬论""委曲求全论""战略失误论""难以抗衡论""注定失败论""爱国异化论"六个错误论调精准设计打击角度。文章观点犀利、字字珠玑，切中当前舆论场上混淆视听、误导民众的种种论调，给爱国主义、民族精神、斗争意志正名，以中央权威媒体站位释放正面声音、拨开舆论迷雾，使广大网民更加清醒地认清各种谬论的错误逻辑，在仍将持续并不断加剧的中美贸易摩擦中维护更大团结、更强意志。对此，舆论普遍给予高度认同。正如网民所说：人民网一次性把敏感提法全都摆出来了，很有一股子气魄。这些触动美方敏感神经的种种回怼，有一种打开天窗说亮话的快感。

2. 网言网语，贴近网民

针对错误论调来自互联网这一特点，评论文章着意使用网言网语，易于网民接受。文中把美国的霸凌行径概括为程咬金的三板斧，化用赵老太爷、阿Q、祥林嫂、诸葛亮阵前骂王朗等尽人皆知的典故，加上幽默诙谐的语言，嬉笑怒骂间将中美贸易摩擦这样的国家大事条分缕析、娓娓道来，让网民如夏饮冰水、痛快淋漓。

3. 善用修辞，化繁为简

系列网评用比喻、拟人、类比等手法，将原本晦涩的问题轻松形象地解释给网民，做到了透过现象看清本质。"中国这样一头'大象'，躲在灌木丛中，跟世界说'我一点不厉害，你们别看我'，世界信不信，美国信不信？""是不是只有美国才有资格坐在桌上嚼着牛排，喝着红酒，而中国只能躲在犄角旮旯啃冰冷的窝窝头？"……评论中，类似句式比比皆是。

4. 标题统一，形成声势

系列网评的标题采用统一的反问形式，尽管没有标明系列评论的注脚，但能让人一下就明白说的是相关联的事。是中国高调惹的祸吗？中国"委曲"就能"求全"吗？中国人怎么爱国还需要别人来教吗？一问接着一问、环环相扣，逻辑关系清晰、层层递进，在吸引网友进行深一步阅读的同时，用形式和内容的统一让评论自动归队、自成体系。

三 传播效果情况

（一）人民日报"两微一端"相关数据

据不完全统计，2019 年，人民日报"两微一端"发布的来自人民日报的中美经贸相关评论，总阅读量超过 3.6 亿，收到了良好的传播效果。

人民日报客户端及时在首页首屏的重要位置发布相关评论并进行推送，传播效果突出，阅读量较高（见表 1）。

表1　人民日报客户端发布的部分评论阅读量情况

单位：万次

标题	阅读量
人民日报:美方不要低估中方反制能力	522.9
人民日报钟声:中国不会屈服于任何极限施压	458.1
人民日报评论员:大国之间战略误判,后果严重	371.5
人民日报:"中国出尔反尔论"可以休矣	354.9
人民日报钟声:美国公司倒闭怨不得中国	339.9

人民日报微博在发布时，除精选展示文字外，还通过精选配图、设置"人民日报钟声评论""人民日报钟声"等话题并结合该条评论内容设置单条话题等多种途径，增强传播效果。从话题看，"人民日报钟声评论"阅读量达2.4亿次，"人民日报钟声"话题阅读量1.3亿次，各条评论的具体话题阅读量也均比较可观（见表2）。

表2　人民日报微博发布的部分评论阅读量情况

单位：万次

标题	阅读量
人民日报评论:君子之国,先礼后兵	775
人民日报钟声:中方绝无可能在任何原则问题上做交易	701
#人民日报钟声评论#:从来就没有什么救世主	690
#人民日报钟声评论#:#中国不会屈服于任何极限施压#	674
人民日报评论员:霸凌主义,不得人心	671

人民日报微信所有相关推文的阅读量均为10万次以上，其中多篇阅读量超过百万次，也都取得良好传播效果（见表3）。

表3　人民日报微信发布的部分评论阅读量情况

单位：万次

标题	阅读量
人民日报:坚决反制,奉陪到底	137.4
勿谓言之不预! 美方不要低估中方反制能力	129.2
机关算尽一场空,自作聪明必将失败	124.0
要把中国"打回到第三世界"? 螳臂当车!	116.2
重磅! 国纪平来了	111.6

从人民日报"两微一端"发布的中美经贸摩擦相关评论看，大都收到大量的网友转发、留言和点赞等。比如，人民日报客户端发布的《人民日报：美方不要低估中方反制能力》评论数超过5200条；人民日报微博发布的《人民日报钟声：中国不会屈服于任何极限施压》评论数超过3300条，发布的《#人民日报钟声评论#：从来就没有什么救世主》单条转发超过3500次，发布的《人民日报：坚决反制，奉陪到底》点赞量超过1.8万次；人民日报微

信发布的《人民日报：中国人要有中国人的志气》在看超过 2 万条，发布的《勿谓言之不预！美方不要低估中方反制能力》评论量超过 6200 条。

不少网民在转发中成为传播的志愿者，在评论中相互"盖楼"，在良性讨论中形成更多共识。许多网友的留言质量很高，成为传播内容的一部分，并启发其他网友展开更多思考。比如，人民日报客户端发布《人民日报钟声：用偏见筑墙是徒劳的闹剧》，"小熊恋旧"发表评论"任何跳梁小丑都挡不住中国的发展脚步，挡不住中国人民追求幸福的道路……"，"祥和一家"盖楼跟帖"对！荒唐无耻的美国国务卿不论怎样挑衅，任何人都妄想无条件分裂我和我的祖国"，紧接着"徐永昌"盖楼留言"说得对！挺你"……在这样一种良性的拉家常式互动中，爱国情绪在交流中得到进一步提升，新闻评论和网民的情感话语形成了一种映照关系，起到了加强传播的效果。

（二）人民网原创网评相关数据

以批驳"崇美恐美"错误论调的系列评论为例，可以看出人民网原创网评的传播效果总体较好。截至 2019 年 6 月 24 日晚 10 时，6 篇文章全网总阅读数超过 1000 万，点赞量约 37000 次，网友留言累计约 7000 条。其中，人民网 PC 端总点击量超 20 万，且均被人民网微信公众号推送，篇篇 10 万 +。从转载量来看，全网总转载量达 2260 篇次，其中新闻资讯网站转载达 800 篇次，各类 App 平台转载 316 篇次，微信公众号转载 333 篇次，微博转发 438 篇次，博客 53 篇次，论坛 320 篇次。具体篇目转载量见表 4。

表 4　人民网批"崇美恐美"网评转载概况

单位：篇次

标题	资讯	App	微信	微博	博客	论坛
人民网连发六篇文章批驳"恐美崇美"心态	41	19	63	88	1	4
人民网评:中国人怎么爱国还需要别人来教吗?	72	22	33	46	1	28
人民网评:斗争的结果会是"中必输"吗?	71	25	31	26	16	3
人民网评:中国扛不住美国的"三板斧"吗?	124	53	41	50	7	65
人民网评:中国能吞下"如果"带来的苦果吗?	105	62	52	103	11	85
人民网评:中国"委曲"就能"求全"吗?	213	65	51	60	8	63
人民网评:真是中国高调惹的祸吗?	174	70	62	65	9	72

（三）外媒引用情况

人民系网评加强海外传播推送，使重要评论落地海外主流媒体，并引发海外社交媒体平台积极反响，在国际舆论场发出响亮的中国声音。

2019年2月14~15日，第六轮中美经贸高级别磋商结束，"中美经贸磋商"开始成为海外媒体关注的重点议题，人民日报有关报道获得不少外媒转引，评论成为外媒最常转引的内容。2月16日，人民日报刊发的"钟声"文章《落实中美元首共识合作解决经贸问题》中，关于习近平主席首次会见美方经贸团队成员"为下一阶段中美经贸关系发展指明了大方向、注入了新动力"的观点被英国路透社、《日本经济新闻》等媒体转引，引发国际舆论高度关注。

5月，随着中美贸易摩擦紧张程度加剧，相关话题开始成为国际舆论场关注的焦点。人民日报的报道被外媒转引总篇次大幅跃升，达4642篇次，环比增长1倍以上。与4月相比，美国主流媒体对人民日报的转引量明显增多。其中，华尔街日报、消费者新闻与商业频道增幅明显，从4月的1篇增加至15篇以上，美国有线电视新闻网转引量较4月增加3倍以上，华盛顿邮报和纽约时报转引量也增长1倍多。报道转载量的增长与人民系评论关于中美贸易摩擦的发声密切相关。5月9日，《华尔街日报》刊文《保持冷静：中国媒体表示不要担心和美国之间的贸易战》，文中着重提及"钟声"评论，呼吁双方保持冷静克制，并指出人民日报表示"美国不是第一次威胁提高关税，中国经济基础稳固，因而并不恐惧"。5月13日，人民日报微信公众号发表文章《中国已做好全面应对的准备》，其中两句原文"美国的极限施压没什么好怕的""美国发起的对华贸易战，不过是中国发展进程中的一道坎儿，没什么大不了"，得到包括美国雅虎新闻网、时代周刊、美联社等美国主流媒体转引。5月17日，人民日报推出"钟轩理"文章《没有任何力量能够阻挡中国人民实现梦想的步伐》，"人民日报头版文章表示'贸易战打不倒中国'"随即成为外媒热门转引内容。5月29~30日，外媒转引人民日报报道达811篇次，成为当月最高峰。这一转引量峰值与5月29日的"国际论坛"评论《美方不要低估中方反制能力》直接相关，文中表达的"中国或以稀土作为反制武器，且敬告美方'勿谓言之不预！'"

的观点成为众多外媒转引标题。其中，"勿谓言之不预"一语受到多国主流媒体关注，美国有线电视新闻网、财富杂志等媒体均引用原文。5月22~31日，人民日报Facebook账户发布9篇"中美经贸摩擦"相关帖文，引发海外网友理性讨论。

9月初，随着中美经贸摩擦进入新阶段，外媒对该话题的关注度再次迎来高峰。9月2日，英国路透社、英国每日邮报、美国雅虎新闻、新加坡海峡时报、印度时报、卡塔尔半岛电视台等媒体转引"钟声"文章《关税大棒拦不住中国发展》。路透社在转引中表示："中国官方媒体人民日报称，关税无法阻碍中国发展。""一篇'钟声'评论称'中国经济蓬勃发展，使中国成为外国企业无法忽视的投资沃土'。"

人民网原创网评也经过多语种翻译，英文全部翻译，其他语种选择翻译。除了在人民网多个语种频道发布外，还在海外社交媒体Facebook及Twitter上进行了广泛推送，每篇阅读数近万。以六评"恐美崇美"系列网评为例，据不完全统计，翻译后的稿件在NAVER专栏、韩联社、日本recordchina网站、"阿拉伯信息交流中心"网站、"阿拉伯人眼中的中国"网站、俄罗斯inosmi网站等共有近20次落地。

在中美贸易摩擦议题中，外媒对人民日报转引量的明显增长，反映了国际舆论特别是美国国内舆论对中国官方媒体表态的高度重视。面对复杂的国内外网络舆论，人民系网评彰显了在重大议题上的影响力，并通过网络传播辐射出强大正能量，构建起线上线下联动、内宣外宣一体的主流舆论格局。

四 启示与思考

综上所述，在中美贸易摩擦的舆论战中，中国主流媒体发挥了勇于斗争、善于引导的积极作用，彰显了新闻舆论力量的担当与作为，人民系网评是其中的重要组成部分。这些评论如此量多言重，在人民日报历史乃至中外新闻史上实属空前，从中可以总结很多经验。这里，从舆论引导和舆论斗争的角度出发加以思考分析，着重考虑"时度效"的问题，有三对关系需要充分关注和认真应对。

（一）把握好"时"，处理好被动与主动的关系

相比其他舆论引导，中美贸易摩擦的舆论战牵一发而动全身，尤需把握好推出评论的时机。从中美贸易摩擦本身来看，政策由美国先定，美国先"出拳"，似占据先机和优势，中国加以应对，似处被动地位，但舆论战若时机抓得好，完全有可能有效回击甚至进行反制，变被动为主动。这方面，人民系网评采取的战术发挥了积极作用。

1. 即时而动，反应迅速

紧扣中美贸易摩擦时间线，密切跟踪美国动向，在主要时间和事件节点立即撰写评论，及时快速发布和广泛传播，是这次人民系网评的一条重要经验。

比如，5月11日，即美国宣布对2000亿美元中国输美商品加征关税上调的次日，人民日报就推出"钟声"评论《中国不会屈服于任何极限施压》。评论刊发后在人民日报客户端等平台转载，获网友点赞量1.16万次，评论数超5000条。

又如，在华为事件发生后，人民网即推出"三论华为事件"系列评论，这是人民网网络评论部成立以后推出的第一个系列作品，一经推出就受到关注。

2. 定时而发，气势凸显

人民网在推出六评"崇美恐美"系列评论时，采取每天定时播发的策略，在人民网首页头条同一位置推荐，既充分展示评论文章的重要性，也激发形成必要的阅读预期。"重磅炮弹"六连发，一浪接一浪，一浪更比一浪高，使系列评论气势叠加、活力充沛。作为网上第一评，人民网连发六问，六问都在网站首页最显要的位置推出，这种态度势必会从情绪和心态上给广大网友带来积极影响，从而掌握舆论引导的主动权。

（二）把握好"度"，处理好立论与驳论的关系

在中美贸易摩擦舆论战中，分寸感最难拿捏。如何做到"破立结合"而有说服力？这是策划和撰写评论时需要研判和思考的问题。人民系网评主要从以下几方面进行了探索。

1. 紧松恰当，不断调整评论基调

可以看出，在中美经贸摩擦进程中，人民日报评论不仅出手快、频率高，而且"因时而变，随事而制"，根据不同阶段的情况把握力道变化，精准掌握"火候"，做到"对症下药"。

5月，新一轮中美经贸摩擦刚刚打响，人民日报第一时间刊发的"钟声"和"国纪平"两篇评论在语气上柔中带刚，并不过分强硬，基调上更多从我国自身情况出发，用较多笔墨强调中国发展的底气、应对挑战的信心，为中美后续谈判保留足够空间。

9月以后，随着中美经贸谈判形势变化，人民日报相关评论基调趋于缓和，努力为中美新一轮磋商营造良好舆论氛围。9月5日，中美经贸高级别磋商，双方牵头人通话释放出积极信息，双方在"应共同努力，采取实际行动，为磋商创造良好条件"上达成一致意见。9月11日晚，特朗普表示，美方将对2500亿美元中国输美商品上调关税时间推迟"作为善意的表示"。随着美方释放"示好"信号，"钟声"文章的基调也做出相应调整，号召《用实际行动创造条件，通过磋商解决问题》《坚持用理性面对外部不确定性》，赞扬《互释善意的举动值得欢迎》《良性互动多多益善》，呼吁《推动中美关系沿着正确轨道向前发展》。

2. 破立结合，特别讲究驳论技巧

舆论斗争既可激浊，又可扬清。打舆论战需要有立有破、边破边立，立得正、驳得准是这次中美贸易摩擦舆论引导中人民系网评的一大特点。具体来讲，一是立论注重用事实说话、借外嘴说话，占领道义制高点；二是对"美式谎言"采取各个击破的方法，极大增强了论辩的精准性、针对性，提高了国际舆论引导效率；三是以理论面貌示人的驳论，有效提升了批驳的客观性、科学性、可信性，避免陷入抽象的无意义争论；四是理中含情、客观平实，有力引导舆论、扭转偏见。

（三）把握好"效"，处理好全媒与分众的关系

舆论引导追求效果导向。全媒体时代，新兴媒体已成为国际传播中的主战场，成为舆论斗争的新阵地。算法推荐引发的"茧房忧惧"，自媒体野蛮发展引发的"偏激共振"，不可避免地对中美经贸摩擦中正确声音的传播造

成影响。为消弭这种不利影响，人民系评论在生产上不仅追求媒体技术、写作技巧的转型，也追求传播思维方式和思想意识的提升，主要注重在以下几方面下功夫。

1. 系列化传播，形成规模效应

人民系网评在中美贸易摩擦舆论战中的一个重要特点，就是推出一大批系列评论，有章法、成规模。比如，《君子之国，先礼后兵》《漫天要价，意欲何为》等6篇"本报评论员"文章，析事明理、条分缕析，特别是统一八字标题内涵丰富、朗朗上口，体现出很强的系列性和整体感。

2. 立体化传播，汇聚矩阵合力

所谓"立体化"体现在两个方面：一是不同名目的评论形成合力，比如，就新一轮中美贸易摩擦启动，"本报评论员"和"钟声"相互配合，一个以立为主，另一个以驳见长；就"崇美恐美"论调，"人民论坛"和"人民网评"相继发声，主旨一致，各有特色。二是纸媒网媒同步，"钟声""国纪平"等评论除了在《人民日报》重要版面位置刊发外，在人民日报"两微一端"、人民号、人民网等平台广泛传播，并获新华社、央视新闻、经济日报、光明日报等主流媒体积极转载，实现了多平台输出、全媒体推送的立体辐射效果。

以人民日报评论部有关中美经贸摩擦的15篇评论文章为例，这些评论依托人民日报媒体深度融合发展的成果，均被各大主流门户网站、客户端、微信微博转载，获得非常好的传播效果。仅从人民日报客户端与微博渠道的阅读量来看，《中美开展经贸合作是正确的选择，但合作是有原则的》达673万次，《"不怕打贸易战"的底气》达297万次，《君子之国，先礼后兵》接近1000万次，《漫天要价，意欲何为》达651万次，《反复无常，失信天下》达796万次，《霸凌主义，不得人心》达835万次，《极限施压，注定无用》达485万次，《战略误判，后果严重》达730万次，《爱国情感绝非民粹主义》达631万次，《摒弃"恐美崇美"心态》达175万次，《自尊自信才能走好自己的路》达474万次，《站不住脚的"美国吃亏论"》达389万次，《中国人要有中国人的志气》达719万次，《应战敢战善战方能止战》达609万次，《没有任何力量能够阻挡中国人民实现梦想的步伐》达839万次。

3. 差异化传播，寻求优势互补

舆论斗争要在不同的阵地上开展，也要在不同的阵地上采取不同的"包装"手法，从而达到争取大多数的目的。在中美贸易摩擦舆论战中，人民系评论根据纸媒和网媒的不同特点，或推出多用网言网语的原创网评，或根据移动优先战略，结合不同发布渠道的功能属性和用户需求，灵活运用多种新媒体形态对评论加以改造和转化，增强新媒体属性，努力扩大影响。比如，人民网批驳"崇美恐美"的6篇网评就充分体现网络评论自身的灵活性，以及同传统媒体评论的差异性和互补性。

在网络传播中，标题能否吸引人，在很大程度上决定了一篇文章的首次打开率。为此，在发布评论时，新媒体编辑会根据篇目具体情况看是否需要进行适当调整。当然，新闻标题的加工制作既不是生搬硬套，也不是改头换面、另起炉灶，而是在牢牢抓紧新闻专业内核的同时，用适合互联网特别是移动互联网的风格进行改造，重点增强其可传播性。

4. 可视化传播，达到吸睛目的

一图胜千言。当前，可视化越来越成为新媒体传播的标配，人民系网评在发布时也十分注重运用图片，发挥视觉传播吸引眼球的优势。比如，人民日报微博在使用"头条文章"的方式发布"钟声"等评论时，都会精心选择或设计所配的封图，增加对网友的吸引力。

5. 社交化传播，加强情感互动

如今的互联网传播，是一个"无社交不传播"的时代。在中美经贸摩擦评论的传播链条中，网友的互动表达不可或缺。与报纸相比，"两微一端"等新媒体平台能体现情感的空间属性，更适合情感和观点表达，可以在转发和评论中延伸传播链条。无论是用户生产内容（UGC）还是专业生产内容（PGC），都已经不是传统的以某个具有绝对话语权的机构为中心的传播模式。这次中美贸易摩擦舆论战中，人民系网评的文章标题和内容都很出彩，吸引网友留言、跟帖、盖楼、转发，转发、收藏与留言常常数以千计，有的甚至超万，建立起受众和平台、受众和受众相互信任理解的情感链接。这种互动关系反过来进一步助推传播效果的扩大，从而进入良性循环。

五　结语

中美贸易摩擦，既是一场经贸战，也是一场舆论战。在这场舆论战中，网络评论是"旗帜",担负着传播主流声音、提供舆论准绳的责任。人民系作为中国主流媒体的代表,组织推出了一系列评论,成规模、强声势,形成评论矩阵的有机整体,在网上产生共鸣共振,扩大了中国声音的传播力和影响力。

舆论认为,在中美经贸摩擦关键期,人民系网评"恰逢其时、掷地有声"。有网民评价道:"人民日报的评论有锐度,有分寸,有格局""这才是中央媒体的声音""赞赏官媒在关键时刻能引导正确的舆论""不仅解气而且提气""文章让我们更有信心行大道、走正道,任何国家、任何人都不能阻挡中华民族伟大复兴的步伐""面对困难,面对阻碍,中国人民有决心、有自信、有能力去解决、去克服""表白'道路自信',祖国520"……这些人民系网评在中美贸易摩擦的舆论引导中,起到了一锤定音、拨云见日、鼓舞人心、凝聚共识的重要作用。

中美贸易摩擦也让我们看到,目前世界话语体系中"西强我弱"的格局还未扭转,西方社会受美国舆论影响对中国发展抱有的偏见一时不会根本改变,舆论斗争具有长期性和艰巨性。以人民系为代表的中国主流媒体在中美贸易摩擦舆论战中的表现,也为今后的舆论斗争积累了丰富可鉴的宝贵经验。

值得我们进一步思考的是,全媒体时代,网络评论在犀利有力的同时,要让网民入眼、入脑、入心,产生情感共鸣,增进价值认同,除内容要有思想、有品质外,媒体传播特质也是重要影响因素。5G 时代的来临将极大改变舆论生态,如何更好地针对不同媒体,结合不同终端和发布渠道,促进网评的移动化、视频化,激发互动讨论,形成价值共识,将是新一轮的机遇和挑战。

数 据 篇

Data Reports

B.11
基于价值观与生活方式的
网络评论用户调查

史艳霞　柏广娟　牛丽丽*

摘　要： 本报告以价值观—生活方式分析为主，以人口统计学变量细分为辅，通过提出网络评论用户的测量模型，并采用线上抽样调查的方式对网络评论用户进行问卷调研，从宏观层面对网络评论用户进行分群，研究其价值观与生活方式。采用因子分析、聚类分析、指数分析、对应分析、交互分析及卡方检验的统计方法，建立了包含自我实现型、休闲娱乐型、工作生活型、潮流理财型、个性表现型和责任意识型六个维度的网络评论用户价值观与生活方式测量模型，综合反映了网络评论用户的行为、兴趣、价值观和态度等基本特征。

---

* 史艳霞，《北京文化创意》编辑；柏广娟，清研智库大数据中心研究员；牛丽丽，清研智库大数据中心研究员。

关键词： 网络评论 用户价值观 生活方式

互联网不仅仅成为公众传播信息的平台，也借此来展现自己的生活状态、发表感想或与朋友们分享信息，展示自己的价值观与生活。网络语言是人们社会心理的反映，用户在社交网站中的行为是一种与个人意愿息息相关的社会行为，体现了用户的行为模式和兴趣。①② 网民的论坛参与行为属于一种与个人意愿息息相关的社会行为。作为人的一种主观心理状态，动机被心理学家视为决定行为的内在动力，人的行为很大程度上由其动机决定，动机是影响网民行为活动的重要因素。作为积极主动的媒介使用者，网民经常为了满足特定需求而参与论坛。③

传统上，基于地理区域和年龄、性别、婚姻状况、收入状况、文化程度等人口统计指标的用户研究往往只能对网络评论用户进行简单的细分研究，很难刻画用户的价值观和生活形态。实际上，年龄段相同、收入层次相同的细分用户群体内部价值观和生活形态的差异甚至有可能超出不同年龄段和收入层次的用户群体。

生活方式是一个含义广泛的概念，不同领域的学者对其有着不同的理解。生活方式的概念最早由心理学家 Adler（1927）提出，他认为生活方式是人们根据某一中心目标而安排生活的模式，并通过活动、兴趣和意见体现出来。价值观是人们关于生活和行为的持久信念，它是消费者行为更深层次的决定因素，价值观研究的假设是人们对价值观重要性的排序差异决定了人们或社会之间的重要区别。基于这一假设和理论的生活方式研究方法逐渐被接受，并广泛应用于营销学领域。④

随着网络应用的不断扩展，相关研究的关注点开始从传统的生活方式转向

---

① 陈然：《网民参与网络论坛的行为动机探讨与量表建构》，《新闻界》，2012 年 10 月，第 42 页。

② 刘宗粤、何苗：《从构建和谐社会的角度论网络语言对网民价值观念的影响》，《重庆工商大学学报》（社会科学版）2012 年第 6 期，第 125 页。

③ 陈然：《网民参与网络论坛的行为动机探讨与量表建构》，《新闻界》，2012 年 10 月，第 41 页。

④ 吴垠：《关于中国消费者分群范式（China-Vals）的研究》，《南开管理评论》，2005 年 4 月，第 9 页。

互联网有关生活方式。本报告采用价值观与生活方式（CHINA-VALS）模型，通过对全国 31 个省（自治区、直辖市）的网络评论用户进行调查，以网络评论用户城乡、性别、学历、职业、收入为分类基础，进行分群结构范式的探索研究，总结提炼网络评论用户的价值观与生活方式。

一　研究方法

（一）样本量确定

按照 95% 置信度和 8% 抽样误差范围的标准，确定了本次网络评论用户调研的有效样本规模，根据有效样本的计算公式，单个省（自治区、直辖市）有效样本量的计算方法如下：

$$N = Z^2 \sigma^2 / d^2$$

其中，Z 为置信区间 Z 统计量，本次调查取置信度 95%，保证准确度，对应 Z 值为 1.96；σ 为总体标准差，一般取 0.5；d 为抽样误差范围，本次调查取 8%，以保证调查精确度。

则单个省（自治区、直辖市）样本量为：

$$N_1 = Z^2 \sigma^2 / d^2 = (1.96)^2 \times (0.5)^2 / (0.08)^2 \approx 150.06 (\text{本研究取整为} 150)$$

考虑到有效问卷的比例不可能达到 100%，扩展 20% 的样本量，保证样本的代表性，则：

$$N_2 = 150 \times 1.2 \approx 165.07 (\text{取整为} 165)$$

由于调研需要在全国 31 个省（自治区、直辖市）开展，则样本总量为：

$$N_3 = 165 \times 31 = 5115$$

扩展 10% 的样本量为：

$$N_4 = 5115 \times 1.1 \approx 5626.5 (\text{取整为} 5700)$$

按照中国互联网络信息中心（CNNIC）2020 年 4 月发布的《第 45 次中国互联网络发展状况统计报告》对于中国网民的统计数据，将户口性质、性别、学历、职业、收入情况作为样本框进行分层抽样，确保所选择的调查样本能够有效推及网络评论用户总体。

（二）价值观与生活方式测试工具

采用心理描述测试法，即采用一系列对社会活动、价值观念等内容的陈述语句，测试问题随机排列。请被试者根据自己的情况做出判断。回答中采用李克特五级量表进行测量，"1"分表示非常同意，"5"分表示非常不同意。测试语句 α 信度系数为 0.90。

（三）统计分析方法

本研究的数据分析采用多变量的统计方法进行，分别使用因子分析、聚类分析、指数分析、对应分析、交互分析及卡方检验，主要过程有应用性价值观的探索及数据结构的检验、评价因素的抽出分群探索及分群数目的界定，最后进行分群的结构解析，使用 SPSS 24.0 进行统计分析。

二 网络评论的九类主流心态

为了探讨网络评论用户的主流心态，本研究应用因子分析法将系列相关因素综合为一个因子，经过正交旋转，反复检验 33 项测试语句后，最后提取特征值大于 1 的 31 个语句，共 9 个因子。如表 1 所示，选取测试语句的因子载荷量大于 0.5，累计方差贡献率为 67.211%。

表 1 各因子测量语句的分析参数结果

因子	测量语句	因子载荷	方差贡献率（%）	累计方差贡献率（%）
因子 1	1. 我经常在看网络电视、电影、动漫、综艺等影视节目时发表弹幕评论	0.740	26.924	26.924
	2. 上网时，我经常在游戏、影音、赛事报道等主题内容下发表评论	0.739		
	3. 我经常在百度贴吧、天涯社区等内容生产型网络平台发表评论	0.673		

因子	测量语句	因子载荷	方差贡献率（%）	累计方差贡献率（%）
因子1	4. 我经常在新浪、网易、搜狐、腾讯等单向传播型网络平台发表评论	0.662	26.924	26.924
	5. 我经常在淘宝网、京东、大众点评网等功能实现型网络平台发表评论	0.630		
	6. 我经常在微博、微信朋友圈、QQ空间、豆瓣等社交网络型网络平台发表评论	0.630		
因子2	7. 我喜欢追求流行、时髦与新奇的东西	0.820	7.668	34.592
	8. 流行与实用之间我比较喜欢流行	0.769		
	9. 上网时，我经常在时尚、潮流等主题内容下发表评论	0.706		
	10. 我经常用最新网络语言（表情包、流行语等）在网络上发表评论	0.501		
因子3	11. 我做事一向都有计划	0.821	6.269	40.861
	12. 我对我的成就寄予很大的期望	0.780		
	13. 我经常在网上发表能够展现自己知识经验与分析能力的评论	0.724		
因子4	14. 我认为家庭比事业更重要	0.870	5.815	46.677
	15. 对我来说，家人认可我的成功是重要的	0.854		
	16. 我喜欢花时间与家人待在一起	0.846		
因子5	17. 我很容易受别人意见的影响	0.864	5.373	52.049
	18. 我经常通过网络评论表达自己在现实生活中不会表达的观点和态度	0.837		
	19. 我经常通过网络评论发泄对现实的不满	0.768		
因子6	20. 金钱是衡量成功的最佳标准	0.789	4.526	56.576
	21. 我希望被视为一个领导者	0.776		
	22. 我工作只是为了谋生	0.768		
因子7	23. 我认为尊重传统习俗是很重要的	0.776	4.116	60.692
	24. 我欣赏支持公益事业的企业或品牌	0.762		
	25. 上网时，我经常在社会事件类新闻主题内容下发表评论	0.673		
	26. 我经常会为了维护网络评论区的环境而发表评论	0.564		

因子	测量语句	因子载荷	方差贡献率（%）	累计方差贡献率（%）
因子8	27. 我期望发表网络评论时得到博主的回复	0.858	3.457	64.149
	28. 我期望在网络上发表评论能够寻找志趣相投的人	0.838		
	29. 我经常在好友动态下发表评论	0.681		
因子9	30. 我经常会很冲动地做些事情	0.872	3.063	67.211
	31. 我经常随意地在网络上发表评论	0.864		

通过考察表1中9个因子所包含陈述的实际意义，抽取概念并进行因子命名，结果见表2。

因子1：我经常在看网络电视、电影、动漫、综艺等影视节目时发表弹幕评论；上网时，我经常在游戏、影音、赛事报道等主题内容下发表评论；我经常在百度贴吧、天涯社区等内容生产型网络平台发表评论；我经常在新浪、网易、搜狐、腾讯等单向传播型网络平台发表评论；我经常在淘宝网、京东、大众点评网等功能实现型网络平台发表评论；我经常在微博、微信朋友圈、QQ空间、豆瓣等社交网络型网络平台发表评论。根据6条测量语句进行综合分析，抽取概念将其命名为"娱乐休闲意识"。

因子2：我喜欢追求流行、时髦与新奇的东西；流行与实用之间我比较喜欢流行；上网时，我经常在时尚、潮流等主题内容下发表评论；我经常用最新网络语言（表情包、流行语等）在网络上发表评论。根据4条测量语句进行综合分析，抽取概念将其命名为"追求前卫意识"。

因子3：我做事一向都有计划；我对我的成就寄予很大的期望；我经常在网上发表能够展现自己知识经验与分析能力的评论。根据3条测量语句进行综合分析，抽取概念将其命名为"自我成就意识"。

因子4：我认为家庭比事业更重要；对我来说，家人认可我的成功是重要的；我喜欢花时间与家人待在一起。根据3条测量语句进行综合分析，抽取概念将其命名为"家庭生活意识"。

因子5：我很容易受别人意见的影响；我经常通过网络评论表达自己在现实生活中不会表达的观点和态度；我经常通过网络评论发泄对现实的不满。根据 3 条测量语句进行综合分析，抽取概念将其命名为"情绪表达意识"。

因子 6：金钱是衡量成功的最佳标准；我希望被视为一个领导者；我工作只是为了谋生。根据 3 条测量语句进行综合分析，抽取概念将其命名为"财富奋斗意识"。

因子 7：我认为尊重传统习俗是很重要的；我欣赏支持公益事业的企业或品牌；上网时，我经常在社会事件类新闻主题内容下发表评论；我经常会为了维护网络评论区的环境而发表评论。根据 4 条测量语句进行综合分析，抽取概念将其命名为"社会责任意识"。

因子 8：我期望发表网络评论时得到博主的回复；我期望在网络上发表评论能够寻找志趣相投的人；我经常在好友动态下发表评论。根据 3 条测量语句进行综合分析，抽取概念将其命名为"人际交往意识"。

因子 9：我经常会很冲动地做些事情；我经常随意地在网络上发表评论。根据 2 条测量语句进行综合分析，抽取概念将其命名为"随意冲动意识"。

表 2　概念抽取后命名的因子名称

因子	因子名称	因子	因子名称	因子	因子名称
因子 1	娱乐休闲意识	因子 4	家庭生活意识	因子 7	社会责任意识
因子 2	追求前卫意识	因子 5	情绪表达意识	因子 8	人际交往意识
因子 3	自我成就意识	因子 6	财富奋斗意识	因子 9	随意冲动意识

对表 1 各因子测量语句的分析参数结果进行再次分析发现，因子 1，因子负荷①均在 0.630 以上，表示大部分被访者具有娱乐休闲意识。因子 2，因子负荷均在 0.501 以上，表示大部分被访者具有追求前卫意识。因子 3，因子负荷均在 0.724 以上，表示大部分被访者具有自我成就意识。因子 4，因子负荷均在 0.846 以上，表示大部分被访者具有家庭生活意识。因子 5，因子负荷均在 0.768 以上，表示大部分被访者具有情绪表达意识。因子 6，因子负荷均在 0.776 以上，表示大部分被访者具有财富奋斗意识。因子 7，因子负荷均在 0.564 以上，表示大部分被访者具有社会责任意识。因子 8，因子负荷均在 0.681 以上，表示大部分被访者具有人际交往意识。因子 9，因子负荷均在

---

① 通常情况下，因子负荷 >0.5 可以进行因子提取。

0.864 以上，表示大部分被访者具有随意冲动意识。可以发现，本研究所总结提炼的 9 个因子负荷均在 0.5 以上，表明因子负荷合理，可以进行因子提取。

三　网络评论用户的六个细分群体

将生活形态所抽取的 9 个评价因素作为基础变量，对 5700 个样本在评价因素上的得分进行非谱系聚类分析，将网络评论用户细分聚类为 6 个主要群体。

本研究对 9 个因子进行旋转，表 3 是旋转后各因子（主成分）与组别的均值结果。根据表 3 中每一类群网络评论用户的因子的特征，最终将网络评论用户的生活形态分为 6 个类别。组别 1：因子 5 和因子 9 明显聚合在一起，故将其分为一个类别，命名为"自我实现型"；组别 2：因子 2、因子 3、因子 4、因子 5、因子 8 呈聚合状态，将其命名为"休闲娱乐型"；组别 3：只有因子 6 负荷最高，与其他因子没有聚类，故将其单独命名为"工作生活型"；组别 4：因子 2、因子 6 呈聚合状态，故将其命名为"潮流理财型"；组别 5：只有因子 5 负荷最高，与其他因子没有聚类，故将其单独命名为"个性表现型"；组别 6：因子 7 负荷最高，与其他因子没有聚类，故将其单独命名为"责任意识型"。

表 3　旋转后各因子与组别的均值

组别	因子 1	因子 2	因子 3	因子 4	因子 5	因子 6	因子 7	因子 8	因子 9
1	0.24	0.19	0.52	0.48	0.61	0.17	0.23	- 0.15	0.69
2	0.19	0.51	- 0.53	- 0.55	0.49	0.28	- 0.42	0.53	0.09
3	- 0.11	- 0.30	0.06	0.16	- 0.16	- 1.63	- 0.18	0.14	- 0.37
4	0.25	- 2.09	0.06	- 0.31	- 0.17	0.71	- 0.12	0.07	- 0.05
5	- 0.18	0.40	- 0.38	0.04	- 1.20	0.09	0.13	- 0.40	0.46
6	- 0.51	0.34	0.22	- 0.07	0.11	0.53	- 1.46	- 0.17	0.31

为检测变量在 6 个组别之间是否具有同质性，本研究对 6 组分众集中度进行了纯度检验，表 4 判别分析的均值检验结果显示，p 值均小于 0.05，因此可以认为这些变量在不同类群中均值不同是由族群间差异所导致，表明各族群间差异显著。

表 4 判别分析的均值检验结果

因子	Wilks' Lambda	F	df_1	df_2	显著性
因子 1	0.930	85.220			0.000
因子 2	0.440	1436.790			0.000
因子 3	0.848	202.060			0.000
因子 4	0.873	163.710			0.000
因子 5	0.602	745.150	51	5649	0.000
因子 6	0.472	1263.750			0.000
因子 7	0.932	82.730			0.000
因子 8	0.904	119.600			0.000
因子 9	0.532	993.500			0.000

本研究对样本进行回归分析，检测其是否具有代表性，表 5 为判别回代检验结果。从表 5 中数据可以看到，占总体比重 23.9% 的最大族群"自我实现型"的 1360 个样本中，有 1250 个样本被判别正确，正确判别率为 91.9%。此外，"休闲娱乐"的正确判别率为 90.7%，"工作生活型"的正确判别率为 93.3%。其他族群的正确判别率如表 5 所示。总体 5500 个样本中 5330 个样本被正确判别，各组群的平均正确判别率约 94%，说明本研究将网络评论用户细分为 6 类群体效果较为理想。

表 5 判别回代检验结果

组别	预测样本数	回代比率（%）	原始样本数	占总体比重（%）
1	1250	91.9	1360	23.9
2	980	90.7	1080	19.0
3	830	93.3	890	15.6
4	560	96.6	380	10.2
5	970	96.0	1010	17.7
6	740	94.9	780	13.7

四 网络评论用户的 TGI 指数分析

为了探求网络评论用户各组别的主要职业特质差异，本研究进行了特征性指数（TGI）分析。所谓特征性指数（Target Group Index，TGI），是反映目标群体在特定研究范围（如地理区域、人口统计领域、网络用户、产品消费者）内的强势或弱势的指数。

本研究对各组别进行了特征性指数分析。通过表6可以看到各组别网络评论用户的职业特质特征性指数的结果。考虑到特征的显著性，可以认为大于115和小于85以外的指数具有显著性特征。

表6 各组别的职业特质指数（TGI）

组别	国家机关、党群组织、企业事业单位负责人	专业技术人员（如科学研究员、教学人员等）	办事员和有关人员	商业、服务业人员	农、林、牧、渔、水利生产人员	生产、运输设备操作人员及有关人员	军人	其他
自我实现型	135.4	127.2	123.0	61.7	78.0	56.2	175.0	121.4
休闲娱乐型	71.5	87.4	126.2	143.0	67.5	61.9	0.0	109.5
工作生活型	60.8	64.9	47.1	89.3	182.9	235.2	0.0	107.1
潮流理财型	106.2	108.4	81.2	136.9	83.7	65.7	0.0	81.0
个性表现型	60.8	67.5	114.1	134.1	104.9	113.3	0.0	95.2
责任意识型	167.7	147.6	80.6	48.1	93.5	85.7	325.0	61.9

组别1"自我实现型"中"国家机关、党群组织、企业事业单位负责人""专业技术人员（如科学研究员、教学人员等）""办事员和有关人员""军人""其他"的 TGI 大于115；"商业、服务业人员""农、林、牧、渔、水利生产人员""生产、运输设备操作人员及有关人员"的 TGI 小于85，表明"自我实现型"在各类职业的人员中均具备显著性特征。

组别2"休闲娱乐型"中"办事员和有关人员""商业、服务业人员"的 TGI 大于115；"国家机关、党群组织、企业事业单位负责人""农、林、牧、渔、水利生产人员""生产、运输设备操作人员及有关人员"等的 TGI 小于 85。

组别 3 "工作生活型"中"农、林、牧、渔、水利生产人员""生产、运输设备操作人员及有关人员"的 TGI 大于 115;"国家机关、党群组织、企业事业单位负责人""专业技术人员（如科学研究员、教学人员等）""办事员和有关人员"等的 TGI 小于 85。

组别 4 "潮流理财型"中只有"商业、服务业人员"的 TGI 大于 115;"办事员和有关人员""农、林、牧、渔、水利生产人员""生产、运输设备操作人员及有关人员""其他"等的 TGI 小于 85。

组别 5 "个性表现型"中"商业、服务业人员"的 TGI 大于 115;"国家机关、党群组织、企业事业单位负责人"和"专业技术人员（如科学研究员、教学人员等）"的 TGI 小于 85。

组别 6 "责任意识型"中"国家机关、党群组织、企业事业单位负责人""专业技术人员（如科学研究员、教学人员等）""军人"的 TGI 大于 115;"办事员和有关人员""商业、服务业人员""其他"的 TGI 小于 85。

总体个案中"军人"占比较少,导致引起差异。值得注意的是"自我实现型""责任意识型"中的"军人"的 TGI 都超过了 115,说明了这两个族群中"军人"这一特征明显。

为了准确发现各组别特征性,本研究对六族群与职业特质、文化程度以及收入进行对应分析。

（一）网络评论用户职业特质与组别的对应分析

本研究利用社会科学统计软件包（SPSS）进行了职业特质与组别的对应分析。从图 1 可以看到职业特质与各组别的对应关系,组别 1 "自我实现型"与"国家机关、党群组织、企业事业单位负责人""专业技术人员（如科学研究员、教学人员等）"距离十分接近;组别 2 "休闲娱乐型"与"办事员和有关人员""商业、服务业人员"距离较为接近;组别 3 "工作生活型"与"农、林、牧、渔、水利生产人员"和"生产、运输设备操作人员及有关人员"的距离较为接近;组别 4 "潮流理财型"与"办事员和有关人员"的距离较为接近;组别 5 "个性表现型"与"商业、服务业人员"的距离较为接近;组别 6 "责任意识型"与"国家机关、党群组织、企业事业单位负责人"

"专业技术人员（如科学研究员、教学人员等）"距离十分接近。职业与组别的对应分析结果这一特征与 TGI 分析结果一致。

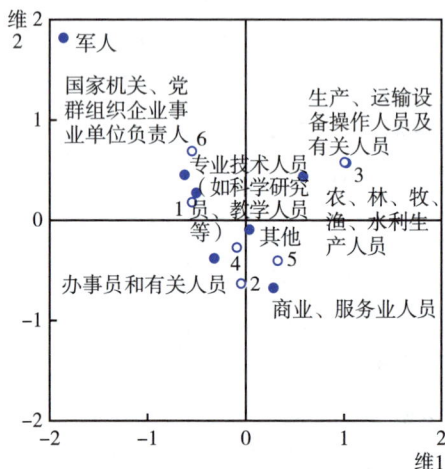

图 1　网络评论用户职业特质与组别的对应关系

（二）网络评论用户经济收入与组别的对应分析

本研究对网络评论用户进行了经济收入与组别的对应分析。图 2 是个人经济收入与组别的对应关系。组别 1 "自我实现型"、组别 2 "休闲娱乐型"、组别 4 "潮流理财型"和组别 6 "责任意识型"这四个组别人群与"中高段收入水平"较为接近；组别 3 "工作生活型"和组别 5 "个性表现型"这两组别人群与"中低收入水平"较为接近。

（三）网络评论用户文化程度与组别的对应分析

本研究对网络评论用户进行了文化程度与组别的对应分析。图 3 表示的是文化程度与组别的对应关系。组别 1 "自我实现型"、组别 2 "休闲娱乐型"、组别 4 "潮流理财型"和组别 6 "责任意识型"这四个组别人群与"本科"学历距离较为接近，说明这一组人群文化程度偏高；组别 5 "个性表现型"与"专科/高职"这一学历距离较为接近；组别 3 "工作生活型"与"高中/中专/职高"这一学历距离较为接近。

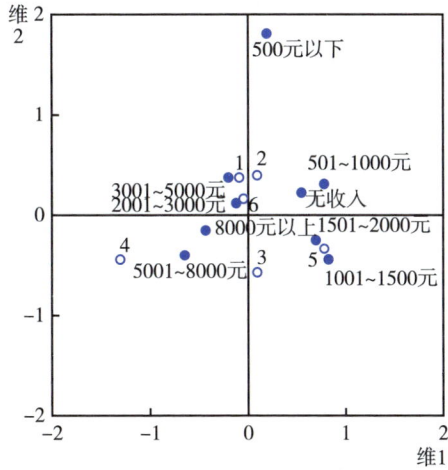

图2　收入与组别的对应关系

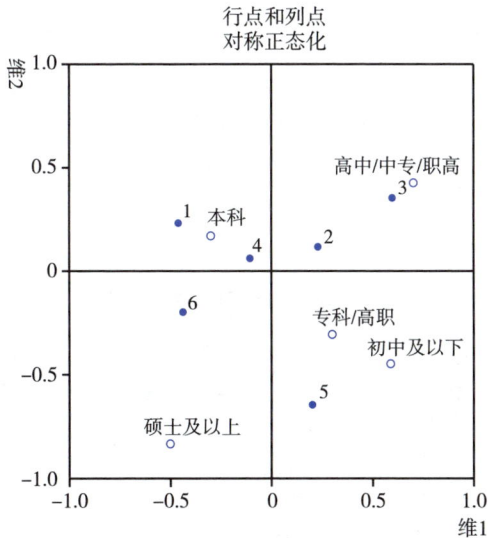

图3　文化程度与组别的对应关系

（四）网络评论用户组别与性别交互分析及卡方检验

本研究对组别与性别进行卡方检验，详见表7。由表7可见，组别与性别交互分析的卡方检验中 p 值小于 0.05，认为交互分析通过检验，结果有显著性差异。

表 7　组别与性别的卡方检验

项目	值	自由度	渐进显著性（双侧）
皮尔逊卡方	12.077 *	5	0.034
似然比	12.120	5	0.033
线性关联	0.808	1	0.369
有效个案数	5700		

注："*"0 个单元格（0.0%）的期望计数小于 5。最小期望计数为 26.96。

表 8 和表 9 是组别与性别的交互分析结果。可以看到在男性组别中"自我实现型"占总体的 23.60%，女性组别中"自我实现型"占总体的 24.20%，这组的男女性别相对比例是 52.90% 和 47.10%，由于总体男女比例为 53.50% 和 46.50%，可以看出"自我实现型"中性别比例基本与样本结构相同。

值得关注的是，在"休闲娱乐型"和"潮流理财型"这两个组别中男性比例分别为 60.20%、62.10%，远高于女性比例。而在"个性表现型"组别中，女性比例为 60.40%，远高于男性比例。"工作生活型"和"责任意识型"两个组别人群中的男女性别比例相对均衡。

表 8　组别与性别的交互结果

	男性			女性	
组别	占所有男性比（%）	n	类别	占所有女性比（%）	n
自我实现型	23.60	720	自我实现型	24.20	640
休闲娱乐型	21.30	650	休闲娱乐型	39.80	430
工作生活型	15.40	470	工作生活型	15.80	420
潮流理财型	11.80	360	潮流理财型	8.30	220
个性表现型	13.10	400	个性表现型	23.00	610
责任意识型	14.80	450	责任意识型	12.50	330
总计	53.50	3050		46.50	2650

表9　各组别相对男性、女性比例

单位：%

组别	组别名称	男性	女性
1	自我实现型	52.90	47.10
2	休闲娱乐型	60.20	39.80
3	工作生活型	52.80	47.20
4	潮流理财型	62.10	37.90
5	个性表现型	39.60	60.40
6	责任意识型	57.70	42.30

（五）网络评论用户组别与年龄交互分析及卡方检验

本研究对网络评论用户组别与年龄进行卡方检验，详见表10。通过表10可知组别与年龄交互分析的卡方检验中 p 值小于0.05，认为交互分析通过检验，结果有显著性差异。

表10　组别与年龄的卡方检验

项目	值	自由度	渐进显著性(双侧)
皮尔逊卡方	121.655*	30	0.000
似然比	90.859	30	0.000
线性关联	3.056	1	0.080
有效个案数	5700		

注："＊"18个单元格（42.9%）的期望计数小于5。最小期望计数为0.10。

通过年龄与组别的交互分析发现"10～19岁"发表网络评论的人群主要集中在"个性表现型"和"自我实现型"，占比分别为27.50%和20.00%；"20～29岁"和"30～39岁"发表网络评论的人群主要集中在"自我实现型"和"休闲娱乐型"两个组别；"40～49岁"发表网络评论的人群主要集中在"自我实现型"，占比为28.80%；"50～59岁"发表网络评论的人群主要集中"工作生活型"且远远高于其他组别，占比为84.60%；"60岁及以上"发表网络评论的人群主要集中在"工作生活型"和"责任意识型"；"10岁以下"发表网络评论的人群之所以100%为自我实现型，主要原因是个案较少从而产生的误差。具体年龄与组别的交互分析结构如表11所示。

表 11　年龄与组别的交互分析结构

单位：%

年龄段	自我实现型	休闲娱乐型	工作生活型	潮流理财型	个性表现型	责任意识型
10 岁以下	100.00	0.00	0.00	0.00	0.00	0.00
10~19 岁	20.00	12.50	10.00	12.50	27.50	17.50
20~29 岁	22.30	22.70	11.00	9.60	19.60	14.80
30~39 岁	28.50	18.10	12.50	10.40	16.00	14.60
40~49 岁	28.80	15.20	18.20	15.20	13.60	9.10
50~59 岁	7.70	3.80	84.60	0.00	3.80	0.00
60 岁及以上	0.00	0.00	50.00	0.00	0.00	50.00

通过组别与年龄的交互分析发现，在所有组别中"20~29 岁"发表网络评论的人群比例都是最高的，这也说明了发表网络评论的用户大多集中在青年人群。而所有组别中，中老年人群（"50~59 岁"和"60 岁及以上"）和少儿（"10 岁以下"）所占组别比例远远低于其他年龄段的人群，说明中老年和少儿群体相对发表网络评论较少（见图 4）。

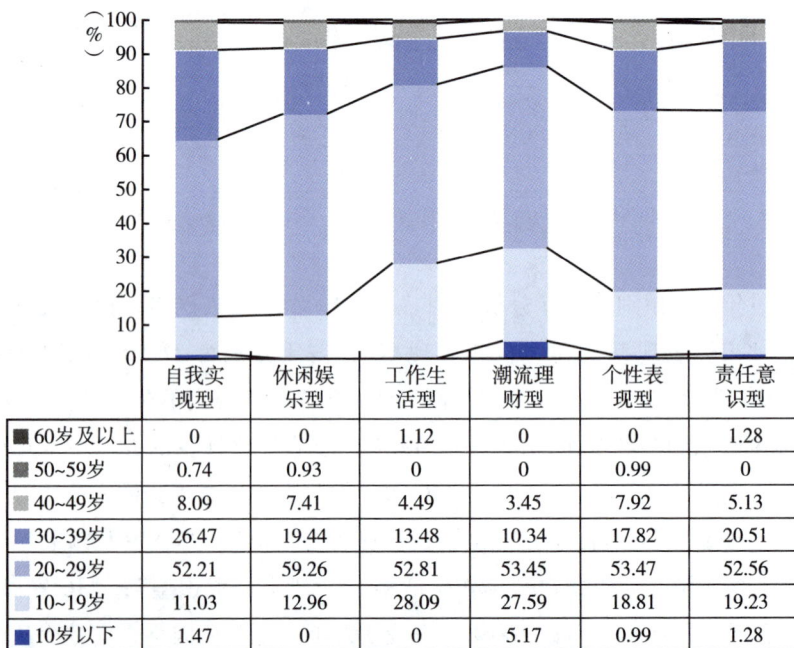

	自我实现型	休闲娱乐型	工作生活型	潮流理财型	个性表现型	责任意识型
■ 60岁及以上	0	0	1.12	0	0	1.28
■ 50~59岁	0.74	0.93	0	0	0.99	0
■ 40~49岁	8.09	7.41	4.49	3.45	7.92	5.13
■ 30~39岁	26.47	19.44	13.48	10.34	17.82	20.51
■ 20~29岁	52.21	59.26	52.81	53.45	53.47	52.56
■ 10~19岁	11.03	12.96	28.09	27.59	18.81	19.23
■ 10岁以下	1.47	0	0	5.17	0.99	1.28

图 4　组别与年龄的交互分析结果比例

五　网络评论用户的价值观与生活方式

表12是被试分群略称及特征描述结果。描述内容包括生活形态及社会统计变量特征并具有数据上的显著特点。

"自我实现型"族群的特征描述：经常在网上发表能够展现自己知识经验与分析能力的评论，做事有计划并期望得到成就；中高段收入水平；本科；男性超五成；国家机关、党群组织、企业事业单位负责人和10岁以下倾向性高。

"休闲娱乐型"族群的特征描述：喜欢使用社交平台并发表评论，经常观看网络电视、电影、动漫、综艺等影视节目并发表弹幕，关注游戏、影音、赛事报道等主题内容并发表评论；中高段收入水平；本科；男性占六成；商业、服务业人员和20~29岁倾向性高。

"工作生活型"族群的特征描述：经常浏览使用淘宝网、京东、大众点评网等功能实现型平台并发表评论，经常与好友在网络上以评论的形式互动；中低收入水平；高中/中专/职高；男性超五成；生产、运输设备操作人员及有关人员和50~59岁倾向性高。

"潮流理财型"族群的特征描述：经常随意在网络上发表评论，更关注时尚、潮流等内容并乐于发表自己的见解评论，重视金钱并期待被视为领导者；中高段收入水平；本科；男性超六成；商业、服务业人员和40~49岁倾向性高。

"个性表现型"族群的特征描述：喜欢在网上追求时髦、新奇的事物并发表评论，经常使用表情包和网络流行语，通过网络表达自己的观点，发泄生活中的不满；中低收入水平；专科/高职；女性占六成；商业、服务业人员和10~19岁倾向性高。

"责任意识型"族群的特征描述：重视家庭，经常关注社会事件类新闻的内容并发表评论，经常为了维护网络评论区的环境而发表评论；中高段收入水平；本科；男性占比近六成；军人和60岁以上倾向性高。

表12 网络评论用户群体界定与特征描述

群体界定	特征描述
自我实现型	经常在网上发表能够展现自己知识经验与分析能力的评论,做事有计划并期望得到成就;中高段收入水平;本科;男性超五成;国家机关、党群组织、企业事业单位负责人和10岁以下倾向性高
休闲娱乐型	喜欢使用社交平台并发表评论,经常观看网络电视、电影、动漫、综艺等影视节目并发表弹幕,关注游戏、影音、赛事报道等主题内容并发表评论;中高段收入水平;本科;男性占六成;商业、服务业人员和20~29岁倾向性高
工作生活型	经常浏览使用淘宝网、京东、大众点评网等功能实现型平台并发表评论,经常与好友在网络上以评论的形式互动;中低收入水平;高中/中专/职高;男性超五成;生产、运输设备操作人员及有关人员和50~59岁倾向性高
潮流理财型	经常随意在网络上发表评论,更关注时尚、潮流等内容并乐于发表自己的见解评论,重视金钱并期待被视为领导者;中高段收入水平;本科;男性超六成;商业、服务业人员和40~49岁倾向性高
个性表现型	喜欢在网上追求时髦、新奇的事物并发表评论,经常使用表情包和网络流行语,通过网络表达自己的观点,发泄生活中的不满;中低收入水平;专科/高职;女性占六成;商业、服务业人员和10~19岁倾向性高
责任意识型	重视家庭,经常关注社会事件类新闻的内容并发表评论,经常为了维护网络评论区的环境而发表评论;中高段收入水平;本科;男性占比近六成;军人和60岁以上倾向性高

总体上看,本研究通过线上问卷调查选取5700个网络评论用户,以CHINA - VALS模型为主,编制了包含33个题项的网络评论用户价值观与生活方式测量量表,综合运用因子分析、聚类分析、指数分析、对应分析、交互分析及卡方检验的研究方法对该量表进行考察。

因子分析数据结果表明共9个因子特征值大于1,累计方差贡献率为67.211%,9个代表性因子分别是娱乐休闲意识、追求前卫意识、自我成就意识、家庭生活意识、情绪表达意识、财富奋斗意识、社会责任意识、人际交往意识和随意冲动意识;以9个因子为基础变量进行的聚类分析结果表明网络评论用户的组别共6个,分别是自我实现型、休闲娱乐型、工作生活型、潮流理财型、个性表现型和责任意识型,6个组别之间差异显著;指数分析的结果表明不同组别对应的职业特质有所不同;对应分析的结果表明各组别对应的职业特质、收入和文化程度均有所不同;交互分析的结果表明不同组别中性别和年龄的占比有所不同。这表明不同族群的网络评论用户在人口统计学变量和生活方式方面均存在差异。本研究为深入洞察网络评论用户的心态、行为方式提供了具有凝练性的界定，也有利于超越人口细分特征理解网络评论用户，进一步为网络评论的舆论引导提供较有价值的支撑。

附录：基于 VALS 模型的网民价值观及生活方式问卷调查

亲爱的网络用户：

您好！

我们正在进行网民价值观及生活方式的课题研究，现诚挚邀请您参与此次问卷调查。本次调查完全采取匿名的方式进行，所填信息仅供学术研究之用，填写问卷需 2 分钟左右的时间，希望您能在百忙之中抽出时间如实填写，非常感谢您的支持！

甄别问卷

S1. 您发表网络评论的频率是？【单选】

总是	1
经常	2
偶尔	3
从不	4→终止访问

测量问卷

请根据您的实际情况与以下描述的符合程度，做出选择（其中，"1"表示"完全不符合"，"2"表示"不符合"，"3"表示"不一定"，"4"表示"很符合"，"5"表示"完全符合"）。

QA1. 我很容易受别人意见的影响。

完全不符合	O1	O2	O3	O4	O5	完全符合

QA2. 我经常通过网络评论表达自己在现实生活中不会表达的观点和态度。

完全不符合	O1	O2	O3	O4	O5	完全符合

QA3. 我经常通过网络评论发泄对现实的不满。

完全不符合	O1	O2	O3	O4	O5	完全符合

QA4. 我做事一向都有计划。

完全不符合	O1	O2	O3	O4	O5	完全符合

QA5. 我对我的成就寄予很大的期望。

完全不符合	O1	O2	O3	O4	O5	完全符合

QA6. 我经常在网上发表能够展现自己知识经验与分析能力的评论。

完全不符合	O1	O2	O3	O4	O5	完全符合

QA7. 我经常通过在网络上发表评论来获得别人的认同、赞誉和尊重。

完全不符合	O1	O2	O3	O4	O5	完全符合

QA8. 我经常会很冲动地做些事情。

完全不符合	O1	O2	O3	O4	O5	完全符合

QA9. 我经常随意地在网络上发表评论。

完全不符合	O1	O2	O3	O4	O5	完全符合

QA10. 我认为尊重传统习俗是很重要的。

完全不符合	O1	O2	O3	O4	O5	完全符合

QA11. 我欣赏支持公益事业的企业或品牌。

完全不符合	O1	O2	O3	O4	O5	完全符合

QA12. 上网时，我经常在社会事件类新闻主题内容下发表评论。

完全不符合	O1	O2	O3	O4	O5	完全符合

QA13. 我经常会为了维护网络评论区的环境而发表评论。

完全不符合	O1	O2	O3	O4	O5	完全符合

QA14. 我喜欢花时间与家人待在一起。

完全不符合	O1	O2	O3	O4	O5	完全符合

QA15. 我认为家庭比事业更重要。

完全不符合	O1	O2	O3	O4	O5	完全符合

QA16. 对我来说，家人认可我的成功是重要的。

完全不符合	O1	O2	O3	O4	O5	完全符合

QA17. 我喜欢追求流行、时髦与新奇的东西。

完全不符合	O1	O2	O3	O4	O5	完全符合

QA18. 流行与实用之间我比较喜欢流行。

完全不符合	O1	O2	O3	O4	O5	完全符合

QA19. 上网时，我经常在时尚、潮流等主题内容下发表评论。

完全不符合	O1	O2	O3	O4	O5	完全符合

QA20. 我经常用最新网络语言（表情包、流行语等）在网络上发表评论。

完全不符合	O1	O2	O3	O4	O5	完全符合

QA21. 上网时，我经常在游戏、影音、赛事报道等主题内容下发表评论。

完全不符合	O1	O2	O3	O4	O5	完全符合

QA22. 我经常在看网络电视、电影、动漫、综艺等影视节目时发表弹幕评论。

完全不符合	O1	O2	O3	O4	O5	完全符合

QA23. 我经常在新浪、网易、搜狐、腾讯等单向传播型网络平台发表评论。

完全不符合	O1	O2	O3	O4	O5	完全符合

QA24. 我经常在微博、微信朋友圈、QQ空间、豆瓣等社交网络型网络平台发表评论。

完全不符合	O1	O2	O3	O4	O5	完全符合

QA25. 我经常在百度贴吧、天涯社区等内容生产型网络平台发表评论。

完全不符合	O1	O2	O3	O4	O5	完全符合

QA26. 我经常在淘宝网、京东、大众点评网等功能实现型网络平台发表评论。

完全不符合	O1	O2	O3	O4	O5	完全符合

QA27. 我工作只是为了谋生。

完全不符合	O1	O2	O3	O4	O5	完全符合

QA28. 我希望被视为一个领导者。

完全不符合	O1	O2	O3	O4	O5	完全符合

QA29. 金钱是衡量成功的最佳标准。

完全不符合	O1	O2	O3	O4	O5	完全符合

QA30. 我经常在网上根据主流意见发表评论。

完全不符合	O1	O2	O3	O4	O5	完全符合

基本信息

QA31. 我经常在好友动态下发表评论。

完全不符合	O1	O2	O3	O4	O5	完全符合

QA32. 我期望发表网络评论时得到博主的回复。

完全不符合	O1	O2	O3	O4	O5	完全符合

QA33. 我期望在网络上发表评论能够寻找志趣相投的人。

完全不符合	O1	O2	O3	O4	O5	完全符合

QE1. 您的性别？（单选）

男	1
女	2

QE2. 您的年龄是？（单选）

10 岁以下	1
10～19 岁	2
20～29 岁	3
30～39 岁	4
40～49 岁	5
50～59 岁	6
60 岁及以上	7

QE3. 您的文化程度是？（单选）

初中及以下	1
高中/中专/职高	2
专科/高职	3
本科	4
硕士及以上	5

QE4. 您每月的收入是？（单选）

无收入	1
500 元及以下	2
501～1000 元	3
1001～1500 元	4
1501～2000 元	5
2001～3000 元	6
3001～5000 元	7
5001～8000 元	8
8000 元以上	9

QE5. 您目前的职业是？（单选）

国家机关、党群组织、企业事业单位负责人	1
专业技术人员（如科学研究人员、教学人员等）	2
办事员和有关人员	3
商业、服务业人员	4
农、林、牧、渔、水利生产人员	5
生产、运输设备操作人员及有关人员	6
军人	7
其他	8

谢谢您的参与！

B.12
强效果抑或弱效果：网络评论传播效果调查

史艳霞　柏广娟　牛丽丽*

摘　要： 本报告通过问卷调研、大数据爬取获得的大量数据，构建了
包括认知效果、态度效果、行为效果共3个一级指标、5个
二级指标、15个三级指标的传播效果评价体系，并将网络评
论的平台划分为单向传播型网络平台、社交网络型网络平台、
内容生产型网络平台和功能实现型网络平台，以全面地分析
网络评论的传播效果。结果表明女性对网络评论的认可度更
高，而男性更易对网络评论进行传播；低年龄段、低收入和
低学历的网络评论用户更易相信网络评论并产生信息传播行
为；社交网络型网络平台的网络评论更受用户喜爱、更易触
发用户的传播行为，而功能实现型网络平台的网络评论获得
用户更高的积极评价；科技类网络评论内容主题更受用户认
可，时尚类网络评论内容主题获得用户肯定，娱乐类网络评
论内容主题更易引发用户信息传递行为。

关键词： 网络评论　传播渠道　内容主题　传播效果

传播效果可以从不同的视角进行界定，通常情况下，传播效果经常被界定

---

* 史艳霞，《北京文化创意》编辑；柏广娟，清研智库大数据中心研究员；牛丽丽，清研智库
大数据中心研究员。

为 3 个层面：认知、情感和行为。[1] 认知效果关注的是信息获取，即人们学到了些什么，他们头脑中的信念是如何被建构（或被重构）的，其中，新闻和公共事务的信息是认知效果关注的焦点。情感效果包含态度的形成，或者对某事的积极或消极的评价等。行为效果是指可以观察到的和媒介接触相关联的行为，最重要的效果集中于对反社会或亲社会行为的研究。[2] 对传播效果研究的统计分析也发现，认知、态度和行为层面的传播效果研究占据了绝大部分。波特（Potter）和瑞德尔（Riddle）抽取了1993~2005 年出版的 16 本传播的学术刊物进行了内容分析，发现在这 12 年间研究传播效果的论文有 962 篇，占总数的 1/3，其中认知效果占 27.6%，行为效果占 24.3%，态度效果占 21.0%，情感效果占 9.4%，信念效果（belief effect）占 15.1%，生理效果（physiological effect）占 0.7%。[3] 相较于传统媒体，VR 媒体对受众的情绪、认知与传播行为意愿都产生显著的正向影响，移情起到了部分中介作用；受众的感知可信度与喜爱度对传播意愿发挥了积极作用，记忆程度则与传播意愿无显著关联。[4] 互动力评估节目吸引新媒体平台受众参与内容消费、生产、传播等行为的热度，下设关注度、参与度 2 个二级指标。时下，受众越来越多地在新媒体平台上参与内容生产和消费，从以往单一的收视行为，延伸出点赞、评论、转发等互动行为。互动力反映受众通过参与行为而构建的与内容之间的关系，既可以看作是衡量节目传播的热度指标，也可以视为评估内容质地的深度指标。关注度指受众出于自己的需求和喜好主动选择内容进行关注的程度。参与度指受众接触节目所产生的内容解读、心理反应和制播行为。[5]

为了较为准确地把握网络评论传播效果，本研究通过问卷抽样调查、大数

[1] Ball-Rokeach, Sandra J., Melvin L. DeFleur, "A Dependency Model of Mass-media Effects," *Communication research*, Vol. 3, No. 1, 2009, pp. 3-21.

[2] Perse, Elizabeth M., Jennifer Lambe, *Media Effects and Society* (Second Edition), New York: Routledge, 2017, p. 5.

[3] Potter, W. James, KarynRiddle, "A Content Analysis of the Media Effects Literature," *Journalism & Mass Communication Quarterly*, Vol. 84, No. 1, 2007, pp. 90-104.

[4] 李晓静、张奕民：《VR 媒体对情绪、认知与行为意愿的传播效果考察》，《上海交通大学学报》（哲学社会科学版），2020 年 6 月，第 133~146 页。

[5] 刘燕南、张雪静：《内容力、传播力、互动力——电视节目跨屏传播效果评估体系创新研究》，《传媒观察》，2019 年 3 月，第 15~21 页。

据爬取获得了大量第一手数据，构建了包括认知效果、态度效果、行为效果共3个一级指标、5个二级指标、15个三级指标的传播效果评价体系，并将网络评论的平台划分为单向传播型网络平台、社交网络型网络平台、内容生产型网络平台和功能实现型网络平台，以全面地分析网络评论的传播效果。

一 研究方法

（一）数据采集

抽样问卷调查通过"调研工厂"线上问卷服务平台进行投放，共收集6780份问卷，最终经过质量审核确认有效的样本为5600份。按照中国互联网络信息中心（CNNIC）2020年4月发布的《第45次中国互联网络发展状况统计报告》对于中国网民的统计数据，将户口性质、性别、学历、职业、收入情况进行分层抽样。调研周期为2020年7月1日至8月31日。

项目组按照98%置信度和10%抽样误差范围的标准，确定了本次网络评论用户调研的有效样本规模，根据有效样本的计算公式，单个省（自治区、直辖市）有效样本量的计算方法如下：

$$N = Z^2 \sigma^2 / d^2$$

其中，Z为置信区间Z统计量，本次调查取置信度98%，保证准确度，对应Z值为2.33；σ为总体标准差，一般取0.5；d为抽样误差范围，本次调查取10%，以保证调查精确度。则单个省（自治区、直辖市）样本量为：

$$N_1 = Z^2 \sigma^2 / d^2 = (2.33)^2 \times (0.5)^2 / (0.1)^2 \approx 135.72(\text{取整为}136)$$

考虑到有效问卷的比例不可能达到100%，扩展20%的样本量，保证样本的代表性，则：

$$N_2 = 136 \times 1.2 \approx 163.20(\text{本次调查取整数为}163)$$

由于调研需要在全国31个省（自治区、直辖市）开展，则样本总量为：

$$N_3 = 163 \times 31 = 5053$$

扩展10%的样本量为：

$$N_4 = 5053 \times 1.1 \approx 5558.30(本次调查取整数为5600)$$

同时，项目组利用网络爬虫工具采集时政、社会、财经、教育、科技、购物、娱乐、健康、体育、时尚、艺术和国际共计 12 类网络评论内容数据384880 条，其中包含单向传播型网络平台 93915 条、社交网络型网络平台111667 条、内容生产型网络平台 87163 条、功能实现型网络平台 92135 条。本文所采集的网络评论内容数据均为 2020 年 8 月 1 日至 8 月 31 日发布。

（二）指标体系

项目组采用问卷调查和大数据挖掘的测量方法考察网络评论传播效果，了解网络评论用户对于不同网络传播媒介和不同网络评论内容主题的认知、态度和行为，同时采集网络评论用户的基本信息。本研究对于网络评论用户认知和行为的测量均采用了李克特五级量表进行测量。对于认知，1 分表示非常不认同，5 分表示非常认同；对于行为，1 分表示从不，5 分表示总是。

本研究基于问卷抽样调查和大数据挖掘的结果，综合网络评论用户的人口统计特征、网络评论用户的认知情况、网络评论用户的情感倾向和网络评论用户的行为特点三维变量描绘网络评论传播效果（见表 1）。

表 1　网络评论传播效果调查指标体系

一级指标	二级指标	三级指标	权重
认知效果	可信度	公正的	1/5
		无偏见的	1/5
		呈现了事件全貌	1/5
		准确的	1/5
		可信任的	1/5
	喜爱度	吸引人的	1/3
		有趣的	1/3
		令人喜悦的	1/3
态度效果	情感倾向	积极态度	1/3
		中立态度	1/3
		消极态度	1/3
行为效果	关注度	发布频率	3/5
		阅读频率	2/5
	参与度	点赞频率	5/20
		评论频率	8/20
		转发频率	7/20

具体而言，本研究对网络评论传播效果调查的第一层级为网络评论用户的认知效果，同时以可信度和喜爱度作为二级测量指标。以"公正的"、"无偏见的"、"呈现了事件全貌"、"准确的"和"可信任的"作为描述性词语测量网络评论用户的可信度；以"吸引人的"、"有趣的"和"令人喜悦的"作为描述性词语测量网络评论用户的喜爱度。

对网络评论传播效果调查的第二层级为网络评论用户的态度效果，以大数据抓取网络评论用户对于不同网络评论传播媒介和不同网络评论内容主题的情感倾向，分析积极态度、消极态度和中性态度的占比。

对网络评论传播效果调查的第三层级为网络评论用户的行为效果，以关注度和参与度作为二级测量指标。以"发布频率"和"阅读频率"测量网络评论用户的关注度；以"点赞频率"、"评论频率"和"转发频率"测量网络评论用户的参与度。

二 网络评论的细分用户群体传播效果

为全面评估不同网络评论用户的传播效果，本研究将网络评论用户按照人口学特征进行群体细分，比较不同性别、年龄、文化程度、收入和职业的网络评论用户在认知效果和行为效果方面的差异。

（一）网络评论细分用户群体的认知效果差异

1. 网络评论的女性认可度高于男性

通过对5600份调研样本进行数据分析可知，网络评论在女性用户中的认知效果高于男性用户。如图1所示，女性用户的认知效果得分为3.77分，男性用户的认知效果得分为3.67分。

通过对认知效果的二级指标进行细分分析，可知女性用户对网络评论的可信度和喜爱度均高于男性，此外用户对网络评论的喜爱度高于可信度。如图2所示，女性用户对网络评论的可信度得分为3.72分，男性用户对网络评论的可信度得分为3.64分；女性用户对网络评论的喜爱度得分为3.82分，男性用户对网络评论的喜爱度得分为3.71分。

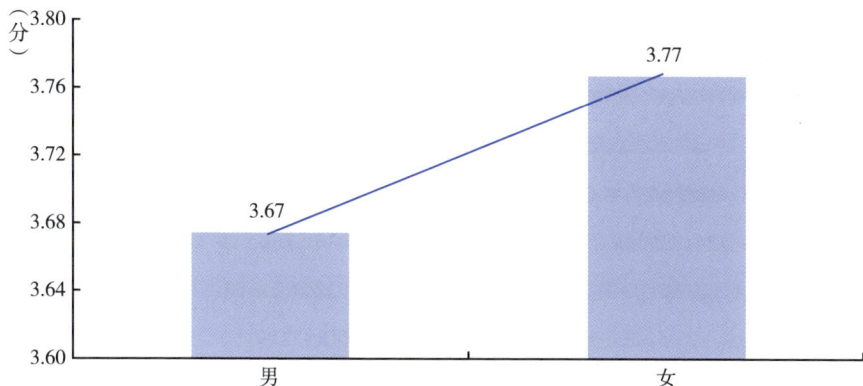

图1 网络评论认知效果的性别差异

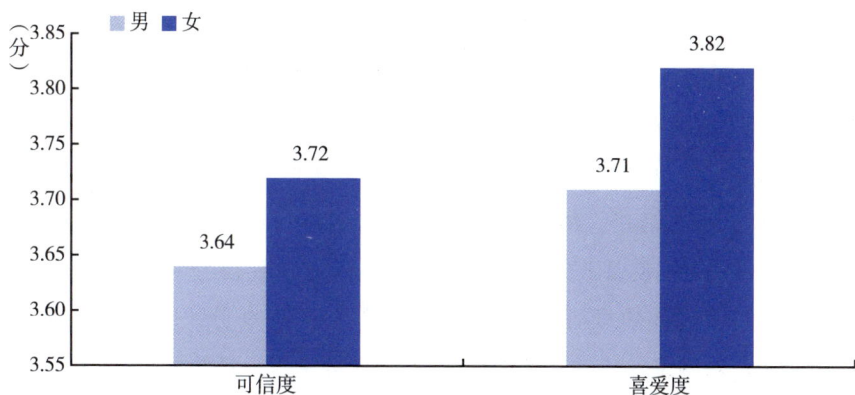

图2 网络评论的可信度和喜爱度性别差异

2. 10～19岁的用户更信任网络评论

通过调研可知，网络评论在 10～19 岁的用户中的认知效果最好。如图 3 所示，10～19 岁的用户对网络评论的认知效果得分为 3.98 分，得分最高；其次为 30～39 岁的用户对网络评论的认知效果得分为 3.73 分；40～49 岁的用户对网络评论的认知效果得分为 3.71 分，排名第三；20～29 岁的用户对网络评论的认知效果得分为 3.70 分，排名第四；9 岁及以下的用户对网络评论的认知效果得分为 3.56 分，排名第五；50～59 岁的用户对网络评论的认知效果得分为 3.20 分，排名第六；60 岁及以上的用户对网络评论的认知效果得分为 2.99 分，得分最低。

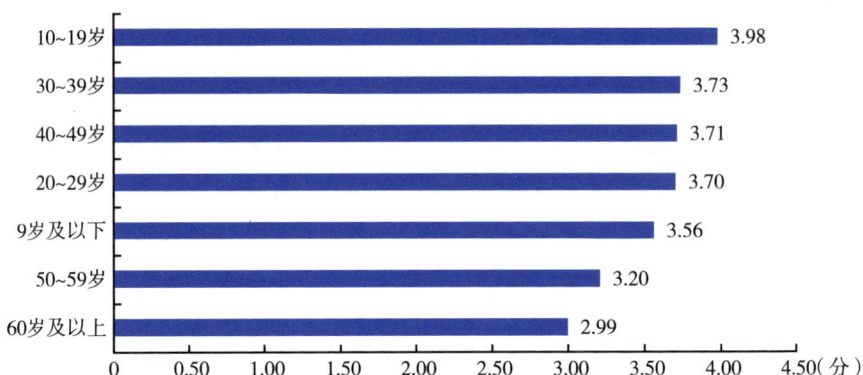

图3 网络评论认知效果的年龄差异

通过对认知效果的二级指标进行细分分析，可知 10～19 岁的用户对网络评论的可信度和喜爱度均最高。由图 4 可知，10～19 岁的用户对网络评论的可信度得分为 3.94 分，远高于其他年龄的用户；30～39 岁的用户对网络评论的可信度得分为 3.70 分，排名第二；40～49 岁的用户对网络评论的可信度得分为 3.68 分，排名第三；20～29 岁的用户对网络评论的可信度得分为 3.65 分，排名第四；9 岁及以下的用户对网络评论的可信度得分为 3.47 分，排名第五；50～59 岁的用户对网络评论的可信度得分为 3.09 分，排名第六；60 岁及以上的用户对网络评论的可信度得分为 2.93 分，得分最低。

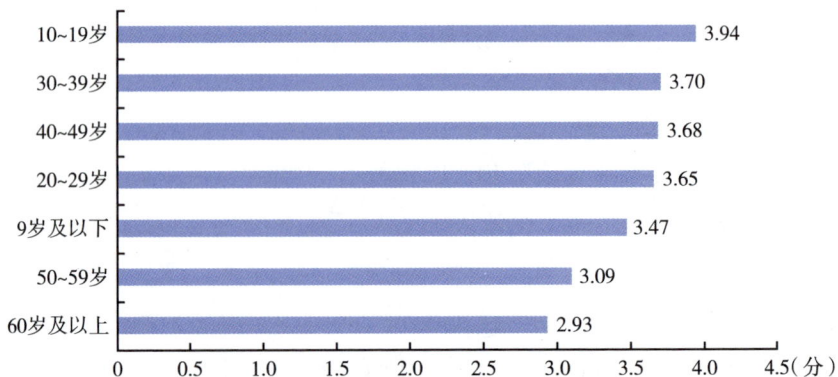

图4 网络评论可信度的年龄差异

由图 5 可知，10～19 岁的用户对网络评论的喜爱度得分为 4.01 分，远远高于其他年龄的用户；20～29 岁的用户对网络评论的喜爱度得分为 3.76 分，排名第二；30～39 岁和 40～49 岁用户对网络评论的喜爱度得分均为 3.75 分，排名并列第三；9 岁及以下的用户对网络评论的喜爱度得分为 3.65 分，排名第五；50～59 岁的用户对网络评论的喜爱度得分为 3.31 分，排名第六；60 岁及以上的用户对网络评论的喜爱度得分为 3.06 分，得分最低。

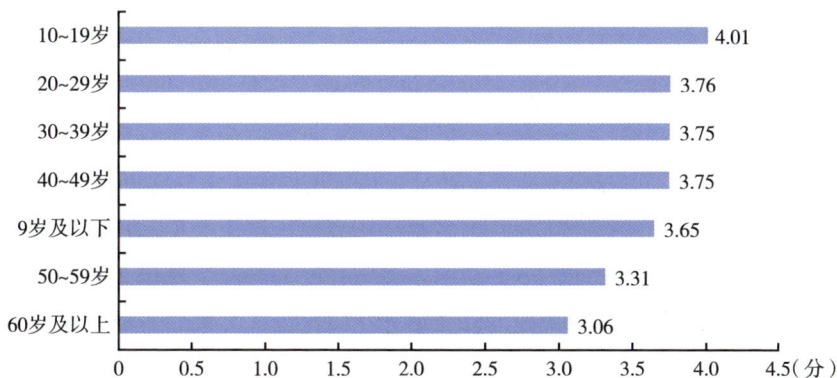

图 5　网络评论喜爱度的年龄差异

3. 文化程度较低的用户更易接受网络评论信息

通过调研可知，网络评论在文化程度为初中的用户中认知效果最好，且不同文化程度的用户对网络评论的认知效果差距较小。由图 6 可知，文化程度为

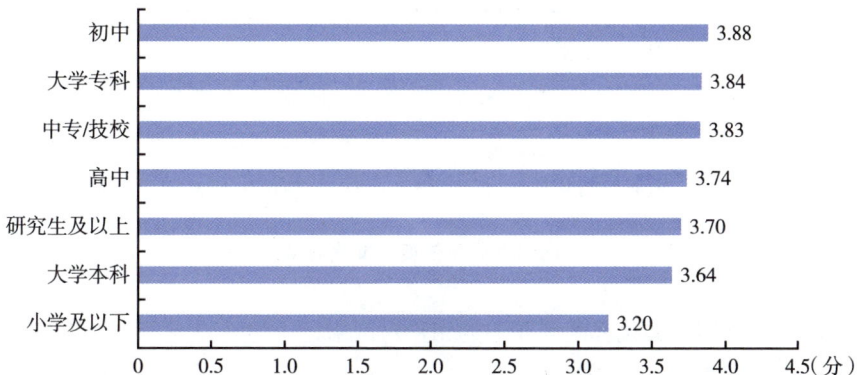

图 6　网络评论认知效果的文化程度差异

初中的用户对网络评论的认知效果得分为 3.88 分，排名第一；文化程度为大学专科的用户对网络评论的认知效果得分为 3.84 分，排名第二；文化程度为中专/技校的用户对网络评论的认知效果得分为 3.83 分，排名第三；文化程度为高中的用户对网络评论的认知效果得分为 3.74 分，排名第四；文化程度为研究生及以上的用户对网络评论的认知效果得分为 3.70 分，排名第五；文化程度为大学本科的用户对网络评论的认知效果得分为 3.64 分，排名第六；文化程度为小学及以下的用户对网络评论的认知效果得分为 3.20 分，得分最低。

通过对认知效果的二级指标进行细分分析，可知文化程度为初中的用户对网络评论的可信度和喜爱度均最高。由图 7 可知，文化程度为初中的用户对网络评论的可信度得分为 3.87 分，排名第一；文化程度为大学专科的用户对网络评论的可信度得分为 3.81 分，排名第二；文化程度为中专/技校的用户对网络评论的可信度得分为 3.80 分，排名第三；文化程度为高中的用户对网络评论的可信度得分为 3.67 分，排名第四；文化程度为研究生及以上的用户对网络评论的可信度得分为 3.65 分，排名第五；文化程度为大学本科的用户对网络评论的可信度得分为 3.58 分，排名第六；文化程度为小学及以下的用户对网络评论的可信度得分为 3.04 分，得分最低。

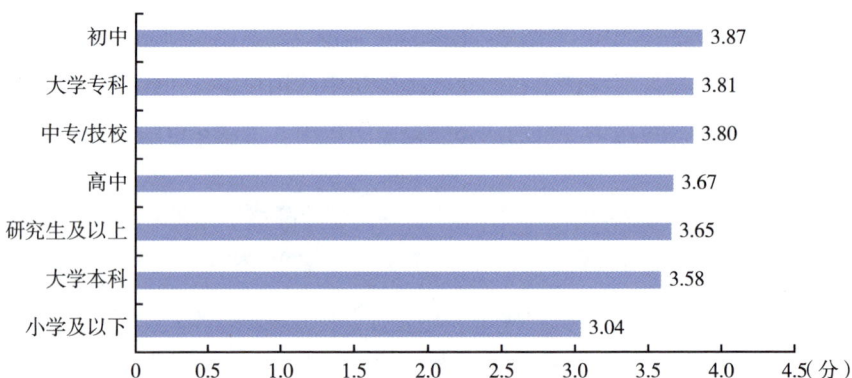

图7　网络评论可信度的文化程度差异

由图 8 可知，文化程度为初中的用户对网络评论的喜爱度得分为 3.89 分，排名第一；文化程度为大学专科的用户对网络评论的喜爱度得分为 3.87 分，排名第二；文化程度为中专/技校的用户对网络评论的喜爱度得分为 3.85 分，排名第三；文化程度为高中的用户对网络评论的喜爱度得分为 3.80 分，排名第四；文化程度为研究生及以上的用户对网络评论的喜爱度得分为 3.74 分，排名第五；文化程度为大学本科的用户对网络评论的喜爱度得分为 3.69 分，排名第六；文化程度为小学及以下的用户对网络评论的喜爱度得分为 3.37 分，得分最低。

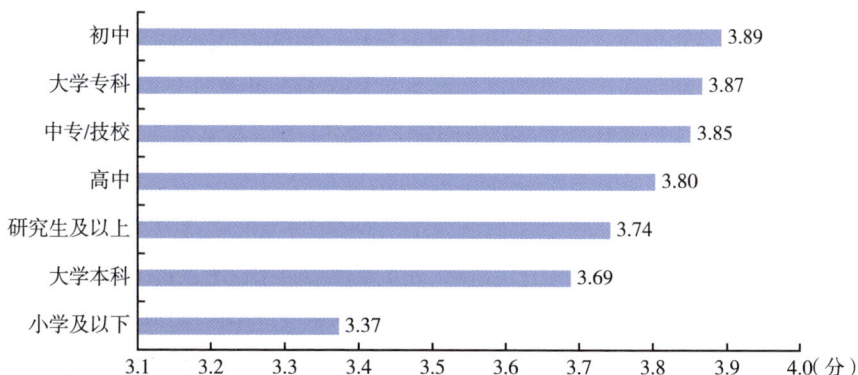

图 8　网络评论喜爱度的文化程度差异

4. 较低收入用户的网络评论认可度更高

通过调研可知，网络评论在收入水平为每月 3000 元及以下的用户中的认知效果最好，且远远高于其他收入水平的用户。由图 9 可知，收入水平为每月 3000 元及以下的用户对网络评论的认知效果得分为 4.07 分，排名第一；收入

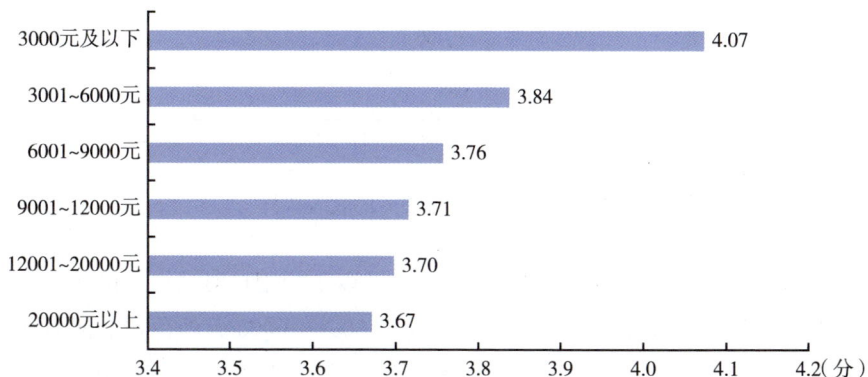

图 9　网络评论认知效果的收入差异

水平为每月 3001~6000 元的用户对网络评论的认知效果得分为 3.84 分，排名第二；收入水平为每月 6001~9000 元的用户对网络评论的认知效果得分为 3.76 分，排名第三；收入水平为每月 9001~12000 元的用户对网络评论的认知效果得分为 3.71 分，排名第四；收入水平为每月 12001~20000 元的用户对网络评论的认知效果得分为 3.70 分，排名第五；收入水平为每月 20000 元以上的用户对网络评论的认知效果得分为 3.67 分，得分最低。

通过对认知效果的二级指标进行细分分析，可知收入水平为每月 3000 元及以下的用户对网络评论的可信度和喜爱度均最高。由图 10 可知，收入水平为每月 3000 元及以下的用户的可信度得分为 4.14 分，排名第一；收入水平为每月 3001~6000 元的用户对网络评论的可信度得分为 3.79 分，排名第二；收入水平为每月 12001~20000 元的用户对网络评论的可信度得分为 3.70 分，排名第三；收入水平为每月 6001~9000 元的用户对网络评论的可信度得分为 3.69 分，排名第四；收入水平为每月 9001~12000 元的用户对网络评论的可信度得分为 3.66 分，排名第五；收入水平为每月 20000 元以上的用户对网络评论的可信度得分为 3.63 分，得分最低。

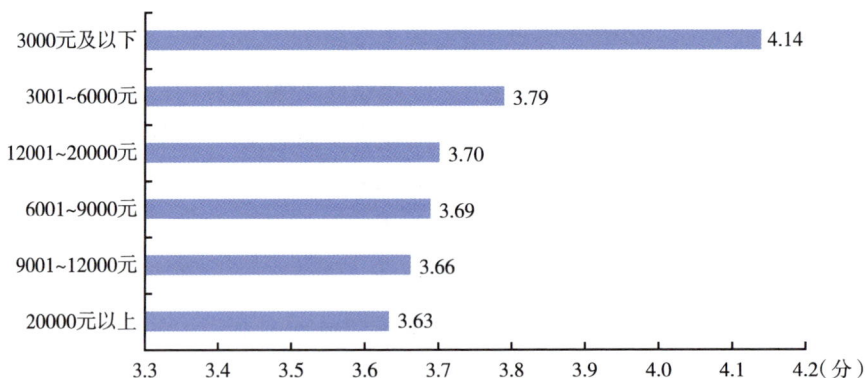

图 10　网络评论可信度的收入差异

由图 11 可知，收入水平为每月 3000 元及以下的用户对网络评论的喜爱度得分为 4.01 分，排名第一；收入水平为每月 3001~6000 元的用户对网络评论的喜爱度得分为 3.88 分，排名第二；收入水平为每月 6001~9000 元的用户对网络评论的喜爱度得分为 3.82 分，排名第三；收入水平为每月 9001~12000

元的用户对网络评论的喜爱度得分为 3. 77 分，排名第四；收入水平为每月 20000 元以上的用户对网络评论的喜爱度得分为 3. 71 分，排名第五；收入水平为每月 12001 元 ~20000 的用户对网络评论的喜爱度得分为 3. 69 分，得分最低。

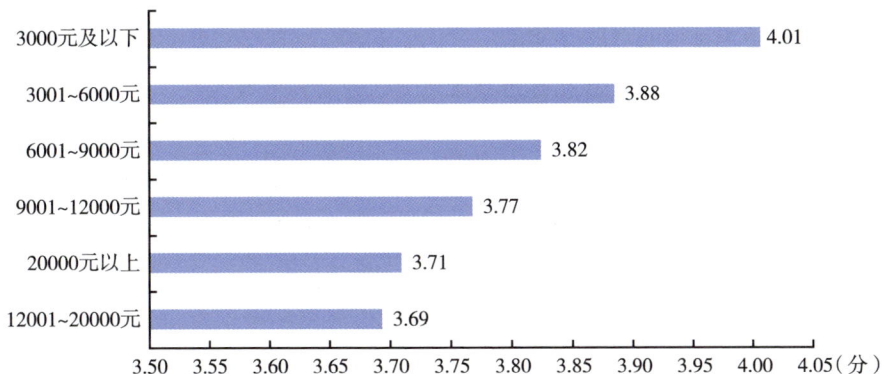

图11　网络评论喜爱度的收入差异

5. 农、林、牧、渔业生产及辅助人员更加认可网络评论

通过调研可知，网络评论在职业为农、林、牧、渔业生产及辅助人员的用户中的认知效果最好。由图12可知，职业为农、林、牧、渔业生产及辅助人员的用户对网络评论的认知效果得分为 3. 94 分，排名第一；职业为办事人员和有关人员的用户对网络评论的认知效果得分为 3. 84 分，排名第二；职业为社会生产服务和生活服务人员的用户对网络评论的认知效果得分为 3. 81 分，排

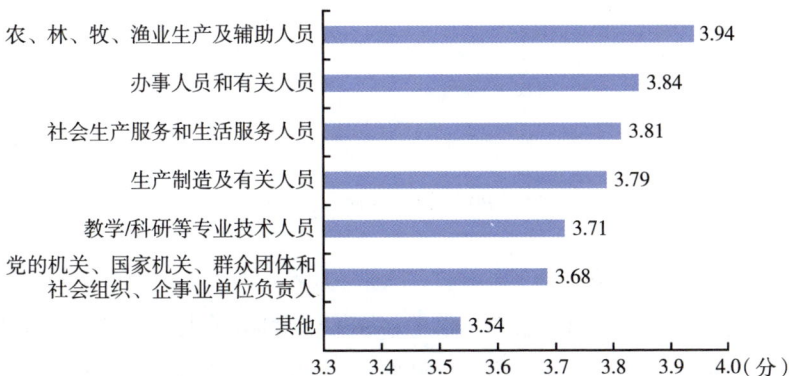

图12　网络评论认知效果的职业差异

名第三；职业为生产制造及有关人员的用户对网络评论的认知效果得分为3.79分，排名第四；职业为教学/科研等专业技术人员的用户对网络评论的认知效果得分为3.71分，排名第五；职业为党的机关、国家机关、群众团体和社会组织、企事业单位负责人的用户对网络评论的认知效果得分为3.68分，排名第六；职业为其他的用户对网络评论的认知效果得分为3.54分，得分最低。

通过对认知效果的二级指标进行细分分析，可知职业为农、林、牧、渔业生产及辅助人员的用户对网络评论的可信度和喜爱度均最高。由图13可知，职业为农、林、牧、渔业生产及辅助人员的用户对网络评论的可信度得分为3.93分，排名第一；职业为社会生产服务和生活服务人员的用户与职业为办事人员和有关人员的用户对网络评论的可信度得分均为3.80分，排名并列第二；职业为生产制造及有关人员的用户对网络评论的可信度得分为3.76分，排名第四；职业为教学/科研等专业技术人员的用户对网络评论的可信度得分为3.64分，排名第四；职业为党的机关、国家机关、群众团体和社会组织、企事业单位负责人的用户对网络评论的可信度得分为3.58分，排名第六；其他职业的用户对网络评论的可信度得分为3.50分，得分最低。

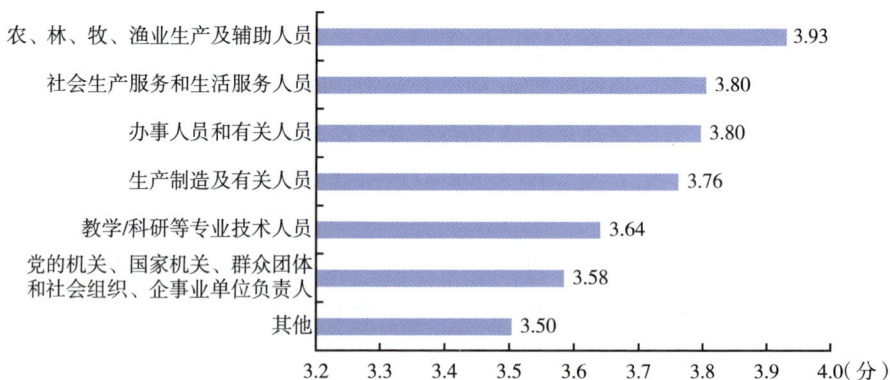

图13 网络评论可信度的职业差异

由图14可知，职业为农、林、牧、渔业生产及辅助人员的用户对网络评论的喜爱度得分为3.95分，排名第一；职业为办事人员和有关人员的用户对网络评论的喜爱度得分为3.89分，排名第二；职业为社会生产服务和生活服务人员的用户对网络评论的喜爱度得分为3.82分，排名第三；职业为生产制造及有关人员的用户对网络评论的喜爱度得分为 3.81 分，排名第四；职业为教学/科研等专业技术人员的用户对网络评论的喜爱度得分为 3.79 分，排名第五；职业为党的机关、国家机关、群众团体和社会组织、企事业单位负责人的用户对网络评论的喜爱度得分为 3.78 分，排名第六；其他职业的用户对网络评论的喜爱度得分为 3.57 分，得分最低。

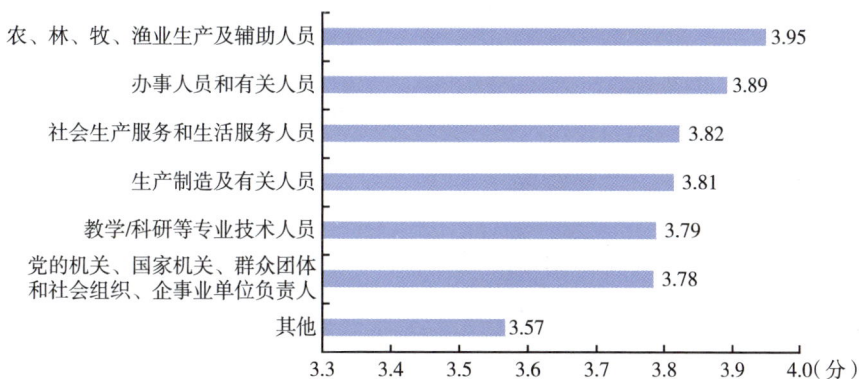

图 14 网络评论喜爱度的职业差异

（二）网络评论细分用户群体的行为效果差异

1. 男性更易对网络评论进行传播

通过调研可知，网络评论在男性用户中的行为效果高于女性用户。由图 15 可知，男性用户对网络评论的行为效果得分为 3.47 分；女性用户对网络评论的行为效果得分为 3.45 分。

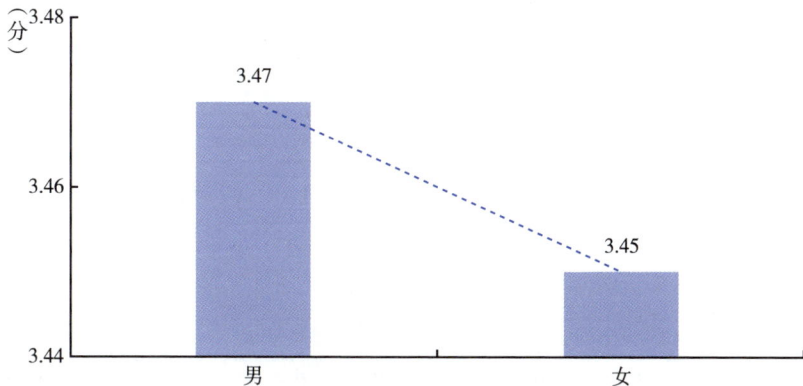

图 15 网络评论行为效果的性别差异

通过对行为效果的二级指标进行细分分析，可知男性用户对网络评论的关注度和参与度均高于女性用户，此外用户对网络评论的关注度高于参与度。由图16可知，男性用户对网络评论的关注度得分为3.49分，女性用户对网络评论的关注度得分为3.48分；男性用户对网络评论的参与度得分为3.45分，女性用户对网络评论的参与度得分为3.42分。

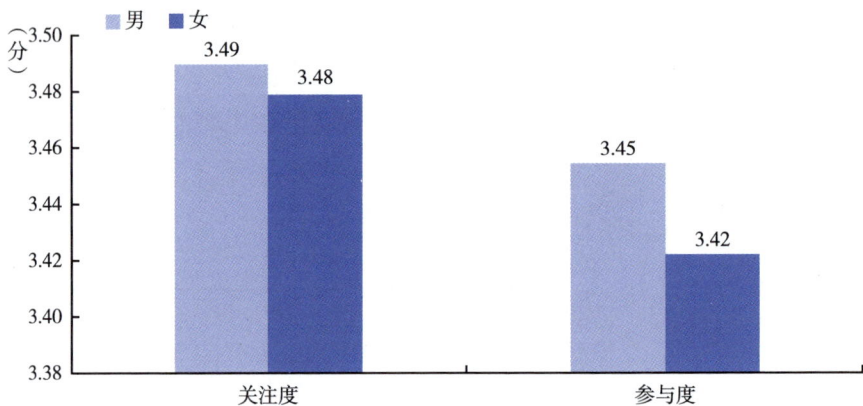

图16 网络评论关注度和参与度的性别差异

2. 10～19岁的用户参与网络评论更活跃

通过调研可知，网络评论在10～19岁的用户中的行为效果最好。由图17可知，10～19岁的用户对网络评论的行为效果得分为3.78分，排名第一；40～49岁的用户对网络评论的行为效果得分为3.61分，排名第二；30～39岁的

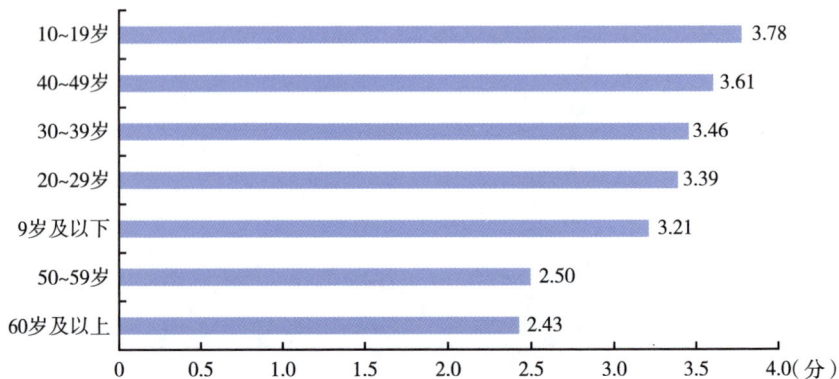

图17 网络评论行为效果的年龄差异

用户对网络评论的行为效果得分为 3.46 分，排名第三；20 ~ 29 岁的用户对网络评论的行为效果得分为 3.39 分，排名第四；9 岁及以下的用户对网络评论的行为效果得分为 3.21 分，排名第五；50 ~ 59 岁的用户对网络评论的行为效果得分为 2.50 分，排名第六；60 岁及以上的用户对网络评论的行为效果得分为 2.43 分，得分最低。

通过对行为效果的二级指标进行细分分析，可知 10 ~ 19 岁的用户对网络评论的关注度和参与度均最高。由图 18 可知，10 ~ 19 岁的用户对网络评论的关注度得分为 3.79 分，排名第一；40 ~ 49 岁的用户对网络评论的关注度得分为 3.65 分，排名第二；30 ~ 39 岁的用户对网络评论的关注度得分均为 3.50 分，排名第三；20 ~ 29 岁的用户对网络评论的关注度得分为 3.41 分，排名第四；9 岁及以下的用户对网络评论的关注度得分为 3.09 分，排名第五；60 岁及以上的用户对网络评论的关注度得分为 2.68 分，排名第六；50 ~ 59 岁的用户对网络评论的关注度得分为 2.57 分，得分最低。

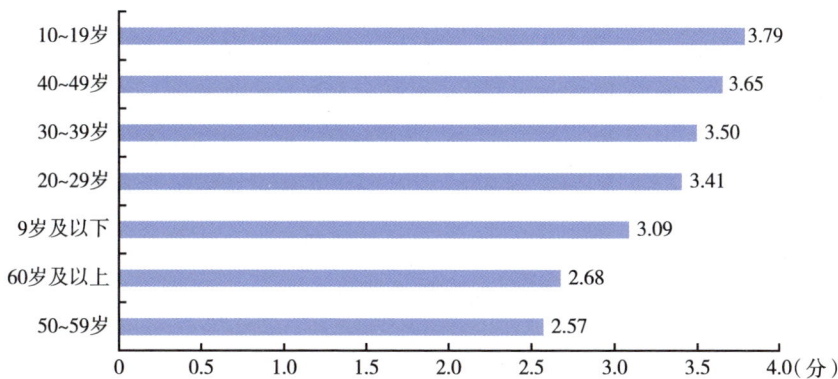

图 18 网络评论关注度的年龄差异

由图 19 可知，10 ~ 19 岁的用户对网络评论的参与度得分为 3.76 分，排名第一；40 ~ 49 岁的用户对网络评论的参与度得分为 3.56 分，排名第二；30 ~ 39 岁的用户对网络评论的参与度得分均为 3.42 分，排名第三；20 ~ 29 岁的用户对网络评论的参与度得分为 3.38 分，排名第四；9 岁及以下的用户对网络评论的参与度得分为 3.33 分，排名第五；50 ~ 59 岁的用户对网络评论的参与度得分为 2.42 分，排名第六；60 岁及以上的用户对网络评论的参与度得分为 2.18 分，得分最低。

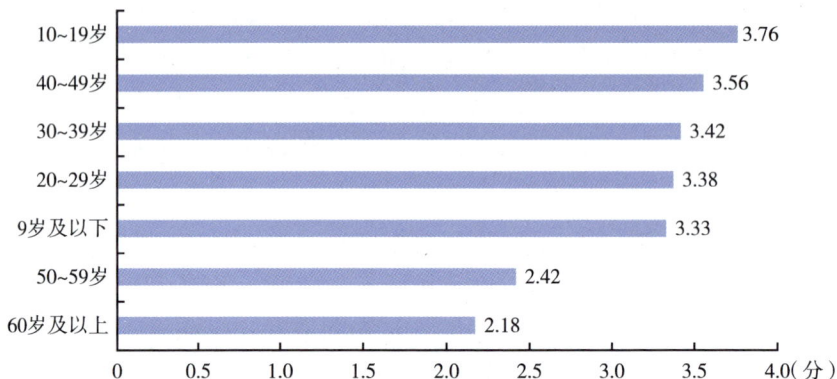

图19　网络评论参与度的年龄差异

3. 文化程度较低的用户更易受网络评论影响

通过调研可知，网络评论在文化程度为中专/技校的用户中的行为效果最好。由图 20 可知，文化程度为中专/技校的用户对网络评论的行为效果得分为 3.80 分，排名第一；文化程度为高中和初中的用户对网络评论的行为效果得分均为 3.63 分，排名并列第二；文化程度为大学专科的用户对网络评论的行为效果得分为 3.50 分，排名第四；文化程度为大学本科的用户对网络评论的行为效果得分为 3.32 分，排名第五；文化程度为研究生及以上的用户对网络评论的行为效果得分为 3.20 分，排名第六；文化程度为小学及以下的用户对网络评论的行为效果得分为 3.00 分，得分最低。

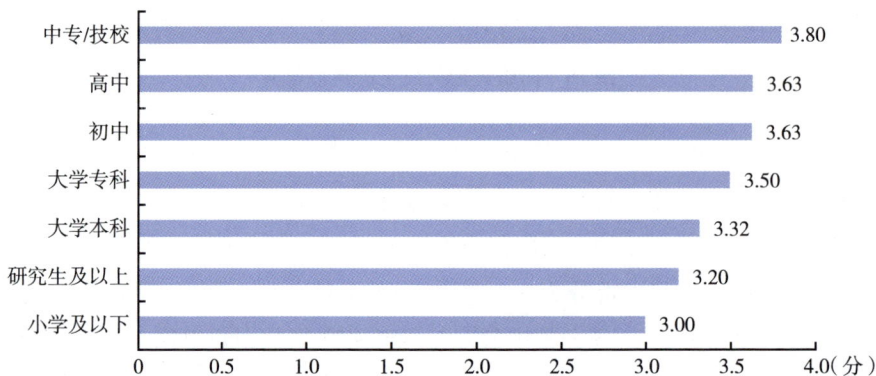

图20　网络评论行为效果的文化程度差异

通过对行为效果的二级指标进行细分分析，可知文化程度为中专/技校的用户对网络评论的关注度和参与度均最高。由图21可知，文化程度为中专/技校的用户对网络评论的关注度得分为3.81分，排名第一；文化程度为初中的用户对网络评论的关注度得分为3.68分，排名第二；文化程度为高中的用户对网络评论的关注度得分为3.67分，排名第三；文化程度为大学专科的用户对网络评论的关注度得分为3.54分，排名第四；文化程度为大学本科的用户对网络评论的关注度得分为3.33分，排名第五；文化程度为研究生及以上的用户对网络评论的关注度得分为3.22分，排名第六；文化程度为小学及以下的用户对网络评论的关注度得分为3.00分，得分最低。

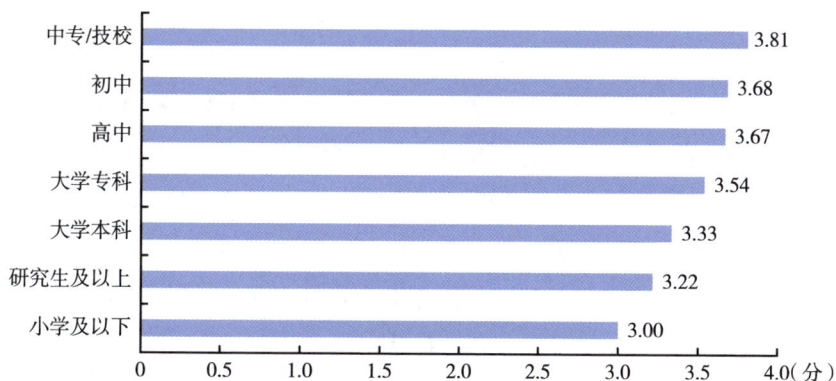

图21 网络评论关注度的文化程度差异

由图22可知，文化程度为中专/技校的用户对网络评论的参与度得分为3.80分，排名第一；文化程度为高中的用户对网络评论的参与度得分为3.60分，排名第二；文化程度为初中的用户对网络评论的参与度得分为3.58分，排名第三；文化程度为大学专科的用户对网络评论的参与度得分为3.46分，排名第四；文化程度为大学本科的用户对网络评论的参与度得分为3.31分，排名第五；文化程度为研究生及以上的用户对网络评论的参与度得分为3.18分，排名第六；文化程度为小学及以下的用户对网络评论的参与度得分为3.00分，得分最低。

4. 收入较低的用户网络评论信息传播意愿更强

通过调研可知，网络评论在收入水平为每月3000元及以下的用户中的行

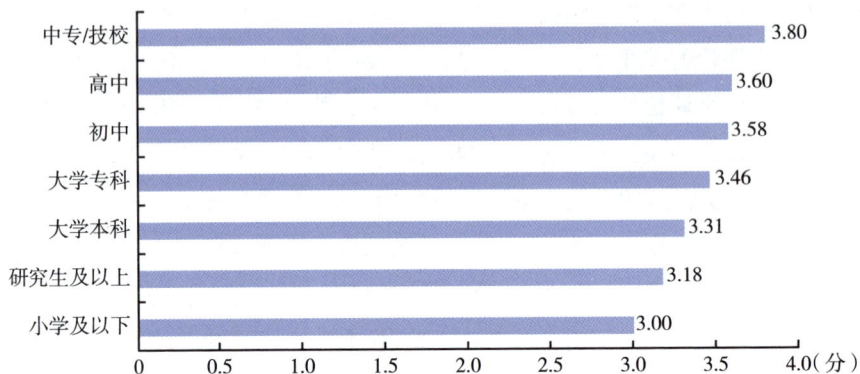

图22　网络评论参与度的文化程度差异

为效果最好。由图23可知，收入水平为每月3000元及以下的用户对网络评论的行为效果得分为4.05分，排名第一；收入水平为每月3001~6000元的用户对网络评论的行为效果得分为3.81分，排名第二；收入水平为每月6001~9000元的用户对网络评论的行为效果得分为3.50分，排名第三；收入水平为每月9001~12000元和每月12001~20000元的用户对网络评论的行为效果得分均为3.46分，排名并列第四；收入水平为每月20000元以上的用户对网络评论的行为效果得分为3.27分，得分最低。

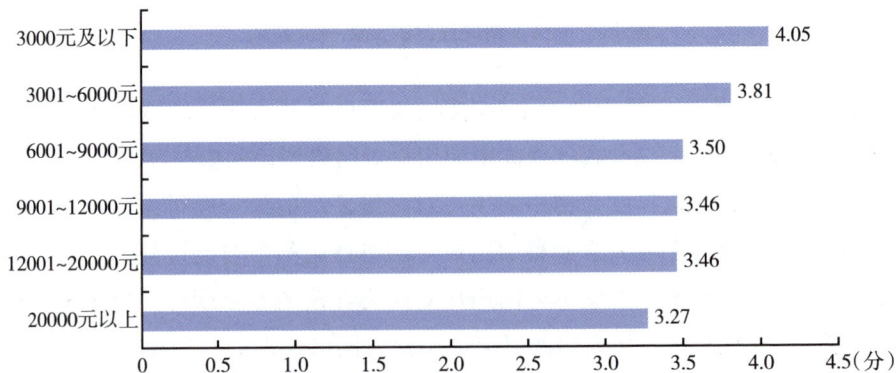

图23　网络评论行为效果的收入差异

　　通过对行为效果的二级指标进行细分分析，可知收入水平为每月3000元及以下的用户对网络评论的关注度和参与度均最高。由图24可知，收入水平为每月 3000 元及以下的用户对网络评论的关注度得分为 4.05 分，排名第一；收入水平为每月 3001 ~ 6000 元的用户对网络评论的关注度得分为 3.86 分，排名第二；收入水平为每月 6001 ~ 9000 元的用户对网络评论的关注度得分为 3.51 分，排名第三；收入水平为每月 9001 ~ 12000 元和每月 12001 ~ 20000 元的用户对网络评论的关注度得分均为 3.47 分，排名并列第四；收入水平为每月 20000 元以上的用户对网络评论的关注度得分为 3.35 分，得分最低。

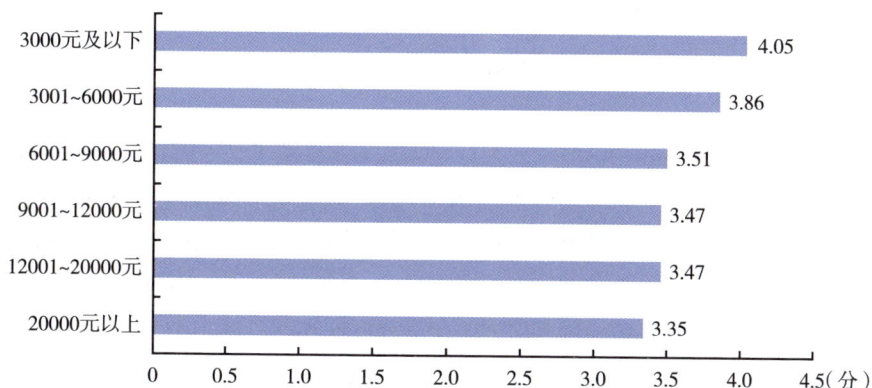

图 24　网络评论的关注度的收入差异

由图 25 可知，收入水平为每月 3000 元及以下的用户对网络评论的参与度得分为 4.05 分，排名第一；收入水平为每月 3001 ~ 6000 元的用户对网络评论的参与度得分为 3.75 分，排名第二；收入水平为每月 6001 ~ 9000 元的用户对网络评论的参与度得分为 3.49 分，排名第三；收入水平为每月 9001 ~ 12000 元和每月 12001 ~ 20000 元的用户对网络评论的参与度得分均为 3.45 分，排名并列第四；收入水平为每月 20000 元以上的用户对网络评论的参与度得分为 3.19 分，得分最低。

5. 农、林、牧、渔业生产及辅助人员更易进行信息分享

通过调研可知，网络评论在职业为农、林、牧、渔业生产及辅助人员的用户中的行为效果最好。由图 26 可知，职业为农、林、牧、渔业生产及辅助人员的用户对网络评论的行为效果得分为 3.88 分，排名第一；职业为生产制造及有关人员的用户对网络评论的行为效果得分为 3.68 分，排名第二；职业为

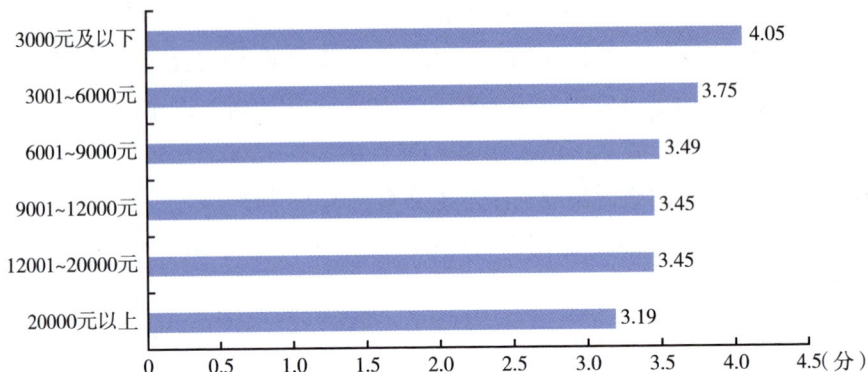

图25　网络评论参与度的收入差异

办事人员和有关人员的用户对网络评论的行为效果得分为3.65分，排名第三；职业为社会生产服务和生活服务人员的用户对网络评论的行为效果得分为3.58分，排名第四；职业为教学/科研等专业技术人员的用户对网络评论的行为效果得分为3.51分，排名第五；职业为党的机关、国家机关、群众团体和社会组织、企事业单位负责人的用户对网络评论的行为效果得分为3.38分，排名第六；其他职业的用户对网络评论的行为效果得分为2.99分，得分最低。

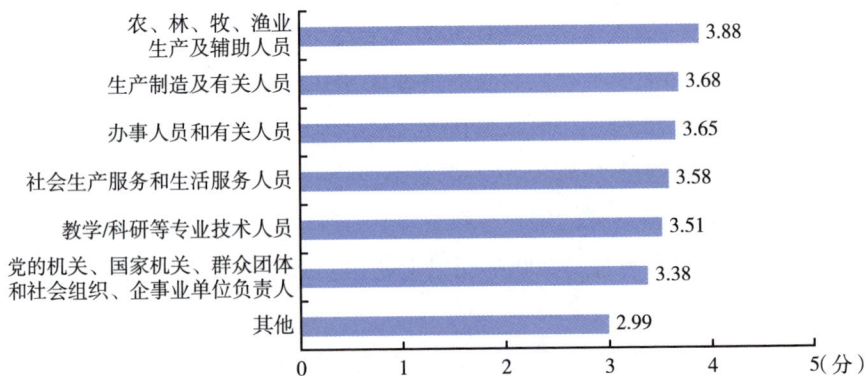

图26　网络评论行为效果的职业差异

通过对行为效果的二级指标进行细分分析，可知职业为农、林、牧、渔业生产及辅助人员的用户对网络评论的关注度和参与度均最高。由图27可知，职业为农、林、牧、渔业生产及辅助人员的用户对网络评论的关注度得分为 3.87 分，排名第一；职业为生产制造及有关人员的用户对网络评论的关注度得分为 3.70 分，排名第二；职业为办事人员和有关人员的用户对网络评论的关注度得分为 3.66 分，排名第三；职业为社会生产服务和生活服务人员的用户对网络评论的关注度得分为 3.61 分，排名第四；职业为教学/科研等专业技术人员的用户对网络评论的关注度得分为 3.49 分，排名第五；职业为党的机关、国家机关、群众团体和社会组织、企事业单位负责人的用户对网络评论的关注度得分为 3.41 分，排名第六；其他职业的用户对网络评论的关注度得分为 3.08 分，得分最低。

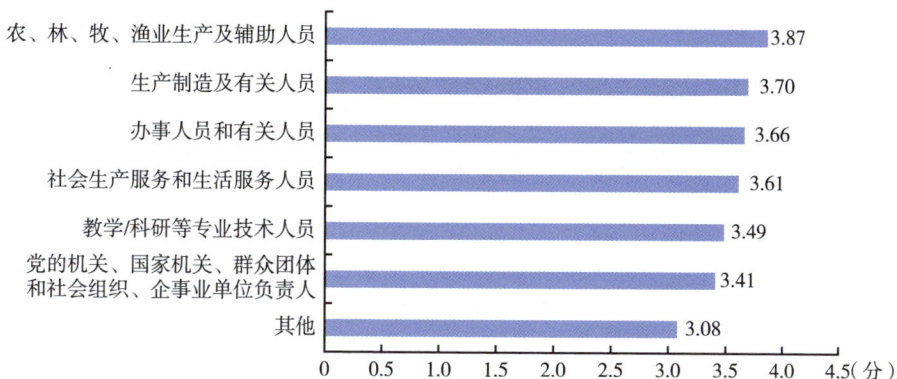

图 27 网络评论关注度的职业差异

由图 28 可知，职业为农、林、牧、渔业生产及辅助人员的用户对网络评论的参与度得分为 3.90 分，排名第一；职业为生产制造及有关人员的用户对网络评论的参与度得分为 3.67 分，排名第二；职业为办事人员和有关人员的用户对网络评论的参与度得分为 3.64 分，排名第三；职业为社会生产服务和生活服务人员的用户对网络评论的参与度得分为 3.55 分，排名第四；职业为教学/科研等专业技术人员的用户对网络评论的参与度得分为 3.54 分，排名第五；职业为党的机关、国家机关、群众团体和社会组织、企事业单位负责人的用户对网络评论的参与度得分为 3.34 分，排名第六；职业为其他的用户对网络评论的参与度得分为 2.90 分，得分最低。

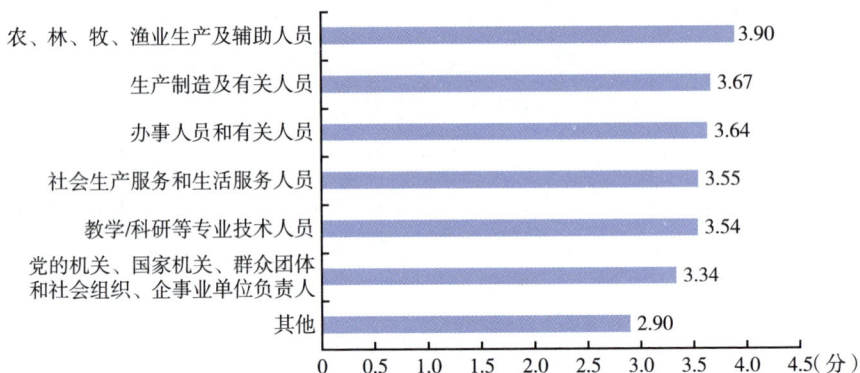

图28　网络评论参与度的职业差异

（三）网络评论传播效果的渠道差异

为了解用户对不同渠道网络评论的传播效果差异，本研究将传播渠道按类型进行划分，其中包括以新浪、网易、搜狐、腾讯等为代表的单向传播型网络平台，以微博、微信朋友圈、QQ空间、豆瓣等为代表的社交网络型网络平台，以百度贴吧、天涯社区等为代表的内容生产型网络平台，以淘宝网、京东、大众点评网等为代表的功能实现型网络平台和以弹幕评论类网站、聚合类新闻平台等为代表的其他网络平台。

1. 社交网络型网络平台的网络评论更受用户喜爱

通过对调研样本进行数据分析可知，网络评论在社交网络型渠道的认知效果最高。由图29可知，网络评论在以微博、微信朋友圈、QQ空间、豆瓣等为代表的社交网络型渠道的认知得分为3.77分，得分最高；网络评论在以新浪、网易、搜狐、腾讯等为代表的单向传播型渠道的认知得分为3.74分，得分次之；网络评论在以弹幕评论类网站、聚合类新闻平台等为代表的其他网络平台和以淘宝网、京东、大众点评网等为代表的功能实现型网络平台的认知得分相同，均为3.69分，排名并列第三；网络评论在以百度贴吧、天涯社区等为代表的内容生产型网络平台中的认知得分为3.67分，得分最低。

通过对认知效果的二级指标进行细分分析，可知网络评论在单向传播型网

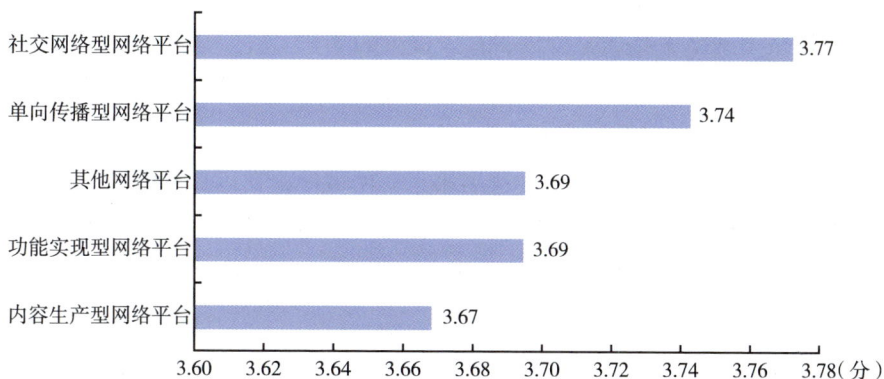

图 29 网络评论认知效果的渠道差异

络平台的可信度最高。由图 30 可知，网络评论在以新浪、网易、搜狐、腾讯等为代表的单向传播型网络平台的可信度得分最高，得分为 3.68 分；网络评论在以淘宝网、京东、大众点评网等为代表的功能实现型网络平台的可信度得分为 3.64 分，排名第二；网络评论在以弹幕评论类网站、聚合类新闻平台等为代表的其他网络平台的可信度得分为 3.61 分，排名第三；网络评论在以微博、微信朋友圈、QQ 空间、豆瓣等为代表的社交网络型网络平台的可信度得分为 3.60 分，排名第四；网络评论在以百度贴吧、天涯社区等为代表的内容生产型网络平台的可信度得分为 3.59 分，得分最低。

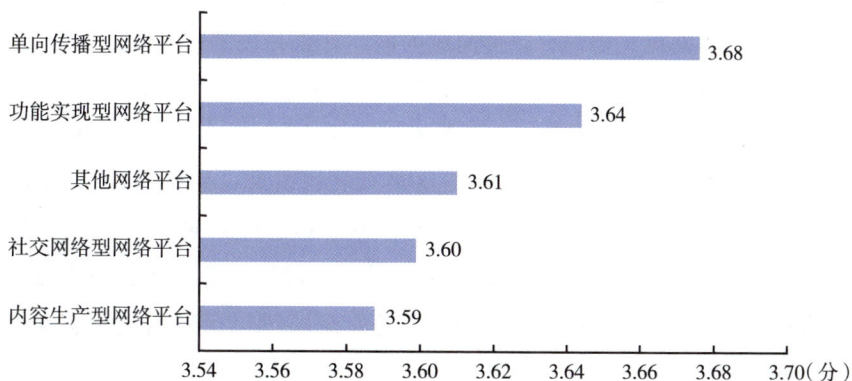

图 30 网络评论可信度的渠道差异

由图 31 可知，网络评论在以微博、微信朋友圈、QQ 空间、豆瓣等为代表的社交网络型网络平台的喜爱度最高，得分为 3.95 分；网络评论在以新浪、网易、搜狐、腾讯等为代表的单向传播型网络平台的喜爱度得分为 3.81 分，排名第二；网络评论在以弹幕评论类网站、聚合类新闻平台等为代表的其他网络平台的喜爱度得分为 3.78 分，排名第三；网络评论在以百度贴吧、天涯社区等为代表的内容生产型网络平台和以淘宝网、京东、大众点评网等为代表的功能实现型网络平台的喜爱度得分均为 3.75 分，得分最低。

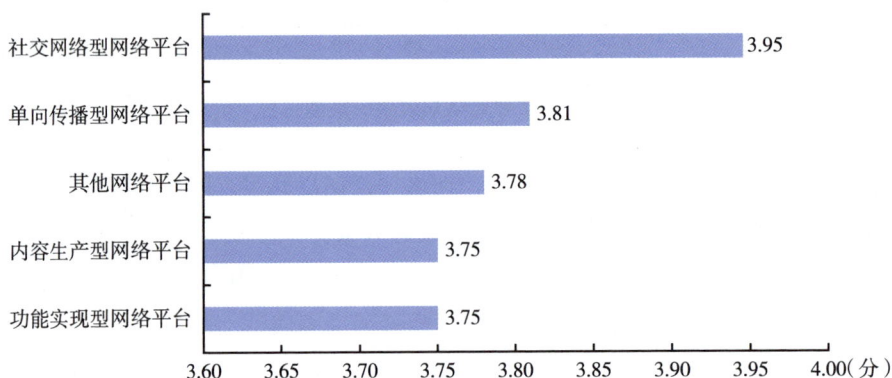

图 31　网络评论喜爱度的渠道差异

2. 功能实现型网络平台的网络评论获得用户积极评价

通过对 384880 条网络评论内容数据进行分析可知（见图 32），超六成网络评论呈现积极态度，但仍有超过两成的网络评论呈现消极态度。由图 33 可知，在以淘宝网、京东、大众点评网等为代表的功能实现型网络平台中呈现积极态度的网络评论高达 85.58%，在各类平台中占比最高；在以新浪、网易、搜狐、腾讯等为代表的单向传播型网络平台和以微博、微信朋友圈、QQ 空间、豆瓣等为代表的社交网络型网络平台呈现积极态度的网络评论占比相近，分别为 61.89% 和 60.55%；而在以百度贴吧、天涯社区等为代表的内容生产型网络平台呈现积极态度的网络评论占比近为 55.65%，而呈现消极态度的网络评论近三成。

3. 社交网络型网络平台的网络评论更易触发用户传播行为

通过对调研样本进行数据分析可知，网络评论在社交网络型平台中的行为

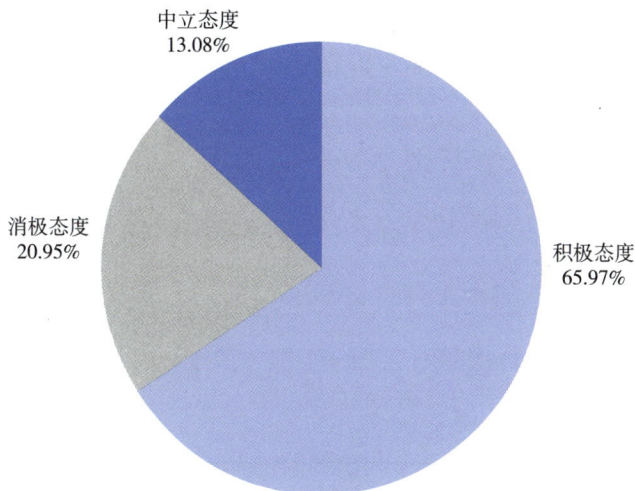

图32 网络评论态度效果的总体分布

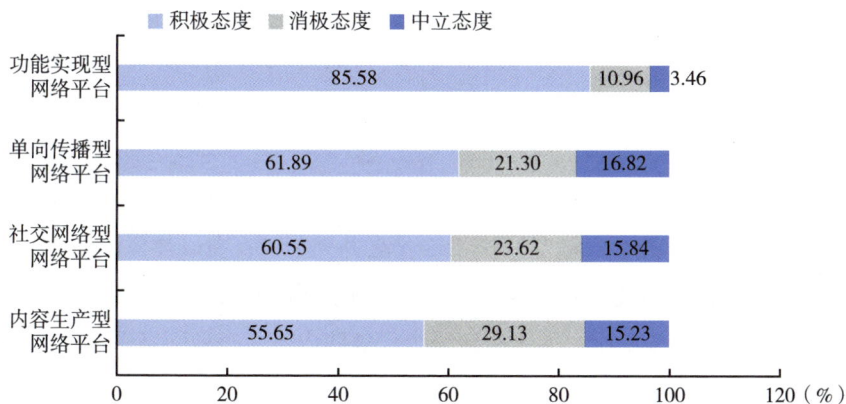

图33 网络评论态度效果的渠道差异

效果最高。由图34可知，在以微博、微信朋友圈、QQ空间、豆瓣等为代表的社交网络型网络平台的网络评论的行为效果得分为3.63分，排名第一；在以新浪、网易、搜狐、腾讯等为代表的单向传播型网络平台的网络评论的行为效果得分为3.59分，排名第二；在以淘宝网、京东、大众点评网等为代表的功能实现型网络平台的网络评论的行为效果得分为3.51分，排名第三；在以弹幕评论类网站、聚合类新闻平台等为代表的其他网络平台的网络评论的行为效果得分为 3.46 分，排名第四；在以百度贴吧、天涯社区等为代表的内容生产型网络平台的网络评论的行为效果得分为 3.31 分，得分最低。

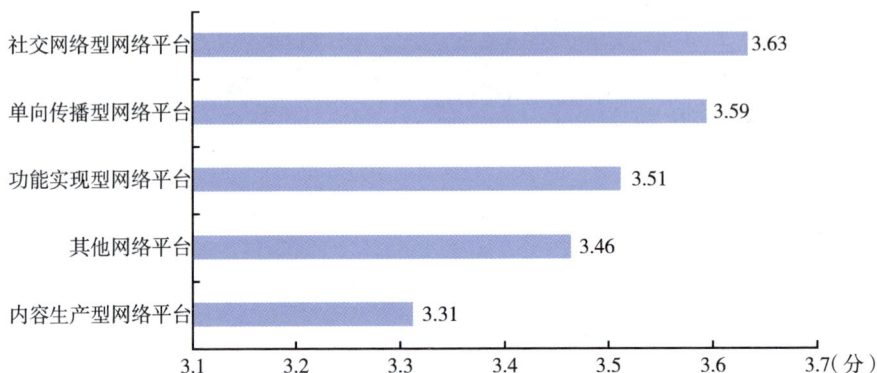

图 34　网络评论行为效果的渠道差异

通过对行为效果的二级指标进行细分分析，可知网络评论在社交网络型网络平台的关注度和参与度均最高。由图 35 可知，在以微博、微信朋友圈、QQ空间、豆瓣等为代表的社交网络型网络平台中的网络评论的关注度得分为3.63 分，排名第一；在以淘宝网、京东、大众点评网等为代表的功能实现型网络平台和以新浪、网易、搜狐、腾讯等为代表的单向传播型网络平台的网络评论的关注度得分相同，均为 3.59 分，排名并列第二；在以弹幕评论类网站、聚合类新闻平台等为代表的其他网络平台的网络评论的关注度得分为 3.48 分，排名第四；在以百度贴吧、天涯社区等为代表的内容生产型网络平台的网络评论的关注度得分为 3.32 分，得分最低。

由图 36 可知，在以微博、微信朋友圈、QQ空间、豆瓣等为代表的社交网络型网络平台的网络评论的参与度得分为 3.64 分，排名第一；在以新浪、网易、搜狐、腾讯等为代表的单向传播型网络平台的网络评论的参与度得分为3.60 分，排名第二；在以弹幕评论类网站、聚合类新闻平台等为代表的其他网络平台的网络评论的参与度得分为 3.44 分，排名第三；在以淘宝网、京东、大众点评网等为代表的功能实现型网络平台的网络评论的参与度得分为 3.43分，排名第四；在以百度贴吧、天涯社区等为代表的内容生产型网络平台的网络评论的参与度得分为 3.31 分，得分最低。

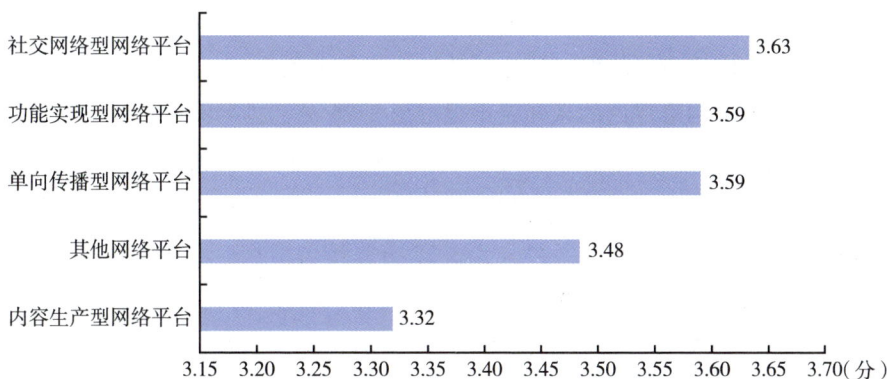

图35　网络评论关注度的渠道差异

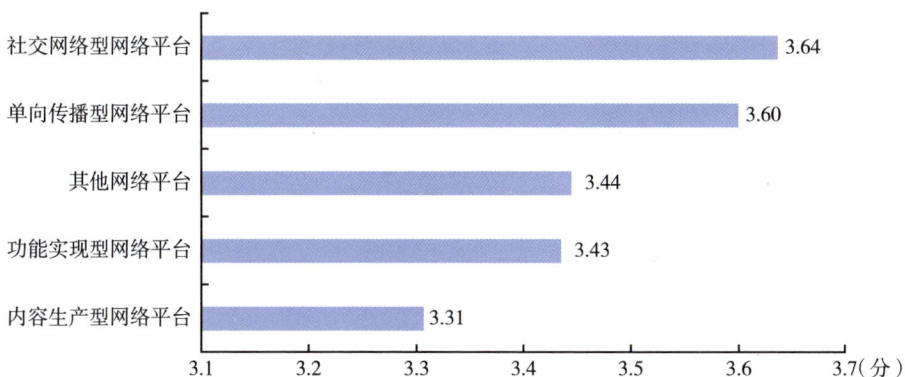

图36　网络评论参与度的渠道差异

三　不同内容主题的网络评论传播效果差异

为了解不同内容主题的网络评论传播效果，本研究将网络评论内容主题进行细分，共划分为时政、社会、财经、教育、科技、购物、娱乐、健康、体育、时尚、艺术和国际12大类，比较其认知效果、态度效果和行为效果。

（一）科技类网络评论主题更受用户认可

通过对调研样本进行数据分析可知，网络评论在科技类内容主题的认知效果最高。由图37可知，科技类内容主题的网络评论的认知效果得分为3.82

分，排名第一；艺术类内容主题的网络评论的认知效果得分为3.78分，排名第二；国际类内容主题的网络评论的认知效果得分为3.77分，排名第三；购物类内容主题的网络评论的认知效果得分为3.76分，排名第四；体育类和时尚类内容主题的网络评论的认知效果得分相同，均为3.75分，排名并列第五；教育类内容主题的网络评论的认知效果得分为3.74分，排名第七；健康类内容主题的网络评论的认知效果得分为3.72分，排名第八；时政类内容主题的网络评论的认知效果得分为3.71分，排名第九；财经类内容主题的网络评论的认知效果得分为3.70分，排名第十；社会类和娱乐类内容主题的网络评论的认知效果得分均为3.68分，得分最低。

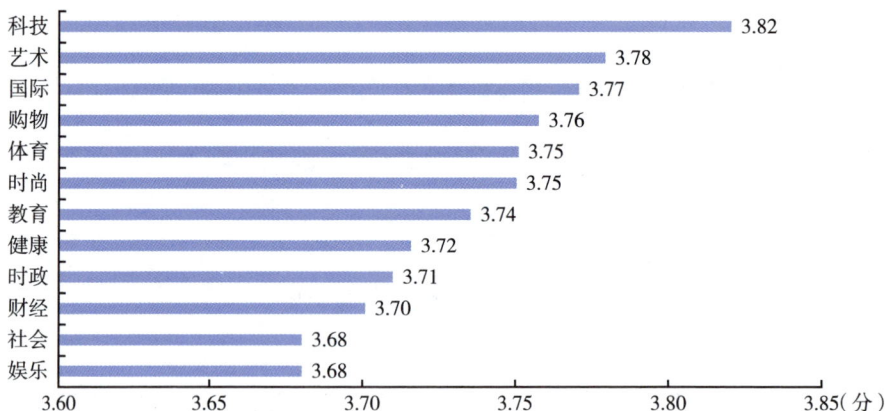

图37　不同内容主题的网络评论认知效果

　　通过对认知效果的二级指标进行细分分析，可知科技类和国际类内容主题的网络评论可信度最高。由图38可知，科技类和国际类内容主题的网络评论可信度得分均为3.80分，得分最高；体育类内容主题的网络评论可信度得分为3.76分，排名第三；艺术类和教育类内容主题的网络评论可信度得分均为3.75分，排名并列第四；财经类和时政类内容主题的网络评论可信度得分均为3.73分，排名并列第六；时尚类内容主题的网络评论可信度得分为3.72分，排名第八；健康类内容主题的网络评论可信度得分为3.69分，排名第九；购物类和社会类内容主题的网络评论可信度得分均为3.67分，排名并列第十；娱乐类内容主题的网络评论可信度得分为3.49分，得分最低。

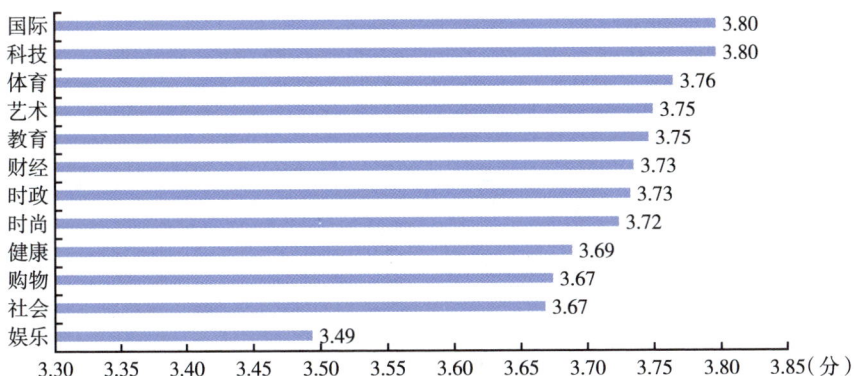

图38　不同内容主题的网络评论可信度

　　通过对认知效果的二级指标进行细分分析，可知娱乐类内容主题的网络评论喜爱度最高。由图39可知，娱乐类内容主题的网络评论喜爱度得分为3.86分，居榜首；购物类和科技类内容主题的网络评论喜爱度得分均为3.84分，排名并列第二；艺术类内容主题的网络评论喜爱度得分为3.81分，排名第四；时尚类内容主题的网络评论喜爱度得分为3.78分，排名第五；国际类内容主题的网络评论喜爱度得分为3.75分，排名第六；健康类和体育类内容主题的网络评论喜爱度得分均为3.74分，排名并列第七；教育类内容主题的网络评论喜爱度得分为3.72分，排名第九；社会类和时政类内容主题的网络评论喜爱度得分均为3.69分，排名并列第十；财经类内容主题的网络评论喜爱度得分为3.67分，得分最低。

（二）时尚类网络评论主题获得用户肯定态度

　　通过对网络评论内容数据进行分析可知，时尚类、教育类和艺术类内容主题的网络评论比其他内容主题的网络评论呈现积极态度的更多。由图40可知，时尚类内容主题超八成的网络评论呈现积极态度，占比为82.57%；教育类、艺术类和科技类内容主题均超七成的网络评论呈积极态度，占比分别为79.73%、75.41%和73.64%；购物类和娱乐类内容主题均超六成的网络评论呈积极态度，占比分别为68.26%和62.30%；财经类、社会类、时政类、体育类、健康类和国际类内容主题均超五成的网络评论呈积极态度，占比分别为

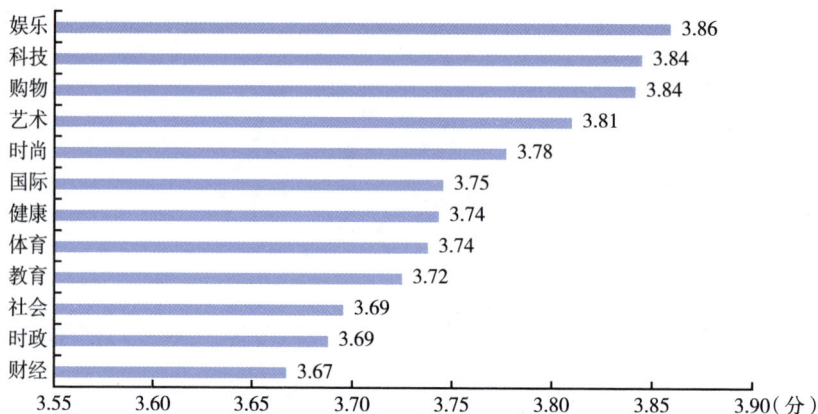

图39 不同内容主题的网络评论喜爱度

58.57%、56.44%、55.91%、54.96%、53.67%和50.82%。而健康类、时政类和国际类内容主题均有超三成的网络评论呈消极态度，占比分别为31.36%、31.27%和31.09%；社会类、体育类、财经类和娱乐类内容主题均有超两成的网络评论呈消极态度，占比分别为29.34%、28.48%、26.59%和21.04%。

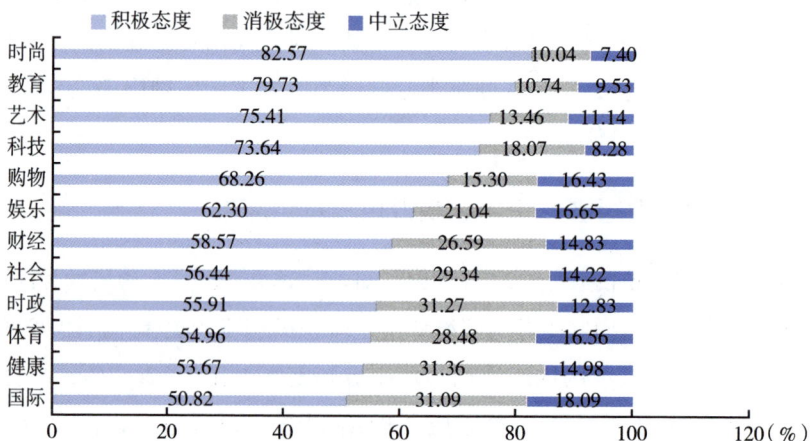

图40 网络评论在不同传播媒介中的态度效果

（三）娱乐类网络评论内容更易引起用户信息传递行为

通过对调研样本进行数据分析可知，娱乐类内容主题的网络评论的行为效果最高。由图41可知，娱乐类内容主题的网络评论的行为效果得分为3.73分，排名第一；购物类内容主题的网络评论的行为效果得分为3.65分，排名第二；时尚类内容主题的网络评论的行为效果得分为3.51分，排名第三；健康类和艺术类内容主题的网络评论的行为效果得分均为3.49分，排名并列第四；国际类内容主题的网络评论的行为效果得分为3.44分，排名第六；时政类内容主题的网络评论的行为效果得分为3.41分，排名第七；科技类、教育类和体育类内容主题的网络评论的行为效果得分均为3.35分，排名并列第八；社会类内容主题的网络评论的行为效果得分为3.34分，排名第十一；财经类内容主题的网络评论的行为效果得分为3.18分，得分最低。

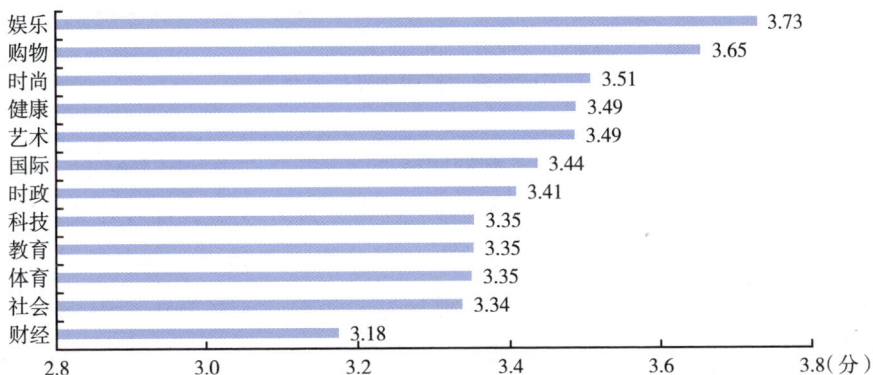

图41　不同内容主题网络评论的行为效果

通过对行为效果的二级指标进行细分分析，可知娱乐类内容主题的关注度和参与度均最高，且不同内容主题中的网络评论的关注度和参与度差异较小。由图42可知，娱乐类内容主题的网络评论的关注度得分为3.83分，排名第一；购物类内容主题的网络评论的关注度得分为3.72分，排名第二；健康类内容主题的网络评论的关注度得分为3.57分，排名第三；时尚类内容主题的网络评论的关注度得分为3.56分，排名第四；艺术类内容主题的网络评论的关注度得分为3.51分，排名第五；国际类内容主题的网络评论的关注度得分为 3.46 分，排名第六；时政类和教育类内容主题的网络评论的关注度得分均为 3.37 分，排名并列第七；社会类和科技类内容主题的网络评论的关注度得分均为 3.36 分，排名并列第九；体育类内容主题的网络评论的关注度得分为 3.34 分，排名第十一；财经类内容主题的网络评论的关注度得分为 3.16 分，得分最低。

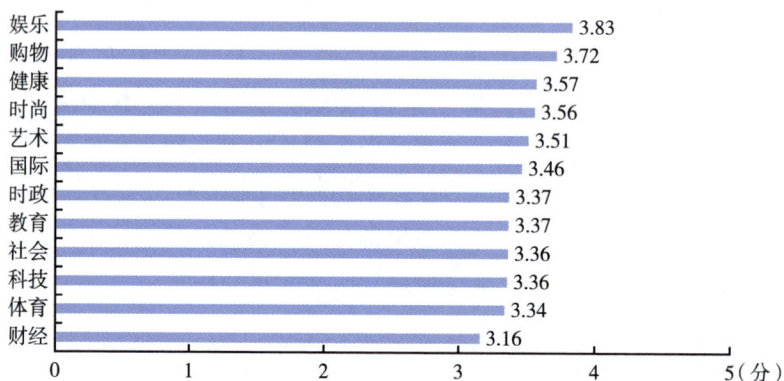

图 42　不同内容主题网络评论的关注度

由图 43 可知，娱乐类内容主题的网络评论的参与度得分为 3.63 分，排名第一；购物类内容主题的网络评论的参与度得分为 3.59 分，排名第二；艺术类和时尚类内容主题的网络评论的参与度得分均为 3.46 分，排名并列第三；时政类内容主题的网络评论的参与度得分为 3.45 分，排名第五；国际类和健康类内容主题的网络评论的参与度得分均为 3.41 分，排名并列第六；体育类内容主题的网络评论的参与度得分 3.36 分，排名第八；科技类内容主题的网络评论的参与度得分为 3.35 分，排名第九；教育类内容主题的网络评论的参与度得分为 3.34 分，排名第十；社会类内容主题的网络评论的参与度得分为 3.31 分，排名第十一；财经类内容主题的网络评论的参与度得分为 3.20 分，得分最低。

总体而言，本研究通过系统梳理传播效果文献研究结合专家访谈编制了网络评论传播效果调查指标体系，编制了包含 13 个题共计 251 个题项的网络评论传播效果调查问卷，通过线上问卷调查的方法，选取了 5600 名网络评论用户参与调查，并对调查结果进行数据分析。此外，本研究通过大数据爬虫的方

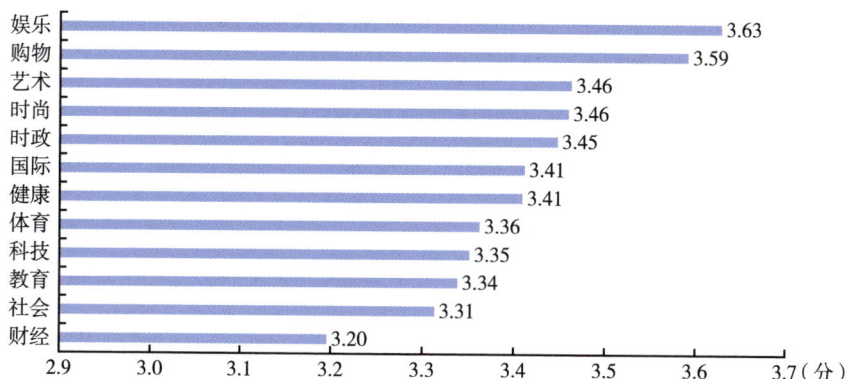

娱乐 3.63
购物 3.59
艺术 3.46
时尚 3.46
时政 3.45
国际 3.41
健康 3.41
体育 3.36
科技 3.35
教育 3.34
社会 3.31
财经 3.20

2.9 3.0 3.1 3.2 3.3 3.4 3.5 3.6 3.7（分）

图43　不同内容主题网络评论的参与度

法，采集了时政、社会、财经、教育、科技、购物、娱乐、健康、体育、时尚、艺术和国际共计12类网络评论内容数据384880条，其中包含单向传播型网络平台93915条、社交网络型网络平台111667条、内容生产型网络平台87163条、功能实现型网络平台92135条，并对以上内容数据进行了情感分析。基于数据分析，本研究形成了以下结论：从细分群体角度来看，女性对网络评论的认可度更高，而男性更易对网络评论进行传播；低年龄段、低收入和低学历的网络评论用户更易相信网络评论并产生信息传播行为；从传播渠道来看，社交网络型网络平台的网络评论更受用户喜爱、更易引发用户的传播行为，而功能实现型网络平台的网络评论获得用户更高的积极评价；从网络评论内容主题来看，科技类网络评论内容主题更受用户认可，时尚类网络评论内容主题获得用户肯定态度，娱乐类网络评论内容主题更易引发用户信息传递行为。

附录：网络评论传播效果调查

各位网友：

你们好！我们正在进行网络评论传播效果的调查研究，现诚挚邀请各位网友参与此次问卷调查，发出你们的声音。我们承诺问卷数据仅用于本课题研究，填写问卷需要 5 分钟左右的时间，感谢大家对我们工作的大力支持！

1. 以下关于网络传播平台上网络评论内容认知的描述，你的认可度是？（矩阵单选）

网络平台	评论内容	非常不认同	比较不认同	一般	比较认同	非常认同
单向传播型网络平台（新浪、网易、搜狐、腾讯等）	公正的	1	2	3	4	5
	无偏见的	1	2	3	4	5
	呈现了事件全貌	1	2	3	4	5
	准确的	1	2	3	4	5
	可信任的	1	2	3	4	5
社交网络型网络平台（微博、微信朋友圈、QQ 空间、豆瓣等）	公正的	1	2	3	4	5
	无偏见的	1	2	3	4	5
	呈现了事件全貌	1	2	3	4	5
	准确的	1	2	3	4	5
	可信任的	1	2	3	4	5
内容生产型网络平台（百度贴吧、天涯社区等）	公正的	1	2	3	4	5
	无偏见的	1	2	3	4	5
	呈现了事件全貌	1	2	3	4	5
	准确的	1	2	3	4	5
	可信任的	1	2	3	4	5
功能实现型网络平台（淘宝网、京东、大众点评网等）	公正的	1	2	3	4	5
	无偏见的	1	2	3	4	5
	呈现了事件全貌	1	2	3	4	5
	准确的	1	2	3	4	5
	可信任的	1	2	3	4	5
其他网络平台（弹幕评论类网站、聚合类新闻平台等）	公正的	1	2	3	4	5
	无偏见的	1	2	3	4	5
	呈现了事件全貌	1	2	3	4	5
	准确的	1	2	3	4	5
	可信任的	1	2	3	4	5

2. 以下关于不同类型内容主题下的网络评论内容认知的描述，你的认可度是？（矩阵单选）

类别	评论内容	非常不认同	比较不认同	一般	比较认同	非常认同
时政	公正的	1	2	3	4	5
	无偏见的	1	2	3	4	5
	呈现了事件全貌	1	2	3	4	5
	准确的	1	2	3	4	5
	可信任的	1	2	3	4	5
社会	公正的	1	2	3	4	5
	无偏见的	1	2	3	4	5
	呈现了事件全貌	1	2	3	4	5
	准确的	1	2	3	4	5
	可信任的	1	2	3	4	5
财经	公正的	1	2	3	4	5
	无偏见的	1	2	3	4	5
	呈现了事件全貌	1	2	3	4	5
	准确的	1	2	3	4	5
	可信任的	1	2	3	4	5
教育	公正的	1	2	3	4	5
	无偏见的	1	2	3	4	5
	呈现了事件全貌	1	2	3	4	5
	准确的	1	2	3	4	5
	可信任的	1	2	3	4	5
科技	公正的	1	2	3	4	5
	无偏见的	1	2	3	4	5
	呈现了事件全貌	1	2	3	4	5
	准确的	1	2	3	4	5
	可信任的	1	2	3	4	5
购物	公正的	1	2	3	4	5
	无偏见的	1	2	3	4	5
	呈现了事件全貌	1	2	3	4	5
	准确的	1	2	3	4	5
	可信任的	1	2	3	4	5

续表

类别	评论内容	非常不认同	比较不认同	一般	比较认同	非常认同
娱乐	公正的	1	2	3	4	5
	无偏见的	1	2	3	4	5
	呈现了事件全貌	1	2	3	4	5
	准确的	1	2	3	4	5
	可信任的	1	2	3	4	5
健康	公正的	1	2	3	4	5
	无偏见的	1	2	3	4	5
	呈现了事件全貌	1	2	3	4	5
	准确的	1	2	3	4	5
	可信任的	1	2	3	4	5
体育	公正的	1	2	3	4	5
	无偏见的	1	2	3	4	5
	呈现了事件全貌	1	2	3	4	5
	准确的	1	2	3	4	5
	可信任的	1	2	3	4	5
时尚	公正的	1	2	3	4	5
	无偏见的	1	2	3	4	5
	呈现了事件全貌	1	2	3	4	5
	准确的	1	2	3	4	5
	可信任的	1	2	3	4	5
艺术	公正的	1	2	3	4	5
	无偏见的	1	2	3	4	5
	呈现了事件全貌	1	2	3	4	5
	准确的	1	2	3	4	5
	可信任的	1	2	3	4	5
国际	公正的	1	2	3	4	5
	无偏见的	1	2	3	4	5
	呈现了事件全貌	1	2	3	4	5
	准确的	1	2	3	4	5
	可信任的	1	2	3	4	5

3. 以下关于网络传播平台上网络评论内容情感的描述，你的认可度是？（矩阵单选）

网络平台	评论内容	非常不认同	比较不认同	一般	比较认同	非常认同
单向传播型网络平台（新浪、网易、搜狐、腾讯等）	吸引人的	1	2	3	4	5
	有趣的	1	2	3	4	5
	令人喜悦的	1	2	3	4	5
社交网络型网络平台（微博、微信朋友圈、QQ空间、豆瓣等）	吸引人的	1	2	3	4	5
	有趣的	1	2	3	4	5
	令人喜悦的	1	2	3	4	5
内容生产型网络平台（百度贴吧、天涯社区等）	吸引人的	1	2	3	4	5
	有趣的	1	2	3	4	5
	令人喜悦的	1	2	3	4	5
功能实现型网络平台（淘宝网、京东、大众点评网等）	吸引人的	1	2	3	4	5
	有趣的	1	2	3	4	5
	令人喜悦的	1	2	3	4	5
其他网络平台（弹幕评论类网站、聚合类新闻平台等）	吸引人的	1	2	3	4	5
	有趣的	1	2	3	4	5
	令人喜悦的	1	2	3	4	5

4. 以下关于不同类型内容主题下的网络评论内容情感的描述，你的认可度是？（矩阵单选）

类别	评论内容	非常不认同	比较不认同	一般	比较认同	非常认同
时政	吸引人的	1	2	3	4	5
	有趣的	1	2	3	4	5
	令人喜悦的	1	2	3	4	5
社会	吸引人的	1	2	3	4	5
	有趣的	1	2	3	4	5
	令人喜悦的	1	2	3	4	5
财经	吸引人的	1	2	3	4	5
	有趣的	1	2	3	4	5
	令人喜悦的	1	2	3	4	5

类别	评论内容	非常不认同	比较不认同	一般	比较认同	非常认同
教育	吸引人的	1	2	3	4	5
	有趣的	1	2	3	4	5
	令人喜悦的	1	2	3	4	5
科技	吸引人的	1	2	3	4	5
	有趣的	1	2	3	4	5
	令人喜悦的	1	2	3	4	5
购物	吸引人的	1	2	3	4	5
	有趣的	1	2	3	4	5
	令人喜悦的	1	2	3	4	5
娱乐	吸引人的	1	2	3	4	5
	有趣的	1	2	3	4	5
	令人喜悦的	1	2	3	4	5
健康	吸引人的	1	2	3	4	5
	有趣的	1	2	3	4	5
	令人喜悦的	1	2	3	4	5
体育	吸引人的	1	2	3	4	5
	有趣的	1	2	3	4	5
	令人喜悦的	1	2	3	4	5
时尚	吸引人的	1	2	3	4	5
	有趣的	1	2	3	4	5
	令人喜悦的	1	2	3	4	5
艺术	吸引人的	1	2	3	4	5
	有趣的	1	2	3	4	5
	令人喜悦的	1	2	3	4	5
国际	吸引人的	1	2	3	4	5
	有趣的	1	2	3	4	5
	令人喜悦的	1	2	3	4	5

5. 你通过以下网络评论传播平台发布/阅读网络评论内容的频率是？（矩阵单选）

网络平台	评论内容	从不	偶尔	有时	经常	总是
单向传播型网络平台（新浪、网易、搜狐、腾讯等）	发布频率	1	2	3	4	5
	阅读频率	1	2	3	4	5
社交网络型网络平台（微博、微信朋友圈、QQ空间、豆瓣等）	发布频率	1	2	3	4	5
	阅读频率	1	2	3	4	5
内容生产型网络平台（百度贴吧、天涯社区等）	发布频率	1	2	3	4	5
	阅读频率	1	2	3	4	5
功能实现型网络平台（淘宝网、京东、大众点评网等）	发布频率	1	2	3	4	5
	阅读频率	1	2	3	4	5
其他网络平台（弹幕评论类网站、聚合类新闻平台等）	发布频率	1	2	3	4	5
	阅读频率	1	2	3	4	5

6. 你发布/阅读与以下内容主题相关的网络评论的频率是？（矩阵单选）

类别	内容	从不	偶尔	有时	经常	总是
时政	发布频率	1	2	3	4	5
	阅读频率	1	2	3	4	5
社会	发布频率	1	2	3	4	5
	阅读频率	1	2	3	4	5
财经	发布频率	1	2	3	4	5
	阅读频率	1	2	3	4	5
教育	发布频率	1	2	3	4	5
	阅读频率	1	2	3	4	5
科技	发布频率	1	2	3	4	5
	阅读频率	1	2	3	4	5
购物	发布频率	1	2	3	4	5
	阅读频率	1	2	3	4	5

类别	内容	从不	偶尔	有时	经常	总是
娱乐	发布频率	1	2	3	4	5
	阅读频率	1	2	3	4	5
健康	发布频率	1	2	3	4	5
	阅读频率	1	2	3	4	5
体育	发布频率	1	2	3	4	5
	阅读频率	1	2	3	4	5
时尚	发布频率	1	2	3	4	5
	阅读频率	1	2	3	4	5
艺术	发布频率	1	2	3	4	5
	阅读频率	1	2	3	4	5
国际	发布频率	1	2	3	4	5
	阅读频率	1	2	3	4	5

7. 你在以下网络评论传播平台中参与互动的频率是？（矩阵单选）

网络平台	内容	从不	偶尔	有时	经常	总是
单向传播型网络平台（新浪、网易、搜狐、腾讯等）	点赞频率	1	2	3	4	5
	评论频率	1	2	3	4	5
	转发频率	1	2	3	4	5
社交网络型网络平台（微博、微信朋友圈、QQ空间、豆瓣等）	点赞频率	1	2	3	4	5
	评论频率	1	2	3	4	5
	转发频率	1	2	3	4	5
内容生产型网络平台（百度贴吧、天涯社区等）	点赞频率	1	2	3	4	5
	评论频率	1	2	3	4	5
	转发频率	1	2	3	4	5
功能实现型网络平台（淘宝网、京东、大众点评网等）	点赞频率	1	2	3	4	5
	评论频率	1	2	3	4	5
	转发频率	1	2	3	4	5
其他网络平台（弹幕评论类网站、聚合类新闻平台等）	点赞频率	1	2	3	4	5
	评论频率	1	2	3	4	5
	转发频率	1	2	3	4	5

8. 你参与以下网络评论内容主题的互动频率是？（矩阵单选）

类别	内容	从不	偶尔	有时	经常	总是
时政	点赞频率	1	2	3	4	5
	评论频率	1	2	3	4	5
	转发频率	1	2	3	4	5
社会	点赞频率	1	2	3	4	5
	评论频率	1	2	3	4	5
	转发频率	1	2	3	4	5
财经	点赞频率	1	2	3	4	5
	评论频率	1	2	3	4	5
	转发频率	1	2	3	4	5
教育	点赞频率	1	2	3	4	5
	评论频率	1	2	3	4	5
	转发频率	1	2	3	4	5
科技	点赞频率	1	2	3	4	5
	评论频率	1	2	3	4	5
	转发频率	1	2	3	4	5
购物	点赞频率	1	2	3	4	5
	评论频率	1	2	3	4	5
	转发频率	1	2	3	4	5
娱乐	点赞频率	1	2	3	4	5
	评论频率	1	2	3	4	5
	转发频率	1	2	3	4	5
健康	点赞频率	1	2	3	4	5
	评论频率	1	2	3	4	5
	转发频率	1	2	3	4	5
体育	点赞频率	1	2	3	4	5
	评论频率	1	2	3	4	5
	转发频率	1	2	3	4	5
时尚	点赞频率	1	2	3	4	5
	评论频率	1	2	3	4	5
	转发频率	1	2	3	4	5
艺术	点赞频率	1	2	3	4	5
	评论频率	1	2	3	4	5
	转发频率	1	2	3	4	5
国际	点赞频率	1	2	3	4	5
	评论频率	1	2	3	4	5
	转发频率	1	2	3	4	5

基本信息

9. 你的性别是？（单选）

男	1
女	2

10. 你的年龄是？（单选）

9 岁及以下	1
10～19 岁	2
20～29 岁	3
30～39 岁	4
40～49 岁	5
50～59 岁	6
60 岁及以上	7

11. 你的文化程度是？（单选）

小学及以下	1
初中	2
高中	3
中专/技校	4
大学专科	5
大学本科	6
研究生及以上	7

12. 你目前个人税前月均收入是？（单选）

3000 元及以下	1
3001～6000 元	2
6001～9000 元	3
9001～12000 元	4
12001～20000 元	5
20000 元以上	6

13. 你目前的职业是？（单选）

党的机关、国家机关、群众团体和社会组织、企事业单位负责人	1
教学/科研等专业技术人员	2
办事人员和有关人员（如安全保卫和消防人员等）	3
社会生产服务和生活服务人员（如批发与零售服务人员、房地产服务人员等）	4
农、林、牧、渔业生产及辅助人员	5
生产制造及有关人员（如农副产品加工人员、建筑施工人员等）	6
军人	7
其他	8

社会科学文献出版社

皮 书

智库报告的主要形式
同一主题智库报告的聚合

❖ 皮书定义 ❖

皮书是对中国与世界发展状况和热点问题进行年度监测，以专业的角度、专家的视野和实证研究方法，针对某一领域或区域现状与发展态势展开分析和预测，具备前沿性、原创性、实证性、连续性、时效性等特点的公开出版物，由一系列权威研究报告组成。

❖ 皮书作者 ❖

皮书系列报告作者以国内外一流研究机构、知名高校等重点智库的研究人员为主，多为相关领域一流专家学者，他们的观点代表了当下学界对中国与世界的现实和未来最高水平的解读与分析。截至2020年，皮书研创机构有近千家，报告作者累计超过7万人。

❖ 皮书荣誉 ❖

皮书系列已成为社会科学文献出版社的著名图书品牌和中国社会科学院的知名学术品牌。2016年皮书系列正式列入"十三五"国家重点出版规划项目；2013~2020年，重点皮书列入中国社会科学院承担的国家哲学社会科学创新工程项目。

权威报告·一手数据·特色资源

皮书数据库
ANNUAL REPORT(YEARBOOK)
DATABASE

分析解读当下中国发展变迁的高端智库平台

所获荣誉

- 2019年，入围国家新闻出版署数字出版精品遴选推荐计划项目
- 2016年，入选"'十三五'国家重点电子出版物出版规划骨干工程"
- 2015年，荣获"搜索中国正能量 点赞2015""创新中国科技创新奖"
- 2013年，荣获"中国出版政府奖·网络出版物奖"提名奖
- 连续多年荣获中国数字出版博览会"数字出版·优秀品牌"奖

成为会员

通过网址www.pishu.com.cn访问皮书数据库网站或下载皮书数据库APP，进行手机号码验证或邮箱验证即可成为皮书数据库会员。

会员福利

- 已注册用户购书后可免费获赠100元皮书数据库充值卡。刮开充值卡涂层获取充值密码，登录并进入"会员中心"—"在线充值"—"充值卡充值"，充值成功即可购买和查看数据库内容。
- 会员福利最终解释权归社会科学文献出版社所有。

数据库服务热线：400-008-6695
数据库服务QQ：2475522410
数据库服务邮箱：database@ssap.cn
图书销售热线：010-59367070/7028
图书服务QQ：1265056568
图书服务邮箱：duzhe@ssap.cn

社会科学文献出版社 皮书系列
SOCIAL SCIENCES ACADEMIC PRESS (CHINA)
卡号：573713574495
密码：

S 基本子库
SUB DATABASE

中国社会发展数据库（下设 12 个子库）

整合国内外中国社会发展研究成果，汇聚独家统计数据、深度分析报告，涉及社会、人口、政治、教育、法律等 12 个领域，为了解中国社会发展动态、跟踪社会核心热点、分析社会发展趋势提供一站式资源搜索和数据服务。

中国经济发展数据库（下设 12 个子库）

围绕国内外中国经济发展主题研究报告、学术资讯、基础数据等资料构建，内容涵盖宏观经济、农业经济、工业经济、产业经济等 12 个重点经济领域，为实时掌控经济运行态势、把握经济发展规律、洞察经济形势、进行经济决策提供参考和依据。

中国行业发展数据库（下设 17 个子库）

以中国国民经济行业分类为依据，覆盖金融业、旅游、医疗卫生、交通运输、能源矿产等 100 多个行业，跟踪分析国民经济相关行业市场运行状况和政策导向，汇集行业发展前沿资讯，为投资、从业及各种经济决策提供理论基础和实践指导。

中国区域发展数据库（下设 6 个子库）

对中国特定区域内的经济、社会、文化等领域现状与发展情况进行深度分析和预测，研究层级至县及县以下行政区，涉及地区、区域经济体、城市、农村等不同维度，为地方经济社会宏观态势研究、发展经验研究、案例分析提供数据服务。

中国文化传媒数据库（下设 18 个子库）

汇聚文化传媒领域专家观点、热点资讯，梳理国内外中国文化发展相关学术研究成果、一手统计数据，涵盖文化产业、新闻传播、电影娱乐、文学艺术、群众文化等 18 个重点研究领域。为文化传媒研究提供相关数据、研究报告和综合分析服务。

世界经济与国际关系数据库（下设 6 个子库）

立足"皮书系列"世界经济、国际关系相关学术资源，整合世界经济、国际政治、世界文化与科技、全球性问题、国际组织与国际法、区域研究 6 大领域研究成果，为世界经济与国际关系研究提供全方位数据分析，为决策和形势研判提供参考。

法律声明